# 만전당 홍가신의 삶과 철학

아 산 인 물 총 서 1

# 만전당 홍가신의 삶과 철학

순천향대학교 아산학연구소 편

보고사
BOGOSA

# 발간사

순천향대학교 아산학연구소에서는 설립 이래 아산의 지역정체성 탐색과 구축을 위한 연구와 교육을 담당해 왔다. 지역정체성 구축을 위해서는 자연환경과 인문환경을 연구하여 그 결과를 공유하고 교육하는 것이 필요하다. 지리, 역사, 종교, 민속, 문학, 기술, 마을 등 다양한 분야에 대한 연구가 필요하지만 기본적인 것은 지역의 인물일 것이다.

아산지역과 관련된 중요한 역사적 인물은 충신, 학자, 독립운동가, 정치가, 경제인 등 다양한 분야에서 찾을 수 있다. 이순신을 비롯하여 맹사성, 홍가신, 박지계, 이지함, 이간, 곽한일, 윤보선 등과 같이 잘 알려진 분이 있는가 하면 중요한 의미가 있어서 연구할 가치가 있는 인물 중 일반에게 잘 알려지지 않은 분도 헤아리기 어려울 정도로 많다.

순천향대학교 아산학연구소는 2010년 설립 이래 아산지역에 대한 연구와 교육활동을 수행해 왔다. 지역의 역사 및 문화자원에 대한 연구과제를 발굴하고 학술연구와 데이터베이스를 구축하여 연구기반을 다지고, 이를 지역사회와 공유하기 위하여 전문가 세미나, 학술대회, 아산학 관련 강좌 개설, 정기간행물 『아산시대』 발간, 아산학총서 출판 등 다각적인 노력을 기울이고 있다.

이번에 새롭게 『만전당 홍가신의 삶과 철학』을 아산인물총서 1호로 출간하게 되었다. 홍가신은 아산 사람으로 1596년 홍주목사로 재직할 때 이몽학의 난을 진압한 공로로 청난공신 일등에 봉해진 인물이다. 그는 전형적인 민본주의적 왕도정치의 철학을 가지고 있는 실천가로서 아산지역의 정퇴서원과 인산서원에 배향되어 후세 사람들의 사표가 되고 있다. 아산시에서도 홍가신기념관을 설립하여 홍가신의 업적과 사상을 계승하는 노력을 기울이고 있다.

아산인물총서는 앞으로 지속적으로 출간될 예정이다. 인물총서로 발간할 역사적 인물은 다양한 사람들의 의견을 듣고 아산학연구소의 운영진이 협의하여 결정하게 된다. 출간 순서는 중요도가 긴급성 등의 문제가 아니라 연구 결과의 축적 정도, 집필진 구성의 용이성 등 다분히 편의적으로 정하는 것이어서 송구하다는 말씀을 드린다.

지금 아산지역은 급격하게 변화하고 있다. 산업이 발전하면서 인프라 확충과 대규모 주택단지가 조성되고 있다. 이에 따라 외부로부터 인구가 유입되고 지역정체성에 대한 논의도 활발하게 이루어지고 있다.

이런 변화에 능동적으로 대처하고 미래 구상을 하기 위해서는 지역의 과거와 현재에 대하여 시민들이 주체적으로 파악하고 공유하는 것이 중요하다. 이런 상황에서 아산인물총서가 아산지역의 현안에 대하여 생각할 거리를 제공하고 지역정체성 구축에 활용될 수 있을 것이다.

아산시는 아산학 연구 진흥을 위하여 아산학연구소를 꾸준히 지원하고 있으며 이 책의 출판도 그 연장선상에 있다. 관심을 가지고 지원을 해 주시는 박경귀 시장님, 김희영 의장님을 비롯한 관계자 여러분께 감사드린다.

짧은 일정 속에서 집필진 여러분은 원고 집필에 귀한 시간과 노력을 아끼지 않고 수고해 주셨다. 그리고 원고 수집, 편집, 표지디자인, 교정 등의 연락과 행정 처리를 맡아서 진행한 오원근 팀장을 비롯한 연구소 여러분께도 감사를 드린다.

2023년 1월

아산학연구소장 박동성

목차

## / 제 2 부 /　정치활동

## / 제 3 부 / 추존과 가문

제 1 부

# 삶의 태도

# 생의 자취와 삶의 지향

송기섭

## 1. 서론

만전당(晩全堂) 홍가신(洪可臣, 1541, 중종36~1615, 광해군 7)은 강릉참봉(康陵參奉)을 시작으로 개성유수(開城留守)로 벼슬살이를 마칠 때까지 많은 고난을 겪으며 살아온 분이다. 즉 국가적으로는 기축옥사(己丑獄事), 임진(壬辰)·정유왜란(丁酉倭亂), 이몽학의 난 등 대환란의 중심에서, 또한 개인적으로는 가난과 신병(身病)으로 삶을 이었다고 할 수 있다.

이처럼 험난한 인생길을 걸어왔지만 올곧은 정신과 나라를 위한 충정으로 훌륭한 자취를 남겼는데, 이를 역사적 기록과 그의 문집을 통해서 알 수 있다. 각 고을 수령으로 부임할 때마다 혁신적 행정과 선치(善治)로 인한 고을 백성들의 칭송, 임진왜란 시 의병활동, 이몽학의 난 평정 등이 이것이다.

또한 문장과 학문에 있어서도 괄목할 만하다. 당시 송강(松江) 정철(鄭澈), 가운(嘉運) 최경창(崔慶昌), 월사(月沙) 이정구(李廷求) 등 당대 최고의 문장가, 시인들과 교류하였으며, 화담(花潭) 서경덕(徐敬德) → 습정(習靜) 민순(閔純)으로 이어지는 도통(道通)을 이어받아 평생 주정(主靜)의 학(學)을 실천하며 살았다.

이러한 사실을 토대로 만전당의 생애를 헤아려 보면 그의 학문과 행적에 관하여 연구할 만한 가치가 매우 높다. 그러나 애석하게도 현재까지 박을수(朴乙洙)의 『만전당 홍가신연구』(글읽는 들) 외에는 그 연구를 찾기가 힘들다. 이에 앞으로 그에 대한 연구의 필요성이 절실하게 느껴져 우선 『만전집』과 만전당선생 문집 복간위원회에서 찬한 『만전당 홍가신선생 문집』, 그리고 『선조실록』 등 역사적 기록을 중심으로 만전당이 태어나 졸(卒)할 때까지 생애의 자취를 찾아 사안별로 묶어 살피고, 그의 인생과정에서 나타나는 지향점을 더듬어 기술해 보고자 한다.

## 2. 생(生)의 자취

만전당(晩全堂)은 선조 4년 강릉참봉(康陵參奉)을 시작으로 벼슬길에 올라 행정가로서 그가 부임하는 곳마다 그 지역의 폐단을 고쳐서 백성들 삶의 안정을 도모하였고, 역사적 큰 사건이 있을 때마다 직·간접적으로 참여하고 있는데, 이러한 사건의 소용돌이 속에서 의연히 대처하여 난관을 슬기롭게 극복하는 모습을 보이고 있다. 바로 부여현감, 안산군수, 수원부사, 병조판서로 부임해서 보여준 혁신적 행정과 사림파의 분열(1575), 기축옥사(1589), 임진왜란(1592), 이몽학의 난(1596) 등의 사건과 마주치면서 보여준 슬기로운 대처가 이것이

〈표 1〉 만전당 생애의 역사연표

★는 만전당과 직·간접으로 관련되는 사건

| 년도 | 사건 | 주요내용 | 비고 |
|---|---|---|---|
| 1567 | 선조즉위 | | 선조4년 강릉참봉 |
| 1575 | 사림파분열★ | 동인과 서인으로 분파 | 동인으로 분류 |
| 1589 | 기축옥사★ | 정여립의 난, 정여립과 연루된 많은 동인들이 희생된 사건. 서인집권 | 이 사건에 연루되어 수원부사직에서 파직 |
| 1592 | 임진왜란★ | 일본의 풍신수길이 조선을 침략하여 일어난 전쟁 | 남양에서 향군을 조직하여 의병활동 |
| 1595 | 이몽학의 난★ | 이몽학이 불만에 찬 농민들을 선동하여 충청도 일대에서 일으킨 반란. | 홍주목사로 이 난을 토평. 청난원훈(1602) |
| 1597 | 정유재란★ | 일본이 임진왜란의 정전회담 결렬로 재침공, 이듬해 연말까지 지속됨. | 홍주목사로 임무수행. 1599년 임기를 마침. |
| 1608 | 광해군 즉위 | 대동법 실시 | 「辭祿箚」 올림(1609) |
| 1613 | 계축옥사 | 대북파가 영창대군 및 반대파를 제거하려고 일으킨 옥사, 소북파 축출. | |

라 하겠다.

만전당은 표 1에서 볼 수 있듯이 기축옥사, 그리고, 두 번의 왜란(倭亂), 그리고 이몽학(李夢鶴)의 민란(民亂)은 나라의 존립을 매우 위태롭게 하는 엄청난 사건들 이었다. 이런 파란만장(波瀾萬丈)한 역사의 소용돌이 속에서 그는 사건의 중심에 서 있었음을 알 수 있다.

### 1) 만전당의 탄생과 스승의 만남

만전당은 장원서 장원인 아버지 홍온(洪昷)과 어머니 흥양신씨(興陽申氏)의 사이에서 태어났다. 그는 신축년(辛丑年, 1541) 7월 17일에 태어났는데, 어머니의 병이 몹시 중하여 그가 태어난 지 7일 만에 별세하였다. 이런 관계로 집안이 어수선하여 제대로 돌봄을 받지 못했지만 자라면서 출중하기가 보통 아이들과는 확연히 달랐다고 한다.

> 태어난 지 겨우 여덟달 만에 걷고 말을 배워 지각이 보통 아이와 달랐다. 갓난아이 때에 어느 사람이 장구 치는 것을 보고 한 번 쳐보고 싶어 하므로 시험 삼아 주었더니 절조에 맞지 않은 것이 없어 좌중이 놀라고 탄식했다. 여덟 살 때에는 선고(先考)를 따라 산불 구경을 갔다가 선고가 명하여 글을 지으라고 하니 대답하기를 "조나라 성벽에 갑자기 한신의 깃발이 세워졌다."고 하니 선고가 기뻐 좋아하였다.[1]

그는 어릴 때부터 지각능력이 뛰어났으며, 8살 때 이미 詩句를 읊을 정도였다. 그가 본격적으로 학업을 시작한 것은 초당(草堂) 허엽(許曄, 1517~1580)을 스승으로 모시면서부터인데, 나이가 15세가 되기 전, 이미 행동이 의젓했고 소학(小學), 사서(四書), 이경(二經), 고문집(古文集)을 통했다. 이에 초당은 만전당에 대하여 "고인의 풍모가 있다."[2]고 하였으며, 퇴계선생도 "학동들 중 검은 옷을 입은 자가 누구냐? 묻고 한참동안 눈여겨보았다."[3]고 한다.

그 후 습정 민순(1519~1591)의 문하에 들어가 좀 더 체계적인 학문을 전수받는다. 특히 그가 '구도(求道)'에 관하여 갈망할 때 당시 예학의 석학이었던 습정을 만났는데, 그의 「제행촌민선생문(祭涬村閔先生文)」에서 애제존사(愛弟尊師)의 관계를 짐작하게 한다.

---

1 홍경신, 『晩全堂洪可臣先生文集』, 한국예총아산시지부, 2006, 481쪽(『만전집』 부록, 「行狀」), "生纔八月 能步學語 知覺異凡兒. 稚時見人擊腰鼓 欲擊之 試授之 無不應節 一座驚歎. 八歲 從先考觀山火 命賦之 對日 趙壁忽豎韓信幟 先考喜善之."

2 위의 글, 489쪽, "許草堂 聞之曰 頗有古人風"

3 위의 글, 482쪽, "第幾坐黑衣者誰也 目之良久"

선생의 문에 출입한 지 이십 년이 넘었으나, (시속에) 빠지고 (세태에) 절망하여 스스로 포기하는 것을 달게 여겼다. 여기에 막히고 어리석음이 더해져 세상에서 알아주는 바가 적었는데, 유독 선생께서는 분에 넘치게 도를 칭찬해 주셨다.[4]

여기에서 만전당의 학문 정도가 높은 수준이었음을 알 수 있는데, 이는 '골몰최퇴(汩沒摧頹)'와 '우졸(迂拙)'을 극복한 만전당의 노력과 습정의 혜안을 느끼게 하는 대목이다.

그러면 습정은 어떤 성품의 소유자이며, 그의 교육은 어떠한 방식으로 이루어졌는가. 하는 것인데, 「우통례습정민선생묘갈명(右通禮習靜閔先生墓碣銘)」에서 그의 성품과 교육방식이 그려져 있다.

학도들이 멀리서 모여 들었으나 선생은 일찍이 자기가 스승이라고 자처하지 않고 분수에 따라 문답을 해서 성심껏 일깨워 주고 정성스럽게 하기를 그치지 않았다. 〈중략〉 회옹이 연평 이 선생을 칭찬하는 말에 "온화하고 겸손하며 신중하고 후덕해서 사람들이 그와 함께 있어도 오래도록 그의 한계를 보지 못했으니 울연한 군자로다." 하였는데, 어쩌면 선생의 덕행이 이와 더불어 하나하나가 서로 부합하고 있다.[5]

---

4 洪可臣, 『晩全堂洪可臣先生文集』, 한국예총아산시지부, 2006, 188쪽(『만전집』 권2, 「祭滓村閔先生文」), "出入門墻 餘二十年 汨沒摧頹 甘於自棄 加之迂拙 世所寡記 獨被先生 稱道過實"

5 洪可臣, 『晩全堂洪可臣先生文集』, 한국예총아산시지부, 2006, 425쪽(『만전집』 권5, 「右通禮習靜閔先生墓碣銘」), "學徒自遠坌集 先生未嘗以師道自處 而隨分問答 誠心誘掖 惓惓不已焉 〈중략〉 晦翁讚延平李先生之言曰 溫謙慤厚 人與之處 久而不見其涯 鬱然君子人也 何先生之德行 與此一一相符也"

그의 성품에 대해서는 '온겸각후(溫謙慤厚)'함을, 그의 교육방식에 있어서는 스승이라고 자처하지 않고 제자들의 분수에 따라 묻고 답해서 스스로 일깨우게 했다. 여기에서 회암(晦菴, 주희)과 연평(延平)의 관계를 자신과 습정의 관계에 빗대고 있는데, 이는 연평과 습정의 성품적 동일성을 말한 것이기도 하지만 실상은 회암이 연평을 만나고서 학문이 평실(平實)해져 드디어 천재부전(千載不傳)의 도통을 수득(修得)할 수 있었듯이[6] 자신도 습정을 만나 그러했다는 의미일 것이다. 또한 이는 만전당의 학문이 화려한 것을 없애고 실상으로 나가서 조존(操存)[7]하고 행실을 닦는 행태[8]를 취하고 있는 것으로 보아 그의 학문적 계보가 평실한 행태의 학문을 취하고 있는 화담 서경덕으로부터 습정 민순으로 이어지는 도통을 계승하고 있음을 알게 한다.

### 2) 정직과 원칙적인 행정 구현

만전당은 생의 역정에서 정직한 성품과 원칙에 입각한 행정을 구현한 기록이 많다. 그는 선조 4년 강릉참봉으로 천거된 후 선조 6년에 알성시(謁聖試)에 응시하였는데, 당시 과거시험에 있어서도 매우 부정이 심했던 것 같다. 이때 시류에 영합하지 않고 부정행위를 단호히 거절하고 있는 데에서 그가 정직한 품성의 소유자임을 느끼게 한다.

---

6 좌등인, 「이퇴계와 이연평에 대하여」, 『퇴계학보』 68호, 퇴계학연구소, 1990, 245쪽.

7 『맹자』의 「진심상(盡心上)」에 나오는 말이다. "孔子曰 操則存 舍則亡 出入無時 莫知其鄉 惟心之謂與", 즉 신중하게 본성을 지킨다는 의미이다.

8 박을수, 『만전당홍가신연구(晩全堂洪可臣硏究)』, 글읽는들, 12쪽.

> 일찍이 동암(東巖) 이발(李潑)의 형제와 함께 알성시를 보다가 글을 다 짓지 못했는데, 시간이 거의 다하였다. 이길(李洁)이 표문(表文)에서 서로 비슷한 것을 취하여 공에게 시간을 맞추어 이 글을 새롭게 고쳐 바치라고 권했으나 공이 응하지 않았다. 또 시험이 마감된 후 어느 친구가 잘 아는 하인을 시켜 이미 거둔 과권[답안지] 속에 끼워 넣기를 도모하고자 함에 공이 말하기를 "출세는 선비의 대관령인데 감히 이렇게 할 수 있겠는가." 하고 끝까지 듣지 않았다.[9]

이발(李潑, 1544~1589)과 이길(李洁) 형제는 만전당과 습정 문하에서 동학하였으며, 후에 정여립(鄭汝立, 1546~1589) 모반사건에 연루되기 전까지 인생의 고락을 함께하는 사이였다. 그들이 과시(科試) 수험 중 과제(科題)와 관련되는 표문(表文)을 주며 적당히 교정해서 낼 것을 권했지만 만전당은 이를 단호하게 거절하고 있다. 또한 시험이 끝난 후 과권(科卷) 속에 만전당의 답안지를 슬쩍 끼워 넣자는 제안에도 일침(一鍼)을 가하고 있음에서도 정직성이 잘 드러난다.

사헌부 지평으로 있을 때도, 공정한 일 처리를 엿볼 수 있어 그의 정직함을 알 수 있게 한다.

> 조원이 이조 좌랑이 되어 사정(私情)을 따르는 허물이 있고, 또 조원이 경솔하여 인망이 없었으므로 홍가신이 먼저 조원에게 말하기를, "공(公)을 섬기려면 사(私)를 돌볼 수가 없는 것이다. 군이 실수가 많으니 내가

9 홍경신, 『만전당홍가신문집(晩全堂洪可臣先生文集)』, 한국예총아산시지부, 2006, 484쪽(『만전집』 부록, 「행장(行狀)」), "嘗與李大成兄弟同赴謁聖試 篇未終而刻幾盡.小李取東表相類者 勸公及時點化以呈 公不應 又有一友欲使相知下人 圖置收卷中 公曰 出身 士之大關嶺 其敢如是乎 終不聽"

사정(私情)을 따름을 탄핵하지 않을 수 없다." 하였다. 이리하여 조원을 논박하여 체직(遞職)케 하니 공론이 쾌하다고 하였다.[10]

만전당과 조원(趙瑗, 1544~1595)은 어릴 때부터 매우 절친했던 사이임에도 탄핵함으로써 공적인 일에 있어서는 개인적인 관계보다 우선 시하여 그의 직분을 수행하고 있다. 또 그가 한성우윤(漢城右尹)과 금오당상(金吾堂上)을 겸하고 있을 때의 사건에서도 그의 정직함을 찾아볼 수 있다.

이때 황정욱이 포로로 잡혀가서 적국에 대하여 신(臣)이라 일컬었다고 하여 귀양을 갔는데, 그의 아들이 상소하여 고향으로 가기를 빌었다. 임금이 금오(金吾)에 명을 내려 (이를) 의논하여 아뢰라 함에 여러 당상들이 모두 그의 소원대로 하려 했지만, 공은 홀로 그 죄가 윤기(倫紀)에 관계된다고 하여 여기에 이의(異議)함으로써 일이 마침내 시행하지 못했다.[11]

이때 강(姜)·문(文)·채(蔡), 세 사람이 대간으로서 은(銀)을 뇌물로 받고 잡혀 간혀서 심문을 받았는데, 다른 당상들은 그들을 풀어주려 했으나 공이 홀로 고집하여 옳지 않다고 하고 말하기를 "뇌물 받은 관리를 용서하지 못하는 것은 법으로도 오래된 교훈이 있다."라고 하였다.[12]

---

10 이이, 『石潭日記』下, 「萬曆六年戊寅」, 고전번역원, 1971, "而瑗爲吏曹佐郎 有循私之說 且瑗輕躁非人望 故可臣先謂瑗曰 公事則不顧私. 君多所失 我不可循情不劾. 乃駁瑗遞職 公論稱快"

11 홍경신, 『만전당홍가신문집(晩全堂洪可臣先生文集)』, 한국예총아산시지부, 2006, 500쪽(『만전집』 부록, 「行狀」), "時黃廷 彧以被虜稱臣竄謫 因其子上疏乞歸田里. 上下金吾議啓 諸堂上皆欲依願 公獨以爲罪關倫紀立異 事竟不施"

12 위의 책, 500쪽, "時姜文蔡三人 以臺諫受賂銀 被囚拷訊 他堂上欲解之 公獨牢執不可曰 不貸贓吏 法古有訓矣"

임금의 말이라 할지라도 원칙에 위배되면 단호히 거절하고, 공사(公事)에 있어서도 친분의 여하를 떠나 요불요(要不要)를 구분하지 않고 업무를 처리하고 있다. 이처럼 만전당은 자기가 맡은 직분에서 해야 할 것이면 어떠한 경우라도 그 일을 집행하였으며 누구에게라도 할 말을 하는 그런 사람이었다.

만전당은 나라에 대한 충정이 또한 대단하였다. 그가 기축옥사로 파직된 후 임진왜란이 일어난 이듬해 선조 임금에게 「적퇴후봉사(賊退後封事)」를 올렸는데, 이에 대한 아무런 회답이 없었다. 이에 대하여 홍주목사로 이몽학의 난을 평정한 뒤 재차 「응구언봉사(應求言封事)」를 올려 다음과 같이 아뢰고 있다.

> 지난 계사년 가을에 신이 어리석고 천함을 헤아리지 못하고 외람되게 거친 글을 올려 국가의 중흥과 경화(更化)에 만분의 일이라도 도움이 되길 바랐습니다. 그러나 전하께서는 전례에 따라 봉하(泛下)하심에 마침내 한 가지 일도 시행함이 없었으니 오늘날 걱정하는 바는 신하가 없는 것이 아니오라 비록 있어도 그 말을 능히 쓰지 못하는 것일 따름입니다.[13]

'황사(荒辭)'라 함은 계사년에 올렸던 봉사(封事)에서 한 말을 이르는데, 여기에서, '국가를 잃고 파천하시어 비웃음거리를 후세에까지 남겼으니 비록 말세의 나라를 망친 임금과 그 부끄러운 덕이 같다고 해도 지나친 말이 아닐 것입니다'[14]라고 한 것이다. 그는 「적퇴후봉사

---

13 洪可臣, 『만전당홍가신문집(晩全堂洪可臣先生文集)』, 한국예총아산시지부, 2006, 322쪽(『만전집』 권4, 「應求言封事」), "癸巳之秋 不揆愚賤 猥綴荒辭 冀補中興更化之萬一 而殿下隨例泛下 竟無一事施行 則今日之所患 非無言事之臣 蓋雖有之 而不能用其言耳"

(賊退後封事)」에서 정치를 하는데 두 가지의 강령과 열두 가지의 급선무를 말한 바가 있는데, 강령에는 성현의 학문으로 통치의 근본을 세우는 것과, 현명한 재상에게 정치를 맡겨 그 효과를 내도록 책망하는 것이다. 또 정치의 급선무는 첫째, 오래도록 벼슬을 맡겨 업적을 살펴보는 것, 둘째, 학교를 넓혀서 인재를 육성하는 것, 셋째, 백성을 구휼하여 국가의 근본을 굳게 하는 것, 넷째, 제사 지내는 예를 바르게 하는 것, 다섯째, 사적축재(私的蓄財)를 없애는 것, 여섯째, 검약(儉約)하게 하여 사치를 변화 시키는 것. 일곱째, 탐관오리를 경계하게 하는 것, 여덟째, 수령이 백성을 사랑으로 보살피게 하는 것, 아홉째, 관리 등용을 공정하게 하는 것, 열째, 장수는 병마에 관한 일만 전문적으로 하게 하는 것, 열한째, 군량을 비축하는 것. 열두째, 형벌을 완화로 사람의 목숨을 아끼는 것[15]이었다.

이에 대하여 봉하(泛下)함을 지적하면서 임금의 능력에 문제가 있다는 표현을 직설적으로 말하고 있다. 이는 자신의 목숨도 앗길 수 있는 간언(諫言)이라 하겠다. 하지만 나라를 위한 것이라면 태불태(殆不殆)를 가리지 않는 것이 진정한 선비이다. 그야말로 애국충정에서 직언도 서슴지 않았음에 선비로서 역할을 다한 것이라고 할 수 있다.

위에서 살펴본 것과 같이 만전당의 정직함은 그의 신념이다. 이러

---

14 위의 책, 244쪽(『晩全集』 3권, 「賊退後封事」), "其失國播越 貽譏後世 雖謂之與末世亡國之君同其慙德 未爲過也"

15 위의 글, "所謂爲治之大綱有二 日勤聖學以立治本 日委賢相以責治效. 所謂謂治之急務有十二 日久任官以考庶績 日敦學校以育人材 日恤百姓以固邦本 日罷黷祀以正享禮 日革內司以袪私藏 日崇節儉以變奢侈 日嚴贓法以戒貪汚 日重守令以寄字牧 日擇監司以公黜陟 日謹選將以專閫任 日省宂食以備軍資 日緩刑獄以惜人命"

한 정신이 나라를 위하는 충정으로 발로한 것이다. 특히 나라에 대한 배신과 뇌물사건에 대하여 자신의 소신대로 원칙대로 처리하는 결단력에서, 그리고 나라를 위한 것이라면 임금에게 황언(荒言)도 불사하는 모습에서 진정성이 느껴진다.

### 3) 청렴성과 혁신의 정치

만전당이 관리로 있는 동안 보여준 청렴정신은 타의 귀감이 되기에 충분하다.『선조실록(宣祖實錄)』선조29년 7월 2일 기사 만전당에 관한 소개 글에 '일찍부터 유명(儒名)이 있었는데 행실이 청렴결백하다는 것으로 한 세상에 이름이 났다.'[16] 고 하였듯이 청렴리로 명진(名振)하였고, 이러한 정신이 그의 생애 곳곳에 보인다.

수령을 내놓고 집에 돌아와 있을 때면 거의 때를 걸러야 하는 어려운 상황을 맞이한다. 그때마다 처가의 도움으로 겨우 명을 유지할 정도였다고 한다.

> 매양 수령을 내놓고 돌아오면 집에 먹을 것이 없어 부인의 친정에서 보내오는 것으로 조석을 이어 주림을 면했다. 수원으로부터 돌아와서는 죽미음도 계속되지 못했지만 집안 일로 해서 마음에 누(累)가 되는 일이 없었다. 일찍이 말하기를 "주리고 곤한 중에 옛사람의 글을 읽으면 배고픔을 잊는다." 하였다. 일찍이 "남에 대하여 가난함을 말하는 것은 그 뜻이 어디 있는가."라는 구절을 외우면서 말하기를 "이 말을 마땅히 마음에 새겨서 잊지 않는 것이 옳다."고 하였다.[17]

16 『선조실록』 선조29년 7월 2일 기사, "早負儒名 以行誼廉潔聞於一世"

17 홍경신, 『만전당홍가신문집(晩全堂洪可臣先生文集)』, 한국예총아산시지부, 2006,

이때는 정여립 모반사건으로 수원부사 직에서 파직 당하고 집에 운둔하고 있었던 때이다. 그의 입장에서 보면 얼마든지 지인에게 의탁할 수 있는 처지임에도 책을 읽으며 배고픔을 참고 견디는 모습이다. 특히 남에게 가난함을 알리는 자체가 도움을 받으려는 의미임을 말하고 있는 데에서 그의 청렴성을 읽을 수 있다.

홍주목사의 임기를 마치고 남양 집에 머물 때의 일이다. 이때도 역시 어렵게 살기는 마찬가지였던 것 같다.

> 기해에 홍주에서 임기가 차서 남양 촌집에 기거하였는데, 간고(艱苦)하기가 극에 달한 상태였다. 이러한 사정을 홍주 백성들이 듣고 보리 수십 석을 배로 운반해 가져왔으나 공은 사양하였다. 온 사람이 간절히 받기를 빌므로 겨우 한 섬만 받게 하여는데, 전별의 뜻으로 응낙한 것이다.[18]

홍주의 백성들이 그의 간고함을 듣고 보리 수십 석을 가져 오는 것을 마다하지 않았다. 이를 통하여 그가 임지에 있는 동안 고을 사람들에게 베푼 공덕이 어느 정도였는지 알만하다. 그러나 만전당은 한사코 이를 사양하는 것이었다. 결국 홍주 백성들의 진심어린 정성에 겨우 한 섬만 받을 것을 응낙하고 있는 데에서 또한 그의 마음 됨됨이를 느낄 수 있다.

그가 개성유수를 끝으로 벼슬에서 물러나서 1608년 선조가 승하하

---

492쪽(『만전집』부록, 「行狀」), "每遞守 令 還家無食 賴夫人親家備送朝夕資 得免飢. 自水原還 糜粥不繼 而不以家事累心. 嘗日 飢困中讀古人書 則 頓覺忘飢. 嘗誦對人言貧 其意安在之語日 此語當銘心不忘 可也"

18 위의 책, 498~499쪽. "己亥 洪陽瓜滿 寓居南陽村舍 艱苦備至 州民聞之 以牟數十斛船運而來 公辭之 來 人懇乞留置 爲受一斛 以答來贐之意"

였음에도 나라에서 계속 녹을 줌에 1609년 녹봉을 사양하는 「사록차(辭祿箚)」를 올렸는데, 여기에서도 그의 청렴정신이 강하게 느껴진다.

> 녹이란 벼슬하는 자가 받는 것인데, 신은 늙어서 시골에 물러나와 아무 일도 없이 한갓 국가의 곡식만 허비하고 있으니 이것은 뒷세상에 소찬(공짜 밥)의 비웃음을 남기는 것이 아니겠습니까. 〈중략〉 신이 비록 빈곤하오나 조선의 장업(莊業)이 조금 있어 닭을 치고 기장을 심어 구차하게나마 조석으로 (목숨을) 연명할 수 있습니다. 〈중략〉 비록 녹을 받지 않더라도 신은 한이 될 바가 없으니 이것이 이른바 갚지 않은 은혜를 갚는 것입니다.[19]

치사(致仕) 상소를 올려 허락을 받았는데, 봉조하(奉朝賀)[20]로서 계속 녹을 내리자 이를 사양하는 차자(箚子)를 올린 것이다. 이에 광해군이 전대에 훈신(勳臣)을 우대하는 법전이기에 사양하지 말고 받으라는 비답(批答)이 있었다.

반면 만전당은 우리의 역사에서 접하기 어려운 대단한 행정가였다. 그는 강릉참봉을 시작으로 벼슬길에 올라 부임하는 임지마다 그곳 고을 사람들로부터 호평과 존경을 받았다. 또한 중앙으로부터 행정적 능력을 인정을 받았는데, 그 이유가 위민(爲民)을 바탕으로 한 제도의 혁신에 있었다.

---

19 洪可臣, 『晩全堂洪可臣先生文集』, 한국예총아산시지부, 2006, 384쪽(『만전집』 권4, 「辭祿箚」), "祿者 仕者之俸也 臣退老田間 無事而徒費國粟 無乃貽後世素餐之譏乎 〈중략〉 臣雖貧困 薄有祖先莊業 養鷄種黍 苟延朝夕 〈중략〉 雖不受祿 臣無所恨 此所謂報不報之恩者也"

20 전직 고급관료를 대우하던 일종의 勳號로서 職事는 없다. 다만 正朝·冬至·誕日 등의 하례식에만 참석하고, 재직시의 품계에 따라 소정의 祿이 지급되는 恩給制度이다.

강릉참봉으로 있을 때 재축(齋祝)을 오직 삼가고 재(齋)에 있으면서 일이 없을 땐 단정히 앉아 글을 읽었으며, 무릇 시탄(柴炭)과 마초(馬草)를 공급해야하는 폐단을 개혁해 없앴다.[21] 이에 능력을 인정받아 6품으로 승서(陞敍)[22]되었고, 선조 7년(1574)에 부여현감에 부임하였다. 부임 후 이곳의 폐단을 낱낱이 파악하고 이것을 반드시 혁파해야 함을 임금께 상주하고 있다.

> 군의 우두머리가 여러 명목으로 가렴주구하며 당파를 나누고 빚쟁이처럼 여기니 부자는 밭을 팔아 밭이 다 팔리면 그 몸을 피하고 가난한 자도 밭은 없으나 도망갈 뿐입니다. 수령은 비록 당사자가 이미 도망을 간 것을 잘 알고 있더라도 역가포를 상환토록 하지 않을 수 없는 까닭으로 이에 도망한 군졸의 가까운 친척을 잡아 놓고 모든 친척에게 나누어 징수하게 하는 것입니다. 〈중략〉 친족이 없는 군졸은 주인 없는 땅에 농사를 짓게 하여 징수하고 농사를 지을 수 없는 군졸은 가까운 이웃에게 징수하여 한 군졸이 도망을 하면 열 집이 파산하게 되어 끝내 역시 (이들도) 보존하지 못하는데 이르게 되는 것입니다.[23]

---

21 홍경신, 『晩全堂洪可臣先生文集』, 한국예총아산시지부, 2006, 486쪽(『만전집』 부록, 「行狀」), "齋祝 惟謹 齋居無事 端坐讀書 凡柴炭馬草供給弊規 一切革祛"

22 선조실록 6년 12월 18일의 기록을 보면 이조가 아뢰기를, "전일의 승전(承傳)에 '산야(山野)의 행실이 있는 사람이나 이미 벼슬을 제수한 자 중에 더욱 특이한 자는 차서에 구애 없이 발탁하여 쓰라.'고 전교하셨으므로, 서계(書啓)합니다. 6품으로 승서(陞敍)되기에 합당한 자는 강릉참봉 기대정·홍가신, 예빈사참봉 유몽학, 경릉참봉 류몽정, 생원 김부필, 유학 정구입니다." 하니, 전교하기를, "이 공사(公事)는 대신(大臣)에게 의논한 것인가?" 하였다.

23 앞의 책(『만전집』 3권, 「民弊疏」), "主將誅求多岐 色目如蝟 富者賣其田 田盡則逃其身 貧者無田 只有逃 而已 守令雖明知其當人之已逃 而以其役價布 不可以不償 於是 捉致亡卒之首族 使之盡列其族而分徵之 〈중략〉 無族之卒 則徵其執耕 無執耕之卒 則徵其切隣 一卒逃亡 十家破産 終亦至於不保"

그가 처음 부여현(夫餘縣)으로 부임하여 그곳의 애환을 파악하고자 고을 백성들에게 물었는데, 그 중 가장 심각하게 느낀 것이 군졸 일족들의 폐단이었다. 여기에서의 폐단은 주장(主將 : 군부 우두머리)의 '주구다기(誅求多岐)'와 '색목여위(色目如蝟)'[24]라는 말에서 그곳의 실상이 느껴진다. 여러 가지 명목을 만들어 세금을 혹독하게 거두고, 파당(派黨)을 하여 빚쟁이로 만들어 버리는 상황에서 그곳 백성들의 삶이 어떠한가는 명약관화(明若觀火)하다.

그 외에도 국가에 바치는 공물, 그 지방의 토산물, 악공의 수효, 포목을 징수하는 해사(該司) 색리(色吏)의 비리 등 다섯 가지 폐해를 제시하고 이러한 폐단을 척결해 줄 것을 임금께 상주하고 있다. 이 소(疎)를 본 임금이 받아들임으로써 다섯 가지 조목을 일일이 행하니 고을 백성들이 크게 기뻐하였다.[25] 또 백성들은 감사 등에게 글을 올려 "이런 사실을 우리들 할아버지가 아비에게 전하고, 아비는 아들에게 전하고, 아들은 손자에게 전해 주었으니 나라를 세운 이후로 이 같은 어진 정사는 없다."[26]고 하였다.

이러한 그의 혁신적 행정은 벼슬하고 있는 동안 끊임이 없었다. 안산군수로 부임하여 선치(善治)했다는 구황어사(救荒御史) 이성임(李聖任)의 장계에 의해 승서(陞敍)하였고[27] 수원부사(水原府使)에 부임해

---

24 색목(色目)은 당시 백색당(서인)과 청색당(동인)의 당파를 말하고, 여위(如蝟)는 '여위부과(如蝟負瓜)'로 고슴도치가 오이를 짊어진 것 같음, 즉 남에게 진 빚이 많음을 이르는 말.

25 洪可臣, 『만전당홍가신문집』, 한국예총아산시지부, 2006, 209쪽(『만전집』 3권, 「民弊疎」), "上嘉納疏中五條 一一擧行 邑民大悅"

26 위의 책, 209쪽(『만전집』 3권, 「民弊疎」), "百姓呈監司等狀云 民等之祖傳言於父 父傳言於子 子傳言於孫 自開國以來 未有如此仁政云"

서 구황 성적이 도내의 제일이었다[28]는 기록이 이를 말해준다.

### 4) 변란에 대한 대처

만전당의 인생역정은 왜적의 침입과 민중반란, 그리고 정치적 소용돌이 속에서 이와 맞서야 했던 세월이었다. 이런저런 사건 중에 그에게 가장 위급했던 것이 기축옥사였다. 그는 정여립의 모반사건에 깊이 연루되어 있었다. 이 사건으로 가장 절친한 친구인 이발(李潑), 이길(李洁) 형제가 장살과 옥사를 당했으며, 이 때 고문을 당하다 죽거나 사형당한 동인세력이 천여 명이 넘을 정도였다. 만전당 역시 백유성(白惟諴, 1546~1618)의 모함으로 수원부사 직에서 파직을 당한 상태였고, 언제 어떻게 될지 알 수 없는 풍전등화(風前燈火)의 형국이었다.

> 기축년 12월 4일. 사간원에서 아뢰기를, "수원부사 홍가신은 역적과 정을 나누고 평소에 친밀하여 이발 형제와 서로 추장(推奬)하였으니 청컨대 파직시키시고 〈중략〉 경인년 5월 13일. 이발의 늙은 어미와 어린 아들이 매를 맞고 죽었으며, 그의 (조카)사위인 홍가신의 아들 홍세(洪稅, 3남 洪棨을 가리킴)와 김응남(金應南)의 아들 김명룡(金命龍)은 모두 압사 당했고, 문생과 노비들은 모두 엄형에 처했으나 자복한 자는 한 사람도 없었다.[29]

---

27 『선조실록』 권18, 「선조17년 5월조」, 고전번역원, "安山郡守洪可臣 因救荒御史李聖任狀啓善治 命陞 敍"

28 『선조실록』 권22, 「선조21년 6월조」, 고전번역원, "水原府使洪可臣 救荒之政 爲道內第一"

29 황혁, 『기축록(己丑錄)』, 「기축록상(己丑錄上)」, 고전번역원, 1971, "初四日院啓水原府使洪可信 以逆賊交情素密 與李潑 兄弟互相推奬 請罷 〈중략〉 十三日 李潑老母稚子並死杖下 其婿洪可信子棿 金應南子命龍 俱爲壓死 門生奴 僕盡爲嚴刑 無一人承服者"

여기에서 홍절(洪寀)과 김명룡(金命龍), 모두 이 사건으로 압사 당했다고 기록하고 있다. 그러나 이는 사실과 다르다. 김명룡은 광해군 13년(1621) 알성시 병과에 급제하여 군수까지 지낸 전력이 있고, 홍절은 조경(趙絅)이 지은 만전당의 신도비명(臣道碑銘)에서 '행장(行狀)과 문집(文集)을 가져와 비명을 부탁했다'는 내용이 나오기 때문이다.

만전당은 기축옥사의 가장 중심에 서있는 이발형제와의 관계가 매우 밀접했다. 민순의 문하에서의 동학이었고, 또한 이길과는 사돈지간이었다. 이로 인하여 수원부사직에서 파직 당한 후 남양에서 어렵게 살며 앞날을 예측할 수 없었다.

이긍익의 『연려실기술별집(燃藜室記述別集)』에 기록되어 있는 내용을 보면 만전당의 아들과 이길의 딸인 셋째 며느리와의 이혼을 허락해줄 것을 임금에게 청하고 있다. 이는 만전당도 화를 당할 수는 있는 위급의 상황에서 불가피한 선택이 아니었나 하는 생각이 든다. 왜냐하면 그 시대 역가(逆家)와의 이혼은 화를 피하기 위한 방편이었기 때문이다.

> 김응남의 아들 명룡과 홍가신의 아들 절은 모두 이길의 딸에게 장가들었다. 기축년의 난을 겪고 가신이 임금에게 글을 올려 이혼을 허락해 줄 것을 청하였다. 명룡도 임금에게 글을 올려 이혼의 허락을 청하였다. 이때 응남은 중국 서울에 가서 돌아오지 않았으므로 선비들의 공론이 응남은 허물하지 않았으나, 가신을 대단히 애석하게 여겼다.[30]

30 이긍익, 『연려실기술별집(燃藜室記述別集)』 권12, 「政教典故-婚禮」, 고전번역원, 1966, "金應南子命龍 洪可臣子寀 皆娶李 洁女 己丑之難 可臣上書請離婚 命龍亦上書請離婚. 時應南赴京未還 士論不咎應南 而多爲可臣惜之"

당시 이러한 처사에 대하여 많은 비난이 있었다. 왜냐하면 이발, 이길 형제와는 사돈이기 이전에 친구로서 우의가 매우 돈독했기 때문이다. 하지만 그는 이들이 결코 역모에 가담하지 않았다는 확신이 있었다. 그래서 「응구원봉사(應求言封事)」에서 그들에게 신원해 줄 것을 요구하고 있다.

> 기축역옥(己丑逆獄)의 참혹함을 말하자면 기가 막히옵니다. 역신 여립이 입으로는 시서(詩書)를 외우면서도 성품은 실상 흉악한 마음을 품어서 제 뜻을 잃고 낭패하게 되자 속으로 원망하고 분한 마음을 품고 비밀리에 무뢰배들을 이끌어서 감히 하늘을 쏠 계책을 내었다가 …〈중략〉… 두세 사람 벼슬아치에 이르러서는 모두 일시의 명류들로서 특별히 착한 것을 좋아만하고 그 사람은 가리지 않았으며 말만 듣고 행동을 보이지 않았기 때문에 편지 왕복으로 문답하는 사이에 망령되이 세상일의 시비를 의논하였으니 이것은 죄가 없다고 할 순 없지만 함께 역적모의에 참여해서 불측한 일을 도모했다고 한 즉 이런 일은 만무할 것입니다.[31]

위의 내용은 기축옥사가 일어난 지 7년 후에 올린 글이다. 여기에서 정여립에 대하여 만큼은 선을 분명히 긋고 있다. '구송시서(口誦詩書) 성실포장(性實包藏)'으로 말하면서 매우 간악자로 몰아세우고 있다는 데에서 알 수 있다. 하지만 '이삼조신(二三朝紳)' 즉 이발, 이길에 대해서는 역모가 만무하다고 말하고 있다.

---

31 洪可臣, 『만전당홍가신문집(晩全堂洪可臣先生文集)』, 한국예총아산시지부, 2006, 332쪽(『만전집』 권4, 「應求言封事」), "己丑逆獄之慘 言之短氣 逆臣汝立 口誦詩書 性實包藏 及其失志狼狽 陰懷怨懟 潛引無賴之徒 敢生射天之計 〈중략〉 至於二三朝紳 則皆是一時之名流 特以好善而不擇人 聽言而不觀行 書札問答之間 妄論時事是非 是則不無其罪 而謂之同參逆謀 以圖不軌 則萬無是事矣"

만전당의 생애에 있어 생존이라는 난관을 넘어야 할 때가 많았지만 그에게 있어 기축옥사 때가 가장 어려운 시기였다. 자칫하면 자신도 씻지 못할 억울함을 당할 수 있는 상황이었기에 이길의 딸과 아들 절(梲)과의 이혼 청구하고 정여립과의 선긋기를 시도한 것이다. 그러나 오히려 동인, 서인을 가리지 않는 친화력과 직분을 수행하는 행정능력을 인정받았다는 데에서 이러한 위기를 극복할 수 있을 것으로 여겨진다.

정여립(鄭汝立) 모반 사건이 일어난 지 3년 후 임진왜란을 맞게 된다. 임진왜란은 우리의 역사에서 백성들에게 가장 힘들고 어려운 생활고에 시달리게 했다. 이때에 그는 역성모반(易姓謀反)사건에 연루되어 수원부사의 직에서 파직당한 후 남양에서 은거하고 있었는데, 왜란을 맞아 포의(布衣)의 신분으로 향당중심의 거의(擧義)를 함으로써 나라에 대한 충정(忠情)을 불태우고 있다.

그가 남양에 도착했을 때 역시 나라를 지켜야겠다는 의지를 강하게 비추고 있다. 하지만 여건이나 환경이 열악하여 뜻대로 되지 않음에 그 고민을 친구 송선(宋璇, 1544~1629)[32]에게 토로한다.

> 내 유리전전(流離輾轉)하다가 팔월 초순에 어렵게 당성에 이르러 나라에 갚을 길이 없음을 뼈아프게 생각하여 한두 사람 동지와 더불어 향병을 모집하여 군부(君父)의 원수 갚기를 도모하였으나 힘이 모자라고 재주가 없어 뜻과 같지 못한 일이 열에 여덟아홉뿐만이 아니니 통곡한들 무엇

---

32 자는 중회(仲懷). 호는 목옹(木翁). 김근공(金謹恭)과 민순(閔純)의 문하에서 배웠다. 과천(果川), 강음(江陰), 운봉(雲峯) 등의 현감과 곡산(谷山), 단양(丹陽) 등의 군수를 역임하였으며, 세자익위사 익위, 형조 정랑 등을 거쳤다.

하겠는가. 〈중략〉 말하면 마음이 아파 살고 싶은 생각이 없노라.[33]

남양으로 오기까지 많은 어려움을 겪었고, 도착하고 나서 동지와 더불어 거의(擧義)하고자 했으나 뜻대로 되지 않아 무척 고민하는 모습이다. 이때 지은 시에 이러한 고민이 잘 나타나 있다. “왜구를 피해 남쪽으로 온 지 벌써 한 해가 지났는데/ 당성진에서 봄 중 절반을 궁벽한 바닷가에서 머물렀네./ 온 나라에 병사들이 제멋대로이니 어느 때 평정하리./ 떨어지는 눈물 시간이 흐를수록 참을 수가 없네. 〈후략〉”[34]

만전당은 포의(布衣)이면서 숨어서 피해 지낼 법도 하지만 나라에 대한 걱정 때문에 눈물 흘리며 난국을 타개할 고민에 휩싸여 있다. 생각하면 할수록 살고 싶을 마음이 없을 정도로 절망적인 상황이었던 것이다.

하지만 거병(擧兵)을 열악한 상황 속에서 결행하였고, 적을 토벌하여 성과를 올리고 있다.

> 가을에 남양으로 들어가서 향당을 창솔하여 의병을 일으켜 적을 토벌하였는데, 그 때 목을 베거나 사로잡았으나 임금께 장계하는 것에 신경 쓰지 않았다. 마침내 창의군과 더불어 서로 견제해서 병사와 군량에 대한 문서를 순찰사에게 주고 파군(罷軍)하여 호서로 돌아왔다.[35]

---

33 洪可臣, 『晩全堂洪可臣先生文集』, 한국예총아산시지부, 2006, 164쪽(『晩全集』 2, 「與宋雲峯仲懷書」), “僕流離輾轉 八月初 艱到唐城 痛念報效之無路 與一二同志 召募鄕兵 圖報君父之讐 而力綿材薄 不如意事不啻十八九 痛哭奈何 〈중략〉 言之痛心 不如無生”

34 위의 책, 132~133쪽(『만전집(晩全集)』 권1, 「피란당진(避亂唐津)」), “避寇南奔歲已經 唐津春半滯窮溟 兵橫宇縣何時定 淚入年華不禁零 〈후략〉”

이러한 성과가 있었음에도 그 공(功)을 임금에게 아뢰지 않았다. 그런데 조정에서는 의병들을 관군의 편제에 편입하고자 한 것이다. 그 이유는 의병이 전쟁 후에 사조직화(私組織化)되어 정여립과 같은 역도(逆徒)가 될 가능성이 있다는 우려에서다. 이에 선조가 관군에 편성시키라는 명령에 의병들이 강하게 반발하였지만 만전당은 의병의 문서를 순찰사에게 넘겨주고 파군(罷軍)하였던 것이다.

임진란이 일어난 후 이듬해인 계사년(癸巳年, 선조26년, 1593)에 우여곡절 끝에 입금의 부름을 받는다. 이로써 파주목사로 부임하였다가 이듬해 홍주목사에 제수되었는데, 홍주는 호남에서 서울로 향하는 길목으로써 호서를 가로막는 군사요충지였다. 만전당이 목사로 부임하였을 때 이곳 백성들의 생활은 전쟁과 흉년으로 인한 생활고로 몹시 각박하였다. 『쇄미록(瑣尾錄)』에서 당시의 사회상을 짐작하게 해준다.

> 또 길에서 굶어 죽은 시체를 거적으로 말아서 덮어둔 것을 보았는데 그 곁에 두 아이가 앉아서 울고 있다. 물었더니 그 어미라 한다. 어제 병으로 죽었는데 그 뼈를 묻으려 해도 비단 저들 힘으로 옮길 수 없을 뿐 아니라 또 땅을 팔 도구를 얻을 수가 없다고 한다.[36]

35 홍경신, 『만전당홍가신연구(晩全堂洪可臣先生文集)』, 한국예총아산시지부, 2006, 493쪽(『만전집』 부록, 「행장(行狀)」), "秋轉入南陽 倡率鄕黨 擧義討賊 時有斬獲 不屑啓聞 適與倡義軍相牽掣 籍兵糧付巡察使 罷歸湖西"

36 오희문, 『쇄미록(瑣尾錄)』, 「갑오일록(甲午日錄)」, 2월14일 기사, "且路見餓屍 以藁席掩覆 傍有兩兒坐立 問之則曰 其母也 昨日病餒 而死 欲埋其骨 非但力不能移動 又不得堀土之具云"

만전당이 홍주로 부임할 즈음에 쓴 기록인데, 처참할 정도이다. 이러다 보니 점점 민심이반의 현상이 커졌다. 이로 인해 호서에서는 이몽학(?~1596)[37]을 중심으로 민중들을 규합하여 홍산(鴻山)을 시작으로 반란을 일으켜서 임천(林川)·정산(定山)·청양(靑陽)·대흥(大興)을 함락하고 그 여세로 홍주성(洪州城)에 돌입했던 것이다.

> 이 해 가을 역적 이몽학이 홍산으로부터 일어나서 연달아 두어 고을을 함락시키고 수재(守宰)들을 잡아가니 호내(湖內)가 크게 진동하였다. 어떤 사람이 공에게 성을 버리고 왕실을 구원할 것을 권하니 공이 말하기를 "봉강을 맡은 신하는 봉강에서 죽어야 한다." 하고 분연히 성을 지킬 계획을 세웠다.[38]

당시 상황으로 보아 매우 위급한 상황이었음을 느낄 수 있다. 연달아 고을을 함락시키면서 반란군의 기세는 하늘을 찌를 듯했고, 이들은 홍주성을 향해서 진격하고 있는 중이었다. 이에 주위에서 홍주성을 떠날 것을 권했으나 단호하게 거부하고 성을 지킬 계획을 세웠다. 民兵을 모으는 한편, 홍주에 사는 무장 임득의(林得義)·박명현(朴名賢)과 전 병사 신경항(辛景恒) 등을 불러서[39] 대책을 세워 반란군이 홍주

---

37 왕족의 서얼 출신으로 임진왜란 때 장교(將校)가 되었다가, 국사가 어지러운 것을 보고 모속관(募粟官) 한순(韓絢) 등과 함께 홍산 무량사에서 반란을 모의하고 의병을 가장하여 조련을 하였으며, 동갑회(同甲會)라는 비밀결사를 조직하여 친목회를 가장, 미중들을 규합하여 반란을 일으켰다.

38 홍경신, 『만전당홍가신문집(晩全堂洪可臣先生文集)』, 한국예총아산시지부, 2006, 497쪽(『만전집』 부록, 「行狀」), "是年秋 逆孼李夢鶴起自鴻山 連陷數邑 刦掠守宰 湖內大震 或勸公棄城勤王 公曰 封疆之臣 死於封疆 奮然爲城守計"

39 『국조보감(國朝寶鑑)』 권32, 선조조9, 29년(병신, 1596), 고전번역원, 1994, "夢

로 향해 진격하자 조직적으로 대항하였다.

> 선생이 군사를 모아 굳게 지키고 상황에 맞게 지휘함으로써 적을 주륙할 수 있었다. 이에 사람들이 모두 선생을 가리켜 병거(兵車)를 타고 군사를 지휘할 만한 장군의 재주가 있다 하였고, 논공(論功)하고 책훈(策勳)하여 마침내 보필하는 지위에 올랐다. 전후로 정치의 폐단을 항언(抗言)할 때에 시휘(時諱)하지 않았으니, 사직(社稷)을 위기에서 구한 중신(重臣)이라고 하겠다.[40]

그가 반란군과 맞서서 유리한 상황으로 만들 수 있었던 것은 철저한 방어계획과 상황에 맞는 지휘력, 그리고 고을백성들의 적극적인 협조에 있었다. 특히 고을백성들이 민병모집에 협조적이었던 것은 만전당의 선치(善治)에서 비롯된 것이다. 그가 어느 임지에 부임하든 그 지역의 폐단을 파악하고 백성들을 위해 제도를 혁신하는 행정이 바로 그것이다.

이로써 반란군의 전세가 불리하게 되자 이탈하여 관군과 내응하는 자가 속출하였고, 이몽학은 그의 부하 김경창·임억명·태근에 의하여 결국 피살되고 말았다.

홍주성이 함락되었다고 가정을 해보면 왜란 당시 싸움 한 번 제대로 치르지 않고 일본군이 서울로 입성하였듯이 이몽학의 반란군도 더욱 기세를 높여 서울까지 무난히 입성하였을 것으로 예상해 볼 수 있

---

鶴進攻洪州 牧使洪可臣收聚民兵 且召州居 武將林得義朴名賢 前兵使辛景恒等 爲守城計"

40 이익, 『성호전집(星湖全集)』 권50, 「만전당홍가신문집서(晩全堂洪可臣先生文集序)」, 고전번역원, 2007.

다. 그래서 만전당은 지역의 작은 민란을 진압한 것이 아니라 나라를 수호한 것이어서 여기에서 역사적 의미가 크다고 할 수 있겠다.

## 3. 삶의 지향

화담 서경덕(1489~1546)에게 습정 민순이 도통을 이어받았고, 만전당은 습정 민순의 문하에서 수학하였다. 이이가 "화담은 총명이 남보다 뛰어났으나 중후함이 부족하여 그 독서하고 궁리함에 문자에 구속받지 않고 자기의 생각을 많이 채용했다."[41]고 하였듯이 그의 학풍을 독자적인 주정설(主靜說)로 발전 시켰다. 주정(主靜)이란 '무욕(無慾)함으로써 고요하다'란 의미로 성인은 동정(動靜)의 덕을 겸비하고 있으나 그 성덕(成德)의 기본은 정(靜), 다시 말하면 사의사욕(私意私慾)이 없는, 참으로 주체성이 확립된 경지(이것을 기상으로 본 경우에는 담연허명(澹然虛明)이라든가 담일청명(湛一淸明)이라고 말하고 물(物)에 비유하면 명경지수(明鏡止水)와 같다고 한다.)에 있는 것을 말한다.[42] 이러한 학풍을 습정으로부터 이어받은 사람이 만전당이다. 습정은 화담으로부터 주정(主靜)의 설(說)을 듣고 크게 감화하여 자신의 아호를 '습정(習靜)'이라고 할 만큼 주정(主靜)에 심취하였던 분이다. 만전당도 배움을 구할 때 습정으로부터 "사람이 능히 주정(主靜)을 하면 총명이

---

41 이이, 『율곡선생전서』 권10, 「답성호원(答成浩原)」, 고전번역원, 1966, "花潭則聰明過人 而厚重不足 其讀書窮理 不拘文字 而多用意思"

42 좌등인, 「이퇴계(李退溪)와 이연평(李延平)에 관하여」, 『퇴계학보』 제68호, 퇴계학연구소, 1990, 244쪽.

열리는 것, 이것이 자연한 이치다."[43]라는 말을 익히 들었던 것이다.

따라서 만전당도 이를 삶의 철학으로 여기고 실천하려는 흔적이 그가 남긴 유고(遺稿)의 곳곳에 스미어 있는데, 이로 보아 그가 지향하고자 했던 삶이 주정(主靜)에 있었음이 분명하다.

### 1) 자연에 의지하고 싶은 삶의 구가(謳歌)

만전당이 병자년(丙子年, 1576년, 선조9) 부여의 수령으로 있을 때 관사 가까운 곳에 암자를 짓고 '이은암(吏隱菴)'이라고 이름하였는데 그 이유를 다음과 같이 밝히고 있다.

> 나는 비록 이곳에서 관리 노릇하는 것을 면하지 못하지만, 내가 이 암자를 지었을 때 '은(隱)'의 지취에 부합되는 면이 많았다. 암자는 관사와의 거리가 몇 리 되진 않지만, 형세는 속세와 아주 많이 다르다.[44]

바로 이 암자를 짓고 '이은암(吏隱菴)'이라고 한 것은 '은(隱)'에 대한 자신의 욕구가 있었기 때문이다. 만전당의 이러한 생각은 화담 서경덕과 습정 민순의 삶의 방식에서 그 영향을 받고 있다. 화담은 명산대천을 유람하면서 자연과 벗 삼고 벼슬에 나아가지 않고 평생을 임천에서 보냈으며, 습정 또한 생의 대부분을 임천에서 자연을 즐기며 살았던 분이다. 이러한 영향으로 만전당 역시 부여에 부임하여 벼슬

---

43 위의 책, 421쪽, "人能主靜 則聰明開發 此自然之理也"

44 洪可臣, 『만전당홍가신문집(晩全堂洪可臣先生文集)』, 한국예총아산시지부, 2006, 152쪽(『만전집』 2권, 「이은암기」), "余雖不免作吏於此 然余構是菴也 其有會於隱之趣深矣. 菴距官舍不滿數里 而勢甚敻絕"

살이를 하면서도 암자를 지어놓고 시간이 있을 때마다 이곳을 찾아 자연을 만끽하며 노래하고 있다.

> 바위 집 좋아하는 나그네 客有好巖棲
> 구름어린 밤 사립문도 닫지 않는구나. 雲扉夜不閉
> 때때로 달 아래 여울물소리 들려오고 時聞月下灘
> 바람에 학의 고운 소리 실려 오누나.[45] 風送鶴淸唳

그가 지향하는 삶을 이 시의 제목 「숙창주이은암(宿滄洲吏隱庵)」에서 알 수 있다. 왜냐하면 '창주(滄洲)'란 경치 좋은 은자의 거처를 말하기 때문이다. 또한 이 시에서 그가 진정 어떤 삶을 원하고 있는지를 알 수 있게 하는데, 이를 「이은암기(吏隱菴記)」에서 뒷받침해 주고 있다.

> 나는 공무를 마친 여가에 대지팡이를 짚은 채 구름을 뚫고 배를 타고 물길을 거슬러 올라가는데, 늘 평상복을 입고 샛길로 가면서 고을 사람들이 알지 못하게 하였다. 고요히 앉아 향을 피우고 온 방 안을 고요히 한 다음 혹은 도서에 마음을 쏟기도 하고 혹은 음풍농월하면서 강산의 주인이 되기도 하고 어조(魚鳥)의 짝이 되기도 한다.[46]

구름이 어려 있는 곳에서 음풍농월하면서 어조(魚鳥)를 벗 삼아 지내기 위해 '이은암(吏隱菴)'을 지었고 틈이 나면 수시로 찾고 있다. 그

45 위의 책, 52쪽(『만전집』 1권, 「숙창주이은암(宿滄洲吏隱庵)」).

46 위의 책, 153쪽(『만전집』 2권, 「이은암기」), "余於公退之暇 竹杖穿雲 蘭舟泝流 皆便服徑造 不使邑人知 靜坐焚香 一室岑寂 或玩心圖書 或吟弄風月 江山之主 魚鳥之侶"

리고 그곳에서 자연을 만끽하는 모습이다. 바로 이러한 모습에서 화담과 습정의 삶을 추구하고 있는 것이며, 그래서 자신도 언젠가는 자연으로 귀의하여 그렇게 살아야겠다는 의지를 보여주고 있는 것이다.

이렇듯 만전당은 벼슬살이를 하면서 늘 이런 삶의 욕구를 버리지 못했다. 개성유수로 부임하여 쓴 시에서도 자연에 귀의하겠다는 모습이 강하게 나타난다.

| | |
|---|---|
| 심양강 가로 봄이 되어 돌아오니 | 歸趁潯陽江上春 |
| 띠집은 예와 같고 경치는 오히려 새로워라. | 茅齋依舊景如新 |
| 아침에 일어나니 호서 가는 길 생각나 | 朝來坐想湖洲路 |
| 서강에서 돛을 달고 공세나루로 떠나가리.[47] | 帆掛西江落貢津 |

이 시는 기구와 승구에 도연명의 귀거래를 표현하고, 전구와 결구에서 고향에 은거하며 자연을 즐기고 싶은 의지를 담고 있다. 이 시는 만전당이 귀거래도(歸去來圖)에 제발(題跋)로 적은 시인데, 귀향하여 자연 속에서 살겠다는 의지를 나타내면서, 이를 실현하기 위해 쓴 '귀거래시(歸居來詩)'다.

「행장(行狀)」에서도 "화공으로 하여금 도연명(陶淵明)의 귀거래도(歸居來圖)를 그리게 하고 (그림을) 가리키면서 말하기를 '이로부터 호서에 돌아가기를 마땅히 이와 같이 하리라.'하였다."[48] 그리고는 임금에게 치사(致仕)를 올리고 아산으로 향했다는 것이다.

---

47 위의 책, 125~126쪽(『만전집』 1권, 「在松京令畵淵明歸居來圖于壁上題其旁」).

48 위의 책, 504쪽(『만전집』 부록, 「행장」), "令畫手作淵明歸去來圖 指之曰 自此歸湖西 當如是也"

그 후 아산 대동에서 은거하면서 노쇠한 연치(年齒)임에도 그동안 자신이 지향하고자 했던 삶을 추구하고 있다. 바로 「괴석차절아운(怪石次粢兒韻)」에서 그 모습을 찾을 수 있다.

| | |
|---|---|
| 가로 누운 한 길 바위 | 庚庚一丈石 |
| 오랜 세월로 비단이끼 덮였네. | 歲久苔成錦 |
| 준엄하고 덕스런 모양인데 | 尊嚴長者樣 |
| 어렴풋이 술 취한 모습이라. | 微側如酣飮 |
| 깎여 패인 곳에 두 구멍 뚫렸는데 | 崖崩兩竇穿 |
| 이리저리 굽어 꺾여 숙여보려 해도 쉽지 않네. | 屈曲難俯瞫 |
| 사납고 또한 험한 모양 다하니 | 窮奇更殫險 |
| 조물주의 장난이 심하기도 하다. | 造物戱之甚 |
| 밭길에 제멋대로 묻혀 있으니 | 田蹊任埋沒 |
| 초동, 목동 누구인들 서로 돌아 봤을까. | 樵牧誰相諗 |
| 늙은이 하늘이 아끼는 걸 빼앗음에 | 老眼奪天慳 |
| 조물주도 어찌 할 수 없었으리. | 眞宰不得禁 |
| 꺼치로 싸서 밀고 끄는 힘 허비하다보니 | 氈包費推輓 |
| 소 아홉 마리가 흘린 땀을 짜냈구나. | 九牛汗流瀋 |
| 번거롭기가 우공이산 만큼은 아니지만 | 未煩愚公移 |
| 내 침실 앞에 우뚝하게 세워졌다. | 突兀當我寢 |
| 거친 뜰이 겨우 반 이랑 남짓한데 | 荒庭纔半畝 |
| 꽃과 대나무의 청량한 그늘 깔리어 있는 곳. | 花竹散淸蔭 |
| 맑고 찬 샘물로 씻어내니 | 濯以淸冷泉 |
| 우람한 모습이 문득 베개 가에 비춰지네. | 孱顔倏映枕 |
| 병든 나는 벼슬살이에 게을러져 | 病拙宦遊懶 |
| 임천으로 돌아온 지 벌써 3년이나 되었지. | 歸林已三稔 |
| 너와 함께 남은 세월 지낼 만하니 | 相對可終年 |

나아가고 물러섬을 이제부터 살피리라.[49] 行藏自此審

들판에 놓인 한 길이나 되는 아름다운 괴석을 옮겨 정원을 꾸미는 모습이다. 조물주가 심혈을 기울여 만든 그야말로 '천간(天慳)'을 뺏어오는 일을 감행하고 있다. 이러한 일을 조물주도 말릴 수 없다는 데에서 그의 의지가 강력하다. 또한 이 일을 감행하면서 애쓴 정도를 '구우한류(九牛汗流)' 만큼이라고 비유하고 있는데, 이러한 삶을 그동안 얼마나 갈망하고 있었는지도 짐작할 수 있다.

이렇듯 만전당은 벼슬길에 있으면서도 늘 자연에 귀의해서 사는 삶을 잊지 않고 그 꿈을 실현하고 있는 것이다. 그리고 이곳에 귀의한 후 지극히 만족하는 모습에서 삶의 의미를 찾았음을 느끼게 한다.

### 2) 구도(求道)에 대한 갈망

구도(求道)에 대한 갈망이 그의 시문에 자주 나타나는데 바로 그 도(道[修己]) 역시 '주정설(主靜說)'과 밀접하게 연결되고 있음이 느껴진다.

만전당이 처음 강릉참봉에 제수되어 도(道)를 수양하지 못하고 부질없이 세월만 보내는 안타까움을 「제강릉재벽(題康陵齋壁)」에서 노래하고 있다.

새벽에 일어나 의관을 정제하니 晨起肅衣冠
창살에 해가 붉게 떠올라. 窓日紅初發

---

49 위의 책, 94~95쪽(『만전집』 1권, 「괴석차절아운(怪石次粢兒韻)」).

문득 때가 늦었다고 놀랐을 때　　忽驚節序晚
산뜻한 숲 속 매미소리 구슬프기만.　　悲蟬吟淸樾
낮은 벼슬은 주린 배를 채우지 못하고　　薄宦不救飢
옛날 배웠던 것조차 잊혀만 가.　　舊學轉荒沒
떠도는 인생 얼마 되지 않았건만　　浮生詎無幾
세상의 변고는 끊임없이 일어나는데.　　世故靡有歇
저 산 속의 사람 탁월함은　　卓彼山中人
속세에서 그의 몸이 탈피했기 때문이지.　　塵穢蛻風骨
맑고 맑은 물에 비친 구름을 품고　　昭昭水雲懷
송암에서 음풍농월하네.　　吟弄松巖月
왜 그대에게 가 도를 묻지 않고　　何不往問道
부질없이 흰 머리만 나게 하는가.[50]　　漫令生華髮

배운 것조차 잊혀져가는 현실과 나라의 끊임없는 변고 속에 처해 있는 만전당 모습이 몹시 처량하다. 산중도인(山中道人)을 부러워하며 그에게 도를 묻고 싶어도 물을 수 없는 처지이다. 그래서 그의 구도(求道)에 대한 갈망이 더욱 간절하게 느껴진다.

이 시에서 '산중인(山中人)'은 송운(松雲 : 四溟堂, 1545~1610)스님으로 추정된다. '소소수운회(昭昭水雲懷) 음롱송암월(吟弄松巖月)'에서 '송운(松雲)'을 암시하고 있다. 송운스님과 친분관계가 돈독했고 주정설(主靜觀)에 있어서도 서로 동감하는 처지였을 것이다.

이를 뒷받침 해주는 시가 「차심상국운증운사(次沈相國韻贈雲師)」 3수(三首)이다. 송운과 연하(煙霞)의 선경 속에서 시를 읊으며 지내고 있다. 그 중 기일(其一)에서 도(道)가 이루어지기를 바라고 있다.

---

50 위의 책, 91쪽(『만전집』 1권, 「제강릉재벽(題康陵齋壁)」).

| | |
|---|---|
| 성군시대 전쟁이 평정되니 | 聖代休兵革 |
| 쇠한 늙은이 비로소 부를 짓네. | 衰翁賦遂初 |
| 군재의 관청일 사임하고 | 郡齋辭吏事 |
| 스님의 집과 이웃해서 살고 있네. | 僧舍作隣居 |
| 뜰 앞의 풀을 보니 살 의지가 생기고 | 生意看庭草 |
| 옛 책에 의지하니 정이 그윽해지네. | 幽情付古書 |
| 빈산에 해 돋고 다시 지는데 | 空山日復夕 |
| 나의 도를 어찌해야 이를까.[51] | 吾道竟何如 |

내용면에서 비교해 볼 때, 앞의 시 「제강릉재벽(題康陵齋壁)」과는 상황이 정반대이다. '세고미유헐(世故靡有歇)'의 시대에서 '성대휴병혁(聖代休兵革)'의 시대로, '박환불구기(薄宦不救飢)'의 상황에서 '군재사리사(郡齋辭吏事)'의 상황으로, '산중인을 그리워'하는 관계에서 '승사작린거(僧舍作隣居)'의 관계로, '구학전황몰(舊學轉荒沒)'의 처지에서 '유정부고서(幽情付古書)'의 처지로 현상(現象)이 전환되었지만, 구도(求道)에 있어서는 만큼은 별 진전이 없음에 고민한다.

그러나 구도(求道)에 대한 갈망이 계속되고 있다. 「증안사내(贈安四耐)」 2수(二首) 중 기일(其一)에서 그런 노력이 보인다.

| | |
|---|---|
| 세상일은 능력자에게 맡기고 | 世事付能者 |
| 돌아가련다. 옛집을 찾아서. | 歸歟尋舊居 |
| 아침에 도를 들으면 저녁에 죽어도 좋으니 | 朝聞夕死可 |
| 대문 닫고 읽다 만 책이나 보리라.[52] | 閉戶讀殘書 |

---

51 위의 책, 72~73쪽(『만전집』 1권, 「차심싱국운증운사(次沈相國韻贈雲師)」).

52 위의 책, 60쪽(『만전집』 1권, 「증안사내(贈安四耐)」).

이 시의 승구에서 도연명의 '귀거래사(歸去來辭)'가 연상된다. 그가 개성유수(開城留守)로 있을 때, 화공에게 '귀거래도(歸去來圖)'를 그리게 하고 이 그림에 제발(題跋)한 시를 앞에서 언급하였다. 그와 마찬가지로 이 시에서도 자연 속에 귀의하겠다는 결심을 내비치고 있다. 그런데 귀의하려는 이유가 이 시에서 뚜렷하게 느껴진다. 즉 구도(求道)의 진척을 위해서이다.

전구는 『논어(論語)』의 「이인편(里仁篇)」에 "子曰(자왈) 朝聞道(조문도) 夕死可矣(석사가의)"를 용사(用事)하였는데, 이 말에 주자(朱子)는 "도(道)라는 것은 사물의 당연한 이치다. 진실로 그것을 들을 수 있다면, 살아서는 이치에 따르고 죽음에도 편안해져서 여한이 없을 것이다."[53]라고 풀이하고 있듯, 만전당도 이치에 따라서 순리대로 살아야겠다는 의지의 표현이라 하겠다. 구도(求道)에 대한 열의가 느껴진 대목이다.

만전당이 선조에게 올린 상주문에서 구도(求道)할 것을 권하고 있는데, 여기에서 그가 추구하고 있는 도(道)가 무엇인가를 알 수 있게 한다.

> 신이 일찍이 듣자오매 주희의 말에 "세상에 큰 공을 세우기 쉽지는 않으나 지극히 작은 자기의 본심도 보존하기 어려운 것이며, 중원의 오랑캐는 쫓기는 쉬워도 한 몸의 사사로운 마음은 없애기 어렵다."하오니 뜻을 세우고 어진 이를 구하는 것이 진실로 오늘 날의 큰 근본이요 급한 일이오나 (자기 몸을) 살피고 (사욕이나 과오를) 다스려 이겨내는 학문이 어찌 이

53 『논어·이인』, "朱注云 道者 事物當然之理 苟得聞之 則生順死安 無復遺恨矣"

두 가지의 도를 구하는 것이 아니겠습니까.[54]

여기에서 그는 '성찰극치지학(省察克治之學)'이 곧 구도(求道)하는 것임을 말하고 있다. 이는 곧 사리사욕을 없애면 고요한 경지에 이른다는 화담과 습정의 주정(主靜)의 설(說)인 것이다.

또한 「차심상국운증운사(次沈相國韻贈雲師)」, 「증안사내(贈安四耐)」가 「응구언봉사(應求言封事)」보다는 시기적으로 10년 정도 후에 지은 것이긴 하지만 지금까지 살펴본 바, 일관된 삶의 경로로 볼 때 그가 구하고자 고민했던 도(道)가 주정(主靜)의 경지에 오르는 것이었음을 알 수 있다.

### 3) 나라를 향한 충정

만전당은 민란과 두 번의 왜란과 겪으면서 세운 공헌과, 『만전집(晩全集)』에 수록된 일곱 차례의 상소문(上疏文), 여덟 차례의 차자문(箚子文)에서 그의 나라를 향한 충정이 잘 나타난다. 앞에서도 언급하였듯이 임진왜란 시엔 남양에서 향병을 모집하여 의병활동을 한 사실, 이몽학 난을 홍주목사로서 평정한 일, 그리고 사안이 있을 때마다 임금에게 올린 글에 나타나는 명(命)을 아끼지 않는 충언(忠言)이 이것이다. 이러한 일들이 모두 나라를 향한 사심이 없는 충정(忠情)에서 비롯된 것이다. 그래서 그는 어느 곳에서나 처해 있는 상황의 이난(易

54 위의 책, 353~354쪽(『만전집』 4권, 「응구언봉사(應求言封事)」), "臣嘗聞朱熹之說 不世之大功易立 而至微之本心難保 中原之戎虜易逐 而一己之私意難除 立志求賢 固爲今日之大本急務 省察克治之學 又豈非求盡二者之要道也"

難)을 가리지 않고 늘 나라를 걱정하는 모습을 보인다.

| | |
|---|---|
| 어제 밤 서리가 바위 아래 난초에 내리니 | 昨夜霜摧巖下蘭 |
| 병중에 가을의 온갖 생각으로 바뀌네. | 病中秋思轉相關 |
| 하늘가에서 나라걱정으로 삼년동안 눈물 흘렸고 | 天涯憂國三年淚 |
| 객지에서 그대를 만나 한번 웃고 즐거웠네. | 客裏逢君一笑歡 |
| 진실로 난리란 원래 까닭이 있는 것 | 固謂亂離元有自 |
| 기약 없는 이별의 한을 어찌 견디리. | 那堪別恨太無端 |
| 작별에 임하여 마음을 같이 하는 그대에게 말하노니 | 臨分說與同心子 |
| 시끄러운 세상 몸을 소중히 하여 옛 얼굴 보전하시게.[55] | 珍重風塵認舊顏 |

이 시는 친구와 작별하면서 몸조심하라고 당부하는 내용이지만 여기에서도 그는 나라에 대한 걱정 때문에 안절부절못하고 있음이 느껴진다. 홍주목사(洪州牧使)로 부임한 지 3년이 되었으면 바로 이몽학의 난이 일어난 해이다. 그래서 이 시 경련의 첫 구가 의미심장하다. 즉 난이 일어나는 까닭이 무엇인지를 추측할 수 있게 하는데, 임진왜란 후의 혼란한 상황에서 임금의 국정운영 부실과 리더십 부재, 신료들의 부조리와 분열, 백성들의 생활고로 인한 민심이반 등의 현 실태를 꼬집고 있는 것이리라.

「수윤백소차기운(酬尹伯昭次其韻)」에서도 같은 내용이다. 고향에서 한가롭게 지내겠다고 마음먹고 있으면서도 나라의 위한 충정(忠情)

55 위의 책, 134쪽(『만전집』 1권, 「홍양증별이척약인차기운(洪陽贈別李惕若因次其韻)」).

은 여전하다.

| | |
|---|---|
| 군재의 찬 방에서 만나니 | 邂逅郡齋冷 |
| 푸른 등잔으로 밤은 깊어만 가네. | 青燈夜欲闌 |
| 서로 만난 지 이십여 년이 넘었고 | 相知逾二紀 |
| 한 번 이별 후에 온 산이 가로 막았네. | 一別隔千山 |
| 국은에 보답하고 싶은 마음 비록 간절하나 | 報效心雖切 |
| 나이 늙어 귀밑머리 희어졌다네. | 衰遲鬢已殘 |
| 시내 남쪽에 작은 정포(場圃)가 있으니 | 溪南十畝在 |
| 늘그막 고향으로 돌아가 한가롭게 살리라.[56] | 歸占暮年閑 |

윤백소(尹伯昭)와 이별한 지 20년이 넘어서야 만났으니 얼마나 반가워했겠는가. 밤이 깊어 가는 줄 모르고 그간 못 나눈 우정을 나누고 있지만 이러한 가운데에서도 국은에 보답하고 싶은 마음을 드러내고 있다. 그만큼 만전당의 뇌리에 나라를 향한 충정이 확고하게 자리 잡고 있는 것이다. 임천(林泉)의 고향으로 내려와 자신이 설계했던 삶을 영위하고자 하면서도 충정 때문에 갈등하는 모습이다.

그 후 아산 대동으로 이주하여 한가롭게 살면서도 충정(忠情)을 잃지 않고 있다. 「계변독유(溪邊獨遊)」에 그의 심정이 잘 나타나 있다.

| | |
|---|---|
| 가을 누대엔 기운이 쓸쓸한데 | 秋臺氣蕭瑟 |
| 한낮 되니 홀로 시를 읊을 때이라. | 亭午獨吟時 |
| 숲의 인가엔 밥 짓는 연기 사라지고 | 草樹人煙盡 |

56 위의 책, 70쪽(『만전집』 1권, 「수윤백소차기운(酬尹伯昭次其韻)」).

| | |
|---|---|
| 전쟁 일어난 세상 위태롭구나. | 兵戈世路危 |
| 붉은 마음은 하늘 북쪽 끝에 있고 | 丹心天北極 |
| 백수의 늙은이는 남쪽의 지방에 있네. | 白首地南陲 |
| 여기에 있는 몸 병이 많기 때문이지 | 自是身多病 |
| 언제 임금에게 버림받은 적이 있었는가.[57] | 何曾明主遺 |

포의의 신분임에도 나라를 위한 충정은 여전하다. 전쟁으로 위태로운 세상을 걱정하며 마음은 항상 임금을 향해서 있다. 자연 속에서 여생을 보내야겠다는 결심으로 기해년(己亥年, 1599)에 아산으로 집을 옮겼지만 나라에 대한 근심과 걱정은 벼슬의 자리에 있었을 때나 마찬가지였다.

이러한 충정은 그가 벼슬하는 동안 임금에게 상주한 글에서 역력하게 나타난다. 나라를 위한 일이라면 목숨에 위해함을 받을 지라도 두려워하지 않았음을 알 수 있다. 계사년(1593)에 올린 「적퇴후봉사(賊退後封事)」에서 그 내용을 보면 그야말로 등골이 오싹해질 정도이다.

어찌하여 나라를 다스린 지 27년 사이에 정치적 효과가 나타나지 않고 사람들의 마음이 따라오지 않아 국가의 형세는 나날이 기울어지고 백성들의 생활도 나날이 곤궁해졌습니다. 하늘과 땅의 재변도 끊일 새 없이 역사에 기록되어지고 있사오며 〈중략〉 이는 전하께서 비단 나라를 다스리려 하시던 당초의 뜻을 이루시지 못한 것일 뿐만 아니라 국가를 잃고 파천하심에 비웃음거리를 후세에까지 남겼으니 비록 말세의 나라를 망친 임금과 그 부끄러운 덕이 같다고 해도 지나친 말이 아닐 것입니다.[58]

---

57 위의 책, 74쪽(『만전집』 1권, 「계변독유(溪邊獨遊)」).

58 위의 책, 244쪽(『晩全集』 3권, 「賊退後封事」), "奈何二十七年之間 治效未著 人心

앞에서 언급한 「응구언봉사(應求言封事)」에서도 그러했듯이 「적퇴후봉사(賊退後封事)」의 내용도 직언하는 수준이 임금의 노여움을 사고도 남을 만큼 위태롭다. 여기에서 '국세일이릉이(國勢日以陵夷) 민생일이곤췌(民生日以困瘁)'는 그래도 임금에게 상주할 수 있는 간언(諫言)이라 여겨지지만 '이기후세(貽譏後世)'와 '망국지군동기참덕(亡國之君同其慙德)'에 이르러서는 임금을 면박(面駁)하는 수준이다.

하지만 『순자(荀子)』[59]의 「신도(臣道)」편에 보면 "명령을 따르고 군주를 이롭게 하는 것이 순(順)이고, 명령에 따르면서도 군주를 이롭지 못하게 하는 것이 첨(諂)이며, 명령에 거슬리더라도 군주의 이익을 위하는 것이 충(忠)이라." 하고 있는데, 만전당도 「응구언봉사(應求言封事)」에서 "신이 어리석고 천함을 헤아리지 못하고 외람되게 거친 글을 올려 국가의 중흥과 경화(更化)에 만분의 일이라도 도움이 되길 바랐습니다."[60]라고 하고 있어 '충(忠)'의 지극함을 느낄 수 있는 것이기에 나라를 향한 충정이 얼마큼인지를 가늠할 수 있게 한다.

앞에서 보듯 만전당이 나라를 향한 충정이 일생토록 변함이 없다. 곧 오직 나라를 위한 삶이어야 한다는 정신을 보여주고 있는 것이다. 이러한 정신을 주정적(主靜的) 관점(觀點)에서 바라볼 수 있는데, 이는 그의 사리사욕(私利私慾)이 없는 간언(諫言)에서, 그리고 그 충정을 실

---

未服 國勢日以陵夷 民生日以困瘁 天災地變 史不絕書 〈중략〉 是殿下非徒不能遂圖治之初志 其失國播越 貽譏後世 雖謂之與末世亡國之君同其慙德 未爲過也"

59 순자가 지은 책, 그는 전국 시대 조(趙)나라의 사상가(?BC298~?BC238)로 성악설을 주장하였다. 「臣道」편에 "從命而利君謂之順 從命而不利君謂之諂 逆命而利君謂之忠'이라 논했다.

60 洪可臣, 위의 책, 322쪽(『만전집』 권4, 「應求言封事」), "不揆愚賤 猥綴荒辭 冀補中興更化之萬一"

천하는 진정성에서 이러한 모습을 뚜렷하게 볼 수 있다.

## 4. 결론

만전당은 조선 중기의 혼란했던 역사의 소용돌이 속에서 사건과 마주칠 때마다 이를 회피하지 않고 맞서 난관을 극복하고 있는데, 기복과 변화가 심한 세상을 살아온 만큼 生의 자취가 뚜렷하다. 그래서 그의 자취를 사안별로 묶어 기술하였는데, 정리해 보면 다음과 같다.

첫째, 화담 서경덕에서 습정 민순으로 이어지는 도통을 만전당이 계승하고 있다.

둘째, 정직을 신념으로 한 원칙에 입각하여 엄격한 행동으로 구현하고 있다. 나라에 대한 배신과 뇌물사건을 소신과 원칙으로 처리하는 결단력을 보이고 있으며, 나라를 위한 것이라면 임금에게 황언(荒言)도 서슴지 않는 모습을 보여주고 있다.

셋째, 그는 평생을 청렴한 삶으로 일관하였으며. 그가 벼슬하고 있는 동안 보여준 혁신적 행정은 후대에 귀감이 될 만하다. 부여현감, 안산군수, 수원부사, 홍주목사 등 지방수령으로 부임해서 이룬 성과가 그 증거이다.

넷째, 기축옥사(己丑獄死), 임진왜란(壬辰倭亂), 이몽학(李夢學)의 난(亂) 등 역사적으로 큰 사건과 마주치며 현명하게 대처하는 모습에서 충정의 진정성이 느껴진다.

또한 만전당이 삶을 영위하면서 지향하고자 하는 모습을 그의 시문(詩文)을 통하여 읽을 수 있는데, 대략 세 가지로 분류할 수 있다. 이는 모두 주정적(主靜的) 입장에서 비롯되고 있다.

첫째, 벼슬길에 있으면서도 늘 자연에 의지하고 싶은 마음을 구가하고 있고 치사(致仕) 후 자연 속에 귀의하여 생활하면서 지극히 만족하며 삶의 의미를 찾아가고 있는 모습이 보인다.

둘째, 그의 여러 시를 통해 구도(求道)에 대하여 갈망하고 있다. 그런데 도(道)에 대한 의문을 「응구언봉사(應求言封事)」에서 풀 수 있었다. 이는 자기 몸을 살피고 사욕이나 과오를 다스려 이겨내는 것이어서 주정(主靜)의 경지를 지향하고 있음을 알게 한다.

셋째, 「응국언봉사(應求言封事)」나 「적퇴후봉사(賊退後封事)」에서처럼 황언(荒言)을 서슴지 않은 것은 "명령에 거슬리더라도 군주의 이익을 위하는 것이 충(忠)이라."는 순자의 말처럼 그는 충을 실천하고 있다. 이것 역시 사의사욕이 없음을 나타내는 것이어서 주정적 정신을 읽을 수 있다.

위에서 보듯, 정직, 청렴, 황언[직언]과 귀거래, 구도, 충정(忠情)은 그의 사의사욕(私意私慾)이 없는 정신에서 비롯되었고, 이러한 정신은 화담(花潭), 습정(習靜)으로부터 이어받은 주정적 관점에서 파악할 수 있다. 다시 말해서 화담이 독자적으로 체계화한 주정(主靜)의 설(說)을 습정이 이를 더욱 발전, 승화하였고, 만전당은 생활자체를 주정(主靜)에 바탕을 두고 이를 실천하였던 것이다.

# 일상적 삶의 태도와 사상적 지향

전성운

## 1. 머리말

한 인간에 대한 온전한 이해는 늘 쉽지 않다. 특정인을 총체적(總體的)으로 조감하는 것 자체가 불가능하기 때문이다. 사람 일생의 어떤 지점을 중심으로 해서 바라봐야 하는가도 문제겠지만, 어떤 면모에 주목해야 하는가도 중요한 문제일 것이다. 게다가 사람은 시간의 흐름에 따라 그리고 시각에 따라 달라진다. 그렇기에 그 사람 자체의 복합적 성향은 물론, 시공간 속에서 이루어지는 변화를 온전히 다 설명하기란 요원하기만 하다.

홍가신에 대한 이해의 시도 역시 그러할 것이다. 그를 어떤 시점에서 바라 볼 것인가에 따라 그에 대한 이해는 달라질 것이다. 예를 들면 일대기 중심의 전기적(傳記的) 관점, 철학 사상적(思想的) 측면, 정치활동과 당파적(黨派的) 측면, 특정한 역사적 시기나 공간을 배경으로 한 측면, 학맥(學脈)과 사우(師友)를 중심으로 한 인적 네트워크의 측면 등이 있을 수 있다. 그리고 이와 같은 시점에 따라 홍가신에 대한 이해는 달라지고 입체화될 것이다. 실제로 홍가신에 대한 연구도 이와 같은 방식으로 이루어져왔다. 일대기적 관점,[1] 삶의 자취와 가치 지향의 측면,[2] 경세적 관점,[3] 사승(師承)을 기반으로 한 학맥의 측면,[4] 임진왜란을 배경으로 한 시기의 내포(內浦) 지역에서의 활동 측면[5] 등과 같은 연구가 모두 그러하다.

본고의 연구 목적과 방향도 이와 같은 기존 연구와 기본적으로는 근사(近似)하다. 다단(多端)한 홍가신의 삶의 태도를 조망함으로써 그의 사상적 지향을 논구(論究)하려는 것이다. 그런데 사실 이런 고찰은 시도 전부터 근본적 한계를 지닌다. 그것은 본고가 사상적 입언(立言)을 바탕으로 하지 않는다는 사실 때문이다. 홍가신의 철학 사상과 관련된 직접적 근거는 사실상 존재하지 않는다. 현전하는 『만전집(晩全集)』이나 「부록」에는 시(詩)나 소(疏), 계(啓), 기(記), 서(書), 축문(祝文), 제식(祭式), 비명(碑銘), 행장(行狀), 훈서(勳書) 등과 같은 실용문이 주로 수재(收載)되어 있다. 홍가신의 사상적 특징이나 학문 경향이

1 김기승, 「홍가신과 임진왜란–충청 지역 지방관이 경험한 임진왜란 전후의 조선사회」, 『한국인물사연구』 제8호, 한국인물사연구회, 2997, 221~244쪽.

2 송기섭, 「만전당 홍가신의 생의 자취와 삶의 지향」, 『한문고전연구』 제33집, 한국한문고전학회, 2016, 7~42쪽.

3 복대형, 「홍가신 경세사상 연구–상소문을 중심으로」, 『한문고전연구』 제33집, 한문고전학회, 2016, 43~74쪽. ; 송기섭, 「만전당 홍가신의 국정 개혁에 대한 방략과 행정문화 개선 연구」, 『문화와융합』 40(1), 한국문화융합학회, 2018, 625~666쪽.

4 이동인, 「조선중기 화담학파의 계보학과 민순의 문인 양성」, 『서울학연구』 LXXVI, 서울시립대학교 서울학연구소, 20191. 08., 1~47쪽. ; 신병주, 「화담학과 근기사림의 사상」, 『국학연구』 제7집, 한국학진흥원, 2005, 33~73쪽.

5 김기승, 앞의 논문, ; 김일환, 「임진왜란기 內浦지역과 민의 동향」, 『역사와 실학』 제52집, 역사실학회, 2013, 35~67쪽.

명시적으로 드러나는 논(論)이나 설(說)[6] 등은 없다. 또한 서(序)나 서간(書簡) 등에도 사상적 특징을 포착할만한 논의의 단서가 전면적으로 드러나진 않았다. 한마디로 홍가신의 사상적 혹은 철학적 성향은 다양한 일상의 기록 속에 파편처럼 산포(散布)해 있다.

그렇기에 본고에서는 다단한 삶의 태도에 대한 주목이라는 연구 방법을 택했다. 일종의 궁여지책(窮餘之策)에 가깝다. 물론 그렇다고 이런 연구 방법이 전혀 옳지 않다고는 생각하지 않는다. 그것은 다음 두 가지 전제 때문이다. 첫째, 사대부의 사상적 지향은 일상적 삶에서 실현되는 것을 궁극적 목표로 한다. 사대부(士大夫)라면 수기(修己)와 치인(治人)을 삶의 태도로 설정하기 마련이며, 그것이 일상적 삶 속에서 실천되어야 한다. 즉 독서인으로 사(士)는 위기지학(爲己之學)으로써 완전한 인격체를 지향한다. 그리고 대부(大夫)는 위인지학(爲人之學)으로써 친민(親民)의 실천을 가리킨다. 이는 『대학(大學)』에서 말한 바, 자신의 밝은 본성을 밝히는 명명덕(明明德)과 어리석은 백성의 덕성을 밝히도록 보살피고 돕는 친민(親民)의 길이기도 하다. 홍가신 역시 이와 같은 삶의 태도와 방향성을 지녔을 것임이 분명하다. 다만

---

6 『만전집』에 수재(收載)된 설(說)로 〈란혜설(蘭蕙說)〉이 있다. 그러나 이것은 사상적 담론이 아니고 화초로서 란(蘭)과 혜(蕙)의 구분과 관련된 자신의 생각을 전개한 것에 불과하다. 『만전집』에서도 〈난혜설〉을 「잡저(雜著)」로 분류하였다.
본고는 원문의 경우, 한국고전번역원(https://db.itkc.or.kr) DB의 『만전집』을 활용하였고, 번역문은 한국예총 아산지부에서 원문과 함께 번역문을 제시한 『만전당홍가신선생문집』을 활용하였다. 다만 번역의 경우, 문장 단위나 일부 오류 등을 수정하여 인용했다. 『만전당홍가신선생문집』은 1969년 초판이 인쇄되었고, 2006년에 개정판이 발행되었다. 한국예총아산지부, 『만전당홍가신선생문집』, 도서출판 목민, 2006.

수기(修己)의 구체적 방법, 극기복례(克己復禮)의 실천적 방법은 사우(師友) 관계에 따라 혹은 개별화된 사유 체계나 학문적 경향에 따라 달라질 수는 있다. 이런 점에서 홍가신의 다단한 일상적 태도를 통해 사상적 성향을 간취(看取)하려는 것은 온당한 접근이 될 수 있다.

둘째, 홍가신은 삶의 다양한 국면에서 서로 다른 가면을 쓴 채 살아가지 않았다. 그는 한결같은 삶의 태도를 지향했다. 수기와 치인을 지향하는 사대부가 경우에 따라 혹은 처지에 따라 혁면(革面)하려 했다면 진정한 군자라 일컬을 수 없다. 물론 삶의 제 국면에서 개별화된 대응 양상이 일정부분 다르게 나타날 수는 있다. 하지만 홍가신의 경우, 삶의 태도가 시공간과 인적 관계에 따라 모순되거나 상충하는 양상으로 나타난 바는 없다.[7]

## 2. 일상적 태도와 그 지향

그렇다면 홍가신은 어떤 일상적 태도, 즉 평생 동안 어떠한 삶의 태도를 보였는가. 환상적이나 비현실적인 측면을 제외하고 신뢰 가능한 자료를 기반으로 홍가신의 삶의 태도를 살펴보겠다. 특히 상표(相表)의 뛰어남이나 천재적 자질에 대한 내용, 고인(古人)의 풍모(風貌) 혹은 그와 유사한 일체의 비현실적 현상에 근거한 서술 등은 논의의

---

7 사실 본고가 홍가신의 다단한 일상적 삶의 태도에 주목하여 사상적 경향을 간취하려는 것도 이같은 홍가신의 일관된 삶의 태도와 그 지향 때문이다. 그러므로 이에 대한 상세한 고찰은 본론에서 진행하도록 하겠다.

대상에서 제외하였다. 먼저 동생 홍경신(洪慶臣; 1577~1623)이 쓴 그의 〈행장(行狀)〉을 보자.

> 일찍이 과거 시험장에 들어갔다가 큰 비를 만났다. 많은 선비들은 바삐 달려 다투어 처마 밑으로 피했다. 공은 홀로 남과 다투지 않고 밖에 앉아 움직이지 않으니 옷과 유건이 젖어 더러워졌다. 집에 돌아와서 개연히 말하기를, "과거 시험은 곧 선비를 뽑아 임금을 섬기고 사람을 다스리게 하려는 것으로, 여기에서 출발한다. 진흙탕에서 더럽고 욕되면서도 오히려 부끄럼을 알지 못하니, 이러고서도 능히 임금을 섬기고 사람을 다스리겠는가." 하였다.[8]

홍가신이 참예한 과거 시험장에 폭우가 내렸다. 비가 오니 사람들은 앞 다퉈 그 비를 피하려 했다. 인지상정(人之常情)이라 할 수 있다. 옷이 축축하게 젖고 몸에 한기가 들 테니 누군들 비 맞는 것을 좋아하겠는가. 그런데 홍가신은 태연히 밖에 앉아 비를 다 맞았다. 홍가신이 남들과 다르게 비를 맞으며 자리를 지킨 까닭은 무엇 때문인가. 그것은 자신이 이런 상황에서 어떤 태도를 취해야 마땅할 것인가라는 가치 판단과 관련된 행동이다.

비에 젖는다는 것은 개인적 이익에 반하는 것이다. 그렇기에 사람들은 비에 젖지 않으려고 애를 쓴다. 그러나 비를 피할 자리는 한정되어 있다. 그러다보니 남들과의 다툼은 필연적일 수밖에 없다. 젖지

---

8 嘗入試場遇大雨 多士奔走 爭避簷下 公獨不與人爭 露坐不動 衣巾霑汚 歸家慨然曰 科第乃所以選士 事君治人 發軔乎此 汚辱泥塗 猶不知恥 如是而能事君治人耶. 홍경신(洪慶臣), 〈행장(行狀)〉, 『만전집(晩全集)』, 「부록(附錄)」.

않으려는 다수의 목적과 한정된 자리의 상충이 일어난다. 과장의 선비들이 서로를 밀치며 처마 밑으로 향한 까닭이다. 여기서 홍가신은 사태의 본질은 본다. 사실 선비들이 비를 피하려 했던 행동 자체는 문제가 아니다. 남들보다 먼저 처마 밑을 차지하기 위해 다툼을 벌인 것이 문제였다. 그것도 과장에서 자신의 이익을 위해 서슴없이 다툼을 벌인 것이 문제였다.

홍가신은 비를 피하기 위한 다툼을 과거 합격이라는 좁은 문을 통과하기 위한 경쟁과 오버랩하여 바라봤다. 과거는 사군(事君)과 치인(治人)의 관문(關門)이다. 군주(君主)로서 "왕은 만민(萬民)이 귀의(歸依)하는 바를 이름하는"[=王者萬民所歸之名] 존재다. 하늘이 품성을 온전히 한 자로 하여금 왕으로 삼아 백성을 다스리고 가르치게 하려 한 것이다.[9] 요컨대 도덕적인 관점에서 왕은 천명(天命)을 받아 백성의 교화를 책임진 도덕적 지도자인 셈이다. 그렇기에 사대부의 사군(事君)은 이런 왕의 책무를 정성을 다해 도와, 어리석은 백성의 덕성을 밝히도록 보살펴야 한다. 그것이 치인(治人)의 길이다.

그런데 치인의 길에 들어서기 위한 중대한 관문인 과장에서 선비들

---

9 대학(大學)의 글은 옛날 태학(大學)에서 사람들을 가르쳤던 법이다. 대개 하늘이 백성을 내심에 인의예지의 품성을 주지 않음이 없다. 그러나 그 기질의 품부(稟賦)함이 가지런하지 못하여, 그 품성의 갖춘 바를 온전히 알지 못함이 있다. 총명하고 착하고 지혜로워 그 성품을 다하는 자가 있어 그들 사이에 나면 하늘이 반드시 그에게 명하여 억조의 군사(君師)를 삼으셔 다스리고 가르치게 하여 그 품성을 회복케 하셨다.(大學之書 古之大學 所以敎人之法也 蓋自天降生民 則旣莫不與之以仁義禮智之性矣 然其氣質之稟 或不能齊 是以 不能皆有以知其性之所有 而全之也 一有聰明叡智 能盡其性者 出於其間 則天必命之 以爲億兆之君師 使之治而敎之以復其性. 주희, 〈대학장구서〉, 『대학(大學)』.)

이 자신의 작은 이익을 위해 거침없이 다툼을 벌였다. 자신의 이익을 위해서라면 처지와 장소와 꺼리지 않고 남과 다툼을 벌이는 행위는 치인의 길을 걷는 사대부가 취해야 할 행실이 아니다. 홍가신이 다투는 선비들과 다르게 처신하며, 그들의 행태에 개탄한 것도 바로 이것 때문이다. 겉으로는 사군(事君)과 치인의 행동을 표방하면서도, 하는 짓은 소리(小利)를 탐하는 무리들에 동조(同調)할 수 없었던 것이다.[10]

이처럼 홍가신은 보통 사람이라면 다급해 할 상황에도 자신의 이익을 위해 남과 다툼을 벌이지 않는 올곧음을 보였다. 그는 처신의 근본을 잊지 않고 마음의 평정심을 유지함으로써 자신의 지향을 지키려 했다. 그런데 이런 홍가신의 태도는 일회적인 것이 아니었다. 그의 삶을 일관하고 있는 태도의 특징이기도 했다. 다음 역시 홍경신이 쓴 행장(行狀)에 있는 바다.

> 병신(丙申; 1596)년 왜(倭)를 책봉하기 위한 명나라 사신이 남쪽으로 내려갈 때에 도차관(都差官)으로 전의(全義) 역참(驛站)에 가서 대기하였다. 관찰사(觀察使) 이하 여러 관원들이 늘어 앉아 있었다. 명나라 관리 한 사람이 야불수(夜不收; 체탐병)를 데려 왔는데, 좌중에 있는 여러 조선

---

10 홍가신은 재행탁이(才行卓異)로 출륙(出六)하여 예빈시 주부가 되자 과거를 포기한다. 출사를 해서 군신의 의리[=君臣有義]를 실천할 수 있는 바에 굳이 과거라는 형식적 관문을 통과하기 위해 여러 선비들과 다툼을 벌이지 않으려 한 것이다. 그에게 과거는 군신간의 의리를 실현하기 위한 출사(出仕)의 수단일 뿐이었다. 그러므로 과거에서 뛰어난 성적으로 영예를 얻기 위해 다른 선비들과 영예 다툼을 벌이는 것을 피했다. 甲戌春 以才行卓異 超出六品 拜禮賓寺主簿 未幾移授刑曹佐郎 公雖以親命赴科 心實厭之 及擢六品 以爲末世非科第 無事君之路 不仕無義 故古賢亦多應赴 今我不才 朝廷旣已擢用 而又欲應科則是龍斷也 決意停廢 反復陳達於先君先君初以近名爲嫌 久乃許之. 홍경신, 〈행장〉, 『만전집』.

관원들은 매질과 욕을 당하자 모두 달아났다. (그의) 자제들이 일어나 가기를 굳이 청하매 대답하기를, "창황하게 피해 달아나면 업신여김을 당할 뿐이라." 하고, 바르게 앉아 흔들리지 않았다. 명나라 관리가 한참 동안 서서 지켜보다가 야불수를 눈짓으로 물리치고, 곧 종이와 붓을 찾아 써 보이기를, '존공의 상표(相表)를 보매 기특하여 사람으로 하여금 공경하는 마음이 일게 합니다.' 하였다. 인하여 앞에 앉아 무릎을 어루만지면서 말하기를, '영존께서는 공부가 이미 성숙하셨습니다. 그러나 매양 단정히 앉아 있으면[=危坐] 반드시 다리 힘이 손상할 것입니다.' 하였다. 이로부터 아침저녁으로 와서 보더니 작별하게 되자 연연해하며 예물을 보내주었다. 성은 장(張)이고 이름은 방달(邦達)로 문장에 능하고 사람의 상을 잘 보았으며 서기였던 자였다.[11]

임진왜란이 정체 상태에 이른 시기, 정유재란이 있기 한 해 전의 일이다. 조선의 반대에도 불구하고 명(明)과 왜(倭)의 교섭이 이어진다. 그 과정에서 명의 사신은 왜를 책봉하기 위해 일본으로 가는 길에 충청 지방을 지나게 된다. 이에 충청 인근의 관리들은 명의 사신을 접대 전송하기 위해 전의(全義) 역참(驛站)에 모여 든다. 당시 홍주 목사였던 홍가신 역시 여타 지방관들과 함께 역참에서 대기하고 있었다. 이때 한바탕 소란이 발생한다.

명 사신이 도착하기 전에, 역참 주변 상황을 체탐(體探)하는 과정에서 야불수는 안하무인의 폭거를 벌인다. 야불수는 체탐을 빌미로 대

11 丙申年封倭天使之南下也 以都差官出待於全義站 觀察以下多官列坐 有一唐官將夜不收來 座中諸官 皆被歐辱而走 子弟固請起去 答曰 蒼黃奔避 適所以取侮 危坐不撓 唐官立視良久 目夜不收却之 遽索紙筆書示曰 觀尊相表殊異 令人起敬 因前坐撫膝曰 令尊工夫已成矣 然每爲危坐 必損脚力 自此朝暮來見 臨別戀戀 委送禮物 姓張名邦達 能文章善相人 爲書記者也. 홍경신, 〈행장〉, 『만전집』.

기 중이던 조선의 관원들에게 욕과 매질을 가한다. 명 사신의 경호를 위한 체탐 행위의 일부이기에 조선의 관원들은 아무런 저항도 하지 못한다. 관찰사를 비롯하여 대기 중이던 모든 관원이 봉욕할 처지였다. 이에 관원들은 체신을 잃고 우왕좌왕하며 자리를 뜬다. 우선 봉욕을 피하는 것이 상책이었을 터였다. 사실 임진왜란 전(全) 시기에 걸쳐 역참에서와 같은 사건은 흔히 발생했다. 번국(藩國)을 구하기 위해 온 상국(上國)의 장수나 관리, 군사라는 것을 위세로 걸핏하면 조선의 신료와 백성들에게 폭언과 폭력을 일삼곤 했다. 조선 정부도 이런 사실을 잘 알고 있었지만, 어쩔 도리가 없다는 태도로 일관했다. 그 같은 정황을 잘 알기에 역참에 모였던 조선의 관원들은 치욕스럽지만 서둘러 봉욕을 피하여 자리를 떠났던 것이다.

그런데 홍가신은 단정하게 자신의 자리를 지킨다. 자제들은 어서 피하라고 권하지만, 그렇게 서둘러 도망하는 것이 오히려 추하게 보일 것이고 말한다. 그리곤 의연하게 자리를 지킨다. 그런데 이런 홍가신의 태도가 명나라 관리의 눈에 고결하게 보였던 모양이다. 명의 관리는 눈짓으로 야불수에게 소란을 그치라 신호하고, 홍가신 앞으로 와서 필담을 청한다. 홍경신의 기록에 의하면, "상표(相表)를 보매 기특하여 사람으로 하여금 공경하는 마음이 일게 합니다."라고 했다. 그러나 명의 관리가 기특히 여긴 것은 단순한 관상만은 아니었던 듯하다. 그는 홍가신에게, 공은 "공부가 이미 이루어졌을 것"이라는 말과 함께, "매양 단정히 앉아 있으면[=危坐] 반드시 다리 힘이 손상할 것입니다."라고 했다고 한다. 명의 서기관(書記官) 장방달(張邦達)은 홍가신이 어떤 상황에서도 당황하거나 허둥대지 않고 평상심을 유지하며 단정하게 자리를 지키는 모습을 눈주어 본 것이다. 그는 위기의 상황에서도 위좌(危坐)를 흐트러뜨리지 않는 태도에서 홍가신의 공부가 이미 이루어졌음을 알아챘던 것이다.

전란과 같은 혼란과 위기의 순간에 자신만 살자고 허둥대며 피하는 것은 오히려 상황을 악화시킨다. 외부의 상황에 흔들려 우왕좌왕하게 되면 대응해야 할 방법을 찾지 못하기 마련이다. 상대가 노리는 것은 이런 대책없는 모습이다. 이는 홍가신이 홍주목사로 재직하던 당시 이몽학(李夢鶴) 난에 대처하던 방식과도 흡사하다. 이몽학의 난에 홍산(鴻山), 청양(靑陽), 정산(定山), 유구(維鳩) 등지의 고을 관리들은 모두 황황히 달아난다. 반면 홍자신은 "명을 받아 이 땅을 다스리는 터에 어찌 감히 한 발자국이라도 떠난단 말이냐."라고[12] 하면서 침착하게 군민과 함께 홍주성을 굳건하게 지킨다. 이후 이몽학의 난군과 홍가신은 제대로 된 전투를 벌이지 않았는데도, 대응 방법을 찾지 못한 이몽학 무리는 자멸하고 만다. 위기 상황에서 홍가신의 처신이 빛을 발한 것이다.

이처럼 홍가신은 외적 상황의 변화에도 마음이 흔들리지 않았다. 야불수가 난장판을 만들고 다른 관원들이 황급히 자리를 피할 때에도 평정심과 반듯한 자세를 잃지 않았다. 그는 정확하게 상황을 인지하고 한결같은 태도로 정신위좌(正身危坐)를[13] 유지했다. 홍가신의 이런 태도는 늙고 힘이 약해졌다고 해서 바뀌지 않는다.

---

12 先生日 我受命尸是州 豈敢離一步 誓以死殉 竟以完城殲賊. 조경(趙絅), 〈치사만전홍선생신도비명(致仕晩全洪先生神道碑銘), 『만전집』, 「부록」.

13 정신위좌(正身危坐)는 정관위좌(正冠危坐), 정금위좌(正襟危坐), 위좌렴슬(危坐斂膝), 염슬위좌(斂膝危坐)라고도 한다. 허리를 곧게 펴 자세를 바르게 하고 관을 바르게 쓰며 옷매무새를 바로 하고 무릎을 모은 채 앉은 자세를 가리킨다.

정신위좌(正身危坐)의 모습

> 나이가 들고 병이 오래된 뒤에는 기력이 깔아졌으나 앉으면 반드시 단정히 앉아 무릎을 여미며 머리에 빗질과 세수를 폐하지 않았다. 기거하는 데에도 일찍이 남에게 의지하고 기대어 태만한 모습을 하지 않았으며 심지어 쇠를 녹일만큼 더운 때라도 역시 옷을 걷어 시원한 것을 취하는 일이 없으니 비록 가인과 자제들까지도 일찍이 그의 맨살을 보지 못했다.[14]

홍가신이 치사(致仕)한 이후, 신해(辛亥; 1611)년에서 을묘(乙卯; 1615)년 사이의 일상생활을 적은 것이다. 이보다 앞선 정미(丁未; 1607)년에 병으로 쓰러진 일이 있던 홍가신은 쇠약했던 몸을 이끌고 치사 후의 생활을 이어나간다. 그는 일상의 모든 행동에 털끝만큼도 태만한 모습을 보이지 않으며, 한결같은 자세로 생활을 이어간다. 앉을

14 年深病痼之後 氣力委頓 而坐必危坐斂膝 不廢梳洗 至於起居須人 而未嘗攲倚作怠慢之容 至於流金盛暑 亦不褰衣裳取涼 雖家人子弟 未曾見其肌膚. 홍경신, 〈행장〉, 『만전집』.

때면 반드시 무릎을 여미고 단정히 앉았으며,[=危坐斂膝] 병들고 쇠약하다고 남에게 기대지도 않았다. 옷매무새는 늘 단정하여, 심지어 아무리 더워도 옷을 걷는 부치는 일이 없었다. 오죽하면 자제들까지도 맨살을 보지 못했을까. 그렇다고 엄청난 일을 도모했던 것도 아니었다. 모든 것이 일상적이고도 평온할 뿐이었다.

> 날마다 『심경(心經)』과 『근사록(近思錄)』, 『주자서(朱子書)』를 외우며 마음을 조존(操存)하고 행실을 닦는 공부에 힘썼다. 늦게는 『주역』 읽기를 좋아해서 심지어 잠자고 밥 먹는 것까지 잃어버리고 책상과 자리를 정제하고 무릎을 여미고 단정히 앉아 마음을 가라앉히고 공부해서 밤을 마치도록 게으르지 않았다. 후진들이 와서 배우려는 자가 있으면 재주에 따라서 강론하고 공부 시키되, 그가 미치지 못하는 것은 억지로 가르치지 않았다. 새벽이면 일어나서 세수하고 머리에 빗질한 다음 가묘에 참배하여 비록 쇠약하고 늙어서도 부지런히 하여 일찍이 하루도 거르는 법이 없었다. 이 내용은 『계문제자록』에 나와 있다.[15]

이런 홍가신의 생활 태도에 대한 기록은 〈행장〉에만 있는 것은 아니다. 권두경(權斗經)이 이황 문인들의 행적을 기록한 『계문제자록』에도 등장한다. 여기서도 홍가신의 삶의 태도가 늙고 기력이 쇠해도 변화가 없었음을 증언한다. 그는 한결같은 성실함으로 평온한 일상을 이어가며 공부했다. 책을 읽고 공부할 때는 늘 책상과 자리를 정제하고 무릎을 여미고 단정히 앉았다. 그에게 공부는 단순히 책을 읽고

---

15 日誦心經近思錄朱子書 用力操心修行之地 晩節喜讀周易 至忘寢食 斂膝危坐 潛心玩索 不事科擧 以學行薦用. 右出溪門諸子錄. 『만전집』 권지오, 「보유(補遺)」.

지식을 확장하는 것이 아니었다. 바른 자세로[=危坐斂膝] 마음을 진중하게 가라앉히는 것이[靜] 모든 공부의 우선이고 전부였다. 그렇기에 그의 생활은 일정한 패턴 속에서 움직인다.

그렇다고 세상의 변화와 기미(幾微) 살피기를 게을리 하지는 않았다. 그것은 『주역』 읽기에 대한 매진에서 드러난다. 『주역』은 상수학(象數學)의 근간이 되는 책이며, 상수학은 세상의 변화와 기미를 끊임없이 살피고, 이에 대응하려는 학문이다. 그러므로 그가 『주역』 읽기에 열심이었다는 것은 세계의 변화와 그 방향을 가늠하고자 했던 까닭이다. 즉 그는 일상적 삶에서 도(道), 변(變), 역(易)의 '허위 없음'[=誠]을 알고자 했고, 그것을 온전히 삶 속에서 실천해내려 했던 태도의 표출이라 하겠다.

그렇게 삶의 변화와 질서의 원칙을 가늠하여 지키고자 했기에 모든 것을 억지로 하지 않았다. 또한 세상의 모든 일을 거스르려고 하지도 않았다. 늘 마음을 바르게 하고 본성에 따르려 했다. 그러다보니 누군가 배움을 청해 오는 이가 있으면 가르치되 재주가 공부에 미치지 못하면 억지로 하지 않았다. 하늘로부터 품부(稟賦)받은 바 자질을 따르고, 세상 변화의 원칙을 거스르지 않는 삶의 자세를 보였다. 이는 세계 운행의 규칙적 질서를 살피고 따름으로써 마음의 평정을 유지하려는 태도이며, 마음을 바로하고 본성을 지키려는 태도이다.

이 시기 홍가신은 현달한 훈구명신(勳舊名臣)의 지위에 올라 있었다. 마음만 먹으면 그가 원하는 모든 것을 누리고 가질 수 있었다. 그럼에도 불구하고 그는 자신이 지향하는 가치를 일상적 삶 속에서 온전히 실천하는 자세를 보였다. 흡사 '종심소욕불유구(從心所欲不踰矩)'의 경지를 제대로 보여주는 삶의 태도라 하겠다. 이것은 죽음이 임박해서도 달라지지 않는다.

> 이 해 유월 초구일((初九日)에 점심을 먹다 수저를 놓았다. 기식(氣息)이 위태로워 여러 날 음식을 먹지 못하였고 말도 통하지 못하였다. 자녀들이 앞에서 울고 있었는데도 안색과 눈빛이 조금도 변치 않았다. 명하여 세수하고 머리를 빗고 두수(頭繻)를 바르게 썼다. 혹 부축해 일어나 앉기라도 하면 반드시 옷깃을 여미고 똑바로 앉았다. 역책(易簀; = 임종 혹은 죽음)함에 이르러서는 스스로 옷깃을 여미고 수염을 쓰다듬고 머리털을 쓸어 올리고 눈을 문지른 다음 얼굴 모습이 태연하게 반듯이 누워 임종하였다. 임종할 때 졸지에 일진의 우레가 진동하고 번개가 번쩍이더니 곧 번개가 그치고 우레도 가라앉자 숨이 끊겼다. 을묘 유월 십사일이었다.[16]

홍가신의 임종과 죽음에 대한 기록이다. 홍경신은 죽음을 목전에 둔 만형 홍가신의 정황과 태도, 죽을 때의 이상 현상 등을 세세히 기술했다. 존경하는 형에 대한 아우의 기록이다 보니 일견 과장일 것 같은 내용도 있다. 특히 홍가신의 임종에 갑자기 큰 우레가 진동하고 번개가 번쩍였다는 것은 사실 그대로 받아들이기 힘들다. 큰 사람의 죽음이니 하늘이 함께 울며 요동(搖動)했음을 상징적으로 표현한 것이라고 이해하는 것이 온당할 수 있다. 동생과 자손들에게 홍가신의 죽음은 대변(大變)이고, 경천동지할 사건이었을 테니 말이다.

그런데 가족과 하늘이 울고 땅이 흔들리는 것과 대비되는 것은 홍

---

16 是年六月初九日 臨午飯放匙 氣息奄奄 累日不食 不通言語 諸子女在前號泣 而顔色眼精少不變 命梳洗整着頭繻 或扶擁起坐 則必斂衽危坐 及其易簀 自手正襟 撚鬚斂髮拭目 顔貌自若 正臥而終 臨終時 忽有一陣雷聲大震 電光照耀 電收雷止 纊息已絕乙卯六月十四日也. 홍경신, 〈행장〉, 『만전집』.

가신의 한결같은 태도이다. 그는 지극한 평온 속에서 죽음을 맞이하고 있었다. 임종을 5일 앞둔 시점에도 그러했다. 그는 죽기 5일전부터 먹지도 못하고 말도 못하게 된다. 그런데도 안색과 눈빛이 바뀌지 않았다. 홍경신의 눈에만 그렇게 비쳤거나 다소 과장된 표현일 수도 있다. 하지만 그 뒤의 내용을 보면 안색과 눈빛이 여전함이 단순히 홍경신의 주관적 판단에 의한 것만은 아닌 듯싶다. 홍가신은 죽음을 목전에 두고 세수하고 머리를 빗고 두수(頭繻)를 바르게 쓴다. 죽기 직전의 소세일 수도 있지만, 두수까지 바르게 쓰는 것은 보통 사람이 취할 태도는 아니다. 더욱이 부축을 받은 상태에서 "바르게 앉는다."[=危坐]는 사실이나, 역책(易簀)에 "스스로 옷깃을 여미고 수염을 쓰다듬고 머리털을 쓸어 올리고 눈을 씻었다."는 것은 평소 그의 삶의 태도가 어떠했나를 간명하게 말해준다. 사실 죽음은 모든 이에게 황황(遑遑)한 일이다. 그런데도 홍가신은 요란을 떨며 두려워하거나 신이(神異)해 하지도 않는 평온한 모습을 보였다. 죽음과 같은 대변(大變)을 맞으면서 이처럼 안온하게 평상심을 유지할 수 있는 홍가신은 보통 사람과 다른 특별한 가치 태도를 지향했음이 분명하다.

이상에서 볼 수 있는 것처럼, 홍사신의 일상 태도는 늘 한결같았다. 항상 관을 쓰고 허리를 곧게 한 채 무릎을 모아 바르게 앉고, 동(動)과 정(靜)에서 평상심을 지키며, 마음을 바르게 하고 본성에 따랐다. 그런데 이런 태도는 소학지도(小學之道)를 근간으로 한 삶의 태도라 할 수 있다. 더불어 조광조(趙光祖)의 스승으로 소학동자(小學童子)라 일컬어졌던 김굉필(金宏弼)이 반우형(潘佑亨)에게 주었다는 〈한빙계(寒氷戒)〉의 세 조목으로도 설명된다. 그것은 동정유상(動靜有常), 정심솔성(正心率性), 정관위좌(正冠危坐)이다.

## 3. 간(艮)과 청심(淸心)의 지향

홍가신의 일상적 삶의 태도는 동정유상과 정심솔성, 정금위좌로 집약할 수 있다. 그렇다면 그러한 삶의 태도를 지향한 것이 의미하는 바는 무엇인가. 이것이 표방하는 가치를 살펴볼 필요가 있다. 동정유상의 경우를 먼저 살펴보자.

동정유상은 축자적(逐字的)으로, '움직이고 고요함에 항상됨이 있다.'로 옮길 수 있다. 행하고 멈춤에 있어 항상됨을 유지하라는 의미다. 대지의 측면에서라면 그리 잘못된 해석은 아니다. 그러나 내재(內在)된 의미는 이와 다르게 사뭇 철학적이다.

> 하늘은 둥글어서 동(動)하고 땅은 네모 반듯하여 정(靜)하다. 양(陽)은 나며 동(動)하고 음(陰)은 나며 정(靜)하니, 정은 동의 바탕이다. 그러므로 하늘은 땅을 바탕으로 삼고 양은 음을 바탕으로 한다. 천하 만물이 바탕 없이 나고 자라는 것은 없다. 하늘의 바람, 비, 우레, 번개는 변(變)하고 동(動)하나 만물은 땅에 깃들이니 곧 정을 바탕으로 한다. 사람의 인의예지(仁義禮智)가 변하고 동하지만 하나의 이치가 몸에 갖추어져 있으니 곧 정을 바탕으로 한다. 이것이 천지인(天地人)과 동정(動靜)의 상리(常理)이다. 공자가 말하기를, '군자는 기(器)를 몸에 간직하였다가 때를 기다려 쓴다.'고 하였다. 기(器)를 간직한다는 것은 도(道)의 본체이니 곧 정(靜)이다. 때를 기다린다는 것은 도(道)의 작용이니 곧 동(動)이다. 정(靜)하지 않으면 기(器)가 본체를 이루지 못하고 동(動)은 쓸 데가 없다. 정에서 기(器)를 이룬 후에 때를 기다려 동한다면, 어찌 언지 못함이 있겠는가. 그러니 배우는 사람은 언제나 정을 위주(爲主)로 하여 함부로 동하지 않아야 한다.[17]

김굉필(金宏弼)의 동정유상(動靜有常)에 대한 설명이다. 음양(陰陽), 동정(動靜)은 대대관계(待對關係)를 갖는다. 그리고 하늘과 양(陽)은 땅과 정(靜)을 바탕으로 한다. 이는 정(靜)이 도(道)를 간직함을 뜻한다. 이른바 천하만물이 정을 바탕으로 한다. 그러므로 "정(靜)하지 않으면 기(器)가 본체를 이루지 못하고 동(動)은 쓸 데가 없"게 된다. "정에서 기(器)를 이룬 후에 때를 기다려 동"해야 하는 것이다. 이것이 "동정(動靜)의 상리(常理)"이다. 공부하는 사람이라면 마땅히 정(靜)을 위주로 해야 하고, 함부로 동하지 말아야 한다. 동이 정을 바탕으로 함이 상리임을 지각하고, 배우는 사람이라면 정을 우선해야 한다는 것이다.[18] 이것이 동정유상의 본질적 의미다.

동정유상은 주돈이(周敦頤)를 비롯한 일련의 성리학자들 취한 일반적인 공부 방법이기도 했다. 즉 기(氣)의 미발(未發) 상태인 정(靜)에서 기(器)를 이루기 위함이었다. 이와 관련하여 주정(主靜)을 본격적으로 강조한 주돈이의 말에 주목할 필요가 있다.

---

17 天圓而動 地方而靜 陽生而動 陰生而靜 靜者動之基也 故天以地爲基 陽以陰爲基 天下萬物 未有無基 而生成者也 天之風雨雷霆變動 而萬物資於地 則基於靜也 人之仁義禮智變動 而一理具於體 則基於靜也 此天地人 動靜之常理也 夫子曰 君子藏器於身 待時而動 藏器者 道之體卽靜也 待時者 道之用卽動也 不靜則器無成體 動無所用 成器於靜 然後待時而動之 則何不獲之有 故學者 常以靜爲主 而不妄動矣. 김굉필, 〈한빙계〉, 『국역경현록』(전), 한훤당선생기념사업회, 2004, 388~389쪽.

18 홍가신이 스승으로 평생을 존모(尊慕)했던 민순은 주정(主靜)의 공부를 필생의 자세로 했다. 민순(閔純)의 호가 습정(習靜)인 것도 주정 공부에 대한 그의 지향을 드러낸다. 홍가신이 일정정도 민순의 영향을 받았음은 주지할 바다. 민순의 주정(主靜)을 위주로 한 공부 자세에 대해서는 다음 논문을 참조할 수 있다. 이동인, 앞의 논문, 4~5쪽 참조.

i)성인은 배워서 될 수 있는가요? 말하기를, "그럴 수 있다." 말하기를 "요점이 있는가요?" 말하기를, "있다." "그것은 어떤 것인가요?" ii)"전일한 상태가 요점이다. 전일한 상태란 욕심이 없는 상태이다. iii)욕심이 없으면 고요하면서 텅 비고 움직이게 되면 곧다. 고요하면서 텅 비면 밝게 되고 밝으면 통한다. 움직이면서 곧으면 공평하게 되고 공평하면 넓어진다. 밝고 통하며 공평하고 넓다면 성인에 가까울 것이다."[19]

i)의 질문과 대답은, 배워서 성인(聖人)이 될 수 있는가와 누구나 성인이 될 수 있다는 것이다. 성인이 되려는 것은 성리학자의 궁극적 지향으로 이런 뜻을 담은 문답이다. 여기서 주돈이는 누구나 성인이 될 수 있다고 말한다. 그리고 그렇게 하기 위한 방법으로 ii)의 "전일한 상태"를 제시한다. 그러면서 전일한 상태로서 욕심이 없는 상태[=無欲]에서의 효과를 iii)처럼 자세하게 말한다. 무욕의 상태가 되면 "고요하면서 텅 비고 움직이게 되면 곧다."고[無欲則靜虛動直]한다. 이른바 정허동직(靜虛動直)이다.

이는 홍가신이 어떤 상황에서도 함부로 나서며 망령되이 동(動)하지 않으려 했던 마음 상태와 관계된다. 과거 시험장에서 홍가신은 비에 젖지 않으려는 행동, 즉 사익을 위해 다투지 않으려 했다. 이런 마음이 곧 무욕(無欲)의 지향이자 평정한 상태[靜]의 유지이며, 이런 정(靜)의 상태에서 그가 취한 처신은 옳은 것, 곧은 것[直]이 된다.

이것은 주돈이의 공부 방식이기도 했지만 그와 학문적으로 밀접한 관계에 있던 이지함과 같은 인물의 공부 방식이기도 했다. 다음은 이

---

19 聖可學乎 日可 日有要乎 日有 請問焉 日一爲要 一者無欲也 無欲則靜虛動直 靜虛則明 明則通 動直則公 公則溥 明通公溥 庶矣乎. 『周敦頤集』, 「通書」, 「聖學」 제20.

지함(李之菡)의 〈과욕설(寡慾說)〉이다.

> 맹자가 이르기를, 마음을 기름에 있어 과욕(寡欲)보다 좋은 것이 없다고 했다. 과욕은 무욕(無欲)의 시작이다. 덜고 또 덜어내어 덜어낼 것이 없는 것에 이르면 마음이 허(虛)하면서 영(靈)하게 된다. 그 영함으로 만물과 만나면 밝게 빛나게 되고, 밝은 것으로 가득 차면 성(誠)하게 된다. 성의 도(道)가 중(中)이 되고 중이 발하면 화(和)가 된다. 중화(中和)는 공(公)의 아비이고 생(生)의 어미이니 텅 비어 안으로는 순순(肫肫)하게 되고 텅 비어 밖으로는 호호(浩浩)하게 된다. (또한) 밖에 있는 것이 작아지기 시작하여 작게 하고 또 작게 하여도 형기(形氣)에 얽매이게 되면 내가 있음을 알고도 남이 있음을 모르게 되며, 또 남이 있음을 알면서도 도(道)가 있음을 모르게 된다. 물욕에 가리게 되면 장적(戕賊)함이 많게 되고 욕심을 덜어내고자 해도 할 수 없게 된다. 하물며 그것을 없게 함에랴! 맹자의 뜻이 멀고 깊도다.[20]

이지함은 아산과 관련이 깊은 인물이면서, 충남 보령 지역을 세거지로 한 인물이다. 그는 지역적으로나 사우관계의 측면에서도 홍가신과 관련이 깊다. 이지함은 당파적 측면에서 동인(東人) 계열이며 서경덕의 제자인 화담학파로 분류되는 인물이다.[21] 물론 이지함의 활동 시

---

20 孟子曰 養心莫善於寡欲 寡者無之始 寡而又寡 至於無寡 則心虛而靈 靈之照爲明 明之實爲誠 誠之道爲中 中之發爲和 中和者 公之父 生之母 肫肫乎無內 浩浩乎無外 有外者小之始 小而又小 梏於形氣 則知有我 而不知有人 知有人 而不知有道 物欲交蔽 戕賊者衆 欲寡不得 况望其無 孟子立言之旨 遠矣哉. 이지함, 〈과욕설(寡欲說)〉, 『토정선생유고(土亭先生遺稿)』.

21 박세채(朴世采)가 편찬한 『동유사우록(東儒師友錄)』에서는 화담학파의 문인들이 정리되어 있는데, 권23에 민순, 홍인우, 이지함이 나란히 기록되어 있다. 또한 권24에는 남언경, 박순, 허엽 등도 기록되어 있다. 이런 점에서 이지함과 홍가신은

기는 아직 당파적으로 뚜렷한 분화가 일지 않았다. 그러므로 그를 당파적 시각만으로 이해하는 것은 온당하지 않다. 그러나 어느 모로 보나 홍가신과 이지함의 학맥이 겹쳐지는 것은 분명하다. 이지함은 서경덕(徐敬德)에게 수학했고 허엽(許曄), 박순(朴純) 등과 친분을 쌓았다. 그런데 서경덕을 비롯한 허엽, 박순 등은 모두 민순과 사우(師友) 관계를 맺은 인물들이다. 그런 이지함이 일상적 삶의 자세이자, 공부의 자세로 주장한 것이 바로 〈과욕설〉이다.

〈과욕설〉은 모두 두 단락으로 되어 있다. 전반부는 과욕의 과정을 통한 심성 수양을 후반부는 과욕을 통한 무욕의 과정에 이르는 것이 얼마나 어려운지를 말하고 있다. 그는 먼저 맹자가 말한 바, 마음을 기르는 법을 말한다. 그리고 그 마음을 기르는 법을 구체화한다. 그 요체는 과욕(寡欲)에 있으며, 그 순서는 다음과 같다. 과욕 즉 마음의 욕심, 욕망을 덜어내기를 반복하면 무욕(無欲) 이르게 되고 무욕에 이르면 마음은 허령(虛靈)해지게 된다. 이런 허령한 상태로 만물을 비추어 보고, 밝은 것으로 마음을 가득 성(誠)할 수 있게 된다. 그런 성이 도에 맞게 발(發)하면 중화(中和)가 된다. 중화야 말로 공변됨으로 생명의 아비요 어미니 안으로는 조심스러우면서도 정성스럽게 되고 밖으로는 거칠 것 없이 광대하게 된다. 그러니 과욕(寡欲)이야말로 마음을 기르는 최고의 법이 되는 것이다.[22]

이런 이지함의 〈과욕설〉은 앞서 살핀 주돈이의 주정(主靜)과 무욕

---

지역적 측면에서만이 아니라 학맥으로도 긴밀히 연결되어 있다고 하겠다.

22 이와 관련해서는 전성운의 논문을 참고할 수 있다. 전성운, 「아산 현감 토정 이지함의 친민정책과 사상적 배경」, 『아산 유학의 여러 모습』, 지영사, 2010.

(無欲)을 위주로 한 공부의 자세와 방불하다. 물론 홍가신이 직접 과욕(寡欲)을 근간으로 한 공부의 자세를 언급한 바는 없다. 그러나 그가 과욕을 얼마나 중시했는지를 간접적으로 확인할 여지는 충분하다.

> 덕을 닦아 스스로 강해지시고 修德自强
> 마음을 맑게 하여 기운을 기르소서. 淸心養氣
> 어진 이를 가까이하고 아첨하는 이를 멀리하며 親賢遠佞
> 하늘을 두려워하고 백성을 보호하소서. 畏天保民[23]

선조 40년, 정미(丁未; 1607)년에 올린 〈십육자소(十六字疏)〉의 일부다. 이 소(疏)는 중삭연(仲朔宴)과 상수연(上壽宴)에 참여하기를 권하는 선조의 유지에 홍가신이 답하여 올린 것이다. 그는 이것이 죽음을 앞둔 어리석은 신하의 잠계(箴戒)임을 말하며, 열여섯 글자로써 수연에 바친다고 했다. 더불어 자신이 수연 참석을 대신하여 아뢰는 잠계의 말에, "성조의 억만년 기천영명의 근본이 실로 여기에 있다."고 자부한다. 더불어 짧은 이 말씀이 비록 뜻이 쉽고 "비근(卑近)"하지만 "실상 깊고 간절하다."고[24] 한다. 병들어 죽어가는 늙은 홍가신의 간절하면서도 진실된 당부였다. 열여섯 글자에 군주로서 인간 선조가 취해야 할 삶의 태도에 관한 모든 것을 담아냈다.

여기서 주목되는 바는, 첫째 구절 "수덕자강(修德自强)"의 '수덕(修

23 홍가신, 〈십육자소(十六字疏)〉, 『만전집』 권지사.

24 曾子曰 鳥之將死 其鳴也哀 人之將死 其言也善 百僚同慶之中 不可無一愚臣箴戒之說 敢以修德自強 淸心養氣 親賢遠佞 畏天保民十六字 爲今日壽宴之獻 言雖淺近 意實深切 聖朝億萬年祈天永命之本 其在於此矣. 홍가신, 〈십육자소(十六字疏)〉, 『만전집』 권지사.

德)'과 둘째 구절 "청심양기(淸心養氣)"의 '청심(淸心)'이다. 통상 덕(德)은 다른 존재와 구별되는 인간만의 존재다움, 혹은 그런 존재다움을 발현토록 하는 능력을 가리킨다. 요컨대 덕은 하늘로부터 품부(稟賦)받은 바 미발지성(未發之性)이라 할 수 있다. 덕은 인간다움의 덕이자 덕을 가능케 하는 것 자체인 바, 인(仁)으로서 전덕(全德)인 셈이다. 그런 점에서 수덕(修德)은 인의예지를 닦는 것이자 인의예지가 실현되게 하는 능력을 함양하는 것이다. 이른바 품부 받은 바의 본성을 따르는 솔성(率性)이다.

그렇다면 '청심'은 어떠한가. 청심은 '마음을 맑게 한다.'는 지시적 의미를 지녀 다양하게 해석될 수 있다. 그러나 이 시기 청심은 과욕(寡慾)과 짝패처럼 쓰였던 단어였다.[25] '청심과욕(淸心寡慾)'이란 글의 보편적으로 사용은 청심의 방법으로 과욕이 전제되었다는 뜻이다. 즉 홍가신은 과욕하여 청심해야 양기(養氣)할 수 있다고 아뢴 것이다. 홍가신이 아뢴 바, 수덕자강에서 수덕의 효과는 자강(自强)으로 나타나며, 청심양기의 청심은 과욕(寡欲)함으로써 양기(養氣)하게 됨을 의미한다. 이런 점에서 홍가신은, 주돈이가 주정(主靜)과 무욕(無欲)을

25 명종(明宗; 1545~1567년)은, "평소 색을 밝히거나 놀거나 수렵하는 등의 오락은 전혀 좋아하는 바가 없었고, 침전 좌우에 '淸心寡慾 明目達聰 誠敬和勤 好賢樂道' 등의 글을 써 두고는 스스로를 경계하였다."고(凡聲色遊畋之娛 一無所好 燕寢左右書淸心寡欲 明目達聰 誠敬和勤 好賢樂道等語 以自警.) 한다. 이황(李滉), 〈명종대왕행상(明宗大王行狀)〉, 『퇴계선생문집(退溪先生文集)』 권48.
"淸心寡欲"이나 "好賢樂道" 등은 당시 일반적으로 널리 쓰인 글귀였던 것으로 보인다. 특히 '청심(淸心)'이 『소학장구(小學章句)』, 「가언(嘉言)」 제오(第五) 외편(外篇)의 〈명군신지의(明君臣之義)〉에 나오는 "要以淸心省事爲本"라고 한 이후 맥락에 따라 변용되며 자주 인용되었다.

연계해서 말했던 것을 좀 더 구체적이고 심화해서 아뢰었다고 할 수 있다.

수덕과 청심은 과욕을 통한 무욕에 의해서 가능한 것이다. 이는 이른바 마음을 바르게 하고 본성을 따른다는 정심솔성(正心率性)의 삶의 태도에 대한 지향이라 하겠다. 그렇다면 정심솔성과 관련된 홍가신의 삶의 태도 지향은 어떻게 표출되고 있는가.

이와 같은 가치 지향은 홍가신의 삶 전반을 관류한다. 그것은 늙어 만전당(晩全堂)으로 호를 바꾸기 전까지 사용했던 간옹(艮翁)이란 호에서도 드러난다.

> 존양(存養)은 정(靜) 공부이다. 정(靜)한 때는 중(中)인데 과(過)함과 불급(不及)함이 없고 치우쳐 의지하는 바가 없다. 성찰(省察)은 동(動) 공부이다. 동(動)한 때는 화(和)이다. 생각함이 있자마자 곧 동(動)이다. 발(發)하여 절도에 맞아 어긋나고 이지러진 바가 없으면 곧 화이다. 그 정한 때에는 사려(思慮)는 싹 트지 않고 지각이 불매(不昧)하니, 곧 복(復)의 이른바 '천지의 마음을 본다.'이다. 이는 정(靜)한 가운데 동(動)이다. 그 동시에는 발하여 모두 절도에 맞으니 그 법칙에 그친다. 곧 간(艮)의 '그 몸을 얻지 못하고 그 사람을 보지 못한다.'이니 동(動) 가운데의 정(靜)이다. 독서와 궁리는 모두 동(動) 가운데의 공부이다.[26]

정(靜)과 동(動)의 상태와 그것이 어떤 의미인지를 설명하는 주희의

26 存養是靜工夫 靜時是中 以其無過不及 無所偏倚也 省察是動工夫 動時是和 才有思爲 便是動 發而中節無所乖戾 乃和也 其靜時 思慮未萌 知覺不昧 乃復所謂 見天地之心 靜中之動也 其動時 發皆中節 止於其則 乃艮之不獲其身 不見其人 動中之靜也 窮理讀書 皆是動中工夫. 주희, 『주자어류』 권육십이.

글이다. 주희는, 정한 때는 중(中)한데 이는 지나침[過]도 모자람[不及] 없고 또한 치우쳐 의지하는[偏倚] 바가 없기 때문에 중(中)하다고 했다. 이렇게 정(靜)한 때는 "사려(思慮)는 싹 트지 않고 지각은 불매(不昧)하다."고도 했다. 이는 이른바 『주역』의 복괘(復卦)의 의미, "천지의 마음을 본다."[見天地之心]를 뜻한다. 정(靜) 가운데 동(動)으로써 본성(本性; 天地之心)을 회복할 수 있다는 것이다. 그런데 동(動)에도 정(靜)이 있다. 그것은 절도에 맞음 또는 법칙에 그침인 화(和)를 의미한다. 동(動)할 때는 이치가 발하여 절도에 맞고 법칙에 그쳐야 한다.

주희는 이를, "不獲其身 不見其人"으로 요약했다. 그는 중산간(重山艮)의 괘사인 "그 등에 그치면 그 몸을 얻지 못하며 그 뜰에서 걸어도 그 사람을 보지 아니하여 허물이 없음이라."[27]에서 취했다. 사람의 손발과 몸체에서 움직이지 않는 것은 등[背]이다. 등은 사지와 오장육부(五臟六腑)를 비롯 움직이는 모든 것을 달고 다니지만 등 자체는 움직이지 않는다. 이것이 '간기배(艮其背)'의 의미다. 움직임[動]의 바탕은 움직이지 않음[靜]이다. 그러니 등은 당연히 객관적 실체로의 다른 사람을 볼 수 없다. 모든 움직임과 인식, 사유는 등에 비유되는 움직이지 않는 고요함[=靜]을 바탕으로 한다. 그러니 허물이 없음은 당연하다. 주희가 동(動) 가운데 정(靜)을 말하면서 간(艮) 괘를 인용한 까닭이다. 사실 중산간(重山艮; ䷳)은 산[☶]이 거듭된 것으로 안으로도 그치고 밖으로도 그치는 괘다. 모든 움직임을 그치고 그야말로 아무 사유도 없고 행함도 없는 주정(主靜)의 상태다.

그런데 간(艮)이 단순히 멈춤[止]으로 해석되지 않고, 산(山)으로

---

27 艮其背 不獲其身 行其庭 不見其人 无咎. 『주역(周易)』, 「중산간(重山艮)」.

풀이되는 것은 무엇인가. 그것은 산이 무겁고 안정적이어서 견고하고 내실이 있는 고요함을 지녔기 때문이다. 일양(一陽; ⚊)이 이음(二陰; ⚋⚋) 위에 위치하여 멈춤을 나타낸다. 양은 움직임이고 음은 고요함이니 움직임 가운데 고요한 것으로 산과 같은 안정감과 고요함을 나타낸 것이다. 여기에 『주역』의 간(艮)을 취하여 자신의 호로 삼은 홍가신의 지향이 있다. 홍가신은 늘 평정을 지키며 고요히 자신을 기르고자 했던 것이다. 여기에는 정심솔성의 뜻이 담겨 있기도 하다.

그렇다면 이렇게 마음이 바르고 정(靜)한 때의 몸가짐은 어떠한가. 역으로 몸가짐이 어떠해야 마음의 고요함이 있게 되는가. 앞서의 정관위좌(正冠危坐)가 바로 이와 관련된다. 역시 정관위좌와 관련된 〈한빙계〉의 설명을 보자.

> 중리(中理)가 곧으면 외체(外體)는 반드시 바르다. 거처함에 삼가면 편안해도 반드시 위태로움을 생각한다. 우러르는 눈길로 보고 시동처럼 앉으라는 것은 모두 경(敬)을 이름이다. 어찌 감히 방자하고 태만하리오. 관이 바르지 못한 것을 보고 가 버린 사람이 있고 두 다리를 뻗고 앉아 있는 것을 보고 악감정을 품은 이도 있다. 위의를 잃는 것은 학문하는 데에 큰 병이니, 다만 경(敬)하고 경(敬)하라.[28]

중(中)과 외(外)는 대대관계에 있다. 중이 마음이라면 외는 바깥으로 드러난 몸체다. 이들은 서로 상반된 관계에 있지만, 깊이 연계되어 있다. 그래서 마음이 바르면 밖으로 드러난 몸가짐도 반드시 바르다.

---

28 中理直則外體必正 居處恭則安必思危 尊瞻視坐如尸 皆敬之謂也 豈敢放怠 其冠不正 有去之者 箕踞而坐 有啣之者 威儀之失 爲學之大病 其敬之敬之. 김굉필, 〈한빙계〉.

그런데 그 역도 성립한다. 바른 몸가짐일 때 바른 마음이 유지된다. 이른바 "거처함에 삼가면 편안해도 반드시 위태로움을 생각한다."는 말이 그것이다. 늘 위태로움을 생각하듯 조심스러운 자세를 취해야 바른 마음이 유지된다. 그러므로 편안함 속에서도 위태로움을 생각하라고 했으며, "우러르는 눈길로 보고 시동처럼 앉으라"고 했던 것이다. 이런 몸가짐이 바로 정관위좌(正冠危坐)이다.

홍가신이 늘 관을 쓰고 옷매무새를 바로 하며 무릎을 모으고 앉았던 것은 편안한 가운데서도 위태로움을 생각하는 마음의 표출이다. 나아가 그의 마음[中]이 한결같이 곧음[直]을 향하고 있음을 뜻한다. 이것이 바로, 무릎이 상할 것이라는 중국 관리의 진심어린 충고에도, 죽음을 목전에 두었음에도 불구하고 무릎을 모으고 옷매무새를 가다듬고 자세를 바로 했던 까닭이다. 정관위좌의 몸가짐에 홍가신의 이런 가치 지향이 담겨 있다.

이상을 통해 보면, 홍가신이 소학지도(小學之道)라 할 수 있는 동정유상과 정심솔성, 정관위좌의 삶의 태도를 지키려 했던 것은 주정(主靜)의 간(艮)과 과욕(寡欲)을 통한 청심(淸心), 정심솔성의 지향과 유관하다 할 수 있다. 마음을 바르게 하고 타고난 본성을 따르기 위해 정관위좌의 바른 외체(外體)를 유지하려 했던 것이다.

## 4. 마음공부와 사상적 지향

홍가신의 삶의 태도와 그것에 내재된 바의 지향을 살폈다. 그렇다면 홍가신이 앞서와 같은 삶의 태도를 지향했던 까닭은 무엇 때문인

가. 그리고 그것이 사상적 지향과는 어떤 관련을 맺고 있는가. 사실 홍가신의 삶의 태도와 그에 내재된 가치의 지향은 사대부의 공부 방법이기도 하다. 극기복례(克己復禮)를 통한 요순(堯舜)과 같은 성인이 되고자 하는 마음의 표출이자, 수기와 치인의 길을 위한 사대부의 실천적 방법이었던 것이다.

이와 같은 소학지도(小學之道)에 근거한 일상적 삶의 태도가 공부의 출발임은 〈여부여관선당유생서(與扶餘觀善堂儒生書)〉에서도 분명하게 드러난다.

> 과거 공부란 진실로 아주 폐지할 수는 없다. 하지만 만일 몸과 마음을 여기에 한결같이 기우려 벗어나지 못하면, 이는 주선생(朱先生)의 이른바 기능이 정할수록 마음이 더욱 무너진다는 것이네. 이를 또한 걱정하지 않을 수 없네. 내 생각으로는 과거 공부하는 이외에 차츰 본령공부(本領工夫)를 열심히 해야 한다네. 날마다 새벽이면 묘정에 참알한 다음에 당 위에 모여 앉아 소학(小學) 한두 대문을 읽고 반복하여 자세히 설명하게. 후배들로 하여금 문맥의 대략과 안팎, 경중을 분별하여 알게 한 후에 글도 읽고 글도 지어 각각 자기들 할 일을 해야 할 것일세. 또 당중에 주자(朱子)의 〈백록동서원규(白鹿洞書院規)〉와 〈십훈(十訓)〉 종류를 써 붙여 놓고 때때로 일어서서 한번 씩 읽어 차츰 심신을 수렴하는 공부에 뜻을 두게 하게. 그러면 거의 후일의 득실과 영욕이 대단한 관심거리가 되지 않고 비로소 자립할 수 있는 처지가 될 것이네. 군자가 일반 사람과 다른 것이 바로 여기에 있다네. 만일 여기에 힘을 얻지 못하면 이것은 한낱 얻는 것을 걱정하고 잃는 것도 걱정하는 비부에 지나지 못하는 것이라네. 바로 사현(四賢)의 싫어하고 버리는 자가 될 것이니 어찌 내가 관청 재물을 소비하여 사우를 창립하고 성상께서 의열(義烈)이란 이름까지 주시어 액자를 내려 장려하신 본뜻이겠는가. 여러 선비들은 힘쓸 것이다.[29]

홍가신은 최초의 외직으로 부여 현감을 지냈다. 현감 재직 시 관선당(觀善堂)이란 유생 교육시설을 짓는다. 이는 부여 인근의 유생을 교육하여 인재를 양성하기 위한 건물인 셈이다. 〈관선당기(觀善堂記)〉와 함께 보낸 편지는 장차 그곳에서 공부하게 될 유생들에게 어떻게 공부를 해야 하는지를 당부한 글이다. 이 편지를 쓸 때의 홍가신은 부여 현감에서 내직으로 돌아와 사헌부(司憲府) 지평(持平)을 지내다가 부친상을 당하여 초려(草廬)에서 생활하고 있었거나, 탈상 후 관직에 복귀하기 직전인 상황이었다. 신사(辛巳; 1581)년, 그의 나이 41세로 어느 정도 원숙한 사상적 지향을 갖추고 있을 때의 글이다.

홍가신은 편지에서 관선당이 단순한 과거 공부 장소로 전락해서는 안 된다는 점을 분명히 했다. 그는 공부의 출발이 본령공부(本領工夫)여야 함을 강조했다. 유생들이 과거 공부에만 매달릴 경우, "기능이 정밀할수록 마음이 더욱 무너질 것"[伎倆愈精 心術愈壞]을 우려했다. 그러면서 날마다 당(堂) 위에 모여서 『소학』을 한두 단락 읽고, 그 대지(大指)와 전후 맥락을 완전히 이해할 수 있도록 해야 한다고 했다. 홍가신은 소학지도를 기반으로 한 본령공부를 모든 공부의 출발로 강조했다. 물론 그 자신도 소학지도의 몸가짐을 우선으로 한 공부법을

---

29 科擧工夫 固不可廢 然若一向埋沒身心於此 掉脫不得 朱先生所謂伎倆愈精 心術愈壞者 恐亦不可不慮 鄙意擧業之外 稍須提掇本領工夫 逐日晨謁廟庭畢 因聚坐堂上 通讀小學書一兩段 反覆詳說 使後生輩 略知內外輕重之分 然後讀書作文 各從其所事 又揭堂中朱子白鹿洞書院規 及十訓之類 時時拱立 讀過一番 使稍有意於收斂身心之功 則庶幾他日 得失榮辱之間 不至大段關念 而始有自立之地矣 君子之所以異於衆人者 正在於此 若於此不得力 則是不過患得患失之鄙夫 正四賢之所厭棄者豈鄙人耗費官財 創立祠宇 聖上賜名義烈 下額褒獎之本意也 諸賢其勉之. 홍가신, 〈여부여관성당유생서(與扶餘觀善堂儒生書)〉, 『만전집』 권지이.

적극 따랐다. 그렇기에 부여의 부로(父老)들이 홍가신의 선정비(善政碑)에 "학문은 반드시 성현을 스승 삼았고 몸에 규율 삼기는 소학으로써 하였다."고[30] 적었던 것이다.

홍가신이 말한 본령공부는, 주희의 〈백록동서원규약〉에 구체적이고도 체계적으로 제시되어 있다. 주희는 학규와 관련하여 〈학규후서(學規後序)〉를 짓고 『주문공문집(朱文公文集)』 권74에 수록했다. 주희의 뜻을 담은 〈백록동규도〉에는[31] "학문을 하는 차례[爲學之序]"로써 "궁리(窮理)의 요체"가 있다. 그것은 치우치지 않고 널리 배우는 박학(博學), 의심나는 것을 묻는 심문(審問), 신중하게 생각하는 신사(愼思), 밝히 분별하는 명변(明辯), 그리고 배운 것을 정성을 다해 행하는 '독행(篤行)'이다. 독행은 수신(修身), 처사(處事), 접물(接物)의 세 절목과 여섯 가지의 실천 항목으로 구체화되어 있다.

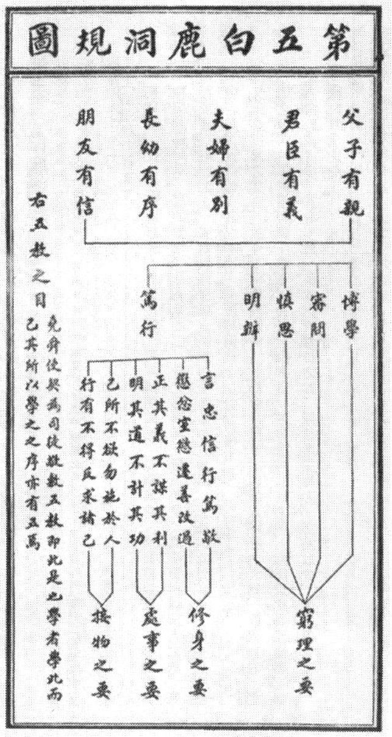

〈백록동규도〉

이와 같은 주희의 공부법은 앎에 대한 공부인 '지(知) 공부'와 실천

30 父老立石記之日 天資粹美 容儀端雅 學必師聖賢 律身以小學. 홍경신, 〈행장〉, 『만전집』.

31 〈백록동규도〉는 이황이 주희의 〈학규후서〉를 토대로 학규의 목차를 도표화하여 제시한 것이다. 이황, 이광호 옮김, 『성학십도』, 홍익출판사, 2001, 108쪽.

공부인 '행(行) 공부'를 체계화 한 것이다. 그리고 이 모든 공부의 근간이 바로 본령공부라 할 수 있다.[32] 즉 홍가신은 주희의 〈백록동서원규약〉이나 〈주자십훈〉과 같은 소학에 근거한 행동 강령 및 본령공부를 기반으로 공부하되, 이를 지속적으로 실천해 나가면 훗날 "자립하는 경지경"[自立之地]에 비로소 이를 것이라 말했다. 또한 그렇게 자립하는 경지 이르러야 군자로서 일반 사람과 변별될 것이고, 만약 자립하는 자리에 이르지 못한다면 그저 "한낱 얻는 것을 걱정하고 잃는 것도 걱정하는 비부에 지나지 못하는 것"이라고까지 말한다. 홍가신은 편지에서 공부의 길과 그 지향이 어떠해야 하는지를 분명하게 말한 것이다. 실제로 홍가신은 기회가 있을 때마다 마음공부의 중요성을 적시했다.

다음은 〈응구언봉사(應求言封事)〉에서 말한 마음공부의 중요성에 대한 것이다.

> 신이 일찍이 듣자오매, 주희의 말에, i)'불세출의 큰 공을 세우기는 쉽지만 지극히 작은 자신의 본심은 보존하기 어려우며, 중원의 오랑캐를 쫓아

32 주희는 사람들에게 독서의 법을 가르친 바 있다. 그는 몸을 바르게 하고 무릎을 모으고 앉아 천천히 살피며 나지막이 읊조리되 빈 마음에 온전히 젖어들 듯 하여 절실한 자기 성찰의 독서가 되어야 한다고 했다. 즉 먼저 심신을 수습하여 안정을 얻은 후에 책을 펼쳐야 비로소 얻는 바가 있다고 있다. 그러면서 주희는 먼저 문을 닫고 단정히 앉아 단 보름이든 열흘이라도 공부를 해보면 알 것이라고 단언한다. 모든 공부의 출발이 마음의 안정(安靜)에 있으며, 본령공부에 있음을 지적한 것이다. 朱子教人讀書之法 有日正身危坐 緩視微吟 虛心涵泳 切己省察 又日 立志不定 如何讀書 又日 人要讀書 須是先收拾身心 令稍安靜 然後開卷 方有所益 若只如此馳騖紛擾 則方寸之間 自與道理全不相近 如何看得文字 今亦不必多言 但且閉門端坐 半月十日 卻來觀書 自當信此言之不妄也. 주희, 『주자어류』 권십일.

> 내기는 쉬워도 한 몸의 사사로운 마음은 없애기 어렵다.' 하옵니다. …(중략)… 전하께오서 학문하시려는 노력에 깊이 뜻을 두셔서 ii)엄공(嚴恭)하고 인외(寅畏)하여 이로써 (마음을) 한결같이 지키며 의리를 강명하는 것으로 그 iii)마음에 깊이 스며들게[浸灌] 하여 안팎으로 서로 기르고 조금도 쉼이 없게 하소서. 그런 즉 iv)천리(天理)가 항상 마음속에 있고 인욕(人慾)이 물러갈 것입니다. 그 근본에 대해 크고 급선무로 하는 것을 시종(始終)이 한결같도록 해야 할 것입니다. 그래야 열길 담을 쌓는데 한 삼태기 흙으로 해서 무너지는 과실이 없을 것입니다.[33]

홍가신이 홍주 목사로 재직할 때 올린 봉사(封事)의 일부이다. 봉사는 왕의 자문(諮問)에 대한 응대 상소이다. 왕이 자문했으므로 승정원의 검토를 거치지 않고 왕에게 직접 전달된다. 또한 왕의 요구에 응한 것이므로 봉사를 올리는 당사자가 어떤 말을 한다고 해도 왕은 이를 문제 삼지 않는 것이 불문율이다. 그렇기에 봉사의 내용은 늘 근본적이면서 격렬하다. 평소 아뢰기 힘들었던 국정과 왕에 대한 근본 문제를 따져 아뢴다. 홍가신의 봉사 역시 그러했다.

인용한 부분은 왕의 학문의 자세와 관련된 문제를 다루고 있다. 그런데 홍가신의 아룀은 시종 일관 마음공부와 관련된다. 홍가신은 i)에서, 당시 사대부라면 누구도 그 말을 부정할 수 없는 주희(朱熹)의 말로 입론을 삼는다. 그것은 본심을 보존하는 것과 사의(私意)를 없애는 것의 어려움에 대한 말이다. 주희는 본심을 보존하는 것은 불세출

33 臣嘗聞朱熹之說 不世之大功易立 而至微之本心難保 中原之戎虜易逐 而一己之私意難除 …(중략)… 殿下於學問之功 深留聖意 嚴恭寅畏 以持守之 講明義理 以浸灌之 內外交養勿令間斷 則天理常存 人慾退聽 其於大根本急先務者 庶幾終始如一 不至於一簣之虧矣. 홍가신, 〈응구언봉사(應求言封事)〉, 『만전집』 권지사.

의 공을 세우는 것보다, 그리고 사의를 없애는 것은 오랑캐를 내쫓기보다 어렵다고 했다. 그런데 여기서 본심은 곧 천리(天理)를 가리키고 사의는 인욕(人慾)을 뜻한다. 그런 점에서 홍가신은 iv)에서 밝힌 것처럼, 천리를 보존하고 인욕을 제거하는 것으로의 학문에 대해 말하고 있는 셈이다. 성리학에서 말하는 학문의 근본적 측면을 문제 삼아 진달한 것이다.

여기서 홍가신은 iv)를 위한 방법으로 ii)와 iii)을 제시한다. ii)와 iii)이 모두 학문의 방법일 수 있지만, 구체적인 측면에서 보면 ii)는 학문의 자세이며, iii)은 방법이자 효과에 해당한다. ii)의 "엄공(嚴恭)하고 인외(寅畏)하여 이로써 (마음을) 한결같이 지키"라는[嚴恭寅畏 以持守之] 것에서 '엄공'은 혹독할 정도로 엄히 조심하라는 것이며, '인외'는 두려워하며 삼가라는 뜻이다. 이는 결국 정관위좌의 태도로 한결같이 마음을 지키는 것으로서 동정유상을 의미하기도 한다. 이와 같은 태도로 이치를 강명(講明)해야 진정으로 학문에 임했다고 할 것이며, "마음에 깊이 스며들"[浸灌]게 될 것이다. 그래야 천리가 항상 보존될[天理常存] 수 있게 된다.

이와 같은 홍가신의 학문 태도를 보면, 그의 일상적 태도나 마음공부가 단순히 소학지도의 실천적 지향이나 범박한 차원의 성리학적 공부법만을 의미하지 않았다는 것을 알 수 있다. 사실 그의 공부법은 성리학의 학문적 분화와 연관된 분명한 특징이 있다. 그의 사상적 지향이 드러난다.

> 늙은 나는 작년부터 찬바람에 상해서 기운이 몹시 곤해서 글 읽고 공부하는 일을 폐한지 오래고 분수에 따라 <u>수방심(收放心)하는 공부</u>에 종사한

다네. (그러나) 이 역시 힘껏 하지 못하여 간단(間斷)하는 때가 많고 계속하는 때는 적으니 이렇게 추졸한 학문으로 어찌 성공이 있기를 바라겠는가. 요새 우연한 일로 인하여 치재(恥齋) 선생을 알게 되었네. 그분의 학문은 소재(蘇齋)와 초당(草堂)이 모두 그의 동지의 벗들인데 본 바의 높고 뛰어난 것과 실천의 독실함은 아마 소재 초당 두 분도 미치지 못할 듯하네. 김한훤 조정암의 뒤에 오직 이 한 사람분인가 하네. 다만 한스러운 것은 내가 듣고 본 것이 고루하고 일찍이 들음이 없어 흥기하지 못한 것이네.[34]

나이는 홍가신보다 3살 아래지만 척암(惕菴) 김근공(金謹恭)과 습정(習靜) 민순(閔純)의 문하에서 동문수학한 운봉 송선(宋瑄; 1544~1629)에게 기유(己酉; 1609)년에 보낸 편지의 일부이다. 이는 치사(致仕)하기 직전에 쓴 편지로 보인다. 여기서 홍가신은 치재(恥齋) 홍인우(洪仁佑; 1515~1554)를 극찬한다. 홍인우는 서경덕, 이황의 문인으로 알려져 있으며 노수신과 심경(心經)에 대한 토론을 했고, 소재(蘇齋) 노수신(盧守愼; 1515~1590)과 함께 양명학에 깊은 관심을 보였던 인물이다.[35]

그는 그간 알지 못했던 홍인우를 노수신이나 허엽보다 낫다고 평가하였다. 노년의 그가 홍인우를 깊이 인정한 것이다. 특히 그는 홍인우와 같은 선배에게 배우지 못해 흥기하지 못한 것을 "일찍이 들음이 없"다는 말로 표현하였다. 지극한 평가인 셈이다. 그의 이런 평가는

---

34 老僕自昨感傷寒 氣甚困惱 閉窓臥吟 不思起動 讀書講學 久廢此事 隨分從事於收放心之功 而亦自不力 間斷時多 接續時少 如此鹵莽之學 其可望有成乎哉 近間偶因事 識得恥齋先生 公之學 深有得於伊洛之傳 蘇齋草堂 皆其同志之友 而所見之超邁 踐履之篤實 恐二公亦不能及 金寒暄趙靜菴之後一人而已 自恨聞見孤陋 早歲莫之有聞 而興起也. 홍가신, 〈송운봉중회서 우기유(宋雲峯仲懷書 又己酉)〉, 『만전집』 권지이.

35 홍인우는 화담학파의 인물로 양명학자로 분류되고 있다. 이와 관련해서는 신병주의 논문을 참조할 수 있다. 신병주, 앞의 논문, 33~73쪽.

홍인우의 양명학에 대한 깊은 이해와 실천력을 전제로 한 것이었다. 홍가신은 홍인우가 노수신과 허엽의 친구이지만, 그들보다 "본 바의 높고 뛰어난 것과 실천의 독실함"에서 뛰어나고 했다. 본 바의 높고 뛰어남은 앎이 그러함을 가리키고 독실함은 바로 양명학의 지행일치(知行一致)를 함의한다.

앞서 홍가신은 송선에게 근래 자신이 "글 읽고 공부하는 일을 폐한 지 오래고 분수에 따라 수방심(收放心)하는 공부에 종사"한다고 했다. 그런데 수방심(收放心)은 양명학을 이끈 왕수인의 핵심적 공부 관련 용어이다. 수방심은 풀어진 마음을 모아들이는 것으로 마음공부를 가리킨다. 일찍이 왕수인은 제자들로 하여금, 사람의 본성(本性; 性體)를 깨닫게 하기 위해 정좌하여 마음을 거둬들이는[收放心] 공부를 하게 했다.[36]

왕수인이 마음을 거둬들이는 공부를 강조한 것은 마음 바깥에 이

---

36 38세에 제학부사(提學副使) 석서(席書)의 초대로 귀양서원(貴陽書院)을 맡아 가르치게 되었다. 주자(朱子)와 육상산(陸象山)의 같고 다른 것을 묻는 이가 있었지만 주육이동(朱陸異同)은 말해주지 않고 자신이 깨달은 것을 말해주었다. 그 사람은 믿지 않고 갔다가 이튿날 다시 왔다. 이에 오경(五經)을 들치면서 지행(知行)과 본체(本體)를 말하였다. 조금은 수긍하는듯하여 다시 네댓 번을 설명하니 알아듣고는 "성인되는 학문이 이것이군요. 주자와 육상산이 각기 잘잘못이 있지만 저의 본성을 깨우치면 되겠습니다."라고 하였다. 그리고 왕수인을 스승으로 모시고 학생들과 함께 지행합일(知行合一)을 배웠다. 왕수인은 이들에게 지행합일을 가르치는데 서로 지(知)와 행(行)이 어떻다느니 하는 쟁론만 하며 깨닫지는 못하였다. 그래서 절에 가 정좌(正坐)를 하며 사람의 본성(本性)을 깨달으라고 가르치니 조금은 깨닫는 듯 마는 듯했다. 귀양살이를 마치고 돌아오는 길에 학생들을 만났다. 그는 그들에게 "너희들에게 정좌를 시킨 것은 참선(參禪)하여 입정(入定)하라는 것이 아니고 너희들에게 자신을 위한 공부가 무엇인가를 보여주기 위하여 풀어진 마음을 모아들이는 수방심(收放心)하는 방법을 가르친 것뿐이다."라고 했다. 김학주 역, 『전습록(傳習錄)』, 명문당, 2005.

(理)가 없다고 여겼기 때문이다. 그는 "이(理)란 마음의 조리"라고 했다. 또한 그는 "이(理)가 부모에게 발현되면 효(孝)가 되고 임금에게 발현되면 충(忠)이 되며 친구에게 발현되면 신(信)이 되니, 끊임없이 변하더라도 나의 한 마음[一心]에서 발현되지 않는 것이 없다"고[37] 했다. 이는 선(善)의 주체는 자신이며 그것은 바깥에서 오는 것이 아니라 자신의 내부에 자리하고 있다는 말이다. 그러므로 격물과 치지, 공부는 지선(至善)의 근원인 자신의 마음을 발굴하고 드러내는 것에 있다. 수방심하라는 말이다. 그런데 홍가신도 글과 책을 통한 공부를 거두고 수방심(收放心)에 종사했다. 왕수인과 통하는 바다. 요컨대 홍가신은 홍인우에게서 "실천의 독실"과 함께 양명학적 사유의 단서를 보았던 것이다.

이런 점에서 노년의 홍가신이 양명학(陽明學)에 사상적 경도를 보였다고 하겠다. 물론 홍가신의 양명학적 성향은 일찍부터 맺고 있던 사우 관계의 영향도 있었을 것이다.

> 이식(李植)이 아뢰기를, 음직으로 대간이 된 사람은 선조 때부터 꽤 있었습니다. 명종조 때에는 조식 성운이 지평을 제수 받았고 선조 때에는 남언경, 한수, 민순, 홍가신 등이 서로 이어 부름을 받고 벼슬에 제수되자 유신 기대승(奇大升)이 진언하기를 의당 먼저 주현(州縣)의 직임부터 시험해보고 관례에 따라 올려 제수하여야 뒤에 폐단이 없게 된다 하였는데, 그때에는 기대승의 말을 그르게 여겼습니다.[38]

37 理也者 心之條理也 發之於親則爲孝 發之於君則爲忠 發之於朋友則爲信 千變萬化 至不可窮竭 而莫非發於吾之一心. 왕수인, 〈서제양백권(書諸陽伯卷)〉, 『양명전서(陽明全書)』, 권8.

38 植曰 南行臺諫 自先朝頗有之 明廟朝曺植運爲持平 宣廟朝南彦經韓脩閔純洪可臣等

택당(澤堂) 이식(李植)이 남언경, 한수, 민순의 뒤를 이어 홍가신이 대간의 지위에 올랐던 적이 있던 사실을 아뢴 기록이다. 이들이 연이어 대간이 된 것은 전임자가 후임자를 추천한 때문이다. 그런데 이들은 모두 화담학파의 계보에 놓인 인물들이며, 양명학적 경향을 띤 인물들이다. 홍가신이 이들의 추천을 받았던 것을 보면, 홍가신은 이들의 학문적 자장(磁場)에서 크게 벗어나지 않았음을 가늠할 수 있다. 더욱이 홍가신이 민순의 뒤를 이어 대간이 되었고, 그가 죽자 지극한 칭송으로 가득한 제문을 짓기도 했다.[39] 더욱이 행동 하나하나까지 닮으려 했던 스승 김근공(金謹恭)[40] 역시 양명학에 조예가 깊었다는 사실은 깊이 주목할 바다.

홍가신이 마음공부를 중시한 것은 마음에 이(理)가 있으며, 마음은 인심과 도심으로 분리되어 있지 않다고 여겼기 때문이다. 마음 바깥에 이(理)가 없다는 양명학의 전제를 깊이 인정한 것이다. 그의 나흠순(羅欽順) 비판도 이런 사상적 경향에 기반하고 있다.

정암(整庵) 나흠순(羅欽順)이 인심(人心)과 도심(道心)을 나누어서 성

---

相繼徵拜 儒臣奇大升進言日 宜先試州縣循例陞拜 可無後弊云 其時以大升之言 爲非矣. 『인조실록』, 인조 22년 12월 6일 기사.

39 홍가신, 〈제행촌민선생문(祭涬村閔先生文)〉, 『만전집』 권지이.

40 김척암이 병이 중하매 공이 가서 문병하였다. 마침 밥을 내왔는데 그 먹는 것을 보니 종용하고 차서가 있어 법도를 잃지 않았다. 그날 저녁에 역책(易簀)하매 탄복함을 마지않으며 말했다. "본래부터 함양한 것이 있는 분이 아니면 능히 이같을 수가 있겠는가." 하였다. 공이 선진에 대하여 일동일정을 반드시 스승으로 모방하려 하여 일찍이 범연히 보아 넘기지 않은 것이 대개 이와 같았다.(金惕菴病重 公往省之 適值進飯 見其啖炙時 從容有序 不失儀則 其夕易簀 不勝歎服 以爲非涵養有素 能如是乎 公之於先進一動一靜 必欲師範 未嘗泛然看過多類此. 홍경신, 〈행장〉, 『만전집』.

정(性情)과 체용(體用)의 분별을 만들었다. 식견이 높고 사물의 이치에 밝기가 과한 선비들이 또한 모두 좇아서 학설을 만들어 가지고 승리의 깃발을 세운 체하였다. 오직 선생이 홀로 나정암의 견해가 잘못됨을 변증하여, 인심(人心)과 도심(道心)을 두 갈래로 만든 것이 가장 그릇된 인식으로 여겼다. 나공의 학문이 그다지 바르다고 할 수 없다. 이것을 노선생도 깊이 옳다고 하신 바다.[41]

나흠순은 인심(人心)과 도심(道心)을 분리하여 인식했다. 도심은 성(性)이고 정(靜)이며 움직이지 않는 것이다. 그리고 인심은 정(情)이고 동(動)이며 느껴서 마침내 통하는 것이다. 이와 같은 도심과 인심의 구별은 바로 본체와 작용의 구별이다.[42] 전통적 성리학에서는 도심은 성명(性命)의 바름에서 인심은 형기(形氣)의 사(私)에서 나오는 것으로 이해했다. 홍가신이 〈응구언봉사〉에서 본심(本心)과 사의(私意)로 구분하여 인식한 것과 같다. 그러나 나흠순은 도심은 바로 성이고 인심은 바로 정이라 하여 구분하고 이들을 체용(體用)의 관계로 파악했다. 이런 나흠순의 성정론은 이이(李珥) 등의 고명한 학자들에게 영향을 끼쳤다. 홍가신은 이런 사상계를 통렬하게 비판했다. 홍가신의 비판은 그가 이이 등과는 다른 당파적 입장을 지녔다는 점도 있지만, 근본적으로는 학문 사상적 경향이 달랐기 때문이다. 다음을 보자.

율곡의 의논은 과연 옳은 것이나 용이하고 너무 활대하여 평생의 병통이

---

41 羅整菴欽順分人心道心爲性情體用之別 士之過於高明者 又從而爲之說 而立赤幟焉 先生獨辨羅見之非 以爲作兩般者 最是錯認 羅公之學 未可謂儘出正 老先生深以爲是. 홍가신, 〈치재홍선생신도비명(恥齋洪先生神道碑銘)〉, 『만전집』 권지오.

42 진래(陳來) 저, 안재호 옮김, 『송명송리학』, 예문서원, 1997, 431쪽.

> 입언(立言)하는 사이에 나타는 것을 숨길 수 없다네. 그 온공의 학문을 의논한 것도 대개는 옳으나 **다만 말이 정하고 간절하기 못한 것이 한스러운 일이네. 옛 사람들의 이른바 영향(影響)의 의논이란 이런 말을 이름이 아닌가 하네**. 나는 병들어 있는 가운데 강학에 대한 한 가지 일을 전폐하였으니 이 역시 잠깐 형의 글을 보고 억료로 하는 의논이네. 이 몸이 그 속에 있기 때문에 경솔히 율곡을 의논하는 것이 아닌가 싶어 두렵고 두렵네.[43]

죽기 한 해 전인 갑인(1614)년에 동학 송선에게 부친 편지 글이다. 그런데 편지의 논의가 사뭇 조심스럽다. 율곡(栗谷) 이이(李珥)에 대한 부정적 평가가 마음에 걸렸던 모양이다. 그럼에도 그의 평가는 신랄하기 그지없다. 그는 이이의 학문을 두고 대지는 옳으나 그 실체가 “용이하고 활대”하다고 혹평을 가한다. 그 말이 정밀하지 못하고, 대체적으로 옳은 것, 그것은 통철하게 공부하지 못했기 때문이라고 비판한다. 이른 바 수박 겉핥기식 학문이며 피상적인 학문임을 지적한 것이다. 옛 사람들의 “영향(影響)의 의논”으로 치부한 것도 이 때문이다. 본질을 제대로 이해하지 못하고 그림자와 소리[影響]로만 안 것이라 했다. 흡사 나흠순 비판에 동원되었던, “식견이 높고 사물의 이치에 밝기가 과한”[=高明] 선비가 이이를 염두에 둔 것은 아닌가 싶을 정도다. 실제로 이이는 나흠순의 인심(人心)과 도심(道心)의 구별을 체용(體用)의 구별로 받아들이고 이기일원론(理氣一元論)에 동조한다. 노년의 홍가신은 이이의 학문적 성향이 심히 못마땅했던 듯하다.

---

43 栗谷之論 果是矣 而容易滑大 平生舊病 發現於立言之間 不可諱也 其論溫公之學 大概則是 而但恨下言之不精切也 古人所謂影響之論 無乃謂此等說耶 鄙人痼病之中 專廢講學一事 此亦瞥然一看 兄書臆料之論 無乃此身坐在這裏 而輕論栗谷耶 可懼可懼. 홍가신, 〈배복송중회우갑인(拜復宋仲懷又甲寅)〉, 『만전집』 권지이.

이상에서 살펴본 것처럼, 홍가신이 마음공부에 진력했던 것은 그의 사상적 지향과 무관치 않다. 그는 노년에 이르기 전까지는 스승 민순의 공부법이자 주돈이, 주희 등의 공부법인 주정(主靜)의 공부법을 따랐다. 성리학적 자장(磁場)에서 크게 벗어나지 않았다. 다만 노년에 이르면서 점차 양명학적 성향을 띠게 되었다. 육구연과 왕수인의 학문적 경향이 점차 강하게 드러나게 된다. 홍가신의 이같은 변화는 근본적으로 그의 학적 네트워크와 유관하다. 홍가신은 서경덕, 신광한, 김근공, 민순, 허엽, 이지함, 남언경 등의 학문적 계보에서 일정한 영향을 받았기에 상수학이나 양명학과 친연적이게 되었다. 그 결과 노년에 이르면서 마음공부에 더욱 치중하게 되었던 것으로 보인다. 이른바 주희의 성리학적 관점에서 양명학적 사유로 변모하는 양상을 보였다고 하겠다.

## 5. 맺음말

본고는 사대부의 사상적 지향은 일상적 삶에서의 실현을 궁극적 목표로 한다는 점과 홍가신이 삶의 다양한 국면에서 서로 다른 가면을 쓴 채 처신하지 않았다는 것을 전제로 하였다. 이를 기반으로 그의 일상적 태도에서 드러나는 특징을 살피고 그것이 어떤 의미를 가졌는지를 살폈다. 나아가 홍가신의 사상적 경향이 어떠한가를 구명하고자 했다.

살핀 바를 간략하게 정리하는 것으로 논의를 맺도록 하겠다. 홍가신의 일상 태도는 늘 한결같았다. 항상 관을 쓰고 허리를 편 채 무릎을 모아 바르게 앉고, 동(動)과 정(靜)에서 평상심을 지키며, 마음을 바르게 하고 본성에 따랐다. 이는 『소학(小學)』의 가르침으로, 김굉필(金宏弼)이 반우형(潘佑亨)에게 주었다는 〈한빙계(寒氷戒)〉의 세 조목으로 설명될 수 있다. 동정유상(動靜有常), 정심솔성(正心率性), 정관위좌(正冠危坐)가 바로 그것이다. 홍가신은 소학지도(小學之道)를 지향하는 일상적 삶의 태도를 보였다.

홍가신이 이와 같은 삶의 태도를 지키려 했던 것은 주정(主靜)의 간(艮)과 과욕(寡欲)을 통한 청심(淸心)의 지향과 유관하다. 주정은 서경덕과 스승 민순 등의 공부법이기도 했다. 그리고 주정의 다른 표현은 그가 호로 삼았던 간(艮)이며, 주정과 간은 과욕을 통해서 이룰 수 있다. 이런 홍가신의 지향은 마음을 바르게 하고 타고난 본성을 따르기 위한 노력과도 통한다. 이른바 정관위좌의 바른 외체(外體)를 유지하려 했던 까닭이다.

이렇게 홍가신이 마음공부에 진력했던 것은 그의 사상적 지향과 무관치 않다. 그는 노년에 이르기 전까지는 스승 민순의 공부법이자 주돈이, 주희 등의 공부법인 주정(主靜)의 공부법을 따랐다. 다만 노년에 이르면서 점차 양명학적 성향을 띠게 되었다. 즉 육구연과 왕수인의 학문적 경향성을 띠게 된다. 홍가신의 이같은 변화는 근본적으로 그의 학적 네트워크와 유관하다. 홍가신은 서경덕, 신광한, 김근공, 민순, 허엽, 이지함, 남언경 등의 학문적 계보에서 일정한 영향을 받았기에 상수학이나 양명학과 친연적이게 되었다.

제 2 부

# 정치활동

# 정치활동과 사상

김기승

## 1. 머리말

홍가신(洪可臣, 1541~1615)은 민생의 안정을 가장 중시하는 민본주의를 실천했던 목민관이었으며, 이몽학의 반란을 진압하여 왕조를 위기에서 구해낸 청난공신이었다. 그는 자신의 개인적 이익보다 국가와 백성이라는 공공의 가치를 중시하는 선공후사의 자세로 관직에 임하였다. 그는 전형적인 민본주의적 왕도정치 실천가로서, 천명은 민심에 나타나며 민심은 왕의 덕치를 통해 안정될 수 있다고 보았다. 그러기에 그는 임금과 왕실의 잘못에 대해 직언하여 왕을 올바른 길로 인도하는 것이 진정한 충신이라는 믿음을 갖고 있었다. 그는 임금의 수신제가(修身齊家) 이후 치국평천하(治國平天下)가 가능하다는 『대학』의 덕치론을 실천했다. 그는 유교의 왕도정치와 민본정치에 대한 확고한 신념을 갖고 정치활동을 펼쳤던 올곧은 선비였다. 홍가신은 민순(閔純, 1519~1591)의 제자로 성리학에 조예가 깊었고 문장으로 이름이 높았다. 이러한 이유로 그는 천거를 통해 벼슬길에 나설 수 있었다. 관직에 종사하면서 그는 여러 차례 왕정 쇄신 방안을 조정에 제안했고, 많은 시를 지었다. 사후 그의 문집이 편찬되었고, 이는 한글로 번역되었다.[1] 이 한글 번역본은 2006년에 복간되었다.[2] 이를 계기로 박을수는 최초로 홍가신에 대한 전문적인 연구서를 저술하였다.[3] 박을수의 연구는 홍가신의 전집과 조선왕조실록 소재 자료를 폭넓게 사용하면서 생애, 교유관계, 저술, 정신세계 등을 종합적으로 다루었다. 그러나 주로 문학적 관점에서 다루어 홍가신의 정치활동과 사상이나 역사적 위치에 대한 관심은 상대적으로 소홀했다.

필자는 홍가신이 충청 지역 지방관으로 임진왜란이라는 위기를 어떻게 극복했는가를 이미 살펴 본 바 있다. 이를 통해 그가 이몽학의 반란을 진압하는 과정을 구체적으로 규명하고, 민본주의적 왕도정치라는 관점에서 임진왜란 시기의 사회혼란을 수습하고자 했다는 사실을 밝혔다.[4] 이후 홍가신의 사상과 활동을 생애 전반, 지방관의 활동, 정치사상 등으로 나누어 전체적으로 정리한 「홍가신의 사상과 활동」이라는 글을 발표하였다. 지방관의 활동은 부여현감, 수원부사, 홍주목사, 해주목사, 개성유수 네 시기로 나누어 정리하였고, 정치사상은 1593년, 1596년, 1608년에 임금에게 올린 상소문과 경연에서 펼친 논의를 중심으로 기술하였다.[5] 본고에서는 이미 발표했던 「홍가신의

---

1 홍가신 저, 이석구 역, 『만전 홍선생 문집』(남양홍씨 대곡종회, 1969). 이 책은 1717년 홍가신의 현손 홍유경이 편찬한 『만전선생문집』을 국역 간행한 것이다.

2 만전당선생문집 복간위원회, 『만전당 홍가신 선생 문집』(한국예총 아산지부, 2006) [이하 『문집』으로 약칭함].

3 박을수, 『만전당 홍가신 연구』(글익는들, 2006).

4 김기승, 「홍가신과 임진왜란 - 충청지역 지방관이 경험한 임진왜란 전후의 조선사회」, 『한국인물사연구』 8(2007. 8), 221~247쪽.

사상과 활동」을 수정하고 보완하면서 홍가신의 정치활동과 사상을 전체적으로 재정리하고자 한다. 특히 "5. 아산에서의 홍가신의 역사적 위치"는 이번에 새롭게 추가하였다.

## 2. 홍가신의 생애와 정치활동

### 1) 출생과 수학

홍가신은 1541(중종 36)년 7월 17일 아버지 온(昷)과 어머니 흥양 신씨 사이에서 4형제의 장남으로 태어났다. 본관은 남양이며, 자는 흥도(興道)이고 아산 사람이다. 호는 간옹(艮翁)이라고 했다가 64세인 1604년 만전(晩全)으로 고쳤다. '일찍 벼슬에서 물러나서 늦은 절개를 온전하게 한다'는 구양수(歐陽脩, 1007~1072)의 말에서 만전이라고 하였다. 고려 때 금오위별장 동정인 선행(先幸)을 시조로 한다. 고조 귀해(貴海)는 경상좌도 수군절도사를 지냈다. 이조참의를 지낸 증조 한(瀚)은 강직한 성품으로 무오사화로 귀양을 가다가 중도에 졸하였다. 조부 윤창(胤昌)은 내섬시 판관을 지냈으며, 부친 온은 장원서 장원(掌苑)을 지냈다. 어머니 신씨는 김제 군수를 지낸 윤필(允弼)의 딸이었다.[6] 이처럼 홍가신은 대대로 벼슬이 끊이지 않은 명문가에서 태어났다. 그러나 그가 태어날 때 어머니가 중병을 앓고 있어서 갓난아이를

5 김기승, 「홍가신의 사상과 활동」, 정호훈 외, 『조선 중기 홍가신·허목의 사상과 학문』(수원화성박물관, 2012), 47~101쪽.

6 박을수, 『만전당 홍가신 연구』(글익는 글들, 2006), 10~11쪽.

제대로 돌보지 못하고 포대기에 싸서 광주리에 담아 두었는데, 며칠이 지나서도 죽지 않고 생생하게 살아 있고 아무런 상처도 없어서 사람들이 이상하게 여겼다고 한다.

1548년(명종 3년) 7세에 아버지와 함께 산불을 구경하다가 '조나라 성에 홀연히 한신의 깃발을 세웠도다(趙壁忽竪 韓信幟)'라는 시를 지어 주위를 놀라게 하였다. 15살이 되기 전 『소학』과 사서이경(四書二經)은 물론 고문집까지도 읽을 수 있었다. 집안에서는 생김새와 행동거지가 단아하고 무거워서 강직했던 증조부의 풍모를 이어받았다고 했다. 어려서 서경덕(徐敬德, 1489~1546)의 문인인 초당 허엽(許曄, 1517~1580)으로부터 배웠다. 허엽은 정계가 동서로 나뉘어 당쟁을 벌일 때 김효원과 함께 동인의 영수로 활동했던 인물이었다.[7] 어려서 퇴계 이황(李滉, 1501~1570)이 우연히 함께 한 자리에서 여러 어린이 중 홍가신을 지목하고는 누구인지 물어볼 정도로 남다른 면모를 보였다. 20세가 된 1560년 이후에는 서애 유성룡(柳成龍, 1542~1607), 이발(李潑, 1544~1589), 유유립(柳柔立) 등과 사귀었고, 이들과 함께 거처하면서 과거 공부를 했다.[8] 이 때 홍가신이 여색을 멀리하자 친구들이 창기로 하여금 홀로 자는 홍가신을 유혹하도록 했지만, 홍가신은 이끌리지 않았다고 한다.[9] 어려서는 반고(班固, 32~92)의 문과 두보(杜甫, 712~

---

7 홍길동전으로 유명한 허균의 아버지이기도 하다.

8 조경(趙絅), 「홍가신 신도비명」, 『문집』, 515쪽. 이발은 홍가신과 함께 민순 문하에서 동문수학하였다. 이조 전랑으로 재직 시 자파 인물을 중용하였으며, 동인의 지도적 인물로 정철에 대한 처벌을 강력하게 주장하였다. 1589년 기축옥사로 장살(杖殺)되었다.

9 홍경신, 「행장」, 『문집』, 469쪽.

770)의 시 등을 좋아하는 등 문장에 주력하여 최경창(崔慶昌, 1539~1583), 이순인(李純仁, 1533~1592) 등의 문사들과 교유했다.[10]

27세인 1567년 행촌(杏村) 민순을 찾아가 20여 년간 스승으로 모셨다. 그는 『심경』, 『근사록』, 『주자서절요』 등을 읽으면서 스승으로부터 성리학을 배웠다. 이를 통해 그는 화려함을 배척하고 실질을 숭상하는 가치관을 형성했다.[11] 민순은 화담 서경덕의 제자로서 당쟁이 치열했던 당시의 현실과는 거리를 두고 학문과 수양에 충실했던 학자로 알려졌다.

실록에 기록된 민순의 졸기는 다음과 같은 말로 끝맺고 있다.[12]

> 그의 문인 홍가신이 주자가 이연평(李延平)을 기린 말을 인용하여 주자께서 '연평선생은 온화하고 겸손하며 정성스럽고 후덕하여 주위 사람이 오랫동안 함께 있어도 그 분의 한계를 볼 수 없으니 참으로 대단한 군자이시다'라고 하였는데, 이 말이 선생의 덕행과 서로 부합된다고 하였다.

『선조수정실록』을 쓴 사관은 민순의 뜻을 잇고 있는 학자로 홍가신을 꼽았다. 그러므로 스승 민순에 대한 그의 평가를 인용하여 실록에 수록하였던 것이다.

---

10 김기승, 「홍가신과 임진왜란」, 『한국인물사연구』 8(2007. 9), 224쪽. 최경창은 박순(朴淳)의 문인으로 영광군수를 지냈는데, 학문과 문장으로 이름이 높았으며 당시(唐詩)에 뛰어 났다고 한다. 이이, 송익필, 정철 등과 교유하였다. 이순인은 이황과 조식에게서 배웠으며, 임진왜란시 선조를 호종하던 중 사망하였다. 문장으로 뛰어나 최경창, 이산해, 백광훈, 최립 등과 함께 '8문장'으로 손꼽혔다.

11 조경, 「홍가신 신도비명」, 『문집』, 518쪽.

12 『선조수정실록』 24년 10월 1일 계사.

홍가신은 스승 민순의 제문과 묘갈명을 썼다. 홍가신이 스승 민순과 자신의 관계를 주자와 이연평의 관계에 비유하여 높인 것은 민순의 묘갈명에서였다. 즉 그는 다음과 같이 말했다.[13]

> 주자가 스승 이연평(본명은 李侗, 자는 연평)을 온화하고 겸손하고 성실하고 도타우셔서 사람들과 교제함에 오래도록 그 끝이 보이지 않으셨으니 진정한 군자이시다라고 칭찬하시었다. 선생의 덕행이 이것과 일일이 서로 맞는다. 후에 덕을 아는 자는 반드시 이를 분명히 할 것이다.

또한 그는 스승의 제문에서 스승이 출처와 진퇴가 떳떳한 의리에 합당했던 분이라고 하면서 학문이 깊고 도를 아는 분이었다고 했다. 자신은 어둡고 어리석어서 스승의 문하에 출입한 지 20여 년이 되었는데도 세상에 드러난 바가 못되었다고 했다. 그럼에도 스승께서는 자신을 과분하게 칭찬해 주시었다고 했다. 직접 강의를 듣는 기회는 적었지만, 스승을 우러르는 정성은 갈수록 도타워졌다고 했다.[14]

홍가신은 1567년에 진사 시험에 합격했고, 이후 성균관에 입학하여 본격적으로 과거 공부를 하였다.[15] 성균관 거재생 시절 성락(成洛, 1550~1616), 조원(趙瑗, 1544~?) 등과 사귀었다.[16] 후에는 퇴계 이황을 배알하고 밝은 근원을 깨달아 행동과 사업에서 사사로움에 치우치지 않고 공명정대함에 힘쓰게 되었다.[17]

---

13 홍가신, 「우통례(右通禮) 습정(習靜) 민선생(閔先生) 묘갈명」, 『문집』, 426쪽.
14 홍가신, 「제행촌민선생문(祭杏村閔先生文)」, 『문집』, 187~188쪽.
15 조경,「홍가신 신도비명」, 『문집』, 515쪽.
16 박을수, 『만전당 홍가신 연구』(글익는들, 2006), 13쪽.
17 조경,「홍가신 신도비명」, 『문집』, 518~519쪽.

### 2) 유능하고 공정한 관료 생활

홍가신은 1571년 31세 때, 이조 전랑의 추천으로 경기도 양주 소재 강릉(康陵, 명종의 능침)의 참봉이 되었다.[18] 1573년 이발·이길(李洁) 형제와 함께 알성시에 응시하게 되었는데, 친구들의 부정행위 권유를 뿌리치고 정당하게 응시했으나 낙방하였다. 이듬해 예빈시 주부와 형조좌랑을 거쳐 부여현감이 되었다. 부여현감으로 5년간 재직하는 동안 선정을 베풀어 주민들로부터 칭송을 받았다. 뿐만 아니라 정치를 잘한다는 보고가 임금에게까지 올라가 1578년 사헌부 지평으로 승진되었다.[19] 1583년 43세에는 사헌부 장령이 되었다.

홍가신은 탄핵과 감찰을 담당하는 대관으로서 엄정하게 직무를 수행했다. 그는 친구였던 이조 전랑 조원이 사정(私情)에 치우치자 그를 탄핵하였다. 그는 선공후사의 자세로 공직에 임하였던 것이다. 이런 일로 그는 반대당인 이이로부터 '풍력(風力)이 있다'고 칭찬을 받기도 하였다.[20] 또한 그는 교류가 없던 이이의 주장을 지지하기도 하였다. 그가 사헌부 장령으로 재직하고 있을 때, 이이가 상소를 하여 경장을 주장하였다. 이이의 경장 정책 제안에 대해 홍가신은 '이것이야말로 지금의 급무이다'라고 적극적으로 찬성하였다. 그러나 홍가신의 친구였던 유성룡은 이이의 경장 정책 제안을 시의에 적합하지 않다고 하면서 반대하였다. 그리고는 홍가신을 만나 '이이의 논의에 부회하였다'고 힐책하였다. 그러자 홍가신은 '공은 과연 경장하는 것을 그르다

---

18 『선조수정실록』 4년 3월 1일 임술.
19 『선조수정실록』 11년 8월 1일 경진.
20 『선조수정실록』 11년 5월 1일 신해.

고 여기는가?' 하고 반문하였다. 유성룡이 이에 대해 '경장하는 것은 진실로 옳다. 그러나 그의 재주로 그 일을 못할까 염려될 뿐이다'라고 답변하였다.[21]

홍가신은 서애 유성룡과 있었던 일을 직접 기록으로 남기기도 하였다. 그는 유성룡과는 16, 27세 때부터 함께 놀았고, 과거 공부할 때에는 낮에는 옆에 앉고 밤에는 한 이불 속에서 잤던 친구라고 하였다. 1592년 이이가 병조판서로 재직할 때 그가 어르신 명령으로 이이의 집을 방문했다가 밤늦게 돌아온 적이 있었다. 이에 홍가신이 이이의 집에서 자고 온 것으로 전해 들은 유성룡이 탄식했다가 후에 홍가신으로부터 사실을 전해 듣고는 안심했다는 것이다. 그리고 이이의 경장책에 대해 유성룡이 반대하자, 이이가 홍가신에게 말하기를 유성룡이 항상 자신과는 변통을 이야기하다가 경장책을 반대하니 그 뜻을 알지 못하겠다고 하였다. 홍가신은 이러한 이이의 뜻을 유성룡에게 전하였다. 유성룡은 '법을 변하는 것을 옳은 일이지만, 이 일을 이이와 함께 할 수는 없다'고 답하였다는 것이다.[22]

유성룡과 이이 사이에 있었던 일에 대한 홍가신의 회고는 실록의 내용과 대체로 일치한다. 이에 의하면 이이와 유성룡은 정치적 입장을 달리하여 무리를 지어 세력 다툼을 하고 있었다. 그런데 홍가신은 정치적 당파와는 관련 없이 친구인 유성룡과는 물론 이이와도 교류하면서 의견을 나누는 사이였다. 그 결과 세 사람 사이에서는 경장책의 정당성과 필요성에서는 일치하는 입장이 확인되었다. 다만 유성룡은

---

21 『선조수정실록』 15년 9월 1일 병진.

22 홍가신, 「약서(略敍), 유서애(柳西厓) 이견(而見) 행적」, 『문집』, 428~431쪽.

그 일을 이이가 추진하는 데 대해 반대했던 것이다. 홍가신은 이러한 유성룡의 입장을 이해하는 편이었다. 홍가신은 이이를 '당시 명망이 있어서 일시 사류들이 모두 칭송하여 더불어 나라 일을 논의할 만한' 사람이었다고 하면서 '성격이 소탈하고 말을 쉽게 잘하였는데 사류들이 떠받드는 것이 지나쳐서' 유성룡이 후일 말하기 어려운 일이 벌어질까 걱정한 것이라고 하였다. 말하자면 이이의 경장책으로 인해 이이 일파에게 권력이 집중되는 것을 우려하여 유성룡이 반대한 것으로 보았던 것이다. 그렇지만 홍가신이 유성룡을 찾아가 이이의 뜻을 전하고 그로부터 경장책 자체는 옳다는 답변을 들었다는 점에 주목할 필요가 있다. 왜냐하면 이것은 홍가신 스스로가 국가의 진흥을 위한 경장책을 둘러싼 양측의 입장을 조정하고자 노력했음을 보여주는 사례로 해석될 수도 있을 것이기 때문이다.

홍가신은 당시 당색을 떠나 공정한 관리로 평가받고 있었다. 『선조수정실록』에는 공주 교수 조헌(趙憲, 1544~1592)이 올리고자 했던 상소문이 수록되어 있다. 여기에는 허봉(許篈, 1551~1588)·김첨(金瞻, 1542~?) 등이 이이를 비난하고 있었는데, 홍가신은 이이가 그러한 무리들과는 다른 사람이라고 다음과 같이 평하였다.[23]

> 그러나 이 때 조정 반열에 선을 좋아하고 악을 미워하는 마음을 가진 사람이 전혀 없지는 않았습니다. 그러므로 홍가신이 김첨에게 '그대는 그

---

23 『선조수정실록』 20년 9월 1일 정해. 조헌은 율곡 이이와 성혼 우계의 문인으로 1587년 동인 정여립을 탄핵하는 상소를 연이어 올렸고, 이산해를 비판하는 상소를 올렸다. 과격한 상소로 국왕의 노여움을 사 관직에 물러났다. 임진왜란 시 옥천에서 의병을 일으켜 왜적을 물리치다가 금산 전투에서 순국하였다.

대의 처남 송응개(宋應漑, ?~1588) 가 한 일을 옳다고 보는가? 이이를 군자이면서 인(仁)하지 못한 자라고 하는 것은 옳거니와 소인이라고 하는 것은 옳지 않다' 하였습니다.

홍가신은 자기와 친분이 없는 이이라고 하더라도 그의 주장과 처신을 보고 더불어 국정을 논의할 수 있는 '군자'로 보아야지 조정에서 쫓아내야 할 소인배로 몰아서는 안 된다고 하였다.

조헌이 상소문을 여러 차례 올린 2년 뒤인 1589년 호서에서 상경하는 길에 수원부사로 재직 중인 홍가신을 만났다. 이 때 홍가신이 조헌에게 말하기를 소장에서 자신의 친구들을 배척한 결과 모두 죄인이 되어 있는데 자신만이 어찌 죄를 면할 수 있겠느냐고 질책하였다. 이에 조헌이 얼굴이 붉어지며 '내가 성의를 갖고 형을 보는데 이렇게 나오니 다시는 형을 보지 못하겠다'고 하였다. 홍가신이 자리를 뜨려는 조헌을 만류하여 술을 몇 잔 더 나누었다. 이후에도 조헌은 당색을 달리 하였지만, 홍가신을 해치지 않았다. 조헌의 아들이 홍가신을 만나려고 할 때, 사람들이 만나지 말라고 하였으나 홍가신은 '친구의 아들'이라고 하면서 만났다.[24] 이처럼 홍가신은 사람과의 교류에 있어서 당색을 문제 삼지 않는 태도를 보였던 것이다.

홍가신은 안산군수 재직 시 선정을 베풀었다고 평가받아 1585년 5월 수원부사로 승진되었다.[25] 수원부사로서도 그는 구황정책을 잘 시행한 공로로 포상 대상자가 되었다.[26] 그러나 1589년 정여립(鄭汝立)

---

24 「보유」, 『문집』, 446~447쪽.

25 『선조실록』 17년 5월 7일 임오.

26 『선조실록』 21년 6월 6일 무오.

의 모반 사건으로 인한 기축옥사가 일어나자 수원부사에서 파직되었다. 왜냐하면 그는 정여립과 사마시 동방이었던 데다가 정여립 사건에 연루된 이발 형제와도 친한 사이였기 때문이었다.[27] 그는 친구에 대한 의리와 명분을 중시하여 아무도 돌보지 않는 반역죄인 이발을 옥으로 찾아가 위로했으며, 죽은 뒤에도 장사까지 지내주었다.[28] 이렇듯 홍가신은 정치적 득실보다는 인간적 의리를 중시하였다. 그렇지만, 그가 반역 죄인과의 친분을 중시하여 의리를 지켰기에 정치적으로는 손해를 보아 한동안 관직에 진출하지 못했다.

1592년 홍가신은 야인의 신분으로 서울에서 살 때, 임진왜란을 맞이하였다. 그는 식량을 마련하기 위해 말을 팔았으므로 걸어서 서울을 가까스로 탈출하였다. 일시 관향인 남양으로 돌아와 의병을 일으키기도 했으나 여의치 않자, 군사와 군량을 관에 인계하고 아산에 은거하였다. 1593년 파주목사에 임명되었으나 명령 전달이 여의치 않아 제대로 근무하지도 못하고 해임되었다.[29] 이해 10월 선조가 환궁했다는 소식을 듣고 장문의 상소문을 올려 시국수습책을 건의했다. 그러나 그의 제안은 채택되지 않았다.

1594년 1월 홍가신이 아산에 피난해 있을 때, 송유진(宋儒眞, ?~1594)의 반란 사건이 일어났다. 서울 서족 출신인 송유진은 천안과 직산 사이에서 의병을 빙자하여 반란을 일으킬 계획을 세웠다. 송유진 일당은 1594년 1월 아산과 평택의 병기고를 습격하여 병기를 탈취

---

27 『선조실록』 22년 12월 4일 정축.

28 홍경신,「행장」, 『문집』, 472~473쪽.

29 『선조실록』 26년 1월 11일 병오 ; 5월 11일 갑자 ; 홍가신, 「적퇴후봉사(賊退後封事)」, 『문집』, 220~243쪽.

했다.[30] 이들의 거사일은 1월 15일이었다. 그러나 아산의 병기고 습격 직후 홍가신이 유성룡을 통해 중앙정부에 보고하면서 사전에 송유진 등 주모자를 체포할 수 있었다. 이 때 홍가신은 유성룡에게 그들의 활동 내용을 소상히 적은 편지를 보냈던 것이다. 이에 송유진 반란 사건에 대해서는 거사일 4일 전인 1월 11일 조정에서 논의되었다.[31] 열흘 뒤인 21일 홍가신은 홍주목사로 제수되었다.

홍가신은 홍주목사로 부임한 직후 왜적이 관할 지역에 출몰하였다. 많은 고을 수령들은 피난 준비에 바빴고, 이 소식을 듣고 홍가신에게도 피난을 권유하는 사람이 있었다. 이에 홍가신은 '신하는 국가를 위해 죽고 처자는 가장을 위해 죽을 뿐이다'라고 하면서 홍주성 사수 의지를 다졌다.[32] 1596년 홍주목사 재직 시 이몽학(李夢鶴, ?~1596)의 반란이 일어났는데, 반란군의 공격으로부터 홍주성을 성공적으로 방어했을 뿐만 아니라 반란군을 궤멸시켰다. 이러한 공로가 인정되어 후일 청난공신 1등에 봉해졌다.

홍가신은 1599년 홍주목사 임기를 마치고 강화부사로 제수되었으나 나아가지 않았다.[33] 1600년 해주목사에 제수되었으나 그 해 10월 사직하였다. 1603년(선조 36년) 형조참판으로 임명,[34] 같은 해 4월에는 강원도 관찰사로 임명되었다.[35] 그러나 훈국에서 녹훈이 끝나지 않았

---

30 『선조수정실록』 27년 1월 1일 경진.
31 『선조실록』 27년 1월 11일 경인.
32 홍경신, 「행장」, 『문집』, 474쪽.
33 『선조실록』 32년 11월 4일 기유 ; 「행장」, 『문집』 499쪽.
34 『선조실록』 36년 2월 21일 무신.
35 『선조실록』 36년 4월 17일 계묘.

다고 하여 한성우윤과 금오당상을 겸하도록 하여 서울에 머물도록 했다.[36] 이에 홍가신은 당상관으로서 공신도감에 참여하여 임진왜란 시 공신을 선정하여 포상하는 작업을 수행했다.[37] 그가 공신도감에 참여하게 된 것은 이몽학의 반란 진압 시 총책임자로 당시의 사정을 가장 잘 파악하고 있었다고 보았기 때문이었다.[38] 같은 해 7월에는 홍가신은 개성부 유수가 되었는데, 이 때 사관은 홍가신을 '청간(淸簡)하고 욕심이 적으며 직분을 다하려고 힘써 직책을 맡는 곳마다 모두 치적이 있었다'고 평가하였다.[39]

1604년(선조 37년) 6월 이몽학의 반란을 진압한 공로로 청난공신 1등에 봉해졌다.[40] 청난공신 교서 중 홍가신에 관련된 부분은 아래와 같다.[41]

> 홍가신을 1등에 봉하고 모습을 그려 후세에 전하며 관작과 품계를 세 자급(資級) 을 올린다. 그의 부모와 처자도 품계를 세 자급을 올리되 아들이 없으면 생질과 여서(女壻)를 두 자급 올릴 것이다. 그리고 적장자는 세습하여 녹봉을 잃지 않게 하며 영원히 사유(赦宥)의 은전을 받게 하라. 반당(伴倘) 10인, 노비 30구, 구사(丘史) 7명, 전지 1백 50결, 은자 10냥, 내구마 1필을 하사한다.

---

36 홍경신, 「행장」, 『문집』, 500쪽.
37 『선조실록』 36년 4월 28일 갑인.
38 『선조실록』 34년 3월 14일 임자 ; 4월 24일 신묘 ; 5월 21일 무오 ; 35년 7월 23일 임오.
39 『선조실록』 36년 7월 21일 을해.
40 『선조실록』 37년 6월 25일 갑진.
41 『선조실록』 37년 10월 29일 을해.

조정에서는 홍가신의 공적을 높이 평가하여 위와 같이 포상하였던 것이다.

그는 1605년(선조 38년) 3월 형조판서가 되었다가[42] 12월 개성유수로 전임되었다.[43] 이어 이듬 해 8월 영원군(寧原君)에 봉해졌다.[44] 1607년 그는 선조에게 "덕을 닦으시어 스스로 굳세게 하시며, 마음을 맑게 하시고 기운을 기르시며, 어진 이를 친하게 여기시고 아첨하는 자를 멀리 하시며, 하늘을 두려워 하시고 백성을 보호하시옵소서"라는 16자로 된 잠계(箴戒)를 올렸다.[45]

### 3) 인물과 학문에 대한 평가

1608년 홍가신은 광해군에게 상소를 올렸다. 그것은 정경세(鄭經世, 1563~1633)가 국정 쇄신을 요구하면서 선왕의 정치를 비판한 데 대해 광해군이 대노하여 정경세를 처벌한 처사가 잘못되었음을 지적하는 상소였다. 홍가신은 정경세의 행위가 임금의 과실을 미연에 방지하기 위한 충성의 소치라고 옹호하였다. 오히려 정경세를 비판한 임연(任兗, 1567~1619)의 잘못을 지적하였다. 그러면서 선조께서 그러하셨듯이 신하들의 말이 비록 귀에 거슬리더라도 포용하는 것이 군주의 도리임을 강조하였다. 이에 대해 광해군은 '나라를 위하는 정성은

---

42 『선조실록』 38년 3월 12일 병술.

43 『선조실록』 38년 12월 10일 경술.

44 『선조실록』 39년 8월 25일 신유. 이 때 초상화를 그리도록 조치하였으며, 세 계급을 승진시켰다. 아울러 부모와 처자에게도 벼슬을 주어 세 계급 승진시키는 조치를 취하였다. 「교영원군녹훈서(敎寧遠君錄勳書)」, 『문집』, 460~466쪽.

45 "修德自强, 淸心養氣, 親賢遠佞, 畏天保民", 「십육자소」, 『문집』, 359쪽.

가상하나 경이 훈구중신으로서 당을 비호하는 요즈음의 습속에서 벗어나지 못한 것 같다'고 하였다.[46] 홍가신의 비난을 받은 임연이 반발하여 사퇴를 표명하자 그를 옹호하여 출사하라는 요구가 있었고, 광해군은 이를 받아들였다.[47] 이리하여 홍가신이 임연을 비판한 것이 당론으로 배척받는 상황이 되었다.

그러자 영의정 이원익(李元翼, 1547~1634)은 붕당의 폐단을 보고하면서 홍가신을 다음과 같이 변호하였다.[48]

> 지난번에 재신 홍가신이 소를 올렸을 적에 신은 홍가신과 같은 자가 바로 사류이고 이런 소가 바로 사론이라고 생각했습니다. 그런데 그때 삼가 성상의 전교를 보건대 당론이라고 홍가신을 책망하셨으니, 이로써 말하면 사류만이 신을 당인이라고 나무랐을 뿐만이 아니라 성상께서도 당론이라고 신을 책망하신 것입니다. 대신으로 당론을 하고서 조정에 설 수 있겠습니까.

이렇게 영의정이 홍가신의 상소는 당론이 아니라 정론이라고 옹호

---

46 『광해군일기』 00년 7월 7일 신묘. 정경세는 서애 유성룡의 제자로 대구부사로 재직할 당시 광해군에게 상소를 올렸다. 광해군 대에 성균관 대사성, 전라감사 등을 역임했는데, 정인홍 등에 의해 탄핵당하였다. 인조반정으로 다시 관직에 진출하여 이조판서, 대제학 등을 역임했다. 퇴계학통의 학자로서 경서와 예학에 밝았다.

47 『광해군일기』 00년 7월 9일 계사.

48 『광해군일기』 1년 1월 9일 임진. 이원익은 임진왜란 시 이조판서로 선조를 호종하였으며, 이후 우의정과 영의정이 되어 선조를 보좌하였다. 광해군 대에도 영의정이 되어 대동법을 시행하기도 하였으나 임해군 처형에 반대하여 사임하였다. 인조반정 후 다시 영의정이 되었는데, 광해군 처형에 반대하였다. 청빈하고 공정한 정승으로 알려졌다.

하였다. 그를 당론으로 모는 것은 자신을 당론으로 모는 것이고, 그렇게 하면 자신은 영의정을 사퇴할 수밖에 없다고 하였다. 이원익이 영의정 자리를 걸고 홍가신을 변호하자 광해군의 입장이 누그러졌다.

홍가신은 1610년 3월 5일 치사하였다.[49] 이 날짜의 실록에는 홍가신이 학행으로 선비들에게 칭송을 받았는데, 대관이 되어 이이와 성혼을 비판하여 다른 당이 되었다고 기록하였다.[50] 말하자면 서인 측에서는 홍가신을 반대당으로 지목했던 것이다.

그러나 그의 율곡에 대한 비판은 이중적이다. 그는 1614년 송선(宋瑄, 1544~1629)에게 보내는 편지에서 다음과 같이 말하였다.[51]

> 율곡의 논의는 과연 옳다. 그러나 쉽고 너무 매끄러워 평생의 오래된 병이 말하는 사이에 나타나는 것을 피할 수 없다. 사마광(司馬光, 1019~1086)의 학문을 논의한 것도 대개는 옳다. 다만 말하는 것이 정밀하고 절실하지 못한 점은 안타깝다. 옛 사람의 이른바 영향을 말하는 것이 이러한 말을 두고 한 것이 아니겠는가.

위에서 보듯이 홍가신은 반대당파인 서인이 추숭하는 율곡 이이의

---

49 홍가신은 관직과 녹봉을 모두 거두어 줄 것을 요청했는데, 광해군은 벼슬은 거두어들이지만, 녹봉은 사양하지 말고 받으라고 하였다. 「걸치사소(乞致仕疏)」, 『문집』, 365~371쪽.

50 『광해군일기』 2년 3월 5일 신사.

51 「배복송중회우(拜復宋仲懷又)」, 『문집』, 180~181쪽. 송선(宋瑄, 1544~1629)의 자는 중회(仲懷), 호는 목옹(木翁)이다. 임진왜란 시 당진현감으로 선정을 베풀었으며, 재령군수, 이천부사 등을 역임했다. 홍가신과는 민순의 문하에서 동문수학한 사이였을 뿐만 아니라 동서지간이기도 했다. 박을수, 『만전당 홍가신 연구』(글익는글들, 2006), 167쪽.

학문이나 논의는 기본적으로 옳다는 태도를 취했다. 다만 그의 말이 지나치게 쉽고 매끄럽기 때문에 문제이며, 논증이 정밀하고 절실하지 못하다는 점을 비판하였다. 말하자면 이이의 학문과 이론이 진정성이 없이 너무 현실적이고 정치적이라는 점에 거부감을 갖고 있었던 것이다. 이 점에서 그는 퇴계의 학문을 따른다고 하여 율곡의 학문과 논의 자체를 비판하는 남인들의 일반적 입장과는 차이가 있다고 하겠다.

이러한 그의 자세는 북인들이 추숭하는 남명 조식에 대한 평가에서도 동일하게 나타난다. 1611년 남인들은 회재(晦齋) 이언적(李彦迪, 1491~1553)과 퇴계 이황을 옹호하고 남명 조식(曺植, 1501~1572)을 비난하는 상소를 올렸다. 이에 대해 홍가신은 이황이 조식의 은거를 비난한 적이 없다고 하면서 은거한다고 노자와 장자의 학문이라고 비난하는 것은 잘못이라고 하였다. '남명 조식 또한 후생들이 마땅히 경모할 만한 어진 분이니' 선비된 자는 이언적과 이황을 옹호할 뿐 조식을 비난해서는 안 된다고 하였다.[52]

그는 사위 심천정(沈天挺)에게 보낸 편지에서도 남명 조식을 비판하는 것을 이해할 수 없다고 하였다. 그렇지만, 자하(子夏)의 학문이 흘러서 사물을 업신여기고 세상을 가볍게 여기는 장자(莊子)의 학문이 되는 경향이 있음을 지적했다. 남명 조식의 학문은 그 자체로서는 이러한 뜻은 없겠지만, 말류로 흐르게 되면 그러한 폐단이 있을 수 있다고 본다고 하였다. 그렇지만 이런 자신의 입장을 딴 사람에게 말하여 시끄럽게 하지는 말라고 당부하였다.[53] 이를 보면 그는 남인과

52 「연보」, 『문집』, 507~508쪽.

53 「답심생우(答沈甥又)」, 『문집』, 185~186쪽.

북인 사이에 남명 조식에 대한 평가를 둘러싼 논쟁에 휩쓸리기를 원하지 않았다. 그리고 남명 조식의 학문 자체를 노장사상으로 비판하는 태도를 용납하지 않았다. 다만 남명의 학문이 노장학으로 흐를 가능성에 대해서는 우려하였다. 이 점에서 그는 퇴계학통을 계승하고 있음을 분명히 하였지만, 남명 조식의 학문도 인정하였다. 홍가신은 자신이 속한 남인의 당론과는 달리 사실에 의거한 공정한 입장을 견지하고자 하였다고 할 수 있다.

홍가신은 은퇴 이후 고향 아산에 은거하면서 만년을 보내다가 광해군 7년인 1615년 6월 14일 향년 76세로 일생을 마치었다.[54] 광해군은 제문을 지어 보내어 보냈고,[55] 후손들은 고인을 아산현 남면 대동리에 모셨다.[56] 왕조실록의 홍가신 졸기는 다음과 같이 기록하고 있다.[57]

> 영원군 홍가신이 졸하였다. 명유 민순의 문인이다. 문학(文學)이 있다. 일찍이 과거를 포기하고 천거로 벼슬길에 올랐다. 여러 차례 대간을 지냈으며 홍주목사로 있을 때 이몽학의 난을 평정하여 원훈공신에 책록되었다. 벼슬을 그만둔 다음 고향으로 돌아가 졸하였다. 사람됨이 방정하고 근실하였다.

1610년 홍가신이 치사했던 해, 좌의정 심희수(沈喜壽, 1548~1622)는 홍가신에게 다음과 같은 편지를 보내었다.[58]

---

54 이상 홍가신의 생애에 대해서는 『문집』의 「행장」, 『선조실록』, 『선조수정실록』, 박을수의 앞의 책 등을 참조한 것임.

55 「치제문(致祭文)」, 『문집』, 466~468쪽.

56 「연보」, 『문집』, 509쪽.

57 『광해군일기』 7년 6월 21일.

나라 일에 큰 업적을 남기신 지 여러 해가 되었습니다. 산림이 날로 자라고 도의는 더욱 정밀해졌습니다. 하늘 또한 고희를 헤아릴 수 있게 살게 해주었습니다. 근세에 사대부로서 명절(名節)을 보전하면서 끝까지 허물이 없는 사람으로는 반드시 노선생(老先生)을 으뜸으로 삼을 것입니다. 나처럼 국가의 녹을 먹으면서 조용히 있는 사람이 높이 솟은 나무를 올려보는 듯하오니, 푸른 하늘의 기러기나 고니와 같다고 할 뿐이겠습니까?

좌의정 심희수는 홍가신을 명절이 높으며 흠결이 없는 최고의 사대부라고 하면서, 푸른 하늘을 높이 나는 기러기나 고니와 같은 큰 인물로 숭배와 존경의 뜻을 표하였다.

1658년 조경(趙絅, 1586~1669)은 신도비명에서 홍가신을 다음과 같이 평하였다.[59]

슬프도다. 선생의 학문은 체를 밝히고 쓰임에 적절함이 가장 깊도다. 고로 임금과 어버이를 섬김에 있어서, 관직에 나아가 백성을 다스림에 있어서, 친구를 접대하고 큰 일을 처리하고 큰 문제를 결단하는 데 있어서, 좌우로 근원에 다달아 모두 마땅함을 얻었다. 선생은 가히 넓고 크며 통달한 선비라고 할 수 있을 것이다. 아술과 온창의 두 고을 선비가 선생을 위하여 서원을 세워 제사를 지냈다.

조경은 홍가신은 명체달용(明體達用)한 즉 이론과 실천을 겸비한

---

58 홍경신, 「행장」, 『문집』, 477쪽. 심희수는 임진왜란 시 도승지로 선조를 호종하였으며, 좌의정으로 선조와 광해군 두 임금을 섬겼다.

59 조경, 「만전 홍선생 신도비명」, 『문집』, 519~520쪽. 조경은 1626년(인조 4년) 문과에 장원 급제하였으며, 병자호란시 척화론을 견지했다. 이조판서, 판중추부사 등을 역임했으며, 숙종 때에 청백리에 녹선되었다.

위대한 선비라고 평가했다. 그러기에 아산, 온창의 선비들이 그를 서원에 배향하게 되었다고 하였다.[60]

## 3. 지방관으로서의 활동

### 1) 부여현감 재직 시의 선정[61]

홍가신은 1574년 가을 부여현감으로 부임하였다. 부임하자마자 그는 작청에 훈시문을 보내 현감으로서의 시정방침을 밝혔다.[62] 먼저 그는 향리들이 예의를 모르고 충성스럽지 못하다고 비판했다. 그러나 그것은 향리들의 잘못이 아니라 윗사람 즉 고을 수령들이 제대로 교화시키지 못했기 때문이라고 했다. 그러면서 자신은 그러한 잘못된 수령이 되지 않겠다는 다짐을 전하였다. 즉 자신은 향리와 백성을 모두 '내 적자'로 여기고 '덕교(德敎)를 숭상하고 형벌을 느슨하게 하여 여러분을 온전하게 하고자 한다'고 했다. 그는 향리들에게 이러한 자신의 뜻을 이해하여 성실하고 열심히 임무를 수행할 것을 당부했다.[63]

---

60 아술은 아산의 옛 명칭이며, 온창은 온양군과 신창현이 통합되었을 때의 명칭이다. 홍가신은 아산현의 인산서원과 온양군의 정퇴서원 두 곳에 배향되었다. 이에 대해서는 김기승, 「서원의 배향인물」, 외암사상연구소 엮음, 『조선시대 아산지역의 유학자들』(지영사, 2007), 61쪽 참조.

61 이 부분은 필자의 「홍가신과 임진왜란」, 『한국인물사연구』 8(2007. 9), 227~231쪽의 내용을 축약하여 정리한 것이다.

62 홍가신, 「신계작청(申戒作廳)」, 『문집』, 200~202쪽.

63 홍가신의 둘째 아들 영(榮)이 신창현감이 되어 완악(頑惡)한 아전을 처벌하여 죽게 한 적이 있었다. 이 일을 듣고 홍가신은 아들에게 이르기를 목민관은 모름지기 '은애를 먼저 하고 형벌을 뒤로 하여야 한다. 그 죄는 지극히 밉지만 그도 또한

이듬해인 1575년 그는 백제의 성충(成忠), 흥수(興首), 계백(階伯)과 고려 말기의 이존오(李存吾, 1341~1471) 4인의 충절을 기리는 사당을 건립했다. 역사 속의 충신들의 충성을 표창함으로써 부여의 향리와 백성들에게 국가에 대한 충성 교육을 도모했던 것이다.[64] 따라서 그는 사당 옆에 건물을 짓고 관선당(觀善堂)이라 이름하고 선비들을 선발하여 거처하게 하면서 강학하도록 하였다.[65] 조정에서는 이를 가상히 여겨 의열사(義烈祠)라 이름 짓고 사액하였다. 이렇게 홍가신은 유교의 교육과 진흥에 힘을 쏟았다.

홍가신은 35세인 1575년(선조 8년) 「민폐소」라는 제목의 상소문을 올렸다.[66] 그가 부여현감으로 부임한 지 10개월 후였다. 그는 부여현의 현황과 문제점을 파악한 후 중앙정부 차원에서 해결해야 할 문제 5가지를 찾아냈고, 그 해결책을 조정에 건의했다.

첫째 '군졸 일족의 폐해'는 군역제도로 인한 민폐를 지적한 것이다. 군역 부담의 과중으로 도망하는 자가 발생했을 때, 그 몫을 가족과 이웃 소작농에게 전가시킴으로 인해서 발생하는 폐해를 지적한 것이다.

둘째, 공납제 관련 폐단을 지적했는데, 이에 대해서는 계량적 수치를 들어 구체적으로 지적하고 그 시정을 요청했다. 우선 공납제에서

---

우리의 적자(赤子) 아닌가'라고 하였다. 이 점에서 그는 법에 의한 처벌보다는 은애를 통한 교화를 보다 중시하는 입장이었다고 하겠다. 「보유」, 『문집』, 447~448쪽.

64 홍가신,「제의열사사현축문」, 『문집』, 441~442쪽. 이존오를 모신 것은 그가 부여에 귀양한 적이 있었기 때문이었다.

65 홍경신,「행장」, 『문집』, 471쪽. 「관선당기」는 서애 유성룡이 썼고, 편액의 글씨는 한석봉이 썼다. 「여부여관선당유생기」, 『문집』, 157~160쪽.

66 홍가신,「민폐소」, 『문집』, 205~219쪽.

방납의 폐해를 지적하고 다음으로 부여현에 부과된 공납액이 과다하다는 점을 지적했다.

셋째, 부역제 관련 폐단을 지적했다. 이것은 공납제 중 지방 특산물 납부에 대한 것인데 실제 상황과는 달리 부담시키고 있어서 요역 부담처럼 되었다는 문제를 지적한 것이다.

넷째, 행수 악공에 대한 엄격한 처벌을 요청했다. 행수 악공의 횡령죄에 대한 처벌이 너무 약하므로 엄하게 처벌할 것을 요청했다.

다섯째, 노비 신공제에 관련된 폐해이다. 각사에 소속된 노비들의 신공과 신포 부담의 폐해를 지적했다. 신포 징수에서 각사의 관리, 사주인, 두목들의 횡포를 근절해야 한다는 것이었다.

선조는 부여 현감 홍가신의 건의를 모두 받아들여서 요구대로 문제를 해결해 주었다. 이에 부여현의 주민들이 크게 기뻐하였다고 한다. 백성들이 감사에게 글을 올려 말하기를 '개국 이래 이와 같은 인정(仁政)이 없었다'고 하면서 자손 대대로 전하겠다고 했다.[67] 뿐만아니라 홍가신이 사헌부 지평이 되어 임지를 떠나게 되자 부여현의 부로(父老)들이 다음과 같은 공덕비를 세워 그의 선정을 기념했다.[68]

> 우리 고을을 다스림에 부역을 가볍게 하고 유학을 진흥하며 덕을 권면하였다. 백제와 고려의 충신을 추숭하여 사우를 창립하였다. 읍에 온 지 5년에 털끝만큼도 사사로움이 없었다. 고을 내에 풍화(風化)가 크게 행해졌도다. 공의 은혜에 감사하고 공의 덕을 사모하여 서로 협의하여 하나의 비를 세운다.

---

67 홍가신,「민폐소」,『문집』, 209쪽.

68 홍경신,「행장」,『문집』, 471쪽.

홍가신이 부여 현감으로 선정을 베푼 것은 충청 감사를 거쳐 중앙에 보고되었다. 홍가신이 민폐소를 올리게 된 것은 백성들의 피폐한 삶을 제대로 개선하지 못한 자신의 책임을 물어 충청감사에게 파직시킬 것을 두 번에 걸쳐 요청한 뒤의 일이었다. 말하자면 그는 부여인들의 고충을 해결해 줄 것을 충청감사에 요청했으나 해결되지 않자 왕에게 직접 상소하여 해결하고자 하였던 것이다. 당시 충청감사였던 구봉령(具鳳齡)은 이러한 홍가신 부여 현감을 높이 평가하였다. 구봉령은 수령 중에서 표창할 자를 선정하여 올려보내라는 중앙의 명을 받아 장계를 올릴 때 부여 현감 홍가신을 추천하였다. 그에 의하면 홍가신 현감은 애민정신이 마음과 피부에 배었으며, 교육을 진흥하여 민중의 신임을 얻고 있고, 송사에서도 편벽됨이 없이 엄정하게 처리하는 등 그의 공적이 보통의 수령과 비교할 바가 아니라고 하였다.[69]

이렇게 홍가신이 부여 현감으로서 주민들로부터 존경을 받고 충청감사로부터 표창 대상자로 선정되었다. 이것은 그가 사헌부 지평으로 승진하는 주요한 요인이 되었다. 실록에는 그가 사헌부 지평으로 임명하는 이유를 다음과 같이 기록하였다.[70]

> 홍가신을 지평으로 삼았다. 가신은 젊어서부터 글 잘한다는 명성이 있었다. … 낭관의 지위를 거쳐 부여 현감으로 나갔는데 청렴하고 간결하게 정치를 하였다. 정치를 잘한다는 소문이 임금에게 보고되자 그를 불러서 지평에 제수한 것이다.

---

**69** 「부충청감사 구봉령 장계」, 『문집』, 464~466쪽.

**70** 『선조수정실록』 11년 8월 1일 경진.

### 2) 수원부사 재직 시의 활동

홍가신은 안산군수였다가 수원부사가 되었다. 그가 수원부사로 승진한 것은 안산군수로 선정을 베풀었기 때문이었다. 1584년(선조 17년) 구황어사 이성임은 안산군수 홍가신이 선정을 베풀었다고 보고했고, 이 보고를 접한 선조는 그를 승진시킬 것을 명령했던 것이다.[71] 이에 1585년 5월 그는 수원부사로 승진되었다. 그가 수원부사로 재직하고 있을 때인 1588년 6월 경차관 정숙남이 지방관들의 구황 정책을 평가한 보고를 올렸다. 이 보고에서 '수원부사 홍가신은 구황 성적이 도내에서 제일이니 포장(褒奬)해야 한다'고 건의하였다.[72] 안산군수와 수원부사로 재직할 때 홍가신은 백성들의 구제하는 정책에서 뛰어난 성적을 올렸던 것이다. 이 점에서 그는 목민관으로서 민본정치는 최일선에서 성공적으로 수행했던 인물이었다고 할 수 있다.

홍가신이 수원에 있을 때 지은 '무봉산(舞鳳山)'과 '증인승월취방(贈人乘月醉訪)' 이라는 제목의 시 두 수가 문집에 수록되어 있다.[73]

무봉산

| | |
|---|---|
| 무봉산 이름 높은 지 오래거니 | 舞鳳山名高 |
| 우나라 조정의 구성이 생각나네 | 虞朝想九成 |
| 오동나무 부질없이 늙은 줄기에 | 石梧空老幹 |
| 저녁 꾀꼬리 소리 머물러 있네 | 留得暮鸎聲 |

71 『선조실록』 17년 5월 7일 임오.

72 『선조실록』 21년 6월 6일 무오.

73 『문집』, 54, 123쪽.

'무봉산'은 춤추는 봉황이 사는 산이라는 뜻을 새겨 시를 지었다. 『상서』의 「우서(虞書)」에 '소소악(簫韶樂)을 아홉 곡 연주하니 봉황이 와서 절도를 맞추도다(簫韶九成 鳳凰來儀)'가 나온다. 수원의 유명한 무봉산을 보고, 옛날 순임금의 음악인 소소악을 아홉 곡 연주(九成)하니 봉황이 와서 춤을 추어 절도에 맞는다는 『상서』의 구절을 연상한 것이다. 저녁 무렵 무봉산 기슭에서 혹은 무봉산을 바라보다가 오동나무 가지에 앉아 노래하는 꾀고리 소리를 들으면서 당우시대 음악을 듣고 춤을 추었다는 봉황을 연상했던 것이다. 무봉산이 있는 수원부에서 그는 중국 고대의 이상적 정치를 이 곳에서 실현하겠다는 다짐을 시로 표현했던 것이다.

증인승월취방

| | |
|---|---|
| 문 두드리는 소리 놀라서 누웠던 자리 일어나 보니 | 剝啄驚聞臥閣開 |
| 밤에 가득한 맑은 기운 사람 좇아 찾아 드네 | 夜摠淸氣逼人來 |
| 묻노니 그대 어느 곳으로 좇아 여기 왔느뇨 | 問君藜杖從何處 |
| 눈을 밟고 앞마을에 대숲 보고 돌아오네 | 踏雪前村看竹回 |

'증인승월취방'에서는 눈 오는 밤에 일찍 잠이 들었는데, 반가운 술손님이 찾아온 기쁨을 노래했다. 수원에서 지은 두 편의 시에서 우리는 행복하고 즐거운 홍가신의 모습을 만나게 된다.

그러나 『수원부읍지』에 전하는 두 수의 시는 홍가신의 또 다른 느낌을 전해 준다.

향기로운 안개 텅 빈 집 깜부기불 감싸도는 저녁　香烟繞燼暮堂空
세 섬의 풍광이 뜨락 가운데 있구나.　三島風光一院中
육년 간 떠돌며 벼슬하던 봄 또 저무는데　六載宦遊春又晩
살구꽃이 떨어지누나, 수원성 동녘에.　杏花零落水城東

하룻밤 맑은 서리에 버들잎 다 지고　一夜淸霜楊柳空
모든 집의 밥 짓는 연기 수원성에 가득하네.　萬家烟火水城中
가을 되어 친구 사귐이 쓸쓸해도 한탄하지 말지니　秋來不恨交遊冷
창밖의 국화꽃은 병든 노인을 아는구려.　窓外黃花識病翁

위에 있는 시는 목민관이 되어 6년간 여러 고을을 거쳐 수원에 와서 지은 듯하다. 어느 봄날 저녁 집에서 홀로 살구꽃을 감상하면서 문득 세월이 흘러감을 깨닫는다는 이야기이다. 두 번째 시는 서리가 내려 버드나무의 나뭇잎이 다 떨어진 가을에 지은 것으로, 수원 사람들은 모두 밥을 지으면서 가족과 행복한 시간을 갖고 있을 때, 자신은 친구도 없이 홀로 국화꽃을 바라보면서 병들고 늙어가고 있음을 읊고 있다. 병든 노인이 객지에서 느끼는 고독감이 주된 정서이다. 여기서 병든 노인은 자신을 가리킨 것으로 보인다. 그렇다고 한다면 이 시를 수원부사로 재직할 때 지은 시로 보기는 어렵다. 그가 수원부사를 그만두었을 때가 1589년으로, 49세였다. 49세인 자신을 자신을 병든 노인으로 표현하기는 어려울 것이다. 따라서 이 시는 그가 노인이 된 후 수원을 다시 방문하여 옛날 일을 회고하면서 많은 세월이 지났음을 느끼면서 지은 시라고 생각된다.

홍가신이 수원부사 재직 당시 처리한 업무 중의 하나가 문집에 수록되어 있다. 그는 수원 부사 재직 시 서울에서 온 황윤주(黃允宙)라는 군졸이 보(保)의 쌀과 포목을 걷기 위해 공문서와 인신(印信)을 위조한 죄로 처벌한 일이 있었다. 그런데 그가 수원부사를 그만 둔 7년 뒤 다시 이 문제를 거론하였다. 즉 그는 1596년 선조에게 올린 상소에서 이 일을 거론하면서 다른 죄인들은 사면을 받아 풀려났는데, 황윤주는 아직 풀려나지 않았다고 하면서 용서해 줄 것을 요청하였다. 그가 공문서 및 인신 위조의 죄는 크지만, 그 동기와 목적이 자신에게 지급되어야 할 쌀과 포목을 얻기 위한 것이라고 하였다. 따라서 자신은 '마음에 항상 민망하고 불쌍하게 여겼으나' 어쩔 수 없었는데, 이제 오랫동안 옥에 갇혀 있었으니 전하의 은택을 베풀어달라고 요청했다.[74] 이처럼 홍가신은 7년 이상이나 지난 일이지만, 자신과 관련된 죄인이 사면 혜택을 받을 수 있도록 노력하는 모습을 보이고 있다. 이것은 그만큼 그가 정사에 있어서 위민과 민본을 기준으로 삼고 있음을 보여주는 사례라고 할 수 있을 것이다.

### 3) 홍주목사 재직 시 이몽학의 난 진압[75]

홍가신은 1589년 정여립의 모반 사건으로 촉발된 기축옥사(己丑獄事)로 수원부사에서 파직되었다가 1593년(선조 26년) 파주목사로 관직에 복귀되었고,[76] 1594년 1월 21일 홍주목사가 되었다. 그의 홍주목사 임명은 그가 아산에서 송유진 반란 사건을 유성룡에게 알렸고, 유성룡이 이를 왕에게 보고하여 반란 사건에 대한 처리 방침이 결정된 열

74 홍가신, 「응구언상소」, 『문집』, 334~336쪽.

75 이 부분은 필자의 「홍가신과 임진왜란」, 『한국인물사연구』 8(2007. 9), 231~242쪽의 내용을 축약하여 정리한 것이다.

76 『선조실록』 26년 1월 11일 병오 ; 5월 11일 갑자.

흘 뒤에 이루어졌다.

홍가신이 홍주목사로 부임한 직후 왜적이 출몰하자 모두 앞다투어 피난할 준비만 하였다. 그러나 그는 '적이 침입하여 환란이 있으면 신하는 국가를 위해 죽고 처자는 가장을 위해 죽을 뿐이다.'라고 하면서 홍성 사수의 결의를 다졌다. 그 결과 홍주성을 왜군의 침략으로부터 지켜낼 수 있었다.[77]

1596년 7월 충청도에서 이몽학(李夢鶴, ?~1596)의 반란이 일어났다. 왕족의 서자 출신으로 호서 지방의 조련장관이었던 이몽학은 모속관(募粟官) 한현(韓絢, ?~1596) 등과 함께 홍산(鴻山)의 무량사에서 반란의 기치를 내세웠다. 1,000명 정도의 반란군은 홍산현, 정산현, 청양현, 대흥군을 차례로 점령하였다. 이에 5,000명으로 불어난 반란군은 홍주성을 포위하여 압박하고자 하였다. 이들은 전국적으로 유명한 의병장들이 내응하고 있다는 소문을 퍼뜨리고 중앙의 요직 인사가 후원하고 있다고 선전하였다. 서울로 북상하기 위해 홍주성을 공격하기로 하였다.[78]

이몽학의 반란군이 홍주성을 압박하자 홍주성 내 인사들 사이에서는 성내의 군사가 부족하므로 탈출하자는 의견이 있었다. 그러나 홍주목사 홍가신은 이를 단호하게 거절하고 오히려 아산에 있는 자부(子婦)를 불러와 결사 항전의 결의를 다졌다. 그리고 부하 두 사람을 첩자로 보내 반란군에 거짓 투항하게 했다. 이들은 홍주성의 방비가 견고하다는 이유로 반란군의 공격을 늦추도록 하였다. 그리고 홍주성으로

---

77 홍경신,「행장」,『문집』, 474쪽.

78 『선조수정실록』 29년 7월 1일 병인.

와서 반란군의 정황을 홍가신에게 보고하였다.[79] 홍가신의 기민한 전략으로 시간을 번 사이, 민병을 소집하였으며, 이웃 고을로부터 지원 부대가 오도록 하였다. 이에 반란군 도착 6시간 전에는 충청지역의 주요 군사력이 홍성에 결집하게 되었다.[80]

예상 외로 홍주성의 방비가 튼튼하자 이몽학의 반란군은 사기가 떨어졌다. 이 틈을 타고 홍주성의 병사들이 반란군을 공격하자 반란군 내에 내분이 일어났다. 반란군에 가담했던 김경창(金慶昌)과 임억명(林億命) 등이 이몽학의 머리를 베어 바친 것이다.[81] 또한 홍가신은 반란군의 핵심 인물이었던 한현을 사로잡았다. 임억명으로 하여금 한현을 꾀어내는 계략을 세워 사로잡았다.[82] 이로써 이몽학의 반란은 평정되었다.

비변사에서는 '홍주목사 홍가신이 유독 앞장서서 군과 민을 거느리고 농성하며 굳게 지키는 계책을 세웠기 때문에 원근에서 풍문을 듣고 모두 홍주로 돌아오게 되어 성을 완전히 지키고 역적들을 섬멸하게 되었으니, 그의 공이 가상하다'라고 평가했다.[83] 왕은 상을 내리는

79 이장희, 『임진왜란사연구』(아세아문화사, 2007), 344~345쪽.

80 선조수정실록에는 남포현감 박동선(朴東善)이 최호 수사를 설득하여 홍주성으로 오게 했다고 되어 있으나, 『홍가신문집』의 「행장」에는 홍가신이 두세 차례 요청하여 구원한 것으로 되어 있다.

81 이몽학에 관련된 사실에 대해서는 『선조수정실록』 29년 7월 1일 ; 홍경신, 「행장」, 『문집』, 474~475쪽 참조.

82 『선조실록』 29년 8월 25일조에는 홍가신이 한현을 잡은 공로로 가자되었다고 기록했다. 그런데 『선조수정실록』 29년 7월 1일조에는 이몽학의 반란군이 홍주성을 공격하기 전에 면천군수 이원(李瑗)에게 체포되었다고 기록되어 있어서 차이가 있다.

83 『선조실록』 29년 7월 13일 무인.

교서에서 그가 병들고 다친 쇠약한 백성들을 이끌어 발군의 힘센 군사로 만들었으며, 양식을 마련하고 무기를 고쳐 밖으로는 영호남을 튼튼하게 하고 험한 요충지를 장악하여 서울과 경기 지역을 지켜냈다고 하였다. 그 결과 자신의 바름을 아무도 범하지 못하게 하였고 자신이 모욕당하는 걱정을 없애 버렸다고 하였다. 만일 홍주에서 반란을 진압하지 못했다면 어찌 오늘의 온전한 승리가 있을 수 있었겠는가라고 하였다. 이에 왕은 '몇 개 고을의 적자를 보전한 것은 내 마음을 충족시킨 것이지만, 일세의 원흉을 제거한 것은 실로 큰 공적이니 잊지 않겠노라'고 하였다.[84] 홍주목사 홍가신은 이몽학의 반란 진압에서 가장 공이 큰 것으로 평가받았다. 그러기에 유일하게 청난공신 1등이 되었다.[85]

#### 4) 해주목사와 개성유수로서의 활동

홍가신은 부여현감, 안산군수, 수원부사 등을 지내면서 선정을 베풀어 지방민으로부터 존경을 받았음은 물론, 조정으로부터도 계속 승진하는 영예를 받게 되었다. 특히 홍주목사 재직 시 반란군을 진압한 업적은 당대 최고의 공적으로 평가되었기 때문에 청난공신 1등의 녹훈을 받았다. 이러한 홍가신의 업적은 반대당으로부터도 인정을

---

84 「교홍주목사상가서(敎洪州牧使賞加書)」, 『문집』, 457~460쪽.

85 『선조실록』, 『선조수정실록』 37년 6월 25일 갑진, 『선조실록』을 쓴 사관은 임진왜란에 대한 논공행상이 잘못되었다고 비판하면서 이몽학의 무리는 도적 떼에 지나지 않았으므로 이를 토평한 것은 큰 공이 아니라고 보았다. 그래서 이몽학의 반란을 진압한 자들을 공신으로 봉한 것은 잘못이라고 비판했다. 그러나 『선조수정실록』에서는 임진왜란 공신 선정에 대한 사관의 비판적 논평이 없어졌다.

받았다.

북인의 영수 정인홍은 광해군 정권 때, 인재를 찾아 등용할 것을 건의하면서, 선조 시대에 과거를 거치지 않고 음서제(천거)로 대간 혹은 지방관이 된 훌륭한 인재로서 민순, 최영경(崔永慶, 1529~1590), 유몽학(柳夢鶴) 등과 함께 홍가신을 거론하였다.[86]

홍가신은 홍주목사를 지낸 이후 1599년(선조 32년) 강화부사로 제수되었으나 나아가지 않았다.[87] 1600년에는 해주목사가 되었는데, 전랑 이이첨은 왕자와 공주의 12궁이 모두 해주에 있어서 괴로울 것이라고 하면서 부임을 말렸다. 그러나 그는 신하가 된 자로서 왕명을 받고 괴롭다고 하여 피할 수 없다고 하면서 부임하였다. 해주목사는 부임하면서 관아에 들르기 전에 궁에 들러 인사하는 것이 관례였다고 한다. 그렇지만 홍가신은 관아에 먼저 간 뒤에 왕궁으로 인사를 갔다. 그리고 재직하는 동안 궁궐에 물건을 바치거나 왕자와 부마를 초청하여 연회를 베풀지 않았다. 그는 지방 관리로서 궁중과 사통하여 물건을 바치는 풍습을 부끄럽기 짝이 없는 것이라고 비판하였다. 더구나 전쟁을 수행하는 때에 백성들이 명나라 군대 때문에 고혈을 바치는데, 궁궐에 바치는 것으로 또다시 백성들을 괴롭힐 수는 없다고 생각했다. 해주목사 시기 왕실과의 불편한 관계로 결국 그는 그해 12월 해주목사를 사직하였다.[88]

홍가신은 1603년 개성부 유수가 되었다.[89] 1605년 3월에는 일시

86 『광해군일기』 7년 12월 1일 계묘.
87 『선조실록』 32년 11월 4일 기유 ; 「행장」, 『문집』, 499쪽.
88 홍경신, 「행장」, 『문집』, 499~500쪽.
89 『선조실록』 36년 8월 30일 계축.

형조판서가 되었다가 12월 또다시 개성유수가 되었다.[90] 개성 유수로 재직하는 동안 그는 궁궐에 소속된 노비들이 백성들을 괴롭히는 것을 막았으며, 중국 사신을 접대하는 비용을 80% 절감하기도 하였다.[91] 이렇듯 그는 목민관으로 재직할 때에는 왕실보다도 민생을 중시하는 민본정치를 실천하고자 하였다.

## 4. 정치사상

### 1) 상소문 분석을 통해서 본 정치사상

#### (1) 1593년의 만언봉사

홍가신은 임진왜란으로 아산에 은거하고 있던 1593년 10월, 파천했던 선조가 서울로 돌아온다는 소식을 듣게 되었다. 이에 그는 53세의 나이에 13,700여자에 달하는 장문의 상소문을 선조에게 올렸다.[92] 「적퇴후 봉사」라는 제목의 이 상소문은 임지왜란 시기의 혼란을 수습하고 실추된 왕조의 권위를 회복하여 왜적의 재침을 막을 수 있는 국정 개혁안을 건의하는 내용이었다. 여기에는 지방관을 역임했던 유학자가 전시의 민생을 체험한 바탕 위에서 유교적 왕도정치 이념에 의거한 국정 쇄신책을 모색하고 있는 치열성과 진정성이 담겨 있다.

먼저 홍가신은 왜구의 침범과 그로 인한 선조의 파천과 민생 파탄

---

90 『선조실록』 38년 12월 10일 경술.

91 홍경신, 「행장」, 『문집』, 503~504쪽.

92 홍가신,「적퇴후봉사」, 『문집』, 220~243쪽.

은 '개벽 이래 일찍이 없었던 변고'라고 했다. 그리고 선조가 '나라를 잃고 국경을 넘으려던 것은 후세의 조롱거리가 되어 그 부끄럽기가 말세·망국의 군주와 똑같다고 말하더라도 잘못이 아니다'라고 했다. 그는 왕의 잘못을 강하게 질책하면서 왕이 와신상담하여 원수 갚겠다는 뜻을 먼저 확립하는 것이 가장 중요한 것임을 강조했다.

이처럼 왕의 마음 자세를 확립한 바탕 위에서 왕이 취해야 할 쇄신책을 '통치의 대강' 2개 조, '통치의 급무' 12개 조로 나누어 제시했다.[93]

통치 대강이란 '성학(聖學)에 힘써 통치의 근본을 세운다'는 것과 '어진 재상에게 맡겨 통치의 실효를 거두도록 한다.'는 것 두 가지였다.

성학에 힘쓰라는 것은 임금이 왕도정치를 실현하기 위해 임금으로 해야 할 일과 자세가 무엇인가를 다시금 확립할 것을 촉구하는 뜻이었다. 그리고 어진 재상에게 맡겨 통치의 실효를 거두도록 한다는 것은 임금의 독단적인 정치를 지양하고 유능하고 현명한 인재를 선발하여 그에게 국정의 실권을 맡기고 동시에 책임을 지도록 하는 방법을 제안한 것이었다. 임금은 유교적 왕도정치의 정신적 구심점으로의 역할을 하고 실무는 유능한 재상에게 맡기는 형태를 이상적인 정치제도라고 생각했던 것이다.

통치의 급무 12가지는 매우 구체적인 것인데, 1) 관원의 임기를 장기간으로 하여 실적을 살필 것, 2) 학교를 중시하여 인재를 기를 것, 3) 백성을 구휼하여 나라의 근본을 튼튼히 할 것, 4) 번거로운 제사를

---

93 이 상소문의 요약은 김기승, 「홍가신과 임진왜란」, 『한국인물사연구』 8(2007), 231~235쪽에서 인용한 것이다.

없애 제례를 바르게 할 것, 5) 내수사를 혁파하여 사사로운 재물 저장을 없앨 것, 6) 절약과 검소를 숭상하여 사치 풍조를 바꿀 것, 7) 뇌물법을 엄정히 집행하여 탐관오리를 경계할 것, 8) 수령을 중히 여겨 백성을 자식 사랑하듯이 보살필 수 있도록 할 것, 9) 감사를 가려 써서 출척을 공정하게 할 것(감사는 좌천이 아니라 능력 있는 유능한 인재를 선발하고 그에게 도사 선발권도 주어서 감사의 출척을 공명정대하게 할 것), 10) 변방 장수 쓰는 것을 삼가하여 지방 군무를 오로지하게 할 것(능력 있는 인재를 선발하여 임명할 것), 11) 쓸 데 없이 먹고 노는 관리를 줄여서 군자를 조달할 것, 12) 형옥을 늦추어서 인명을 아낄 것 등이다.

번거로운 제사와 내수사 혁파 주장이나 사치 배격 주장은 모두 왕 또는 왕실과 관련되는 내용이었다. 왕과 왕실의 권한과 경제력을 축소하는 것이 국정 쇄신의 출발임을 역설했던 것이다. 다음으로 중시되는 것은 수령, 감사, 변방 장수 임용에 신중을 기하라고 하는 것이다. 즉 지방의 목민관에 대해서는 직책을 중하게 여겨서 유능한 인재를 선발해서 기용하라고 했다. 왕과 왕실의 권한을 약화시키고 대신에 민을 직접 상대하는 지방관들의 권한과 역할을 강화해야 한다는 뜻이었다.

끝으로 백성을 구휼하여 나라의 근본을 튼튼히 하라는 것, 뇌물법을 엄격히 적용하여 탐관오리를 경계할 것, 형옥을 늦춰서 인명을 아낄 것 등 3가지는 민과 관련된 제안이라고 할 수 있다. 백성을 구휼하는 구체적인 방법으로서는 조세와 부역을 경감하고 공평하게 하라는 것이었다. 또 뇌물법을 엄정히 하라는 것과 형옥을 늦추라는 것은 백성을 수탈하는 탐관오리의 횡포를 방지하라는 뜻이었다. 그는 민심을 수습하기 위해서는 임금이 자신의 죄를 책하는 조서를 내리고 조세와 부역을 경감 하고 탐관오리를 숙청해야 한다고 역설했다.

통치의 급무 12개 조와 통치의 대강 2개 조를 관통하는 기본적인 사고는 유교의 민본주의적 왕도정치의 이상이다. 그리고 왕도정치란 왕 또는 왕실의 권한과 책임을 축소하고 재상과 신하의 권한과 책임을 강화하는 체제를 확립해야 가능하다고 생각했던 것이다. 왕이 재상과 지방관들을 신뢰하고 그들에게 일정한 임기를 보장하여 권한과 명예를 부여하는 한편 그에 대한 실적과 결에 대한 책임을 묻도록 하라는 것이었다. 특히 그는 경관 즉 중앙의 관리보다는 지방관을 중시할 것을 강조하고 있다. 이러한 생각은 그가 지방관을 주로 역임한 경험에 토대를 두었다고 볼 수 있다. 그는 부여현감으로는 5년간 재직함으로써 선정을 한 경험이 있는 반면, 임진왜란 시기 파주목사 재임은 부임이 제대로 이루어지지도 않은 상태에서 재임명이니 파직이니 하는 불확실한 명령 체계 하에서 피해를 당한 경험이 있었다. 자기 자신이 지방관에 대한 천대 풍조의 희생자였던 경험이 있었던 것이다. 따라서 지방관 직책에 대한 중시와 지방관에 대한 권한과 책임 부여가 이루어질 때 지방관의 효율적인 업무 집행과 민심 수습이 가능하다고 생각했다고 볼 수 있다. 그러나 적이 재침할 때를 대비한 군사적 방어 전략에 대해서는 언급이 없다. 이는 그가 주로 문신의 관점에서 문제에 접근하고 있음을 말해 준다.

당시 우의정이었던 김응남(金應南, 1546~1598)은 '홍가신의 상소문을 처음 접하고는 자신도 모르게 싸늘해지는 느낌을 가졌다'고 했다. 왜냐하면 상소문에는 왕의 실정에 대한 비판이 거리낌 없이 표현되어 있기 때문이었다. 이에 당시의 인사들 대부분이 홍가신이 죄를 받게 될 것을 걱정했다고 한다.[94] 그런데 선조는 상소문의 내용을 받아들였을 뿐만 아니라 그를 지방관 즉 홍주목사로 임명했다. 이 일을 두고 그는 '군주의 밝음과 신하의 곧음이라는 말을 바꿀 수 없다'고 했다.[95] 이를 보면 홍가신의 이 상소문은 그가 홍주목사를 맡게 되는 결정적 계기로 작용했다고 할 수 있다.

(2) 1596년의 선조의 구언에 응하는 상소

1596년 4월 홍주목사 홍가신은 선조의 구언(求言)에 답하는 장문의 상소를 올렸다.[96] 이 상소에서 그는 3년 전 자신이 제안했던 국정쇄신안이 하나도 실천되지 않고 있다고 하면서 '구언'이 중요한 것이 아니라 그 말을 용납하여 실천하는 것이 중요하다고 했다. 그러면서 선조의 구언 교지에 나와 있는 말을 인용하면서 그 말이 실천되지 못하고 있는 점을 조목조목 지적하였다. 그가 왕의 잘못을 지적해 달라는 데에 있어서는 내수외양(內修外攘)의 대책은 세우지 않고 사치와 향락에 빠져 있는 것, 종묘 제사를 지내지 않는 것, 궁중의 단속이 엄하지 않은 것, 환관에 둘러싸여 있는 것, 어진 인재를 구하여 맡기지 않는 것, 변방의 의견이 조정의 공론에 반영되지 않는 것, 기축옥사에 연루된 무고한 사람들의 억울함을 풀어주지 못한 것 등을 말하였다. 또 대책을 제시해 달라는 데에는 인심을 얻기 위해서는 인정을 베풀어야 하며, 민생 안정을 위해 부세를 적게 하며, 상벌을 공평히 하며, 공평

---

94 홍경신, 「행장」, 『문집』, 473쪽. 김응남은 임진왜란시 유성룡의 천거로 병조판서가 되었으며, 이후 우의정, 좌의정 등을 역임하면서 영의정 유성룡과 함께 국가의 위기를 수습하는 데 심혈을 기울였다.

95 조경, 「홍가신 신도비명」, 『문집』, 516쪽.

96 홍가신, 「응구언상소」, 『문집』, 309~321쪽.

하고 정대한 의리로 기강을 바로잡으며, 훌륭한 장수를 선택할 것 등의 대책을 제시했다. 마지막으로 자유롭게 제안하라고 한 데 대해서는, 당시의 가장 큰 문제가 인심을 잃은 데 있다고 보고 민심을 수습할 수 있는 방안을 제시했다.

홍가신은 상소문에서 국가적 혼란의 원인을 우선 지적하였다. 그는 난리의 원인은 왕이 인심을 잃은 데 있다고 하면서 왕이 인심을 잃은 구체적 사례 열 가지를 제시했다. 임금이 직접 개입하여 일에 대한 신하의 논의가 불가능하게 한 일, 충언하는 신하를 야단치는 것, 백성을 강압적으로 변방에 보내는 일, 왕자들의 재산 증식, 궁중의 상업 독점, 비빈 후궁의 횡포, 간관에 대한 징계, 서얼 통청 허용했다가 다시 폐지한 일, 간신들의 탐학, 태묘의 어보 절도 사건에 연루되어 무고한 사람이 처벌받은 것 등을 직접적인 원인으로 거론했다.

이어서 인심을 회복하는 '대본(大本)'으로 '입지(立志)'를, '급선무'로는 '구인(求人)'을 제시했다. 입지란 곧 임금이 원수를 갚겠다는 뜻을 분명하게 세우고, 그러한 의지가 매사에 반영되도록 해야 한다는 것이다. 이렇게 해야 한다는 점을 강조한다는 사실은 선조가 그렇게 하지 못했다고 비판하는 의미가 된다. 다음으로 '구인'이란 어진 인재를 구하라는 말이다. 그는 대신(大臣) 두 사람을 선정하여 남북 4도를 체찰하도록 할 것을 건의했다. 즉 전시 상황에서 남쪽의 전라·경상 지역과 북쪽의 함경·평안 지역에 두 개의 막부를 각각 설치하자는 것이다. 막부에는 관리들을 배치하여 소속된 주현을 통솔하며, 막부를 맡은 대신은 지방관 중에서 유능한 자를 골라서 두 개의 도의 군정을 전담하도록 하자는 것이다. 이 때 막부는 중앙의 명령을 듣지 않고도 독자적으로 군정을 시행할 수 있는 독자성이 부여된다. 이렇게 남북 막부에 독자적 권한을 부여하면 중앙에의 보고와 지시를 받는 데 필요한 시간과 경비를 절약할 수 있다고 보았다. 이렇게 남북의 변방 수비가 굳건하게 되면 명나라 군대의 도움을 받지 않을 수 있다고 하였다.

홍가신의 구언 상소문에서는 당시 민심이 크게 이반되어 있기 때문에 왕이 통렬하게 반성하지 않으면 심각한 위기가 초래될 것을 우려하는 지방관으로서의 심정을 잘 표현하였다. 이러한 지방관으로서의 극도의 불안감이 왕의 실정과 안이한 국정운영에 대한 거리낌 없는 비판으로 나타나 있다. 그리고 전시 국방 대책으로 남북 2개 곳에 막부를 설치하여 독자적인 군사 지휘권을 부여하라는 주장은 중앙정부의 국정 수행 능력에 대한 불신을 전제로 한 것이었다. 왕의 권력과 기능을 선발된 유능한 인재, 특히 지방관에게 대폭 위임하라는 평소 신념이 반영된 의견이기도 했다. 이것은 지방관을 역임하면서 해야 할 일은 많이 있고 또 그에 대한 해결책이 있음에도 불구하고 매사에 중앙의 지시를 받지 않고는 실행할 수 없는 지방관으로서의 고충이 반영된 의견이라고도 하겠다.[97]

홍가신이 선조의 구언에 응하는 장문의 상소에 대해 실록을 기록한 사관은 다음과 같이 평가하였다.[98]

지금 홍가신의 상소를 보건대 그 말이 모두 충군애국(忠君愛國)하는

---

97 이 상소문의 내용 요약은 김기승, 「홍가신과 임진왜란」, 『한국인물사연구』 8 (2007), 237~239쪽에서 인용한 것이다.

98 『선조실록』 29년 7월 2일 정묘.

> 마음에서 나온 것으로 간절하고 정직하여 임금의 기휘(忌諱)에 저촉하면서도 당시의 병폐를 적중시킨 것이었으니, 위에서 마땅히 채택하고 받아들여 뜨거운 물에 손이 닿듯이 전환하기를 겨를이 없었어야 할 것이다. 그런데도 상소가 올라간 날에 한 가지 일이라도 채택하고 한마디 말이라도 써 놓고서 국정에 반영시켰다는 말은 들어볼 수 없고, 단지 '가상한 일이다'라고 회유할 뿐이었으니, 구언을 한 것이 거의 형식만 차린 헛된 것이 아니겠는가.

(3) 1608년 광해군에게 올린 상소

1608년 5월 광해군 즉위 초 대구 부사 정경세는 광해군의 정책을 비판하는 상소문을 올렸다. 전쟁 후 민생이 도탄에 빠졌는데도 왕실의 생활이 사치하고 왕실의 장례를 화려하게 하여 백성이 부담이 가중되고 있다는 것이다. 또 인사정책에서는 중신들의 의견을 듣지 않고 척신을 중용하고 있다고 하면서 시정할 것을 요청하였다.[99] 이 상소문 가운데 광해군은 선왕들의 실정을 지적하는 것은 '자제에게 부형의 잘못을 지적하는 것'이라고 하면서 모욕적 행위라고 비난하였다. 광해군은 선조(先朝)를 비판하는 행위를 '아비와 군주를 부정하는' 중죄로 형벌을 받아야 마땅하다고 하면서 앞으로는 '선조를 침범하는 소장'은 받아들이지 말라고 지시하였다.[100] 이후 정경세 처벌을 둘러싸고 조정에서 치열한 논박이 벌어졌다.

홍가신은 1608년 「신정당납간소(新政當納諫疏)」를 지어 광해군의 정경세 처벌 조치를 비판하는 상소를 올렸다.[101] 상소문은 은혜를 입

---

99 『광해군일기』 즉위년 5월 2일 정해.
100 『광해군일기』 즉위년 5월 7일 임인.

은 선조의 승하에 대한 슬픔을 말하는 것으로 시작하였다. 이어 선왕께서 간언을 따르는 아름다움을 더하는 것이 은혜를 갚는 길이라는 생각에 임금의 잘못을 간하는 상소를 올리게 되었음을 밝혔다. 광해군이 선왕의 잘못을 지적한 정경세의 상소를 비난한 것을 염두에 두면서 자신의 간언은 '선왕의 아름다움'을 더하여 임금의 은혜에 보답하고자 한다는 점을 말하였다.

홍가신은 광해군이 비난했듯이 정경세가 '아비와 군주를 부정하는' 죄를 저질렀을 리가 없다고 했다. 그는 정경세의 상소문을 읽어보지도 않은 채, 신하가 된 자로 선왕의 잘못을 드러내어 자신의 곧음을 드러낼 리가 없다고 하였다. 아마도 그것은 임금께서 아시는 바로 임금의 잘못을 범하지 않도록 도와드리고자 하는 충정에서 나온 것이라고 했다. 그러므로 정경세는 '지나치게 충성한 자'라고 할 수 있다는 것이다. 그러니 혹 맞지 않는 말이 있다고 하더라도 임금은 불문에 부쳐야 하는데, 포용하지 않고 처벌하는 것은 천박한 조치라고 비판하였다. 또 간관이 임금의 말에 맞추어 충간하는 신하를 탄핵하는 행위는 나라를 망치는 일이라고 하였다.

홍가신은 언로에 방해가 되는 것을 염려하여 정경세의 죄를 용서하는 것이 도심(道心)에 의한 천리(天理)에 합하는 조치이며, 용서하지 못하고 처벌하는 것은 사욕에 의한 위태로운 조치라고 주장하였다.

결론적으로 홍가신은 임금이 취해야 할 자세를 다음과 같이 말하였다.

---

101 홍가신, 「신정당납간소」, 『문집』, 371~382쪽.

> 대개 임금의 병통이란 스스로 넓은 체하고 남을 편협하게 여기는 것보다 큰 것이 없습니다. 그러므로 마땅히 다른 사람이 간하는 것을 포용하고 다른 사람의 착함을 받아들이는 것으로 마음을 삼아야 합니다. 비록 귀에 거슬리는 말이 있다고 하더라도 마땅히 포용하고 참아야 합니다. 절대로 말과 안색에 나타나 밖의 사람들에게 그 깊고 얕음을 헤아릴 수 있게 하면 아니 됩니다. 이것이 인심이 떠나고 합하는 기미이며 천명의 거취가 나뉘는 경계이며, 왕위를 계승하여 정치에 임하는 초기에 가장 중요한 근본 바탕입니다.

홍가신은 광해군 집정 초기 가장 중요한 바는 신하와 백성들의 여러 가지 충간을 포용하는 자세라고 하였다. 임금이 사람들의 말을 듣고 싫고 좋음이 밖으로 드러나 마음의 깊고 얕음을 헤아릴 수 없도록 해야 지도력이 확립된다고 하였다. 말하자면 임금은 만인의 소원을 모두 들어주는 존재라는 인식을 신하와 백성들에게 심어주는 것이 집권 초기에 취해야 할 가장 중요한 일이라고 역설했다. 그런데 광해군이 신하의 충간에 분노하는 태도를 보이자 이에 아부하는 간신들이 나타나게 되었다고 비판했다. 그러니 임금께서 사사롭고 좁은 마음을 버리고 공명정대한 마음으로 처리해 줄 것을 건의하였다. 즉 정경세의 죄를 용서하는 관대한 조치를 취하여 왕도를 탕탕하게 할 것을 기대하였다.

홍가신은 왕이란 모름지기 모든 신하와 백성들의 말을 들어주는 데서 지도력이 확립된다고 보았다. 그리고 좋아하고 싫어하는 감정이 밖으로 드러나 사람들에게 마음의 깊이가 읽히지 않도록 해야 한다고 하였다. 신하들의 충간을 처벌하게 되면 언로가 막히고 간신들이 국정을 농단하게 된다고 비판하였다. 이 점에서 홍가신은 국정운영에 있어서 언로 개방을 중시하고 있고, 신하들의 임금에 대한 간언을 임금에 대한 충성으로 높이 평가했음을 알 수 있다.

홍가신의 상소에 대해 광해군은 다음과 같이 비답하였다.[102]

> 차자(箚子)를 살펴보니 국가를 위하는 정성을 깊이 아름답게 여기노라. 다만 경은 훈구중신으로서 시속의 당론을 옹호하는 습관을 벗어나지 못한 것같다. 하북의 도적을 쫓기가 쉽다는 말에 믿음이 가는구나. 그러나 내 마땅히 유념하겠다.

광해군은 홍가신의 충성심을 이해하고 높이 평가하였다. 다만 그가 정경세를 두둔하는 행위는 같은 당파를 옹호하는 당파적 견해임을 지적했다. 공훈이 있는 충신조차 당색을 벗어나지 못하고 있는 현실을 한탄하였다. 외부의 적을 물리치기가 차라리 쉽다고 했으니 당쟁이 뿌리 깊은 현실을 비판적으로 본 것이다. 결국 광해군은 집권 초기 왕의 지도력 확립을 위해서는 반대 세력도 포용해야 한다는 홍가신의 건의를 당파적 견해로 보고 받아들이지 않았다.

### 2) 경연에서의 논의에 나타난 정치사상

#### (1) 도가의 수양론과 국방책 논의

홍가신은 『주역』에 대한 조예가 깊었다. 그리하여 그는 1606년(선조 34년) 왕명에 의해 찬집청이 설치되고 『주역』 교정 작업이 진행될 때, 정구(鄭逑, 1543~1620), 한백겸(韓百謙, 1552~1615 ) 등과 함께 이

102 『문집』, 382쪽.

에 참가하였다.[103] 그리고 『주역』을 교정하는 작업이 마무리된 후, 왕이 주재하는 『주역』 경연에도 참석하였다. 그는 1608년(선조 36년) 3월 특진관이 되어 『주역』 경연에 처음으로 참가했는데, 첫 번째 경연에서는 말을 하지 않았다.[104] 8월에 두 번째의 『주역』 경연에 참석하였다. 이 날은 선조와 홍가신 사이에 문답이 길게 이루어졌다.

경연 중 선조는 주자가 『참동계(參同契)』를 주석한 이유가 무엇인지 물었다. 이러한 질문은 선조와 신하들 사이에 음양의 기운을 조절하는 수양론에 대해 논의하는 가운데 나온 것이었다. 즉 선조가 '옛사람의 수양론 가운데 음기를 없애서 순양을 양성한다는 설이 있는데 이것이 무슨 뜻이냐'고 물었다. 이에 이덕형(李德馨, 1561~1613)이 옛 수양론이 도가의 『참동계』에서 나왔다고 했다. 『참동계』는 중국 후한 때의 위백양(魏伯陽)이 지은 도교 서적으로 도교적 관점에서 자연을 해석하고 이에 따른 도가의 수양법을 기술한 책이다. 선조는 어떻게 주자가 왕양명도 배격한 『참동계』를 주해하게 되었는지 그 이유에 대해 질문을 던진 것이다. 이 문제에 대해 선조는 홍가신과 여러 차례에 걸쳐 문답을 주고받았는데 그 내용은 다음과 같다.[105]

---

103 『광해군일기』 7년 7월 3일 무신 ; 「문헌지장편」, 『임하필기』 제17권. 선조는 『주역』의 여러 전(傳)들의 뜻이 같지 않아 마땅히 구두와 주석을 모두 달아야 하는데, 학자들이 정자의 전만을 중시하여 이를 바로잡고자 하였던 것이다. 「보유」, 『문집』, 450쪽.

104 『선조실록』 36년 3월 14일 경오.

105 『선조실록』 36년 8월 30일 계축. 『주역』에 관한 경연은 『참동계』에 대해 논의하는 것을 계기로 도가의 양생술에 관한 논의로 발전하였다. 이것은 『주역』의 음양설과 도가의 음양설이 상통하는 측면이 있기 때문이었다. 일반적으로 주자학은 도가로부터 우주론을 원용하여 성리학 체계를 정립한 것으로 이해되고 있다.

홍가신은 다음과 같이 답변하였다.

주자가 『참동계』를 주석한 것은 그 글이 고아(古雅)한 것을 좋아해서일 뿐만 아니라 그 가운데에 깊게 느끼게 된 뜻이 있어서입니다. 채계통(蔡季通 본명은 元定, 1135~1198)이 유배되었을 때에도 시사(時事)에 상심한 뜻이 있었고, 굴원(屈原)이 「원유편」을 지을 때에도 장생하는 방도를 말하였으니 광탄(狂誕)하다는 것을 모른 것이 아니고 또한 반드시 상심하여 지었을 것입니다. 한문공(韓愈, 768~824)의 문집도 착실한 편이니 「원도(原道)」한 편은 참으로 도체에서 벗어나지 않은 것으로 한만한 글이 아닙니다.

홍가신은 채원정과 굴원(屈原, BC 343~278)의 예를 들면서 주자가 도가의 양생법이나 장생술에 관심을 기울인 것은 상심해 있기 때문이라고 보았다. 즉 마음이 상해 있을 때 이를 극복하려는 방법의 하나로 도가의 양생법에 관심을 두게 되었다고 하였다. 그렇지만 도에 관한 논의는 한유(韓愈, 768~824)의 「원도(原道)」를 표준으로 삼아야 한다고 하였다. 즉 불가와 도가를 배척하고 유가의 도통을 확립해야 한다는 취지로 답변하였다.

그러자 선조는 '한퇴지(韓愈)의 글은 범연한 말이 아니니 정자와 주자 다음으로 이만한 사람이 없다'고 동의를 표시하였다. 이어 선조는 '도술이 매우 높으면 한낮에 날개가 난다는 것은 무슨 말인가'라고 물었다. 여전히 도가의 학설에 대해 질문을 던졌던 것이다.

이에 홍가신은 '한낮에 날아오른다는 것은 참으로 그럴 리가 없습니다.'라고 하여 도가의 학설이 황탄하다는 점을 지적하였다. 선조 또한 '수양하여 나이를 늘린 자는 있으나 신선이 된다는 것은 절대 그럴

리가 없을 것이다.'라고 하면서 '한낮에 날개가 난다는 것은 결코 있을 수 없다'고 하여 도가의 설을 부정하였다.

홍가신은 선조와 행한 도가설에 관한 문답을 다음과 같이 정리하였다.

> 신선이 있고 없는 것은 강론하는 사이에서 말한 것이 없습니다. 오직 마음을 맑게 하고 욕심을 적게 하여 지기(志氣)가 밝고 깨끗해지면 곧 양생하는 방법입니다.

이렇듯 홍가신은 도가의 신선 수양론이나 불로장생을 위한 양생법을 부정하였다. 인욕을 적게 하고 마음을 맑게 하여 뜻의 기운을 밝고 깨끗하게 하는 유가의 수양론이 올바른 양생법임을 강조하였다.

이날의 경연에서는 계속해서 북방의 국방 체제 정비에 대한 논의가 이어졌다. 선조가 국방 체제 정비 대책에 대해 신하들의 의견을 구했다.[106] 이때 홍가신은 '소 잃고 외양간 고친다면 다행인데, 우리나라는 소를 잃는 데 그치고 말았으니 참으로 한심스럽다'고 하여 전후 국방 정책의 중요성을 강조하였다. 그러자 선조가 '외양간을 고친다면 일을 폐기하지 않았다 할 수 있을 것이다'라고 하였다. 이에 홍가신은 네 가지 문제점을 지적하였다. 첫째 변방의 장수를 엄선하여 제수하지 않았기 때문에 적임자가 없다. 둘째 현재 무사들은 학식이 전혀 없으니 젊은 무사들에게 『고진서(陣書)』·『고손자(孫子)』·『고오자(吳子)』 등의 병법서와 『좌전』·『고통감』·『고송감(宋鑑)』 등의 역사책 등

106 『선조실록』 36년 8월 30일 계축.

을 강습하도록 해야 한다. 셋째 대신을 시켜 쓸 만한 자를 선발하되, 2품 이상에 대해서는 특진관으로 차출하여 직접 능부(能否)를 시험해야 한다. 넷째 무신을 박대했던 것을 고쳐 무인의 인재를 배양하는 데 힘써야 한다. 이러한 그의 국방 대책은 곧 유능하고 무인을 양성하여 우대하자는 것으로 요약될 수 있다.

(2) 왕실 규제와 형옥 처리 반성

홍가신이 『주역』 경연에 세 번째로 참석한 것은 1610년(선조 38년) 8월이었다. 이때의 경연에서는 국방, 왕실, 인사 문제 등이 폭넓게 논의되었다.[107] 그런데 선조는 북쪽의 국방 대책을 논의할 때, 이전의 경연에서 홍가신이 강조했던 바와 똑같이 무인들이 병서를 알지 못하고 있는 문제점을 지적하였다. 즉 선조는 "우리나라 장수가 조치하는 일이나 서장(書狀)을 보면 전혀 병서를 모르니 놀랍다. 문신도 병사를 아는 자가 없으니 병서도 고문인데 어찌하여 읽지 않는가. 옛 사람이 『손자』와 『주역』은 같다고 하였으니, 옛사람은 참으로 글을 안다고 할 만하다"라고 하였다. 이에 홍가신은 "중국 장관(將官)은 아무리 용렬한 자라도 모두 병서를 압니다."라고 하였다. 선조는 홍가신이 일찍부터 무신은 병법서를 읽고 알아야 한다는 필요성을 지적하자 이에 공감하였다.

이날 경연에서 서북쪽의 국방이 주요한 화제였는데, 홍가신은 느닷없이 다음과 같이 왕실의 문제를 지적하였다.

---

107 『선조실록』 38년 8월 4일 병오.

백성의 재력이 고갈된 것이 오늘날보다 더 심한 적이 없는데, 서울에는 곳곳에서 가무를 벌이고 집이면 집마다 토목공사를 벌여 톱질하는 소리가 여염에서 끊이지 않고 의복의 사치는 태평한 때와 다름이 없습니다. 왕자와 옹주의 궁가(宮家)를 수리하는 일이야 어쩔 수 없는 일이지만, 칸수(間數)는 한계를 정해 빨리 금단시키소서.

홍가신은 국방 대책의 핵심은 왕이 뜻을 세우고 왕실이 모범을 보여야 한다고 생각했다. 이에 국방 대책을 논의하는 자리에서 왕실의 국방 정신이 해이한 문제점을 지적했다. 전쟁의 영향으로 국가 경제가 어려운데 왕실에서는 평화로운 시절처럼 호사스러운 생활을 하고 있음을 질타한 것이다. 그리하여 왕실의 집의 규모를 일정하게 제한함으로써 왕실의 기강을 확립할 것을 촉구했다.

그러나 홍가신의 왕실의 주택 규모 제한 조치 촉구에 대해 선조는 곤란하다고 하면서 받아들이지 않았다. 이에 홍가신은 재차 다음과 같이 왕실의 사욕으로 인하여 백성이 받는 고통을 이야기하였다.

이번 수재 때 천장(千丈)이나 되는 거목이 강에 가득히 떠 내려와 세력이 있는 집에서는 강가의 인가로 끌어올려 놓고 백성들에게 운반하게 하므로, 백성들이 그 고통을 견디지 못하니 빨리 조처하소서.

홍가신은 왕실의 주택 건설 공사가 수재로 백성이 고통을 받는 가운데 이루어지고 있음을 지적했다. 백성의 수재로 인하여 고통을 당하고 있는데, 왕실은 수재를 이용하여 저택을 지으려는 토목공사를 벌이고 있는 파렴치한 행위를 저지르고 있음을 고발한 것이다.

이에 선조가 관련 부서에 조치하라는 교시를 내렸다. 이후 화제는 수재로 인한 백성의 고통을 어떻게 덜어줄 수 있을까 하는 문제로 바뀌게 되었다. 이렇게 해서 선조는 전국의 수재로 인한 피해 상황을 파악하고 그에 대한 대책을 수립하게 되었다. 이렇게 수재 문제에 대한 논의가 마무리될 즈음 이덕형은 홍가신이 말한 왕실의 주택 규모 제한 조치 문제를 환기하였다. 즉 이덕형은 "홍가신이 말한 바, 왕자와 공주의 궁가에 대해 칸수의 한도를 정하자는 일은 옳습니다."라고 하면서 재상들도 호화저택을 짓는 경우가 있다고도 하였다. 그러므로 사대부 저택의 칸수도 일정한 제한을 가해야 한다고 하였다. 수재로 인한 백성 구제 이전에 이러한 조치가 먼저 이루어져야 한다고 주장했던 것이다.

그러나 선조는 "잘못을 적발하여 철거하는 일은 옳지 않고 본인 스스로 짐작해서 해야 할 것이다."라고 하여 주택의 규모 문제는 정부에서 개입할 수 없는 개인의 문제라고 하였다. 홍가신과 이덕형(李德馨, 1561~1613)은 국방이나 백성 구휼 이전에 왕실과 사대부의 사치 금지 조치가 취해져야 한다고 주장하였다. 민습 수습에서 가장 중요한 것은 지배층의 솔선수범임을 지적했던 것이다.[108] 왕과 왕실부터 '수신제가'를 해야 정치가 바로 선다는 의견을 제시했던 것이다. 그러나 선조는 이러한 건의를 수용하지 않았다.

그러자 신하들은 바다 갈매기가 육지로 날아와 죽는 현상이 나타나고 남쪽에서 태풍이 오는 등 천재지변이 일어나고 있음을 지적하면서 불길한 징조가 아닌지 염려스럽다고 하였다. 그러나 선조는 그러한

---

108 홍가신은 풍수해로 인한 재해가 있을 때에는 민심 수습이 급선무라고 하면서 구휼 정책의 중요성을 강조하였다. 『선조실록』 38년 8월 7일 기유.

현상들은 흔한 일이라고 하면서 "우리나라 인심이 경박하여 허무맹랑한 말에 동요되니 이와 같은 말을 해서는 안 된다"고 하였다. 문제는 정치가 아니라 백성들이 허무맹랑한 말을 믿는 경박함에 있다고 하였다. 따라서 그러한 자연현상은 신경 쓸 일이 아니니 인사(人事)를 닦기만 하면 된다고 하였다.

이렇게 선조가 인사 문제를 언급하자 홍가신은 다음과 같이 아뢰었다.

> 소신은 형조 당상으로서 그 옥사를 자세하게 압니다. 역자(驛子) 김경진(金景珍) 등은 억울한 일로 여러 해 동안 수금되어 형벌과 신문을 많이 받았습니다. 빨리 분간해야 합니다.

홍가신은 인사에서 억울한 사람이 있을 수 있음을 지적했다. 그 첫 번째 사례로서 김경진의 처벌 문제를 지적하였다. 이에 선조가 의논하여 처리하라고 하자 또 다른 문제를 거론하였다. 즉 교생 임호(林琥)가 과거에서 부정을 저지른 혐의로 여러 차례 형벌과 신문을 당하고 있는데, 죽을죄가 아닌데 죽게 되면 원통함이 생길까 염려된다고 하였다. 이에 선조는 복시에 대리시험을 보게 된 것이 분명한데도 자복하지 않으니 섣불리 놓아줄 수 없다고 하였다.

그런데 이 과정에서 선조와 대신들이 어떻게 복시에서 대리시험이 가능할 수 있었는지 의문을 표시하였다. 이에 홍가신은 자신이 임호를 조사하고 초시의 시험지를 확인해 본 결과 그 답안지가 가짜이며, 그가 글을 모르는 시골의 천인으로서 면천을 위해 부정을 저질렀음에 분명하다는 조사 결과를 밝혔다. 홍가신의 답변에 대해 선조는 두 가지 문제를 지적했다. 첫째는 면천을 위한 것이라면 초시 합격으로 충분한데 왜 복시까지 응시했는가 하는 문제였다. 이에 홍가신은 그가 글을 모르는 자임을 분명히 안다고 답하였다. 그러자 선조는 어떻게 아느냐고 물었고 홍가신은 초시의 답안지를 보니 글이 제대로 되지 않아서 알게 되었다고 하였다. 그리고 그 위인을 보니 허수아비처럼 무표정했다고 하였다.

임호를 둘러싸고 이루어진 선조와 홍가신 사이의 문답은 선조가 홍가신의 문제 제기에 반론을 가하는 형식이었다. 홍가신이 임호의 사례를 거론한 것은 죽을죄를 짓지 않았는데도 죽게 되면 원통함이 생길 것이 우려되었기 때문이었다. 따라서 그의 주장이 뒷받침되기 위해서는 임호가 죽을죄를 짓지 않았다는 방향으로 논의가 전개되어야 했다. 그러나 선조는 임호에 대한 처벌이 정당하다는 전제를 깔고 있었다. 따라서 선조는 자신의 의견이 정당하다는 점을 나타내기 위해 홍가신의 답변이 가진 논리적 문제점을 지적하면서 홍가신의 해명을 요구했다. 이에 논의는 임호의 죄가 가볍다는 방향이 아니라 면천을 위해 과거 시험에서 부정을 저지른 중죄인이라는 방향으로 흘렀다. 따라서 선조는 임호의 원통함을 풀어주는 조치를 하지 않았다.

임금이 경연에서 인사 문제를 이야기하자, 형조판서를 맡고 있던 홍가신은 바로 형옥 처리에서 억울하고 원통해 하는 사람이 없는가를 성찰하게 되었다. 그는 자신이 평소 고민하고 있던 두 사람의 사례를 거론하면서 공정한 처분을 구했다. 그리하여 김경진의 경우에는 억울함을 푸는 결정을 얻어냈고, 임호에 대해서는 그의 처벌이 당연하다는 결론에 도달하게 되었다. 이것은 그만큼 홍가신이 형조의 일을 맡아 볼 때 억울해하고 원통해 하는 사람이 없도록 해야 한다는 무거운 책임을 갖고 있었고, 직무 수행에 있어 성찰적 자세를 견지하고 있었음을 보여주는 것이라고 할 수 있다.

## 5. 아산에서의 홍가신의 역사적 위치[109]

홍가신은 사후 아산 지역의 대표적인 유학자로 숭배와 경모의 대상이 되었다. 17세기 아산에서는 인산서원(仁山書院), 정퇴서원(靜退書院), 도산서원(道山書院) 등 3개 서원이 설립되었다. 1610년 아산현에 인산서원이 설립된 후, 1634년 온양군에 정퇴서원, 1670년 신창현에 도산서원이 차례로 설립되었다. 서원은 지역의 유학자들이 성현을 봉사하고 유학을 진흥하고 교육하기 위해 설립되었다. 서원은 지역 유생들의 유학 교육과 유학 진흥에 중요한 역할을 하면서 조선조 유교사회의 지역적 정체성을 확립하는 대표적 기관이라는 성격을 가졌다. 홍가신은 아산 지역 유학자로서는 최초로 아산현의 인산서원에 배향되었으며, 뒤이어 설립된 온양군의 정퇴서원에도 배향되었다.

인산서원은 아산 지역에서 가장 먼저인 1610년 아산현 소북면 인산리에 설립된 서원이다. 온양군의 정퇴서원보다 24년, 신창현의 도산서원보다 60년 앞서서 설립되었다. 온양과 신창보다 앞선 시기에 아산 지역의 유학 교육과 진흥에 선도적 역할을 담당했다고 볼 수

---

109 이하 아산 지역의 3개 서원의 설립 및 홍가신의 서원 배향 과정에 대해서는 김기승, 「아산 지역의 서원 연구」, 『순천향인문과학논총』 2, 1996, 35~61쪽 및 김기승, 「서원의 배향인물」, 외암사상연구소 엮음, 『조선시대 아산지역의 유학자들』, 지영사, 2007, 57~98쪽을 참고하여 작성하였다.

있다.

인산서원은 당시 전국적으로 전개되고 있었던 김굉필(金宏弼, 1454~1504), 정여창(鄭汝昌, 1450~1504) 조광조(趙光祖, 1482~1519), 이언적(李彦迪, 1491~1553), 이황(李滉, 1501~1570) 등 동방(東方) 오현(五賢)의 문묘종사(文廟從祀) 운동의 일환으로 설립되었다. 아산 지역의 유림은 동방 오현의 문묘종사를 요청하는 상소 운동을 전개하였는데, 왕의 윤허를 받지 못하자 지역 자체적으로 동방 오현을 봉사하는 서원을 설립하였다. 동방 오현의 문묘종사 운동은 유학을 조선사회의 지도이념으로 확립하고, 중국의 유학을 조선식으로 토착화하는 작업이었다. 이러한 작업이 중앙 정부 차원에서 추진되지 못하자 아산현의 유림이 지역 차원에서 독자적으로 서원을 설립하여 동방 오현을 봉사하였다. 1611년 중앙에서 동방 오현의 문묘 종사가 실현된 이후에도 인산서원은 해체되지 않고 지속되었다.

인산서원의 초기 명칭은 동방 오현을 봉사하는 데 중점이 두어졌기 때문에 오현서원이라고 불렀다. 그러다가 1619년 홍가신(洪可臣, 1541~1615), 1668년 기준(奇遵, 1491~1521), 이지함(李之菡,1517~1578), 이덕민(李德敏, 1543~1618), 박지계(朴知誡, 1573~1635) 등을 추가로 배향하게 되었다. 기준은 기묘명현으로 아산에서 유배 생활을 했던 인연으로, 이지함은 아산현감을 지냈던 인연으로, 인산서원에 배향되었다. 아산 출신으로 아산에서 장기간 거주하면서 유학을 강론하고 유학 진흥과 아산의 지역적 가치를 제고하는 데 실질적인 기여를 한 인물들은 홍가신, 이덕민, 박지계 3인이다.

3인 중에서 가장 연상이고 가장 먼저 인산서원에 배향된 인물은 홍가신이다. 홍가신은 인산서원 설립된 9년 후에 단독으로 추배되었다. 이것은 아산 유림 사이에서는 이들 3인 중에서도 홍가신의 위상이 가장 높았음을 뜻한다고 볼 수 있다. 아산현 읍지 기록에 의하면 홍가신은 지역 내의 이덕민, 홍익현 등과 도의로 사귀면서 유학 연구에 정진했다고 한다. 이덕민은 홍가신의 2살 연하였으며, 홍익현은 홍가신과 같은 남양 홍씨 가문으로 이순신을 유성룡에게 천거하였다는 인물이다.

인산서원은 1693년 아산현감 윤필은(尹弼殷)에 의해 훼파될 위기에 처하기도 하였다. 동방 오현이 아산 지역과 관련이 없다는 이유로 현감이 훼파하고자 하였다. 그러나 홍가신의 증손 홍기(洪覬)가 중심이 되어 지역 유림과 함께 저지했다고 한다. 인산서원이 지역의 명현들을 배향하기 시작한 것은 홍가신을 추배했던 1619년이었으며, 1668년에는 기준, 이지함, 이덕민, 박지계 등이 차례대로 추배되었다. 그 결과 동방오현과 아산 지역 관련 5명의 명현 등 모두 10분의 명현이 배향되었다. 그런데도 아산현감은 동방오현이 지역과 무관하다고 하여 훼파하고자 하였다.

1693년까지도 인산서원은 동방오현을 모시는 것을 중시하는 '오현서원'으로 인식되고 있었다. 그러기에 아산현감이 동방오현의 문묘종사가 이루어졌음에도 지역의 서원에서 동방오현이 봉사되고 있는 문제를 제기했던 것이다. 이에 홍가신의 증손 홍도를 비롯한 아산 지역의 유림은 홍가신을 비롯한 이덕민, 박지계 등 지역 출신 명현과 아산과 인연을 맺은 기묘명현 기준, 아산현감으로 선정을 베푼 이지함 등에 대한 봉사를 강조하면서 인산서원의 지역적 정체성 확립을 강조했을 것으로 생각된다. 이러한 과정에서 동방오현을 강조하는 오현서원보다 아산의 지역적 정체성이 표현된 인산서원으로의 명칭 변화가 이루어졌을 것으로 생각된다.

아산현, 온양군, 신창현에 설립된 3개의 서원은 그 명칭에서 지역적 정체성이 확연하게 드러난다. 아산현의 인산서원은 소북면 인산리에 소재했기에 붙여진 명칭이고, 온양군의 정퇴서원은 온양의 점토곡(靜退谷)이라는 지명이 정암 조광조와 퇴계 이황을 함께 부르는 정퇴와 발음이 유사하다고 하여 점토골(정퇴골)에 정암 조광조와 퇴계 이황을 제향하는 서원을 설립한 데서 기원한다. 정퇴서원 창건 취지서에는 온양의 설화산 기슭에 정퇴곡이 있어서 정퇴곡에 정퇴서원을 설립하려 한다는 뜻이 기술되어 있다. 신창현의 도산서원은 도고산 아래 도산리에 설립한 서원이어서 도산서원으로 불렸다. 이 점에서 서원은 소재한 지역의 정체성을 나타내는 것이었다. 특히 서원은 해당 지역 명현의 존재, 명현을 숭배하면서 유학을 배우는 유림 집단의 존재, 유학 교육 수준과 유교 문화의 발전 정도를 나타내는 이정표와도 같았다.

온양군의 정퇴서원은 인산서원보다 24년 후에 설립되었다. 온양의 향유 조상우(趙相禹, 1582~1657)는 아산의 박지계(朴知誡, 1573~1635), 신창의 조익(趙翼, 1579~1655) 등은 물론 목천의 황종해(黃宗海, 1579~1642) 등 인근 지역의 유림과 함께 정암 조광조와 퇴계 이황을 주향으로 모시고, 동포 맹희도(孟希道)와 만전당 홍가신을 배향하는 서원을 점토곡(정퇴곡)에 설립하고 정퇴서원이라 이름지었다. 정퇴서원 설립 주체는 율곡 이이와 사계 김장생(金長生, 1548~1631)으로 이어지는 서인과 노론 계통의 학자들이었는데, 조광조와 이황을 주향으로 모셨다. 정퇴곡이라는 지명이 정암과 퇴계를 합친 정퇴를 뜻하므로 정암 조광조와 퇴계 이황을 봉사하려 한다는 것을 설립 목적으로 내세웠다. 이러한 설립 목적은 아산현의 인산서원과 유사하다. 아산현의 유림이 동방 오현 문묘종사운동을 전개하면서 오현서원을 설립했듯이, 동방 오현 중 대표적인 조광조와 이황 두 성현을 모시는 서원이 온양 정퇴곡에 필요하다고 주장했던 것이다. 아산현의 오현서원에서 시작된 유학의 토착화 운동이 온양군의 유림에게도 영향을 미친 것으로 보인다.

동방오현에 대한 봉사는 중국 유학의 조선화라는 국가적 혹은 전국적 의미를 지닌다. 그런데 서원은 해당 지역의 유림 집단의 주도에 의한 유교 문화의 발전과 지역 정체성 확립이라는 의미를 지닌다. 따라서 해당 지역 관련 명현에 대해 봉사하는 것이 일반적이었다. 오현서원은 설립된 지 9년이 지난 1619년 만전당 홍가신을 시작으로 아산현의 명현들을 추향하면서 지역성을 갖추었고, 서원 소재 마을인 인산리의 이름을 따서 인산서원으로 불리게 되었다. 정퇴서원은 설립 동기부터 점토곡(정퇴곡)이라는 지명과 정암 조광조와 퇴계 이황과의 연관성을 강조하였다. 뿐만 아니라 온양군 출신인 동포 맹희도와 아산현 출신인 만전당 홍가신을 설립 초기부터 배향하여 지역의 대표적 명현에 대한 봉사를 중시하였다. 인산서원이 점진적으로 지역성을 확립해 간 것과는 달리 정퇴서원은 처음부터 지역성을 내세우면서 설립되었다. 이것은 인근의 인산서원을 선례로 삼았기 때문으로 보인다.

정퇴서원은 설립 주체는 물론 배향 인물에서도 온양군의 범위를 벗어나 인근 지역까지 지역성을 확장하였다. 설립 주체에는 온양, 아산, 신창, 목천 출신 인사들이 대거 포함되었으며, 배향 인물에서는 온양 출신의 맹희도와 함께 아산현 출신의 홍가신을 포함하여 온양과 아산을 아우르고자 했다. 그러나 이후에 추배된 인물은 시암 조상우와 매곡 조이후(趙爾後) 부자뿐으로 온양군에 국한되었다. 설립 초기에는 지역과 직접적 관련이 없는 조광조와 이황을 중심으로 하고 온양군의 맹희도와 아산현의 홍가신을 배향함으로써 지역성의 확장을 꾀하였다. 이것은 아마도 온양군 이외의 아산, 신창, 목천 등 인근 지역의 유림으로부터 정퇴서원 설립에 대한 지지를 이끌어내기 위한 노력의 일환이었을 것으로 생각된다. 19세기에 접어들면서 정퇴서원에서는 맹희도와 홍가신의 위차 문제로 지역 유림 사이에 분쟁이 일어났다. 그 결과 1837년 동포 맹희도를 분리해서 독향하는 서원을 배방면 중리 금곡동에 설립하고 금곡서원(金谷書院)이라 부르게 되었다.

신창현의 도산서원은 1670년 포저 조익을 독향하는 서원으로 도고산 아래에 설립되었는데, 1720년 조익의 제자 조극선(趙克善, 1595~1658)을 추배하였다. 도산서원의 설립 주체나 배향 인물은 신창과 예산 출신이었다.

아산 지역 3개 서원에 배향된 인물 중에서 홍가신만이 인산서원과 정퇴서원 두 곳에서 배향되었다. 또한 홍가신은 아산시 3개 서원에서 지역의 명현으로는 가장 빠른 시기인 1619년에 배향되었다. 정퇴서원 설립 과정에서 살펴보았듯이, 홍가신은 아산현 뿐만 아니라 온양군과 신창현을 넘어서 인근 지역 유림 사이에서도 서원에 배향할 수 있는 가장 대표적인 명현으로 숭배의 대상이 되었다.

## 6. 맺음말

홍가신은 학맥으로는 허엽과 민순을 통해 서경덕으로 연결된다.

민순은 당쟁에 끼어들지 않고 초연하게 은거하면서 학문에 전념했었던 선비였다. 20년 넘게 스승으로 모셨던 민순의 영향으로 홍가신은 당색에 구애받지 않고 정치활동을 소신 있게 전개할 수 있었다. 홍가신은 유성룡, 이발, 정여립 등 동인계 인사들과 친교를 맺었다. 그리고 후손들은 그와 퇴계와의 인연을 강조했다. 이 점에서 그는 조선 중기 당색으로는 동인과 남인계열에 속한다고 볼 수 있다. 그렇지만, 그는 동인과 남인이 이이나 조식을 소인배로 비난하는 데 동의하지 않았다. 그는 친구 유성룡의 반대에도 불구하고 이이의 경장 정책안을 지지했다. 심지어는 친구가 잘못을 저지르자 탄핵하기도 하였다. 그는 항상 선공후사의 자세로 국가와 민생을 위한 가장 바람직한 방안을 수립하는 데 심혈을 기울였다. 그러기에 그와 교류가 없어 반대측에 있었던 서인이나 북인들도 그가 불편부당한 관점에서 공정하게 판단하는 유능한 관료임을 인정했다.

홍가신은 임진왜란을 전후한 혼란의 시기에 지방관을 지내면서 민생의 안정을 최우선의 과제로 설정하여 지역사회를 안정시켰다. 부여현감 재직 시에는 민폐 개선책을 중앙정부에 건의하여 관철시켰고, 안산군수와 수원부사 시기에는 구휼정책의 모범으로 표창되기도 하였다. 특히 홍주목사 재직 시에는 이몽학이 호서 지방에서 일으킨 대규모의 반란을 진압하는 공로를 세웠다. 이것은 충청도의 민심 이반으로 발생한 왕조의 체제적 위기를 극복한 것이었다. 그 결과 그는 청난공신 1등에 녹훈되었다. 이후 해주목사와 개성유수를 지낼 때에도 왕실의 횡포로 인한 민의 피해를 막아 내는 데 주력하였다. 그는 민본주의 이념에 의거하여 유교적 왕도정치를 지방 정치에서 직접 실천한 유능한 목민관이었다. 지방관으로서의 업적을 기반으로 그는 중장 정계에 진출하여 영원군에 봉해졌으며, 특진관이 되어 경연에 참석하기도 하였다.

홍가신이 관인으로서 이룩한 성취와 명성은 무엇보다도 그 자신이 관인으로서의 직무에 부여된 임무를 충실히 했기 때문이었다. 그 결과 그는 지방관으로 부임하는 곳마다 선정을 베풀었다는 명성을 얻었고, 심지어는 국가적 위기를 극복한 공신이라는 명예를 얻었다. 왜군의 침입과 반란이라는 이중의 위기 속에서 그가 민생의 안정을 기하면서 민심을 수습할 수 있었던 것은 그가 민본주의적 왕도정치에 대한 확고한 신념이 있었기 때문에 가능하게 되었다.

홍가신은 1593년과 1596년 두 차례에 걸쳐 장문의 상소를 바쳤다. 그리고 경연관이 된 이후에는 왕과 국정에 관해 여러 차례 논의하였다. 상소문과 경연에서 그는 사회의 혼란은 임금이 왜란의 치욕을 갚을 뜻이 없고 백성을 위한 마음이 부족하기 때문이라고 하였다. 그는 임금 자신이 잘못을 반성하는 자세를 가질 것과 왕실이 사치를 금지하는 조치를 취해야 한다고 주장했다. 이것은 임진왜란으로 비참한 상황에 처해 있는 백성의 삶을 생각하면서 처신해야 한다는 왕에 대한 직간이었다. 그는 왕 자신이 '수신제가'를 잘해야 평천하가 이룩될 수 있다고 본 것이다. 왕에 대한 그의 충언은 지방관으로서 참담한 민의 실상을 직접 체험한 바탕 위에서 이루어졌기에 힘이 실린 것이었다.

왕에 대해 직간하는 태도는 경연에서도 그대로 나타났다. 홍가신은 『주역』 강독을 통해 계속하여 왕의 반성적 성찰을 촉구했다. 그의 이러한 집요함은 왕을 자극하여 왕과 논쟁하는 상황으로까지 비화하기도 하였다. 그가 관인으로서 왕에게 거리낌 없이 직간할 수 있었던 것은 천명은 민심에 있다는 민본정치에 대한 신념을 갖고 있었기 때문이었다. 그는 민본정치를 왕과 왕실의 도덕성 회복을 통해 실현하고자 했던 왕도정치 사상을 갖고 있었다. 이 점에서 그의 왕과 왕실에 대한 비판은 조선 왕조 체제의 안정을 도모하기 위한 충간이었다.

홍가신은 사후 아산 지역의 인산서원과 정퇴서원에 배향되어 아산 지역의 대표적 유학자로 숭배와 존경의 대상이 되었다. 17세기 아산 지역에는 아산현의 인산서원, 온양군의 정퇴서원, 신창현의 도산서원 등 3개의 서원이 설립되어 유학이 본격적으로 진흥되기 시작하였다. 3개 서원에 배향된 인물 중에서 아산 지역 출신으로 아산현의 인산서원에 최초로 배향되었으며, 뒤이어 온양군의 정퇴서원에도 배향되었다. 이처럼 아산 지역의 2개 서원에 배향된 지역 출신 인물로는 홍가신이 유일하다. 홍가신은 지역의 서원에 배향되면서 아산 지역을 대표하는 유학자로 추숭되면서 아산 지역의 유학의 진흥과 발전의 중심적 인물로 각인되었다.

---

본고는 필자가 「홍가신의 사상과 활동」, 정호훈 외, 『조선 중기 홍가신·허목의 사상과 학문』(수원화성박물관, 2012), 47~101쪽에 발표했던 글에다가 5장에 "아산에서의 홍가신의 역사적 위치"를 새롭게 추가하는 등 수정하고 보완하여 작성한 글이다.

# 국정 개혁 방략과 행정 개선책

송기섭

## 1. 서론

만전당 홍가신(洪可臣)은 1541년에 태어나 1615년까지 살았던 사람으로 선조 때 주로 활약했던 문신이며 습정(習靜) 민순(閔純, 1519~1591)으로부터 주정(主靜)의 학(學)을 정통으로 이어받은 유학자이다.

그가 살았던 시기는 선조임금의 무능함과 동인과 서인의 분파로 인한 대립, 기근, 임진왜란과 정유재란 발발, 민란 등이 끊이지 않는 시대였다. 이 때 그는 동인으로서, 관리로서, 그리고 책임 있는 지식인으로서 온갖 풍상을 겪으며 살아가야 했지만 몸을 사리지 않는 적극적인 돌파력으로 위기 때마다 이를 극복할 수 있었다.

그가 수원부사로 있을 때에는 정여립(鄭汝立, 1546~1589)의 모반사건에 연루되어 기축옥사라는 큰 사건에 휘말려 수원부사 직에서 봉고파직(封庫罷職) 당하고 목숨마저 위태로운 상황이었음에도 동(東)·서인(西人)을 가리지 않은 친화력과 적극적인 해명으로 이를 극복했다. 파직 당한 후 고향 남양으로 낙향했을 때는 임진란이 일어났다는 소식을 듣고 향군을 중심으로 의병을 조직하여 적극적으로 구국활동을 펼쳤다. 또한 우여곡절 끝에 복직하여 홍주부사로 임직하고 있었을 때에는 이몽학의 난을 직접 진두지휘하여 진압하였던 것이다.

이 뿐만이 아니다. 국가의 안위문제와 민생문제에 있어 충정과 애민정신이 남달랐다. 특히 눈여겨 볼 것은 첫째, 선비로서 국정 개혁에 대한 선진적 사고가 강했다는 점이다. 그는 나라가 위급할 때마다 국정 개혁의 방략을 세워 그 필요성을 역설하고 있는데, 그의 개혁방안이 「적퇴후봉사(敵退後奉事)」, 「응구언봉사(應求言奉事)」 등의 상주문(上奏文)에 소상히 기록되어 있어 강한 개혁의지를 알 수 있게 한다.

둘째, 관리로서 그 지방의 폐단을 파악하고 행정문화를 개선하여 실천했다는 점이다. 외직(지방관)으로 부임하여 봉직할 때마다 임지의 사정을 고려한 행정을 펼쳤고, 그 지역의 흩어진 시스템을 정상화시켜 지역민들로부터 큰 호응을 얻었다. 내직으로 임직했을 때는 잘못된 제도를 적극 개선하였고, 법리에 맞지 않는 사안이면 임금의 부탁이라도 단호히 거절하는 강단을 보여 행정문화 개선과 법리원칙고수 등에 좋은 선례를 남겼다.

그러나 이러한 훌륭한 업적에도 불구하고 만전당에 대한 연구가 활발하지 못해서 아쉬움이 크다. 지금까지 만전당과 관련하여 연구된 상황을 살펴보면 박을수의 『만전당 홍가신연구』[1] 외에 소수의 논문이 KCI급 학술지에 발표되었을 뿐이다. 김기승의 「홍가신과 임진왜란」,[2] 송기섭의 「만전당 홍가신의 생의 자취와 삶의 지향」,[3] 복대형의 「홍가

---

1 박을수, 『만전당 홍가신연구』, 글뜰학습총서3, 글읽는들, 2006.

2 김기승, 「홍가신과 임진왜란」, 『한국인물사연구』 8집, 한국인물사연구소, 2007.

신 경세사상연구」[4]가 거의 전부인데, 이것으로는 업적에 비해 그의 연구가 매우 미미한 편이다.

따라서 본 연구는 『만전집』, 국역 『만전당 홍가신 선생 문집』을 바탕으로 하고 기존의 연구물, 그리고 이와 관련된 자료를 이용하여 만전당에 대한 연구과제 중 한 부분 즉, 그가 제안한 국정 개혁의 방략과 지방관으로서 실현한 행정문화 개선에 대하여 조명해 봄으로써 만전당 연구의 요처(凹處)를 조금이나마 채우는 작업이 될 것이다.

## 2. 만전당 생애의 시대적 상황

만전당은 장원서 장원인 아버지 홍온(洪昷)과 어머니 흥양 신씨의 사이에서 신축년(1541) 7월 17일 태어났다. 그러나 불행이도 어머니는 산후통으로 그가 태어난 지 7일 만에 돌아가셨다. 이런 관계로 제대로 돌봄을 받지 못했지만 자라면서 출중하기가 보통 아이들과는 확연히 달랐는데, 8살 때 이미 시구(詩句)를 읊어 신동이라는 소리를 들었을 정도이다.

초당(草堂) 허엽(許曄, 1517~1580)을 스승으로 모시면서부터는 학문의 정도가 더욱 일취월장(日就月將)하여 15세가 되기 전, 소학(小學), 사서(四書), 이경(二經), 고문집(古文集)을 통할 정도였다. 이에 스승 허

3 송기섭, 「만전당 홍가신의 생의 자취와 삶의 지향」, 『한문고전연구』 33집, 한국한문고전학회, 2016.

4 복대형, 「홍가신 경세사상연구」, 『한문고전연구』 33집, 한국한문고전학회, 2016.

엽은 "고인의 풍모가 있다."[5]고 하였으며, 퇴계선생도 그의 학문하는 모습을 보고 단박에 백미(白眉)임을 알았다는 것이다.

그 후 화담 서경덕의 제자이며, 당시 예학의 석학이었던 습정(習靜) 민순(閔純, 1519~1591)의 문하에 들어가 좀 더 체계적인 학문을 전수받게 된다. 이때 익힌 주정적(主靜的) 학문이 만전당의 생활철학이 되는데, 관계(官界)로 진출한 후 민생 위주의 행정문화 개선과 실천, 정직을 기반으로 펼친 원칙주의 고수, 그리고 청렴한 생활로 일관된 그의 인생이력에서 이를 알 수 있다.

주정(主靜)이란 '무욕(無慾)함으로써 고요하다'란 의미로 성인은 동정(動靜)의 덕을 겸비하고 있는데, 그 성덕(成德)의 기본은 정(靜), 다시 말하면 사의사욕(私意私慾)이 없는, 참으로 주체성이 확립된 경지(이것을 기상으로 본 경우에는 담연허명(澹然虛明)이라든가 담일청명(湛一淸明)이라고 말하고, 물(物)에 비유하면 명경지수(明鏡止水)와 같다고 한다.)에 있는 것을 말한다.[6] 습정은 화담으로부터 주정(主靜)의 설(說)을 듣고 크게 감화하여 자신의 아호를 '습정(習靜)'이라고 할 만큼 주정(主靜)에 심취하였으며, 만전당에게 "사람이 능히 주정(主靜)을 하면 총명이 열리는 것, 이것이 자연한 이치"[7]임을 강조함으로써 이 주정의 학을 만전당은 애민, 정직, 청렴으로 승화시켜 실천했던 것이다.

---

5 홍경신, 『晩全堂洪可臣先生文集』, 한국예총아산시지부, 2006, 489쪽, "許草堂 聞之曰 頗有古人風"

6 佐藤仁, 「李退溪와 李延平에 관하여」, 『퇴계학보』 제68호, 퇴계학연구소, 1989. 6, 244쪽.

7 洪可臣, 『晩全堂洪可臣先生文集』, 한국예총아산시지부, 2006, 421쪽.(『만전집』 5권, 「右通禮習靜閔先生墓碣銘」, 고전번역원), 人能主靜 則聰明開發 此自然之理也.

[사진 1]
만전당 홍가신 영정

[사진 2] 사당 - 만전당

만전당은 1571년 강릉참봉으로 출사한 후 1574년 예빈시주부, 형조좌랑을 거친 후 지방수령으로서는 처음 부여현감으로 부임하였다. 그 후 1578년 사헌부지평과 사헌부장령을 지내고, 다시 안산군수를 거쳐 1585년 수원부사로 승진한다. 그러나 1589년 정여립의 역모사건에 연루됨으로써 수원부사직에서 파직을 당하고, 목숨마저도 위태로운 처지가 되었다. 그런 상황임에도 임진왜란이 일어나자 자신의 고향, 남양에서 향군을 모아 의병활동을 할 정도로 조국에 대한 충정이 남다른 사람이었다. 이러한 충정은 복직 이후에 더 잘 나타난다. 1593년 우여곡절 끝에 파주목사로 복직함으로써 다시 관직의 길을 걸었는데, 홍주목사로 부임하였을 때, 내포지방을 중심으로 일어난 이몽학의 난을 토평함으로써 1602년 청난원종 1등에 책록되는 공을 이루었다.

1599년 홍주목사직의 임기를 마치고 난 후 1602년 형조참판에 제배되고, 이어 한성부윤으로 금오당상까지 겸하였다. 1606년 형조판

[사진 3] 만전당 홍가신의 묘. 충남 아산시 염치읍 대동리에 소재하고 있다.

서에 제수됨으로써 당시 궁노들의 작폐를 체포하고 치제하였으며, 개성유수로 부임하고서 궁노들의 작폐를 일소하였던 것이다. 그 후 8개월 만에 치사의 상소를 올리고 아산에서 은거하였는데, 이때 나이가 66세였다. 이때부터 그는 늘 갈망하던 자연에 귀의하여 삶을 영위하다가 1615년 향년 76세를 일기로 영면하였다.

그런데 만전당 홍가신의 생애에서 시대적 상황을 파악하는 것이 중요하다. 즉 사회적 분위기, 지도자의 영도력, 국제정세가 어떠하냐에 따라 삶이 달라질 수밖에 없어서 인데, 이것으로 판단할 때 만전당의 생애는 우리 역사상 매우 어려웠던 한 시기였음을 직감할 수 있다. 왜냐하면 선조임금의 무능함, 당파 간 갈등심화, 관료들의 부패, 외세의 침입, 민란 등이 이어지면서 민생고(民生苦)의 극치를 이룬 시기였음을 〈표 1〉로도 짐작할 수 있기 때문이다.

〈표 1〉 만전당 생애의 역사적 사건연표[8]

| 년도 | 사건 | 주요내용 | 비고 |
|---|---|---|---|
| 1567 | 선조즉위 | | 선조4년 강릉참봉 |
| 1575 | 사림파분열 | 동인과 서인으로 분파 | 동인으로 분류 |
| 1589 | 기축옥사 | 정여립의 난, 정여립과 연루된 많은 동인들이 희생된 사건. 서인집권 | 이 사건에 연루되어 수원부사직에서 파직 |
| 1592 | 임진왜란 | 일본의 풍신수길이 조선을 침략하여 일어난 전쟁. 이때 계속된 흉년으로 기근이 듦. 선조의 몽진. | 남양에서 향군을 조직하여 의병활동 |
| 1594 | 송유진의 난 | 송유진이 천안에서 반란을 일으킴. | 유성룡에게 서신으로 이 사태를 알림. |
| 1595 | 이몽학의 난 | 이몽학이 불만에 찬 농민들을 선동하여 충청도 내포지역에서 일으킨 반란. | 홍주목사, 난을 토평. 청난원훈(1602) |
| 1597 | 정유재란 | 일본이 임진왜란의 정전회담 결렬로 재침공, 이듬해 연말까지 지속됨. | 홍주목사로 임무수행. 1599년 임기를 마침. |
| 1608 | 광해군 즉위 | 대동법 실시 | 「辭祿箚」올림(1609) |
| 1613 | 계축옥사 | 대북파가 영창대군 및 반대파를 제거하려고 일으킨 옥사, 소북파 축출. | 소북파와 친교 |

이에 당시 주요사건을 사안별로 묶어 알아보면 다음과 같다.

(1) 사림파분열과 기축옥사

정여립의 모반사건으로 촉발된 기축옥사는 조선시대의 사화 중 가장 많은 사람이 죽었다. 이 사건이 불거진 뒤 약 3년 동안 정여립과 관련이 있거나 동인이라는 이유로 처형된 자가 1000여 명에 이를 정도였다. 『선조수정실록』 24년 5월 1일자 기사에서 당시의 상황을 알

8 송기섭, 「만전당 홍가신의 생의 자취와 삶의 지향」, 『한문고전연구』 33집, 한국한문고전학회, 2016, 10쪽.

수 있다. 선조가 수십일 동안 친국할 정도로 이 일을 위중(危重)하게 여겼고, 이로써 동인들은 서인들의 의도대로 사법적 처분을 받을 수 밖에 없었다.

> 기축년 10월부터 이때에 이르기까지 20개월 사이에 죽은 자가 수백 명이나 되었는데, 조신(朝臣)·명관(名官) 중에 죽은 자가 10여 인이었으며 〈생략〉 연좌되어 유배된 자가 몇 백 명이었고 〈생략〉 파출(罷黜)된 자도 수십 인이었다. 〈중략〉 3년이 지나서야 옥사가 그쳤는데, 이 때문에 인심이 원망하였다. 〈중략〉 이로 말미암아 서로 끌어들여 역적과 가까이 지냈던 자들이 모두 벗어나지 못하고 혹 죽음을 당하거나 찬축되었다. 이 때문에 전주 사람들이 가장 많이 죽었다.[9]

명종 때 훈구파를 몰아내고 권력을 잡은 사림세력은 선조 9년 분열하는데, 그 원인이 이조전랑 자리를 신진사림과 기성사림 간에 서로 차지하려는 다툼에서 시작된다. 이조전랑은 벼슬등급은 낮지만 자대낭천권[10]과 통천권[11] 있는 막강한 자리였기 때문인데, 이로써 기성사림은 서인으로, 신진사람은 동인으로 분열하게 된 것이다.

정여립은 원래 율곡을 스승으로 삼고 기성사림 심의겸을 지지했던 서인출신이다. 그러나 그의 스승 율곡이 세상을 떠나자 세력이 더 강

---

9 『선조수정실록』 24년 5월 1일자 기사. 한국고전번역원. 自己丑十月至此凡二十月前後死者數百人 朝臣名官死者十餘人 〈생략〉 緣坐流配者幾百人 〈생략〉 罷黜者數十人. 〈중략〉 越三年乃止 以此人心愁怨. 〈중략〉 由是轉相 援引 凡與逆賊相昵者無得脫免 或死或竄 以此 全州人死者最多.

10 자대낭천권은 자신의 후임자를 천거할 수 있는 권한을 말한다.

11 통천권은 사간원, 사헌부, 홍문관의 대간을 선발할 수 있는 권한을 말한다.

했던 동인들과 교유하며 천하공물설(天下公物說)과 하사비군론(何事非君論) 등 혁명적인 공화사상을 표방함으로써 서인들이 동인들을 탄압하는 빌미를 제공하였던 것이다.

> "천하는 공물(公物)인데 어찌 정해진 임금이 있겠는가. 요(堯), 순(舜), 우(禹)임금은 서로 전수하였으니 성인이 아닌가." 또 말하기를, "두 임금을 섬기지 않는다는 것은 왕촉(王蠋)이 한때 죽음에 임하여 한 말이지 성현의 통론(通論)은 아니다. 류하혜(柳下惠)는 '누구를 섬긴들 임금이 아니겠는가.' 했고, 맹자(孟子)는 제선왕(齊宣王)과 양혜왕(梁惠王)에게 왕도(王道)를 행하도록 권하였는데, 유하혜와 맹자는 성현이 아닌가."[12]

천하공물설(天下公物說)과 하사비군론(何事非君論)의 사상은 대동세상(大同世上)으로 지향하고자 하는 정여립의 정신이 잘 드러나는 말이다. 그러나 전제통치와 불사이군(不事二君)을 군신간의 신념으로 받아들이던 시대에 천하공물설(天下公物說)과 하사비군론(何事非君論)은 선조를 격노케 했다. 서인들은 이를 이용하여 사건을 최대한 확대시켰고 정적(政敵)인 동인들을 제거함으로써 정권(政權)을 장악할 수 있었다. 이 사건으로 인해 소모된 국력은 그 후 왜적의 침입에 이은 송유진, 이몽학 등이 민란을 일으키는 결과를 낳았다.

---

12 『선조수정실록』 22년 10월 1일자 기사. 한국고전번역원. 天下 公物 豈有定主 堯、舜、禹相傳 非聖人乎 又曰 不事二君, 乃王蠋一時臨死之言 非聖賢通論也. 柳下惠曰 何事非君 孟子勸齊梁行王道 二子非聖賢乎.

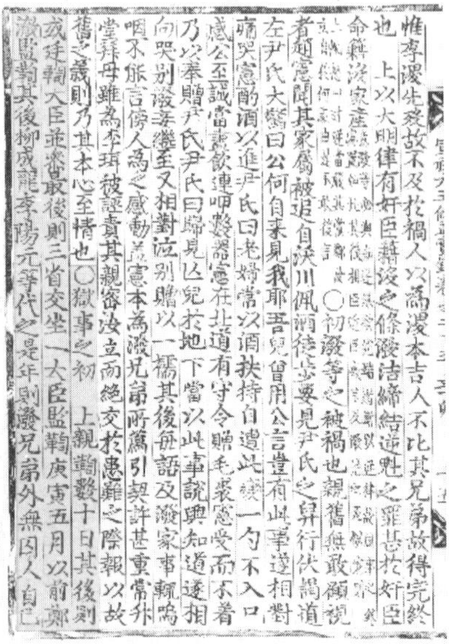

[사진 4] 선조수정실록 24년 5월 1일자 기사

[사진 5] 선조수정실록 22년 10월 1일자 기사

### (2) 임진·정유양란

임진란과 정유란은 일본이 침입한 사건이다. 임진왜란 때는 전투 다운 전투도 한 번 없이 정복당할 만큼 국방력이 엉망이었고, 여기에 기근이 겹쳐 백성의 삶은 도탄에 빠져 있었다.

『쇄미록』[13]에서 임진란 때의 사회적 실상이 잘 나타난다. 이 책은 오희문(吳希文, 1539~1613)이 1591년 11월부터 1601년 2월까지 약 9년 4개월 동안 홍주·임천·아산·평강 등지로 피난하면서 전란과 사회적 상황을 직접 목격했거나 들은 내용을 일기형식으로 기록한 것인데,

13 조선 중기의 유생 吳希文이 임진왜란 때 피난하면서 전황과 사회상을 적은 일기형식의 글이다.

당시 전쟁의 참상을 고스란히 나타나고 있다.

> (왜)병들은 세 길로 나누어 바로 서울로 향하여 산을 넘고 강을 건너서 마치 사람이 없는 데로 들어가듯이 한다. 신립, 이일 두 장수는 조정에서 믿는 바, 견고하게 지킬 줄 알았는데, 〈중략〉 조령의 험한 곳을 지키지 못하여 적이 서울로 들어가서 대가(大駕)가 서쪽으로 파천(播遷)하고 도성을 지키지 못했으니 슬프다. 우리 생령(生靈)들이 모두 흉한 칼날 앞에 피를 흘리고 늙은 어머니와 처자가 유리(流離)하여 떠돌아 생사를 알지 못하니 밤낮으로 통곡할 뿐이다.[14]

참혹하기가 그지없다. 적의 칼 앞에서 피투성이가 되고, 포로가 되어 끌려가서 적의 노예가 되어야 했다. 또 젊은 여자들은 그들의 성노리개가 되었던 것을 당나라에 정복당했던 고구려와 몽고에게 정복당했던 고려의 역사를 통해 알 수 있다.

[사진 6]
오희문의 『쇄미록』(보물 1096호).
임진, 정유란의 실상을 기록하고 있다.
(국립진주박물관 보관)

---

14 오희문, 『쇄미록』, 「임진남행일록」, 分兵三路 直向京城 踰山越江 如入無人 申李兩將 朝廷之所恃而爲固 〈중략〉 鳥嶺失險 賊入中原 大駕西巡 都城不守 哀我生靈 盡爲凶鋒之膏血 老母妻子 遊離飄落 未知生死 日夜痛哭而已.

여기에 기술되어 있진 않지만 임진란 때도 역시 마찬가지였을 것이다. 이 뿐만이 아니다. 기근으로 인한 굶주림으로 아우성치는 모습이 「갑오일록」에서 더욱 생생하다.

> 가만히 들으니 영남과 경기에서는 사람들이 서로 잡아먹는 일이 많아서, 심지어 육촌의 친척도 죽여가지고 씹어 먹는다고 이르기에 항상 상서롭지 못하다고 여겼는데, 이제 다시 서울근처에서 전일에는 비록 한 두 되의 쌀을 가진 자라도 죽이고 빼앗는다고 들었다. 근일에는 사람이 혼자 가면 쫓아 가서라도 죽인 뒤 먹으니 산야의 금수 같아서 돌아보지 못한다고 하였다.[15]

위의 글에서 느껴지듯이 구걸할 곳조차 없는 상황으로 굶어 죽은 시체들이 즐비했으며, 이로써 인육이라도 먹어야 살아남을 수 있는 무간지옥의 세상이 된 것이다. 사람 사는 세상이 이보다 더 참혹할 수 없다. 그야말로 아비규환의 울부짖음이 들리는 듯하다.

설상가상인 것은 일본이 조선과 강화가 결렬되면서 정유년(1597년) 일본은 14만 1,500여 명의 병력을 이끌고 재침한 것이다. 하지만 이때는 양상이 임진란과 조금 달랐다. 명나라에서 보낸 구원병이 11만 명으로 규모도 컸을 뿐만 아니라 이순신과 권율 등이 이끄는 군사들이 일본과의 싸움에서 승리를 곳곳에서 거두었기 때문이다. 특히 행주대첩의 장본인 권율과 명나라 장수 양호(楊鎬)가 이끄는 조명(朝明)

---

15 오희문, 『쇄미록』, 「갑오일록」, 甲午 4월 3일. 竊聞嶺南畿甸人多相食 而至於六寸之親 殺而啗之云 常以爲不祥 今更聞之 京城近處 前則持物者 雖一二升之米 殺而掠之. 近日人之獨行者 追殺而屠食 如山禽野獸而不顧云.

[사진 7] 오오키 작 "도산성 전투도".
조명연합군과 왜의 전투가 매우 치열했다. 나고야성박물관 소장

연합군이 충청도 직산에서 왜병들의 한양 행을 막은 후, 울산의 도산성 전투에 참가하여 막대한 피해를 줌으로써 일본군의 북진의지를 완전히 꺾어 버렸다. 또한 삼도수군통제사에 복귀한 이순신 역시 12척의 함선으로 300여 척의 일본수군을 명량에서 대파했던 것이다. 이로써 조명 연합군은 전의를 상실한 일본의 잔당들을 섬멸할 수 있었고, 마침내 1598년 11월 이순신이 노량해전에서 승리로 일본과의 전쟁은 끝낼 수 있었다.

그러나 이때도 민생고는 임란 때와 별반 차이가 없었다. 7년간 왜적의 노략질과 기근으로 인해 인구는 1/3이상이 감소하였으며, 조선 조정은 명나라 원군들의 지나친 요구로 몸살을 앓았는데, 이 또한 백성들이 감당해야할 몫이었다. 명 장수 양원(楊元)은 중국은 귀국 때문에 남북의 재백(財帛)이 이미 바닥나 백성들이 피폐해 있다. 이는 국왕의 정성 때문에 끝까지 구제해 주려고 하는 것인데[16] 조선 사람들은 '조선은 중국의 울타리이니, 중국에서 구원해 주지 않을 수 없다'고

말한다[17]며 불만을 터뜨리고, 성곽을 수축하는 일, 그리고 군량미와 마초를 요구하면서 입에 담을 수 없는 심한 말을 하였다.[18] 그러나 조선의 형편은 명나라 원군의 군량미를 마련할 수 없는 상황이었으며, 백성들 또한 전쟁과 기근으로 인해 삶은 피폐했다.

역시 임란 후 5년이 지난 후 임에도 백성들의 삶이 나아지지 못함을 짐작하게 한다. 하지만 명나라의 요구를 채워주기 위해서는 결국 백성들을 부역시키고 가렴주구(苛斂誅求)할 수밖에 없었으니 백성들의 고통은 더욱 가중될 수밖에 없었다.

### (3) 민란

기근과 임진란의 여파로 인하여 백성들의 삶은 궁핍하기 이를 데가 없었고, 이로 인한 불만으로 나라 안은 크고 작은 민란이 계속되었다. 이러한 민란 중 송유진(宋儒眞, ?~1594)의 난과 이몽학(李夢鶴, ?~1596)의 난에 대하여 주목할 필요가 있다. 이 민란은 다른 난(亂)과는 달리 계획성을 가지고 조직적으로 이루어졌다는 점에서 그러하다.

우선 송유진의 난을 살펴보면 그가 연암산 개현사[19]를 근거지로 하여 천안 직산과 아산의 민중들을 규합하여 일으킨 난이다. 『선조실록』 선조 27년 1월 11일자 기사에 보면 만전당이 친구인 유성룡에게 서신

---

16 『선조실록』 30년 5월 1일자 기사, 한국고전번역원. 天朝以貴國之故, 南北財帛已竭, 而人民疲弊。此爲國王之誠而終始拯濟也.

17 『선조실록』 30년 5월 11일자 기사, 한국고전번역원. 朝鮮 乃中國藩蘺 不得不救云.

18 『선조실록』 30년 5월 10일자 기사참조, 한국고전번역원.

19 현재 아산시 음봉면 월랑리가 소재하고 있는 산이 연암산이고 과거에 개현사가 있었다. 그래서 지도 이곳을 개안골 또는 갱골이라 부르고 있다. 지금은 그 자리에 개안사가 있다.

으로 난적들의 동향을 알려줌으로써 이에 대한 대책을 세울 수 있도록 하였다.

> 유성룡이 아뢰기를 "홍가신이 아산에 피란 가 있으면서 신에게 보낸 편지에 '어떤 도적들이 천안에서 와서 진을 치고 둔취하여 있다가 개현사(開玄寺)로 갔다.'고 하였습니다. 예로부터 병화(兵禍)를 겪은 뒤에는 으레 무뢰배들이 모여 도둑이 되었는데, 때로는 그 세력이 번성해지기까지 하였으니 일찍 도모하지 않으면 안 됩니다."[20]

이 내용에서 연암산 개현사가 이들의 근거지임을 알 수 있고, 과거 병화를 겪은 뒤의 민란을 예로든 것에서 자칫하면 이 난이 이 나라 사직을 보존하는데 매우 위험할 수 있다는 경각심을 주고 있다. 그래서 초기에 진압해야 한다는 다급함이 강하게 느껴진다.

당시 난을 일으킨 송유진은 만만찮은 사람이었다. 원래 그는 임진란의 의병장으로서 전투 경험이 많은 사람이었기 때문이다. 백사 이항복이 말하기를 "송유진이 의병 가운데서 공을 가장 많이 세운 사람이다. 〈중략〉 그가 싸움을 잘하여 공이 많은 실상에 대해서는 분명하게 기억하고 있다."[21]라고 증언하고 있는 데에서 이를 잘 알 수 있다.

송유진이 의병을 통솔했던 경험으로 무리들을 지휘했기에 그의 세력을 더 위협적으로 느꼈을 것이다. 이로써 그의 기란(起亂) 소식이

---

20 『선조실록』 선조 27년 1월 11일자 기사. 成龍曰 "洪可臣避亂于牙山 寄書于臣曰 '有賊自天安來 團聚結陣 往開玄寺.' 自古兵火之餘 無賴之徒 相聚爲盜 或至滋蔓 不可不早圖."

21 이항복, 『白沙集』 제5권, 「以分兵曺判書 陪 東宮在全州箚, 癸巳冬」, 고전번역원. 宋儒眞稱名者 此乃義兵中立功最多者. 〈중략〉 其善戰多功之狀 則分明記憶矣.

궁중으로 전해졌을 때 불안감이 더욱 고조되었던 것 같다.

> 호서의 역적 송유진 등이 군중을 모아 노략질하면서 서울을 향해 온다고 한다. 왜구가 물러가기도 전에 내란이 또 일어났고, 성안의 군졸은 수천 명에 지나지 않아 모두 동요하고 있으니 잠시도 보전할 수 없을 것이다.[22]

1594년 1월 초 송유진이 난을 일으켜 서울을 향해 온다는 소식을 듣고 성안의 군졸들마저 매우 불안에 떠는 모습이다. 더군다나 임진란도 완전히 끝나지 않은 상태였고, 또한 세자도 몹시 불안해하며 이를 피하려 하였다.

그러나 1월 12일 홍근의 고변으로 홍응개, 홍난생, 홍우, 신계축 등이 송유진 외 10여명을 결박하여 직산현아에 넘김으로써 난이 진압된 것이다. 그런데 송유진 난의 원인을『연려실기술』에서 찾을 수 있다.

> 갑오년 봄에 홍산 사람 송유진이 모반하였다. (적들이) 밀서를 전주에 보냈는데, "임금의 악함은 고쳐지지 않고 조정의 당파 싸움은 해결하지 않고 있다. 부역이 번거롭고 과중함으로 생민이 편치 못하다. 牧野에 용맹을 떨치니 비록 백이·숙제에게는 부끄러움이 있으나 백성을 위로하고 죄 있는 자를 토벌하는 것은 실로 은나라 탕왕과 주나라 무왕보다도 빛나는 것이다." 하는 구절이 있다.[23]

---

22 미상,『西厓集』,「西厓先生年譜」卷一, 고전번역원. 湖西賊宋儒眞等 聚衆勦掠 轉向京師. 外寇未退 而內訌又作 城中軍卒 不滿數千 遠近騷動 莫保朝夕.

23 이긍익,『연려실기술』제17권, 고전번역원.「諸道土敵之起」, 고전번역원. 甲午春忠淸道鴻山居宋儒眞 謀反 投密書于全州云. 王惡不悛 朝黨不解. 賦役煩重 民生不

[사진 8] 송유진 난의 근거지였던 아산시 음봉면 월랑리 연암산

송유진이 무군사(撫軍司)가 있는 전주에 밀서를 보냈는데, 이 밀서를 보면 당시의 모순을 정확히 진단하고 있다. 이는 선조임금의 우유부단함, 몽진 등, 그리고 신료들의 당파싸움과 관리들의 사리사욕, 백성들에게는 수탈적 과중한 세금이 부과됨으로써 파탄지경에 이르렀다는 판단이다. 그래서 탕왕과 무왕이 폭군 걸왕과 주왕의 권력을 무너뜨리고 태평성대를 이루었듯이 자신도 폐단의 고리를 청산하고 혁명적 국가를 세우겠다는 의지로 역란(逆亂)하였음을 알게 한다.

결국 홍근의 변고로 실패하고 말았지만 당시 백성들이 난에 가담할 수밖에 없었던 이유를 알 수 있다. 그래서 관찰사 이항복은 이 난에 가담했던 양민에 대하여 "양민(良民)이 춥고 배고픔에 급박하여 그런

---

安. 鷹揚牧野 雖有愧於夷齊 弔民罰罪 實有光於湯武云云.

것이니, 어찌 모두 본심이겠는가. 차라리 놓아 준 죄를 받을지언정, 어찌 차마 내막을 알면서도 모조리 죽일 수 있겠는가."[24]하고 관용을 베풀어 대다수 석방하였다. 그가 난에 가담할 수밖에 없었던 백성들의 입장을 헤아리고 있다는 데에서 흥미롭다.

다음은 이몽학의 난을 살펴보자. 이몽학은 조선왕조 왕족의 서얼 출신으로 임진왜란 때 장교가 되어 활약했던 인물이다. 그는 선조의 무능함과 관리들의 부패로 인해 백성들의 삶이 도탄에 빠진 것을 보고 거사할 뜻을 가지게 되었다. 이때 같은 뜻을 가진 모속관 한현을 만나 홍산의 무량사에 거점을 마련하고 '동갑회'라는 모임을 결성하였던 것이다.

이들은 여기에서 은밀하게 의병모집을 가장하여 반란군을 조직한 다음 비로소 1596년(선조 29년) 7월 홍산현을 습격하여 함락시켰다. 그 여세로 여러 고을을 함락시켰는데, 이때 반란에 동참하는 백성들이 눈이 띄게 늘어갔다. 이런 상황을 충청도 순찰어사(巡察御史) 이시발(李時發)이 1596년(병신)년 7월 8일 적어 올린 장계에 구체적으로 기록하고 있다.

> 정산현감(定山縣監) 정천경의 보고에 의하면 〈중략〉 이몽학(李夢鶴)이 선봉장으로 본현의 쌍방축(雙方築)에서 군사를 모아 거의 6백~7백 명이나 되는데, '장차 홍산현을 침범하려 한다.' 하였다. 〈중략〉 6일 새벽에 몽학이 홍산에 쳐들어와 현감 윤영현을 사로잡고, 임천으로 향하여 또 군수 박진국을 사로잡으니, 어리석은 백성들이 앞을 다투어 여기에 붙어

---

24 이항복, 『백사집』 제5권, 「以分兵曺判書 陪 東宮在全州箚」, 고전번역원. 良民 迫於飢寒 豈皆本心. 寧伏縱出之誅 豈忍知而盡殲.

[사진 9] 무량사 극락전과 [사진 10] 일주문.
부여군 외산면 만수리의 만수산 기슭에 위치하고 있다.

서 도당들이 점점 많아진다.'는 내용이었다. 〈중략〉 적이 7일에 定山을 함락하니, 그 고을 수령 정천경(鄭天卿)이 뛰쳐 달아나고, 8일에는 청양을 함락하니 그 고을 수령 윤승저가 또 도망을 하였다. 수일 동안에 무리가 수천에 이르고 〈중략〉 흉도들의 기세는 대단히 치열하였다.[25]

이몽학과 반란군들은 홍산현을 함락한 후 임천 → 정산 → 청양 → 대흥으로 세력을 넓혀갔으며 6백~7백 명의 무리로 시작하여 수일 만에 수천에 이를 정도로 호응도가 컸다. 특히 홍산과 임천에서는 그곳의 수령을 포박하여 가두는 일까지 있었다. 이러한 현상에서 당시 백성들의 심리를 추측할 수 있다. 즉 지방 관리들의 부패와 피폐한 삶이 극에 달해 백성들은 새로운 세상을 갈망하고 있는 것이다.

---

25 윤국형, 『갑진만록』, 고전번역원. 定山縣監鄭天卿所報內 〈중략〉 李夢鶴以先鋒將。聚兵於本縣雙方築。幾至六七百。將犯鴻山縣 〈중략〉 初六曉。夢鶴入鴻山。捕得縣監尹英賢。仍向林川。又捕郡守朴振國。愚民爭附。徒衆漸盛云云. 〈중략〉 賊初七陷定山。其倅鄭天卿挺身走。初八陷靑陽。其倅尹承渚又逃。數日之間。衆至數千 〈중략〉 凶焰極熾。

『갈암집』의 「시장(諡狀)」에서 이를 대변하는 내용이 나온다. 특히 이 글에서는 반란군의 무리가 1만인이나 된다고 하여 가히 세력의 정도를 짐작할 수 있다.

> 이해 가을에 호서의 도적 이몽학이라는 자가 민심이 동요하는 것을 틈타 어리석은 백성들을 선동하여 무리를 모으니, 1만여 인이나 되었다. 여섯 고을을 쳐서 함락시키고 두 고을의 수령을 포박하였는데, 장차 경성으로 향한다고 소문을 퍼뜨리니 호서 지방이 크게 동요하였다.[26]

여기서도 이몽학이 난을 일으킨 이유를 알 수 있다. 향경(向京)한다는 소문은 성동격서(城東擊西)의 전략으로 보았지만 소문이 아니라 현 체제를 전복하겠다는 의지가 숨어 있는 것이다. 이것에 백성들은 더욱 갈채를 보내고 있으니 민심이반 현상이 최고조에 달해 있었음을 알 수 있다. 따라서 이몽학의 난은 시대적 소명에 의해서 일어났다는 생각이 든다. 그만큼 士와 民의 괴리감이 클 뿐만 아니라 백성들이 혁명에 의한 새로운 세상을 만나고 싶은 욕구가 많았기 때문이리라.

그런데 이 난의 전말을 살펴보면 한 편의 드라마를 보는 것처럼 느껴진다. 그 이유는 홍주성(洪州城)이 서울로 통하는 최후의 보루여서 이곳을 누가 선점하느냐가 중요한 것도 있지만 바로 반전의 묘미가 있기 때문이다. 즉 만 명에 가까운 강한 세력의 반란군을 홍가신의 善政에 의한 주민들의 적극적인 협조와 반란군의 자중지란(自中之亂)

---

26 이현일, 『갈암집』 제29권, 「諡狀」, 고전번역원. 是秋 湖西賊李夢鶴者 因民心騷動 誑誘愚民 聚黨至萬餘人. 攻陷六郡 擒縛二守宰 聲言將向京城 湖西大震.

[사진 11] 홍주성. 이몽학의 난을 진압한 곳이다.

을 일으키는 전술로 토평함으로써 나라의 위기를 넘길 수 있었던 것이다.

## 3. 국정 개혁의 방략과 행정문화 개선 및 성과

만전당은 강릉참봉을 시작으로 개성유수직을 마칠 때까지 자신의 직책에 따라 임무를 수행하면서 잘못된 관행과 행정제도, 지역적 폐단을 파악하고 이를 상주하거나 개선하여 실행함으로써 그가 부임하는 곳마다 선치(善治)하는 결과를 낳았다. 그의 국정 개혁에 대한 방략을 「적퇴후봉사(敵退後奉事)」, 「응구언봉사(應求言奉事)」에서 제시하고 있는데, 임금에게 정론직필(正論直筆)로써 과언(過言)도 불사(不辭)하고 있다.

또한 지방의 행정문화 개선에 있어서도 선조 4년(1571) 강릉참봉에 추천되어 그 직을 수행하면서 시작 되었다. 즉 시탄(柴炭)과 마초(馬草)의 제도를 없앰으로써 그 지역 백성들의 편의를 보살핀 것이다. 부여현감, 안산군수, 수원부사, 홍주목사 등을 거쳐 개성유수로 치사할 때까지 업무를 수행함에 원칙을 고수하면서 소신을 굽히지 않음은 물론, 애민사상에 입각한 효율적인 행정문화 개선을 최우선으로 삼고 있다. 이를 토대로 그의 국정 개혁으로 제시한 방략과 행정문화의 개선으로 인한 성과를 살펴보자.

1) 국정 개혁에 대한 방략 제시

만전당이 사헌부 장령으로 있을 때의 일이다. 이때 우찬성으로 있었던 이이(1536~1584)가 소(疏)를 올려 선조에게 경장(更張)할 것을 요구했는데, 만전당이 경연에서 '경장(更張)'의 당위성을 임금이 알기 쉽게 설명하고 있다.

> 상이 그의 봉사(奉事)를 입시한 신하들에게 보이며 왈 "우찬성이 전부터 늘 이런 논의를 해왔다. 나는 매우 어렵다고 여겨지고 경장(更張)에 대하여도 잘 알지 못하고 있는데, 무엇이냐?"고 물었다. 좌우 신하들이 대답하지 못하자 장령 홍가신 왈 "이것이야말로 지금의 급무입니다." 하였다. 상이 이르기를 "설명할 수 있겠는가?" 하니, 대답하기를 "비유하건대, 이 궁전은 본시 조종이 창건하신 것입니다. 그러나 세월이 오래되어 무너질 형편이라면 조종이 창건한 집이라는 이유로 수리하지 않은 채 그저 앉아서 무너지는 것만 보고 있을 수 있겠습니까. 반드시 재목을 모으고 공장(工匠)을 불러 썩은 것은 갈아내고 허물어진 데는 보수해야만 합니다. 그런 후에 산뜻하게 새로워지는 것이니 경장시키는 계책이 어찌 이것과 다르다 하겠습니까." 하자 상이 그렇다고 하였다.[27]

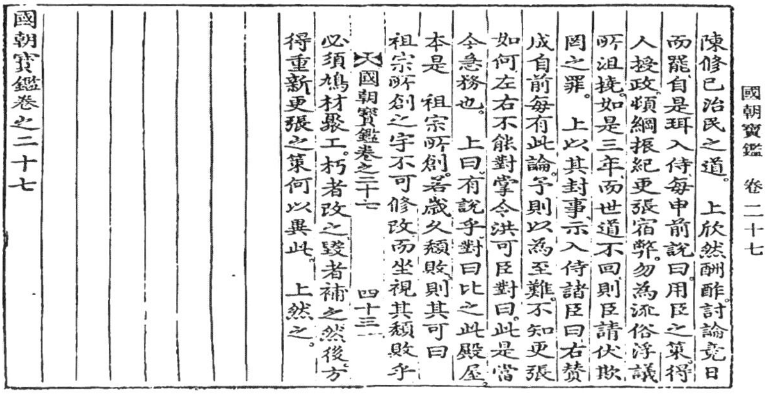
國朝寶鑑 卷二十七
陳修己治民之道。上欣然酬酢。討論竟日
而罷。自是珥入侍。每申前說曰。用臣之策。將
人接政。頓綱振紀。更張宿弊。勿為流俗浮議
所沮撓。如是三年。而世道不回。則臣請伏欺
罔之罪。上以其封事示入侍諸臣曰。右贊
成自前每有此論。予則以為至難。不知更張
如何。左右不能對。掌令洪可臣對曰。此是當
今急務也。上曰。有說乎。對曰。比之此殿屋。
本是祖宗所創。若歲久頹敗。則其可曰
祖宗所創之宇。不可修改。而坐視其頹敗乎
國朝寶鑑卷之二十七 四十三
必須鳩材聚工。朽者改之。毀者補之。然後方
得重新。更張之策何以異此。上然之。
國朝寶鑑卷之二十七

[사진 12]『국조보감』 권27의 선조에게 '경장'에 대하여 만전당이 설득하는 내용

이때가 선조가 등극한 지 15년(1582)이 되는 해이다. 율곡이 임금에게 경장을 강력히 요구했던 것은 그만큼 사회적 정치적 폐단으로 나라가 위태로워지고 있는 것을 우려해서이다.

그래서 그는 「진시폐소(陳時弊疏)」를 올려 네 가지의 문제를 제시하고 이를 경장해 줄 것을 요구한다. 즉 ①세도가 시속을 따르는 데에서 나빠지는 것 ②작록을 탐내는 자로 인해 기강이 해이해 지는 데서 무너진다는 것 ③조정의 의논이 조석으로 변경되고 자신들의 의견만 주장하는 데에서 어지러워지는 것 ④백성들이 오랫동안 쌓인 폐단에서 곤궁해지는 것[28]을 들고 있다. 이러한 문제점을 없애거나 고쳐야

---

27 이단하 등, 『국조보감』 제27권, 선조조 4, 선조15년(임오, 1582), 고전번역원. 上以其封事示入侍諸臣曰 右贊成自前每有此論 予則以爲之難. 不知更張如何. 左右不能對 掌令洪可臣對曰 此是當今急務也. 上曰 有說乎. 對曰 比之此殿屋 本是祖宗所創 若歲久頹敗 則其可曰 朝宗所創之宇 不可修改 而坐視其頹敗乎. 必須鳩材聚工. 朽者改之 毁者補之. 然後 方得重新 更張之策何以異此. 上然之.

나라가 바로서고 백성들의 삶이 편해짐을 설득하고 있었던 것이다.

그러나 선조는 '경장(更張)'에 대하여 이해하지 못하고 있다. 이때 만전당이 이에 대하여 알기 쉽게 이해를 시키고 있는 장면인데, 선조의 우유부단함과 만전당의 개혁에 대한 강한 의지가 대비되는 느낌이다. 이렇듯 임금의 국정운영에 대한 많은 문제점 때문에 신료들이 경장(更張)할 것을 강력하게 요구하고 있다. 그러나 그 후 10여 년이 지나도록 해결할 의욕을 보이지 않는다. 이로써 나라는 힘을 잃고, 기근으로 인해 백성들의 삶은 도탄에 빠져있다. 여기에 정쟁과 왜적의 침입, 민란 등으로 나라의 형편이 최악의 상황으로 치닫고 있었던 것이다. 이에 1593년 만전당은 선조에게 소(疏)를 올렸는데, 과언(過言)도 서슴지 않는다.

> 어찌하여 (보위에 오른 지) 이십칠 년간 정치의 효과가 나타나지 않고 인심이 따라오지 않아 국가의 형세는 나날이 기울어지고 백성들의 생활은 날로 곤궁해졌습니다. 〈중략〉 마침내 전에 없던 변고가 급작스럽게 일어나서 마치 흙이 무너지고 기왓장이 깨지며 산이 옮겨지고 하수(河水)가 터진 것 같아 막아낼 재주가 없으니 이는 전하께서 비단 나라를 다스리려 했던 당초의 뜻을 이루시지 못했을 뿐만 아니라 국가를 잃고 파천하시어 남들의 조롱을 후세에까지 끼치신 것이 비록 만세의 나라를 망친 임금과 부끄러움이 같다고 한다 하더라도 지나친 말이 아닐 것입니다.[29]

---

28 이이의 문집인 『율곡전서』 제7권에 수록되어 있는 「陳時弊疏」의 경장의 내용을 요약한 것이다.

29 洪可臣, 『晩全堂洪可臣先生文集』, 한국예총아산시지부, 2006, 244쪽,(『만전집』 3권, 「賊退後封事」, 고전번역원), 奈何二十七年之間 治效未著 人心未服 國勢日以陵夷 民生日以困瘁. 〈중략〉 終至無前之變 出於倉卒 如土崩瓦解 山移河決 莫有能禦之者 是殿下非徒不能遂圖治之初志 其失國播越 貽譏後世 雖謂之與末世亡國之君

그야말로 상상할 수 없을 만큼 어려운 상황이다. 국력회복을 기대할 수 없을 정도로 매우 절박한 상태임이 느껴진다. 여기에 임금은 파천으로 백성들의 조롱거리가 되었고, 심지어 만세의 나라를 망친 임금과 그 부끄러움이 같다고 한 표현에서는 중국 고대의 桀紂임금을 연상하게 한다. 신하로서 임금에게 할 수 있는 말이 아니다. 그래서 만전당이 상소를 올릴 때 주위에서 기휘(忌諱)한 말이 많아 보는 자들은 그가 벌을 당할까 크게 걱정하였다고 한다. 이처럼 위험을 무릅쓰고 과언(過言)도 불사한 것은 나라에 대한 충정에서 비롯된 것이다. 임금에게 충성하는 것이 곧 나라에 충성하는 것인지라 수원부사직에서 파직 당했음에도 임진왜란이 일어났을 때, 고향 남양에서 의병을 결성하여 왜적에 항전했던 사실과 선조가 파천할 때 호종하고자 했던 것[30]에서 이를 알 수 있다. 따라서 「적퇴후봉사」는 임금이 무사하게 환궁한 것과 좋은 정치를 바라는 충정에서를 올린 것으로 판단되어진다.

전하께서는 새로이 변고를 겪으시고 처음의 옛 도읍으로 돌아오심에 사방의 신민들이 눈을 비비고 보며 좋은 정치를 바라고 있으니 이것이야말로 정히 천명을 다시 잇고 다시 인심을 합칠 수 있는 하나의 큰 기회입니다. 뽑히지 않는 업을 중흥하는 것도 여기에 있고, 전복되어 망하는 화를 부르는 것도 여기에 있으니 전하께서는 깊이 생각하지 않고 이를 통념하실 수 있겠습니까.[31]

---

同其慙德 未爲過也.

30 『晩全堂洪可臣先生文集』의 「행장」, '492쪽 임진에 왜적이 서울로 올라오매 ~ 493쪽 순찰사에게 붙이고 파하여 호서로 돌아왔다.' 참조.

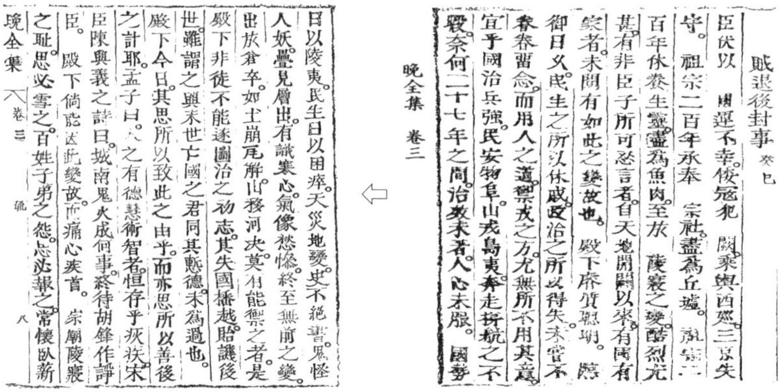
賊退後封事 癸巳

臣伏以 國運不幸。倭寇犯 闕。乘輿西巡。三京失守。祖宗二百年承奉 宗社。盡爲丘墟。祖宗二百年休養生靈。盡爲魚肉。至於 陵寢之變。酷烈尤甚。有非臣子所可忍言者。自天地開闢以來。有國有家者。未聞有如此之變故也。 殿下天資聰明。 臨御日久。民生之所以休戚。政治之所以得失。未嘗不眷眷留念。而用人之道。禦戎之方。尤無所不用其意。宜乎國治兵強。民安物阜。山戎島夷。奔走梯航之不暇。奈何二十七年之間。治教未著。人心未服。 國勢

晩全集 卷三

日以陵夷。民生日以困瘁。天災地變。史不絶書。鬼怪人妖。疊見層出。有識寒心。氣像愁慘。終至無前之變。出於倉卒。如土崩尾解。山移河決。莫有能禦之者。是 殿下非徒不能遂圖治之初志。其失國播越。貽譏後世。雖謂之與末世亡國之君同其慙德。未爲過也。 殿下今日。其思所以致此之由乎。而亦思所以善後之計耶。孟子曰。人之有德慧術智者。恒存乎疢疾。宋臣陳興義之詩曰。城南鬼火成何事。終待胡鋒作諍臣。 殿下倘能因此變故。而痛心疾首。 宗廟陵寢之恥。思必雪之。百姓子弟之怨。思必報之。常懷臥薪

晩全集 八 卷三 疏 八

[사진 13]『만전집』의「적퇴후봉사」는 만전당이 임진란이 끝난 후 선조에게 국정 개혁의 당위성을 피력한 상주문이다. 과언(過言)도 서슴지 않는 데에서 그의 진정성이 느껴진다.

만전당은 교언영색(巧言令色)으로 환심을 사려는 성격이 아니었다. 그래서 그의 글을 보면 대체적으로 직설적인데, 이 소(疏)에서도 자신의 뜻을 직설적으로 가감 없이 표현하고 있다. 선조가 '망국지군동기참덕(亡國之君同其慙德)'과 '식목망치(拭目望治)'을 읽을 때에는 엄청난 부끄러움과 몹시 큰 부담을 느꼈을 것이다. 만전당의 입장에서도 이 말로 인해 목숨이 담보되는 매우 위험한 상황을 맞이할 수 있다.

이처럼 목숨을 담보할 만큼 과언(過言)을 서슴지 않은 것은 오직 국정 개혁만이 이 나라를 바로 세울 수 있다는 절박함에서 이에 대한 방략을 제시하고 시행해 줄 것을 강력하게 요청한 것이다. 그래서 이러한 그의 직설적 과언(過言)은 충정의 표현이고, 그래서 호소력을 한

31 洪可臣, 위의 책, 250쪽(『만전집』 3권, 「賊退後封事」, 고전번역원), 殿下新經變故 始還舊都 四方臣民 拭目望治 此正再續天命 再合人心之一大機會也. 建中興不拔之業在此 召顚隮邍喪之禍在此 殿下可不深思而痛念之哉.

층 높여준다.

특히 위의 인용문에 이어 두 가지의 정치적 강령과 열두 가지 급선무를 열거하여 구체적으로 제시하고 있는 것에서 국정 개혁에 대한 방략을 치밀하게 준비하고 있었음을 알 수 있다.

> 이른바 정치를 하는 큰 강령이 두 가지 있으니 하나는 성현의 학문을 부지런히 하시어 정치하는 근본을 세우는 것이요, 하나는 어진 정승에게 맡겨 정치의 효과를 나타내도록 책망하는 것입니다. 이른바 정치를 하는 급선무가 열두 가지인데, 첫째, 한 사람을 오래도록 한 벼슬에 맡겨두어 정치의 성적을 상고하는 것. 둘째, 학교를 넓혀 인재를 육성하는 것. 셋째, 백성을 불쌍히 여겨 국가의 근본을 굳게 하는 것. 넷째, 요사한 제사를 없애고 제사지내는 예의를 바르게 하는 것. 다섯째, 내사를 혁파해서 재물을 몰래 숨겨놓는 것을 없애는 일. 여섯째, 검소하고 절약하는 것을 숭상하고 사치를 금하는 것. 일곱째, 뇌물에 대한 법을 엄중히 하여 더러운 관리를 경계하는 것. 여덟째, 수령을 중히 여겨 백성들을 사랑하게 맡기는 것. 아홉째, 감사를 잘 가려 써서 수령의 출척을 공정하게 하는 것. 열째, 장수를 가려 쓰는 것을 삼가 하여 지방 군무의 소임을 오르지 하게 하는 것. 열한째, 쓸데없이 먹는 것을 없애서 군량을 충당하는 것. 열두째, 형옥(刑獄)을 늦추어서 사람의 목숨을 아끼는 것입니다.[32]

여기서 국기(國紀)를 성현의 학문에서 찾고 있으며, 책임정치구현

32 홍가신, 위의 책, 250~251쪽.(『만전집』 3권, 「賊退後封事」, 고전번역원), 所謂爲治之大綱有二 曰勤聖學以立治本 曰委賢相以責治效. 所謂謂治之急務有十二 曰久任官以考庶績. 曰敦學校以育人材. 曰恤百姓以固邦本. 曰罷黷祀以正享禮. 曰革內司以祛私藏. 曰崇節儉以變奢侈. 曰嚴贓法以戒貪汚. 曰重守令以寄字牧. 曰擇監司以公黜陟. 曰謹選將以專閫任. 曰省冗食以備軍資. 曰緩刑獄以惜人命.

[사진 14] 의열사. 만전당이 부여현감으로 부임해서 건립한 사당. 백제의 위인 성충, 흥수, 계백과 고려 충신 이존오를 배향하고, 옆에 관선당(觀善堂)을 세워 유생들을 교육하였다. 이는 충신의 정신을 잇는 인재를 육성하기 위한 것임을 알 수 있게 한다. 충남 부여군 부여읍 동남리에 위치하고 있다.

을 국치(國治)의 근본으로 삼고 있다. 또 이를 구현하기 위한 12가지의 급선무를 열거하고 있다. 그 중 책임행정을 실시하고 인재를 육성해야 한다고 강조하는데, 이는 만전당이 부여현감으로 있으면서 의열사를 세운 것과 맥을 같이 한다. 의열사를 세운 것은 백제 위인과 고려 충신의 위패를 모셔놓고 유생들에게 이들의 정신을 본받을 수 있도록 교육하기 위해서였다. 이로 미루어보아 이미 책임행정과 인재육성이 급선무임을 인식하고 있었음을 알게 한다. 즉 『적퇴후봉사』에서의 이러한 주장과 그 인식을 같이 하고 있는 것이다.

그 외에도 애민정신과 관료부패방지, 허례허식지양과 근검절약장려, 장수의 전문성과 군량미확보, 너그러운 형벌 등을 말하고 있다. 이것 역시 『민폐소』의 내용에서 크게 벗어나지 않는다. 다만 범위만 다를 뿐이다. 이 역시 만전당의 일관된 생각이었음을 알 수 있다.

약 200년 후의 정약용(丁若鏞, 1762~1836)이 『목민심서』에서 말하고 있는 것도 만전당의 2강령 12급무에 지나지 않으며, 지금의 이른바 김영란법(부정청탁 및 금품 등 수수의 금지에 관한 법률), 김부선법(공동주택 회계처리기준) 등과 같은 법이 발의 되어 시행하고 있는 것도 결국 그의 2강령 12급선무 속에 포함되어 있는 것을 감안하면 그의 안목을 짐작할 수 있다.

하지만 선조임금은 만전당의 이러한 바람을 3년이 지난 후에도 받아들이지 않았다. 다시 말하면 이를 기획하고 시행할 마음이 없거나 능력이 없었던 것 같다. 그는 병신년(1596)에 「응구언봉사」올려 계사년(1593)의 상주문 「적퇴후봉사」에서 거론했던 2강령 12급무 중 한 가지도 시행하고 있지 않음에 또 다시 선조에게 과언(過言)하고 있다.

> 또 생각하건대 지난 계사년 가을에 신이 어리석고 천함을 헤아리지 못하고 외람되게 거친 글을 올려 국가의 중흥(中興)과 경화(更化)에 만분의 일이라도 도움이 되길 바랐는데, 그러나 전하께서 이 역시 전례에 따라 봉하(泛下)하시니 끝내 한 가지 일도 시행함이 없으신 즉 오늘날 걱정하는 바는 일을 말하는 신하가 없는 것이 아니라 비록 있더라도 그 말을 능히 쓰지 못할 뿐입니다.[33]

「응구언봉사(應求言封事)」는 환란의 이유, 국력을 회복할 수 있는 책략과 임금의 잘못, 백성들의 고통에 대하여 임금이 求言하고 있다는 소식을 듣고 올린 것이다. 만전당은 계사년에 올린 상소문을 떠올리며 진언을 하고 있다. 이때 나라의 중흥(中興)과 경화(更化)를 위해

33 홍가신, 위의 책, 322쪽.(『만전집』 권4, 「應求言封事」, 고전번역원), 又念往在癸巳之秋 不揆愚賤 猥綴荒辭 冀補中興更化之萬一 而殿下隨例泛下 竟無一事施行 則今日之所患 非無言事之臣 蓋雖有之 而不能用其言耳.

2강목 12급무를 상주(上奏)하였는데, 약 3년이 지난 지금까지 봉하(泛下)하고 있음을 상기하면서 나라가 도탄에 빠진 것은 전적으로 임금의 책임임을 분명히 하고 있다.

이어 '구언(求言)'의 진정성에 대해 '전하께서 오늘 구언(求言)을 함에 고사를 들어 개선함이 형식에 그치고 수효 채우기에 불과할 뿐입니까. 아니면 진실로 과실을 들어 곧바로 옮겨 고쳐 모든 정사에 시행함으로 중흥의 대업을 궁구하여 자손들이 편안해 하는 공업을 끼치려 하십니까.'[34]라고 하며 임금에게 압박을 가하면서 이러한 사태가 일어나게 된 이유를 고사(故事)에서 찾아 고언(苦言)을 하고 있다.

> 전하께서 궁궐에 깊이 거처하여 아름다운 옷을 입고 옥 같은 음식을 먹으면서 지나치게 친한 자들이 궁녀와 환관뿐이었기 때문에 대신들은 퇴근해서 사저에 있으면서 일찍 자고 늦게 일어나 시키는 바대로 문서만 뒤적이고 있을 뿐입니다. 한 달에 겨우 몇 번 경연에서의 알현도 매우 초라해서 강관도 깨우쳐 주는 유익함이 없고 쟁신도 바른 것을 간하는 뜻을 잃었으니 상하가 맥이 풀려 일고작기(一鼓作氣)를 한다고 해도 떨쳐 일어나지 못할 것입니다. 이와 같은 소행으로써 이와 같은 소원을 구하려 한다면 철천지원수(徹天之怨讐)를 보복할 수 있는 날이 없으니 의당 전하께서 여기까지 이른 것에 통렬한 반성이 있어야 할 것입니다.[35]

---

34 洪可臣, 위의 책, 323쪽.(『만전집』 권4, 「應求言封事」, 고전번역원), 殿下今日之求言 不過修擧故事 爲應文備數之計而已耶. 抑誠欲求聞過失 汲汲遷改 施諸政事之間 以之究中興之大業 貽子孫之燕翼耶.

35 洪可臣, 위의 책, 324쪽.(『만전집』 권4, 「應求言封事」 고전번역원), 殿下深居大內 美衣玉食 所親狎者婦寺而已. 大臣退在私第 早臥晏起 所奉行者 文書而已. 一月之內 僅有若干 經筵之視 而亦甚草草 講官無啓沃之益 諍臣失諫正之義 上下委靡 鼓作不振 以若所爲 求若所欲 不共戴天之讐 恐無可復之日 宜殿下之痛省至此也.

그 이유로 ①미의옥식(美衣玉食) ②친압부시(親狎婦寺) ③대신태만(大臣怠慢)을 들고 있다. 역사적으로 볼 때 패망한 임금의 전례가 바로 이것이었다. 선조임금도 이러한 전례를 따르고 있기에 통렬히 반성하며 고쳐야 한다는 忠言이고, 이것의 해결방안으로 「적퇴후봉사(賊退後封事)」의 2강령 12급무를 다시 제시하고 있는 것이다.

이처럼 「적퇴후봉사」에서 과언도 불사하며 국정 개혁에 대한 방략을 임금께 상주한 것은 이것이 경국(傾國)을 흥국으로 전환하는 지름길임을 확신하고 있는 것이기에 「응구언봉사(應求言封事)」에서 다시 이를 제기함으로써 임금의 국정 개혁의 필요성을 각성하게 하여 기울어진 나라를 회복해 보겠다는 만전당의 개혁의지를 보여주는 것이다.

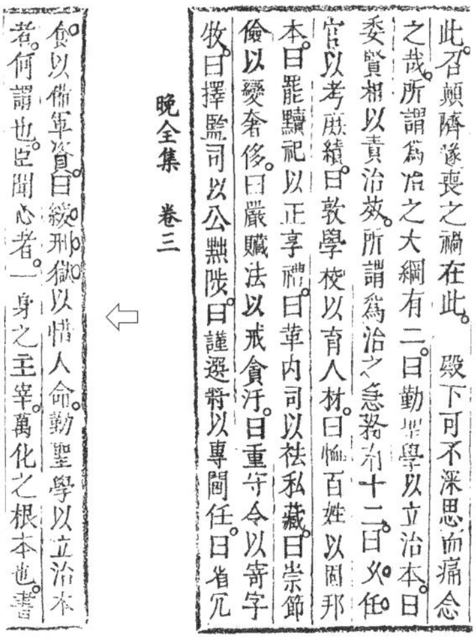
此召顚隮墜喪之禍在此。 殿下可不深思而痛念
之哉。所謂爲治之大綱有二。曰勤聖學以立治本。曰
委賢相以責治效。所謂爲治之急務有十二。曰久任
官以考厥績。曰敎學校以育人材。曰恤百姓以固邦
本。曰罷牘祀以正享禮。曰革內司以袪私藏。曰崇節
儉以變奢侈。曰嚴贓法以戒貪汙。曰重守令以寄字
牧。曰擇監司以公黜陟。曰謹選將以專閫任。曰省冗
晩全集 卷三
食以備軍資。曰緩刑獄以惜人命。勤聖學以立治本
者。何謂也。臣聞心者。一身之主宰。萬化之根本也。書

[사진 15] 「적퇴후봉사」. 2강령 12급무

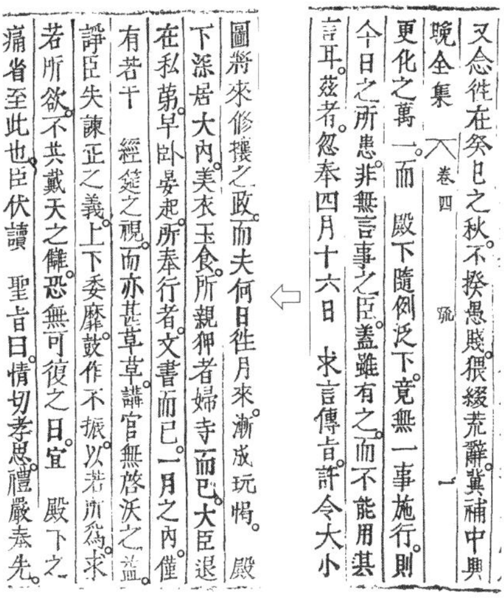
又念今在癸巳之秋。不揆愚賤。猥綴荒辭。冀補中興
晩全集 卷四 疏
更化之萬一。而 殿下隨例泛下。竟無一事施行。則
今日之所患非無言事之臣。蓋雖有之。而不能用其
言耳。玆者。忽奉四月十六日 求言傳旨。許令大小
圖將來修攘之政。而夫何日往月來。漸成玩愒。 殿
下深居大內。美衣玉食。所親狎者婦寺而已。大臣退
在私第。早臥晏起。所奉行者文書而已。一月之內。僅
有若干 經筵之視。而亦甚草草。講官無啓沃之益。
諍臣失諫正之義。上下委靡。鼓作不振。以若所爲求
若所欲。不共戴天之讎。恐無可復之日。宜 殿下之
痛省至此也。臣伏讀 聖旨。曰情切孝思。禮嚴奉先。

[사진 16] 「응구언봉사」

### 2) 지방관으로서 행정문화 개선 및 성과

강릉참봉으로 있으면서 능에 그 지역 백성들이 시탄(柴炭)과 마초(馬草)를 공급하야 하는 폐단을 없앴으며, 부여현감으로 부임했을 때는 5대악을 개선하고 애민행정을 펼침으로써 그 지역 사람들로부터 "나라를 세운 이후 이 같은 어진 정사는 없다"고 할 만큼 대단한 호평을 받았다. 그 이후 외직으로서 안산군수, 수원부사, 홍주목사 등, 그리고 내직으로서 지평, 장령, 형조참판, 형조판서 등을 거치면서 제도개혁과 행정문화 개선에 큰 족적을 남겼다.

만전당은 지방의 수령으로서 첫 부임지가 부여이다. 1574(갑술)년 현감의 직책으로 부임하자마자 한 일이 백성들의 애로사항을 듣는 것이었다. 들어본 즉, 백성들이 부당하게 당하고 있는 폐단이 대단히 많았다. 만전당은 이를 파악한 후 1574년[갑술년] 10월 이 지역 관료들의 폐단이 가장 심하다고 여기고 관아의 이서(吏胥)들에게 다음과 같이 신계(申戒)를 내린다.

> 아전들 중에 염치(廉恥)를 알고 예의(禮儀)를 알고 충신(忠信)하고 조심하고 공손한 자가 백에 하나 둘도 없다고 하거늘 아전들의 성품이 비록 착하지 않아서 그러하겠는가. 진실로 위에서 올바른 도를 잃어 백성들이 본받지 않음으로 말미암아 본래 착했던 마음이 없어져서 악한 데로 흘러갔기 때문이다. 세상의 벼슬하는 자들이 자기 몸을 바르게 하여 아랫사람을 거느릴 도리를 생각지 않고 한갓 아전들이 기만하는 습관에 화가 나크게 체벌을 행하여 신체에 상처를 입혀서 작게는 절름발이로 지팡이를 끌며 신음하게 하고 크게는 이로 인해 병이 나서 마침내 죽음에 이르는 바 어진사람과 군자가 어찌 측은하게 여겨 상심하지 않으리오. 〈중략〉 내 덕교를 숭상하고 형벌을 늦추어 너희들을 온전히 하고자 하니 원컨대 나의 이 뜻을 체득해서 무릇 윗사람을 섬기고 아랫사람들을 단속하는 것

을 한결같이 성실히 하고 속이지 않는 것으로 주장을 삼아 항상 스스로 경계하고 신칙하여 각각 그 책임에 부지런히 하여 죄 짓는데 빠지지 말도록 하여라.[36]

만전당은 이 고을의 폐단을 진단한 뒤 아전들에게 지금까지의 부정(不正)을 정침(停寢)하고 자신의 뜻을 따를 것을 주문하고 있다. 특히 아전다운 아전이 거의 전무하다는 말에서 아전들의 부패정도와 그 지역의 분위기를 짐작할 수 있다.

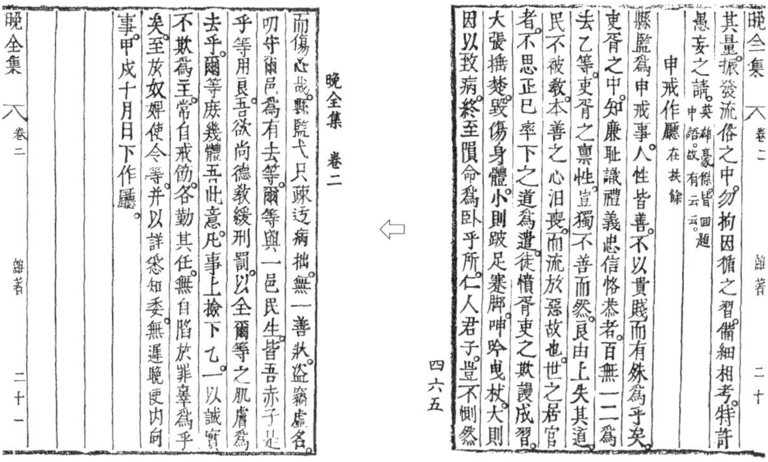
晩全集 卷二 雜著 二十

其量振發流俗之中勿拘因循之習備細相考特許
愚妄之請。英雄豪傑皆回題中語故有云云
申戒作廳 在扶餘
縣監爲申戒事人性皆善不以貴賤而有殊爲乎矣
吏胥之中知廉恥識禮義忠信恪恭者百無一二爲
去乙等吏胥之稟性豈獨不善而然良由上失其道
民不被教本善之心汨喪而流於惡故也世之居官
者不思正已率下之道爲遣徒憤胥吏之欺謾成習
大張捶楚毁傷身體小則跛足蹇脚呻吟曳杖大則
因以致病終至隕命爲臥乎所仁人君子豈不惻然

四六五

晩全集 卷二

而傷心哉縣監弋只疎迂病拙無一善狀盜竊虛名
叨守爾邑爲有去等爾等與一邑民生皆吾赤子是
乎等用良吾欲尚德教緩刑罰以全爾等之肌膚爲
去乎爾等庶幾體吾此意凡事上撿下乙一以誠實
不欺爲主常自戒飭各勤其任無自陷於罪辜爲乎
矣至於奴婢使令等并以詳悉知委無遲晩使内向
事甲戌十月日下作廳

晩全集 八 卷二 雜著 二十一

[사진 17] 『만전집』의 「신계작청」. 만전당이 부여현감 부임 후 아전들에게 훈계하는 글이다.

---

36 洪可臣, 위의 책, 201~202쪽.(『만전집』 2권, 「申戒作廳」, 고전번역원). 吏胥之中知廉恥識禮義忠信恪恭者 百無一二爲去乙等 吏胥之稟性 豈獨不善而然. 良由上失其道 民不被教 本善之心汨喪 而流於惡故也. 世之居官者 不思正己率下之道遣 徒憤胥吏之欺謾成習 大張捶楚 毁傷身體 小則跛足蹇脚 呻吟曳杖 大則因以致病 終至隕命爲臥乎所 仁人君子 豈不惻然而傷心哉. 〈중략〉 吾欲尙德敎緩刑罰 以全爾等之肌膚爲去乎, 爾等庶幾體吾此意 凡事上檢下乙 一以誠實不欺爲主 常自戒飭 各勤其任 無自陷於罪辜爲乎矣.

그러나 아전은 수령이나 주장(主將)의 지배를 받는 것이기에 상관의 청탁(淸濁)에 따라 아전의 일처리도 달라질 수 있음으로 만전당은 한편으로 그들을 이해하는 측면이 있었던 것이다. 이에 뜻을 받들어 책임을 다함으로써 죄에 빠지지 말 것을 호소하고 있다.

그러함에도 아전들은 만전당이 원하는 뜻과는 다르게 전(前)의 폐단을 버리지 못하고 있음을 만전당이 부여현감으로 부임한 지 1년 후에 임금에게 올린 상소문에서 짐작하게 한다.

> 군의 우두머리가 여러 명목으로 가렴주구하며 당파를 나누고 빚쟁이처럼 여기니 부자는 밭을 팔아 밭이 다 팔리면 그 몸을 피하고 가난한 자도 밭은 없으나 도망갈 뿐입니다. 수령은 비록 당사자가 이미 도망을 간 것을 잘 알고 있더라도 역가포를 상환토록 하지 않을 수 없는 까닭으로 이에 도망한 군졸의 가까운 친척을 잡아 놓고 모든 친척에게 나누어 징수하게 하는 것입니다. 〈중략〉 친족이 없는 군졸은 주인 없는 땅에 농사를 짓게 하여 징수하고 농사를 지을 수 없는 군졸은 가까운 이웃에게 징수하여 한 군졸이 도망을 하면 열 집이 파산하게 되어 끝내 역시 (이들도) 보존하지 못하는데 이르게 되는 것입니다.[37]

여기에서 주장(그 지역 군부의 우두머리)의 '주구다기(誅求多岐)'와 '색목여위(色目如蝟)'[38]하는 태도에서 그곳의 실상이 느껴진다. 여러

---

37 洪可臣, 위의 책, 211쪽.(『만전집』 3권, 「民弊疏」, 고전번역원), "主將誅求多岐 色目如蝟 富者賣其田 田盡則逃其身 貧者無田 只有逃 而已 守令雖明知其當人之已逃而以其役價布 不可以不償 於是 捉致亡卒之首族 使之盡列其族而分徵之 〈중략〉 無族之卒 則徵其執耕 無執耕之卒 則徵其切隣 一卒逃亡 十家破産 終亦至於不保"

38 色目은 당시 백색당(서인)과 청색당(동인)의 당파를 말하고, 如蝟는 '如蝟負瓜'로 고슴도치가 오이를 짊어 진 것 같음, 즉 남에게 진 빚이 많음을 이르는 말.

명목으로 세금을 혹독하게 거둠은 물론, 당파가 다르면 빚쟁이로 만들어 버리는 상황이니, 그곳 백성들의 삶은 깊게 따져보지 않더라도 그들의 삶이 어떠한가가 명약관화(明若觀火)하다.[39] 즉 전정(田政), 역(役), 공납(貢納)을 명목으로 수령이 무자비하게 거두어들이는 경우도 있지만 그렇지 않은 수령들도 이 부세제도 때문에 어쩔 수 없이 백성들에게 큰 부담을 주게 됨으로 백성들의 생활을 힘겹게 함을 말하는 것이다. 따라서 만전당은 민의를 파악한 결과 그 지역의 5대악을 척결해 줄 것을 상주하였다.

첫째, 국가의 공납은 생산량을 잘 파악하여 적당량 該司에서 거두어야 하나 간교한 서리들의 술책으로 인하여 수확량에 비해 국가에서 부세하는 것이 많다.

둘째, 특산물 징수는 그 지역의 토산물을 지정해야 하나 산록이 적은 부여에서 사슴이나 노루가죽을 요구하는 것은 담당자가 우리 지역의 토산물을 제대로 조사하지 않은 것이다.

셋째, 악공의 수효를 배정하는데 있어서도 본 읍의 배정수효가 다른 지역에 비해 많다. 본 고을의 악공수효는 세 명으로 수효를 정할 당시 인물이 많았기 때문이나 지금은 남은 관노가 이십여 명이고 이들 중 늙고 약한들 또한 많은 실정이다.

넷째, 해사 관리들의 비리가 만연해 있다. 뇌물을 준 자에게는 서로 짜고서 그들이 바치는 포목을 늘여서 샛수를 맞춰 받아주고, 반대로 뇌물이 없는 자에겐 불이익을 주고 있다.

---

39 송기섭, 「만전당 홍가신의 생의 자취와 삶의 지향」, 『한문고전연구』 33집, 한국한문고전학회, 2016, 19쪽.

다섯째, 모시 대신 靑苧를 물리는 데에서 폐단이 많다. 백성들은 청저 6근을 바치는 것도 과한데, 퇴각 당하지 않기 위해서는 뇌물로 2근을 더 보태어 바쳐야 했다.

만전당은 부여의 지역적 폐단을 매우 정확하게 진단하고 있다. 하지만 이 지역의 5대악을 해결하기에는 만만치가 않았다. 그만큼 主將을 비롯해 토호들의 세가 크고, 오랫동안 뿌리박힌 비리 때문에 이를 해결하기에는 역부족이었던 것이다.

> 대체 이 다섯 가지 알지 못할 일은 모두 오늘날 한 고을의 백성들 생활에 절박한 폐해이지만 신의 적은 힘과 엷은 재주와 조그만 정성과 얕은 생각에 이리 생각하고 저리 헤아려 보며 앞으로 생각하고 뒤로 계산해 봐도 처리할 바를 알지 못하겠습니다.[40]

만전당은 지방관으로서는 처음으로 부임한 상태에서 이러한 폐단을 발견하였고, 또 백성들이 이것으로 몹시 고통 받고 있는 모습을 보고 적지 않게 당황했지만 이러한 폐단을 척결할 수 있는 상황이 아니었다. 이미 포진하고 있는 색리(色吏)들이 관행처럼 저지르는 부정과 비리를 단속하기가 쉽지 않았기 때문인데, 이에 최후의 수단으로 임금께 소를 올린 것이다. 여기에서 이 사안을 해결하기 위한 의지가 강함을 알 수 있다.

---

40 홍가신, 위의 책, 218쪽.(『만전집』 3권, 「民弊疎」, 고전번역원), 凡此五未解者 皆爲今日一邑民生迫切之害 以臣之綿力薄才 微誠淺慮 左計右度 前思後算 而不知所以處之.

전하께서 또한 대신들에게 물어 힘써 어진 정치를 강론하신다면 군신들이 서로 맹세하여 바르게 前의 규정을 고칠 것을 기약할 것이고, 우리 동포의 백성들로 하여금 공히 불쌍히 여기는 마음으로 혜택을 입게 하시면 하늘이 영원한 명운을 빌어주어 억만년의 편안함이 실로 이것에서 비롯될 것입니다.[41]

이 인용문에서 바로 만전당의 생각을 알 수 있게 한다. 어진 정치 구현을 위한 전(前)규정 개선 → 백성들의 삶의 문화 향상 → 영세 태평성대로 이어진다는 사고를 가지고 있는 것이다. 따라서 이를 실현하기 위해서 만전당은 상주문을 올려 전(前)규정을 개선해 줄 것을 요구한 것이다.

따라서 만전당이 부여현감으로 부임 후 그 지역의 폐단을 파악하고 이를 해결하려는 과정을 정리해 보면 ①백성들이 삶이 유리(流離)되고 곤궁한 것은 ②주장(主將)과 색리(色吏)들의 비리와 비합리적 행정문화에서 원인을 찾았으나 주장과 색리들의 비리와 비합리적 관행를 바로잡고 개선하는 데에 역부족을 느낌으로써 ③선조에게 「민폐소(民弊疏)」를 올려 전(前)의 규정을 고쳐 줄 것과 적폐세력을 일소할 수 있는 권한을 요청하였고 ④'그렇게 하라'는 비답을 듣고 주장과 아전들의 비리와 적폐를 일소하는 것으로 진행되고 있다.

또한 「민폐소」에서 만전당의 불합리한 행정문화 개선과 애민사상을 펼치고자 하는 의욕이 돋보인다. 특히 종6품의 하급 관리로서 임금

41 洪可臣, 『晩全堂洪可臣先生文集』, 한국예총아산시지부, 2006, 220쪽.(『만전집』 3권, 「民弊疏」, 고전번역원.) 殿下亦宜詢咨大臣 力講仁政 君臣相誓 期以痛變前規 使吾同胞之民 共沾如傷之澤 則祈天永命 億萬斯年之休 其實基於此矣.

께 소(疏)를 올려 위민정치를 요청하고 자신의 뜻을 관철시키고자 하는 용기는 실로 그가 관리로서 헤쳐 나갈 길이 위태로울 수 있음을 예측하게 한다. 전술하였지만 실제로 1593년(계사년)에 임금에게 올린 「적퇴후봉사(賊退後封事)」와 홍주목사로 있을 때 1596년(병신년)에 올린 「응구언봉사(應求言奉事)」에 보면 그의 용기를 실감할 수 있다.

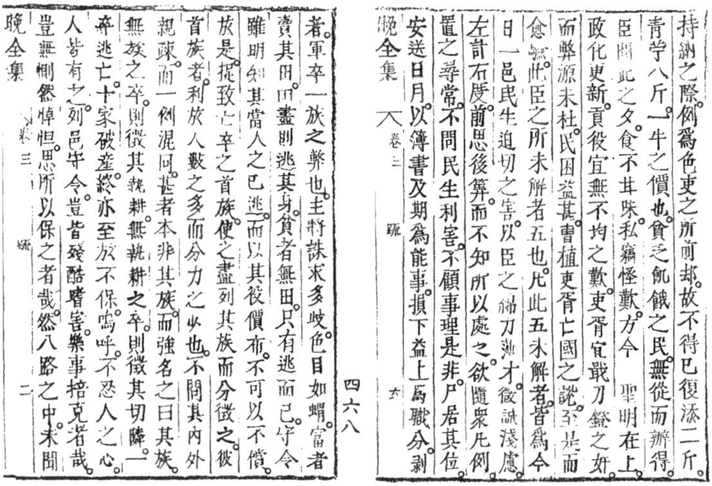
者。軍卒一族之弊也。主將誅求多岐。色目如蝟。富者
賣其田。田盡則逃。其身貧者無田。只有逃而已。守令
雖明知其當人之已逃。而以其役價布。不可以不償。
族是捉致亡卒之首族。使之盡列其族而分徵之。彼
首族者。利於人數之多而分力之少也。不問其內外
親疎。而一例混同。甚者本非其族。而強名之曰其族。
無族之卒。則徵其執耕。無執耕之卒。則徵其切隣。一
卒逃亡。十家破產。終亦至於不保。嗚呼。不忍人之心。
人皆有之。列邑守令。豈皆殘酷瘠害。樂事掊克者哉。
豈無惻然悼怛。思所以保之者哉。然八路之中。未聞
晩全集 卷三 疏 二
四六八

持納之際。例爲色吏之所前却。故不得已復添二斤。
靑苧八斤。一牛之價也。貧乏飢餓之民。無從而辦得。
臣聞此之夕。食不甘味。私竊怪歎。方今 聖明在上。
政化更新。貢役宜無不均之歎。吏胥宜戢刀鋒之奸。
而弊源未杜。民困益甚。書植吏胥亡國之說。至是而
愈驗。此臣之所未解者五也。凡此五未解者。皆爲今
日一邑民生迫切之害。以臣之鉛刀淺才。微誠淺慮。
左計右度。前思後算。而不知所以處之。欲隨衆凡例。
置之尋常。不問民生利害。不顧事理是非。尸居其位。
安送日月。以簿書及期爲能事。損下益上爲職分。剝
晩全集 卷三 疏 六
四七〇

[사진 18] 『만전집』의 「민폐소」 중 관리의 부정과 세금부과에 대한 잘못된 제도와 백성들이 입는 폐해를 고쳐달라고 호소하는 내용이다.

만전당의 「민폐소(民弊疏)」을 본 선조는 이를 받아들임으로써 다섯 가지 조목을 일일이 행하니 고을 백성들이 크게 기뻐하였다.[42] 또 백

42 洪可臣, 위의 책, 220쪽.(『만전집』 3권, 「民弊疎」, 고전번역원.) 上嘉納疏中五條一一擧行 邑民大悅.

성들은 감사 등에게 글을 올려 "이런 사실을 우리들 할아버지가 아비에게 전하고, 아비는 아들에게 전하고, 아들은 손자에게 전해 주었으니 나라를 세운 이후로 이 같은 어진 정사는 없다."[43]고 하였다. 후에 도강영당[44]을 지어 그의 위패를 모신 것도 이러한 고마운 뜻을 기리기 위한 것이다.

이와 같은 선치의 기록은 당시 충청감사 구봉령의 장계에서도 알 수 있다. 구봉량이 임금의 명에 따라 군현의 실태를 상고하던 중 백성들로부터 이 같은 사실을 전해 듣고 임금에게 이를 올린 것이다.

> 부여현감 홍가신은 본래의 뜻과 행실이 있사와 실천에 나타난 터로써 부임한 뒤에 한결같이 애민(愛民)을 주장으로 삼고 만일 백성을 병들게 하는 일이 있으면 이것을 일체 재해를 없애서 백성을 무마하는 정사가 사람들의 마음과 피부에 배었습니다. 또 학교를 존숭하고 후진들을 가르치며 늙은이들을 봉양하는 일들이 모두 차서가 있어 진실하고 간절하니, 고을 안의 백성들이 그를 좋아하고 사모하고 기뻐하옵니다. 또 송사의 판결에도 한결같이 명백하게 판단하고 조금도 편벽되거나 사사로운 것이 없습니다.[45]

---

43 위의 책, 209쪽.(『만전집』 3권, 「民弊疎」), 百姓呈監司等狀云 民等之祖傳言於父 父傳言於子 子傳言於孫 自開國以來 未有如此仁政云.

44 부여군 부여읍 부소로 15에 소재하고 있는 사당으로 1984년 5월 17일 충청남도문화재자료 제116호로 지정되었다.

45 具鳳齡, 위의 책, 465~466쪽.(『만전집』 6권, 「附錄-附忠淸監司具鳳齡 啓」, 고전번역원), 扶餘縣監洪可臣 本有志行 現於施設 赴任之後 一以愛民爲主 如有病民之事是白在如中 一切除去 撫摩之政 着人心膚. 尊崇學校 訓誨後進 愛養犁老之事 咸有次第 誠切懇惻 境內之民 懽慕傾悅 又於詞訟之決 一出明斷 略無偏私.

[사진 19] 도강영당. 부여의 수령으로 부임하여 선치를 한 만전당 홍가신를 비롯해 미수 허목, 번암 채제공의 영정을 모셨던 곳으로 부여읍 관북리의 부여관아 내에 소재하고 있다.

이처럼 만전당의 애민정신에서 비롯된 행정문화 개선에 대한 사례를 보고 감탄하고 있다. 당시 만전당의 이러한 사례는 우리의 역사상 그리 많지 않은 좋은 선례가 된다.

특히 출사 후 첫 지방관으로서 이룬 경험이 앞으로 관료생활을 하는데 중요한 의미를 갖는다. 왜냐하면 이 후의 지방관으로서 안산군수, 수원부사, 홍주목사, 개성유수 등을 거치는데, 이때마다 행정가로 애민에 바탕을 둔 합당한 행정을 펼쳐 이룬 것에 대하여 당시의 지역민들과 이를 평가한 이들로부터 지극한 찬사를 받고 있기 때문이다.

『선조실록』에서 그가 '안산군수로 부임하여 선치(善治)했다는 구황어사(救荒御史) 이성임(李聖任)의 장계로 승서(陞敍)하였다.'[46]는 것과 '수원부사 홍가신의 구황 정책이 도내의 제일이었다.'[47]는 기록이 그

46 『선조실록』, 선조17년 5월 7일자 기사, 고전번역원, 安山郡守洪可臣 因救荒御史 李聖任狀啓善治 命陞敍

47 『선조실록』, 선조21년 6월 6일자 기사, 고전번역원, 水原府使洪可臣 救荒之政 爲

증거라 하겠다. 여기서 행정문화 개선의 좋은 사례를 정확히 기록하고 있진 않지만 이러한 평가에서 부여에 부임하여 펼쳤던 정책처럼 그 지역의 폐단을 없애고 이에 필요한 제도 및 행정문화 개선을 통하여 얻어진 결과임이 명약관화하다. 특히 만전당이 수원부사로 있을 때 기근에 대한 『선조실록』의 기사를 보면 만전당의 구황정책에서 그의 훌륭한 치적을 짐작하게 한다.

가) (황해 감사가 치계하기를) 본도는 근년 이래 해마다 흉년이 들어 창고의 곡식 또한 결손이 많고, 〈중략〉 도내의 창고에 쌓인 곡식을 죄다 나누어 구휼하였으나 온갖 궁리를 해봐도 뾰족한 수가 없어 울부짖으며 먹을 것을 기다리는 실상을 참혹해 차마 볼 수가 없습니다.[48]

나) (조인득이 아뢰기를) 지금 곽산·용천·숙천·박천·안주·의주 등의 고을에 기근이 매우 심하여 백성이 다 유리(流離)하고 기읍(畿邑) 또한 그러합니다. 소신이 보건대, 금호문 밖과 양쪽 행랑 아래에 누더기 옷에 거적자리를 맨 자들이 매우 많기에 그 까닭을 물어보았더니, 모두 빌어먹는 유민(流民)들로 그 목소리가 너무 애절하여 차마 들을 수 없었습니다.[49]

다) 정암수(丁巖壽) 등이 소(疏)를 올리기를 기근을 겪은 뒤에 굶주려 죽는 사람이 속출하여, 변방에는 근심이 많고 국내에는 도적이 발생하며 수령이 빈잔(貧殘)하여 부역이 번중합니다.[50]

---

道內第一.

48 『선조실록』, 선조19년 5월 4일자 기사, 고전번역원, 本道近年以來 連歲凶荒 倉穀之數亦多逋欠, 〈중략〉 道內倉穀 盡爲分賑 百計無策 嗷嗷待哺之狀 慘不忍見.

49 『선조실록』, 선조21년 1월 3일자 기사, 고전번역원, 仁得曰 如郭山·龍川·肅川·博川·安州·義州等邑 飢饉最甚 民盡流離. 畿邑亦然. 小臣曾見金虎門外及兩行廊下 懸鶉荷薦者甚多 問之則皆乞食流民 聲甚哀慘 不忍聞.

『명종실록』과 『선조실록』에 보면 백성들이 홍수 또는 가뭄으로 인하여 끊임없는 기근으로 시달리고 있다. 『명종실록』에는 110여 차례, 『선조실록』에는 70여 차례 기근에 대하여 구황어사, 지방관리 등이 보고하고 있는 사실에서 이를 알 수 있다.

그가 수원부사로 부임하고 나서 파직 당할 때까지 기근이 무척 심했음을 위의 인용문을 통해 알 수 있다. 가) 1586년(선조 19년) 흉년으로 진휼할 수 있는 창고가 비게 됨으로써 나) 1588년(선조 21년) 거리엔 걸식자가 즐비하고 가족 간 유리되는 상황으로 발전하면서 다) 1589년(선조 22년) 굶주려 죽는 사람이 속출하고 여기저기서 도적이 발생하는 과정이 필름처럼 진행되고 있다. 즉 수라도(修羅道)의 세계로 빠져들고 있었던 것이다.

인용문 나)에서 알 수 있듯이 그가 수원부사직을 수행하고 있을 때 수원지방의 기근도 매우 심했음을 알 수 있다. 그러나 이러한 상황에서도 그의 진휼정책은 빛을 발했다. 이에 경차관 정숙남이 포장(褒獎)을 청했던 것이다. 여기에서 부여에서 행했던 통치방식에서 크게 벗어나지 않았다는 유추가 가능하다.

만전당이 홍주목사로 있을 때에도 마찬가지다. 당시 강력하게 위세를 떨쳤던 이몽학의 난을 쉽게 진압한 것도 바로 그의 善治에서 비롯된 것이다. 『성호전집(星湖全集)』의 「만전당홍선생문집서(晩全堂洪先生文集序)」에 보면 상황에 맞게 처신하고 정치의 폐단을 항언하고 있는 것에서 부여의 현감 때와 궤를 같이하고 있음을 알 수 있다.

---

50 『선조실록』, 선조22년 12월 14일자 기사, 고전번역원, 飢饉之後 餓殍相望 邊圉多虞 內盜竊發 守令貪殘 賦役煩重.

> 뒤에 홍양(洪陽)의 수령으로 나갔는데, 구적(寇賊)이 군사를 일으켜 연달아 몇 고을을 함락시켜서 나라 안이 크게 술렁거렸다. 선생이 군사를 모아 굳게 지키고 상황에 맞게 지휘함으로써 적을 주륙할 수 있었다. 이에 사람들이 모두 선생을 가리켜 병거(兵車)를 타고 군사를 지휘할 만한 장군의 재주가 있다 하였고, 논공하고 책훈(策勳)하여 마침내 보필하는 지위에 올랐다. 전후로 정치의 폐단을 항언(抗言)할 때에 시휘(時諱)를 꺼리지 않았으니, 사직을 위기에서 구한 중신(重臣)이라고 하겠다.[51]

만전당이 정여립의 역모사건에 연루되어 수원부사직을 파직 당한 후 홍주목사로 부임했을 때는 백성들의 생활수준이 최악의 수준이었다. 앞에서 언급하였지만 이때의 세상은 살기 위해 사람을 잡아먹는 무간지옥이었던 것이다. 이런 상황 때문에 여기저기서 민란이 일어났는데, 이곳에서 일어난 민란이 바로 이몽학의 난이고, 이 난을 지역민의 도움을 받아 진압한 이가 홍주목사 만전당 홍가신인 것이다.

이때 만약 이곳 지역민(주민, 민병 등)들의 협조가 없었다면 반란군 진압에 실패했을 가능성이 매우 높다. 당시 반란군의 규모가 문헌의 기록으로 보았을 때 수천 내지 일만의 무리로 추축할 수 있다. 이러한 반란군의 규모는 그곳의 관군과 비교할 수 없을 정도로 압도하는 수적 우세의 규모였기 때문이다.

따라서 만전당이 반란군과의 싸움에서 거둔 승리는 나라의 사직을 지켜낸 것과 같은 특별한 의미를 갖는다. 그 이유로 홍주는 호남에서

51 李瀷, 『星湖全集』 권50, 「晚全堂洪先生文集序」, 고전번역원, 後出宰洪陽 寇賊稱兵 連陷數郡 國中大搖. 先生斂軍堅守 指揮應機 賊授首. 於是咸以笠轂將材歸之 而論功策勳 遂躋輔弼之位. 其前後抗言政弊 不忌時諱 可謂社稷持危之重臣.

[사진 20] 청난사와 [사진 21] 홍양청난비. 만전당이 홍주목사로 있을 때 이몽학의 난을 홍주성에서 진압하였으며, 이를 기념하기 위해 홍성읍 월산리 백월산의 산혜암 입구에 청난사를 건립하였다. 2007년 금마총 동편에 있던 홍양청난비를 장항선 철도 공사 관계로 이전이 불가피하게 됨에 따라 청난사 맞은편으로 옮겨 세웠다.

서울로 통하는 관문이고, 당시 전쟁 끝에 기근이 크게 들어 민심이반 현상이 극에 달했던 시기여서 이다. 이에 반란군이 한 지역 한 지역 정복할 때마다 그들의 규모가 기하급수로 늘어나는 상황이었기 때문이다. 그래서 홍주가 그들의 손아귀에 들어갔다고 가정해보면 반란군의 규모는 훨씬 더 커졌을 것이고, 여세를 몰아 서울까지 진출한다는 가정은 그리 어렵지 않다.

그런데 이렇게 어려운 상황에서 지역민들이 대 반란군에 맞서 승리할 수 있었던 것은 만전당의 선치(善治)에서 비롯된 것이다. 그가 임금에게 정치의 폐단을 항언(抗言)할 때에 시휘(時諱)를 꺼리지 않는 강단과 지방관으로서 다른 지역에서 행했던 경험을 통해, 홍주의 수령으로 부임하여서도 민생을 살피고 그 지역의 폐단을 없앰은 물론, 불합리한 행정문화를 개선함으로써 민심을 잡을 수 있었던 것이다. 이러한 추측이 가능한 것은 기해년(1599)에 홍주에서 임기가 차서 물러나와 남양 촌집에 기거하고 있을 때, 간고(艱苦)하기가 극에 달했었다.

이 때 홍주 백성들이 이 말을 듣고 보리 수십 석을 배로 운반해 가져왔다는 사실이다. 홍주백성들의 간절한 요구에 한 섬만 받고 사양하였지만,[52] 이는 그만큼 홍주의 백성들이 만전당의 선치(善治)에 의한 불망의식(不忘意識)을 지니고 있는 것이리라.

## 4. 결론

앞에서 거론하고 있는 만전당의 국정 개혁의 방략과 지방행정문화 개선은 매우 선진적인 사고였다. 그가 세상을 등진 지 사후 약 400여 년이 지났지만 현재의 국정과 지방행정에도 바로 적용할 수 있는 방책이며 대안이 되기 때문이다. 물론 이러한 국정 개혁의 방략과 행정문화 개선방안은 선현들의 양책(良策)을 선취(選取)한 것이기는 하겠지만 만전당의 기휘(忌諱)하는 말도 불사하는 국정 개혁 요구와 지방 호족들의 강력한 저항에도 행정문화의 폐단을 개선한 공훈은 실로 대단한 일이었다.

따라서 만전당의 국정 개혁에 대한 방략과 지방의 행정문화 개선에 대하여 정리해보면 첫째, 국정 개혁의 방략이 매우 구체적이다. 그의 국정 개혁에 대한 방략을 제시하고 있는 것을 『선조실록』과 상주문에서 읽을 수 있는데, 개혁방안이 구체적이고 임금에게 정론직필(正論直筆)하는 자세에서 이에 대한 실현의지를 강력하게 느낄 수 있다.

---

52 洪可臣, 위의 책, 498~499쪽. "己亥 洪陽瓜滿 寓居南陽村舍 艱苦備至 州民聞之以牟數十斛船運而來 公辭之 來 人懇乞留置 爲受一斛 以答來贐之意" 참조.

특히 「적퇴후봉사(賊退後封事)」에서 당시 傾國의 상황을 극복할 수 있는 구제방안을 제시하였는데, 여기에 나타난 2강령 12급무가 이것이다. 즉 성현의 학문으로 나라의 근본을 세워야 하고 用人策에 의한 정치적 효과를 내야 한다는 2강령을 제시하고, 인재육성, 검소절약(儉素節約), 출척공정(黜陟公正), 형옥완화(刑獄緩和) 등 12가지를 시행해 줄 것을 요구하고 있다. 또한 「적퇴후봉사(賊退後封事)」올리고 3년 뒤 올린 「응구언봉사(應求言封事)」에서 경국(傾國)의 이유로 ①미의옥식(美衣玉食) ②친압부시(親狎婦寺) ③대신태만(大臣怠慢)을 들고 있으며, 「적퇴후봉사」에서 상주(上奏)했던 2강령 12급무 중 한 가지도 받아들여지지 않은 것에 대해서도 기휘(忌諱)하는 말도 서슴지 않고 있다.

둘째, 지방 수령 부임 시 행정을 시행함에 있어, 그 지역에 맞지 않는 제도나 폐단은 개선하거나 없애고 애민행정의 문화를 펼쳤다. 그 결과 내직으로 지평, 장령, 형조참판, 형조판서 등을 거치면서 개혁의 족적을 남겼지만, 특히 외직인 강릉참봉, 부여현감, 안산군수, 수원부사, 홍주목사 등으로 부임해서는 그의 선치에 대하여 지역 사람들로부터 대단한 호평을 받았던 것이다.

부여현감 재직 시 임금에게 「민폐소(民弊疏)」를 올려 주장(主將)을 중심으로 한 5대 폐단, 즉 ①주장 또는 아전들의 공물 착복문제 ②지방에 맞지 않는 토산물 징수 시정문제 ③악공수효 배당 불합리문제 ④해사색리들의 비리 만연문제 ⑤청저(靑苧) 징수의 폐단문제에 대하여 엄단과 시정해줄 것을 요구하고 임금의 내락을 받은 후 폐단을 일소하고 철저하게 민생행정을 펼쳤다.

이러한 행정경험은 안산군수, 수원부사를 거치면서 더욱 빛을 발했다. 『선조실록』에 안산군수로 부임하여 선치(善治)했다는 구황어사(救荒御史) 이성임(李聖任)의 장계로 승서(陞敍)하였다는 것과 수원부사 홍가신의 구황 정책이 도내의 제일이었다는 기록이 그러하고, 홍주부사로서 이몽학의 난을 진압할 수 있었던 것도 지역민의 적극적인 참여의 결과임을 부인할 수 없다.

이처럼 만전당은 출사한 이후 나라는 기근, 정쟁, 왜침, 민란의 위기에서 벗어나지 못하는 상황에서도 타개할 수 있는 방략을 궁구하고, 이를 임금께 상주하여 폐단을 없애거나 해결하려 노력했으며, 때로는 지역에 맞는 합리적 방법을 도출하여 이에 합당한 행정으로 개선함으로써 민생에 활력을 주었던 것이다.

이러한 과정을 살펴볼 때 만전당의 국정 개혁에 대한 선진적 사고와 그 지역에 맞는 행정문화의 개선으로 이룬 성과는 후대의 위정자나 관리들이 본받아야할 덕목이라 여겨진다.

특히 오늘날 국가적으로는 4차 산업시대를 맞이하여 위정자들이 현실에 얼마만큼 빠르게 대처하고 있느냐가 그 나라의 위상을 나타내는 시대가 되고 있다. 또한 우리의 지방자치도 단체장이 그 지역을 특성을 살리고 지역의 자산을 어떻게 만들고 운용하느냐에 따라 그 지역민의 삶이 달라질 수 있다. 예를 들면 경남 통영과 전남 여수의 명물이 된 해상케이블카와 전남 영암의 F1대회의 엄청난 적자, 충북 괴산의 쓸모없는 쇳덩어리 가마솥을 놓고 보면 비교가 가능하다. 만약 만전당이 펼쳤던 국정에 대한 방략과 지역의 행정문화의 개선책을 참고했더라면 적어도 우치(愚癡)의 늪에 빠지지는 않았을 것이라는 느낌이 든다.

따라서 만전당이 앞에서 보여준 국정 개혁의 선진적 사고와 지방행정문화 개선으로 이룬 성과는 세월이 아무리 흐른다 해도 지워지지 않을 매우 좋은 사례라고 하겠다.

# 임진왜란기의 활동

김일환

## 1. 머리말

전대미문의 대전란인 임진왜란(壬辰倭亂)은 조선 왕조를 커다란 위기로 몰아넣었다. 파죽지세로 침략하는 일본군의 공격으로 보름 만에 왕경(王京)인 한양(漢陽)은 함락되고 국왕은 의주까지 몽진(蒙塵)하였다. 갑작스레 닥친 전란으로 피난길에 나선 백성들은 왜적의 칼에, 굶주림과 질병에 쓰러졌다. 전쟁에 대처하는 조선 정부의 유약함으로 왕실의 위엄은 무너졌고 국가 기강도 해이해져 국가통제력을 잃어버린 상태에서 민심도 빠르게 이반되었다.

이러한 혼란 속에서 조선 왕조를 붕괴시키고 민생 회복을 도모하겠다는 주장을 펼치며 반란을 꿈꾸는 일이 여러 곳에서 나타났다. 그 중 '난중에 난'이라 할 수 있는 큰 반란 사건이 두 차례나 충청도 내포(內浦) 지역에서 발생했다. 1594년에 송유진(宋儒眞)의 난과 1596년에 일어난 이몽학(李夢鶴)의 난이었다.

이러한 파국적인 역사 상황을 수습하고 왕조의 기틀을 유지하는데 큰 역할을 수행한 인물이 만전당 홍가신(洪可臣)이다. 홍가신은 아산에서 피난살이하며 송유진의 난의 기미를 알아채고 정부에 알려 조기에 수습될 수 있게 하였다. 홍주목사로 재직할 때에는 이몽학의 반란 세력을 효과적으로 분쇄하여 홍주성을 지켜냈고 반란의 주동자들을 제압하는데 중심적인 역할을 수행했다. 조선 정부는 이러한 홍가신의 공로를 높이 평가하여 임란 후 청난공신(淸難功臣) 1등에 책훈하고 구국의 인물로 추앙하였다.

아산의 지역사회도 홍가신을 아산을 대표하는 유현(儒賢)으로 평가하여 1619년(광해11) 아산에 인산서원(仁山書院)이 건립되자 지역의 향현(鄕賢)으로는 가장 먼저 배양하였다. 또 1634년(인조12) 온양의 정퇴서원(靜退書院)에도 배향됨에 따라 홍가신은 아산을 대표하는 역사 인물이 되었다.[1] 아산지역의 두 서원에 함께 배향된 인물은 홍가신이 유일하다.

그동안 임진왜란 중에 일어난 민중 반란 사건을 다루는 연구는 일제 강점기부터 연구자들의 관심을 끌어 여러 편이 있었다. 하지만 대부분 왕조적 시각에서 다루는 연구가 주류를 이루었다.[2] 하지만 최근

---

1 『정조실록』 32권, 정조 15년 2월 22일 정묘

2 이몽학의 난에 대한 기존의 연구는 다음과 같다.
藤井誠一, 「李夢鶴の亂について」, 『靑丘學叢』 22, 1935. ; 矢澤康祐, 「壬辰倭亂と朝鮮民衆のたたかい」, 『人文學報』 118, 東京都立大學, 1977. ; 貫井正之, 「壬辰倭亂における義兵活動と民衆反亂」, 『朝鮮史研究會論文集』 16, 1989. ; 이장희, 「임진왜란 중 민간반란에 대하여」, 『향토서울』 32, 1968. ; 박용숙, 「이몽학난에 대한 고찰」, 『부산대 교양과정부 논문집』 4, 1974. (『조선후기향촌사회사연구』, 혜안, 2007. 재수록) ; 최근묵, 「임진왜란 때의 호서지방의 민중반란」, 『백제연구』 5,

처절한 전쟁상황과 그에 대처하는 내포민의 입장을 반영한 새로운 시각의 연구도 나오고 있어 이 문제를 보는 시각을 풍부하게 하고 있다.[3] 홍가신을 중점 주제로 다루는 연구도 다수가 있어[4] 임진전란기에 고뇌하는 한 지식인의 삶과 생각이 많이 밝혀지고 있는 상황이다. 본 연구는 홍가신의 인물에 대한 다양한 측면을 상세하게 연구하고 이몽학의 난의 경과를 상세히 살펴보며, 그 속에 홍가신의 생각과 삶의 태도를 이해하려는 목적에서 연구되었다.

---

1974. ; 이상태, 「임진왜란 와중에 일어난 반란-송유진과 이몽학의 난」, 『민란의 시대』, 가람기획, 2000. ; 강미, 「壬辰倭亂期湖西地域의 反亂과 性格」, 부산대 교육대학원 석사논문, 1998. ; 박문열, 「충익공 신경행 청난공신녹권에 관한 연구」, 『서지학연구』 27, 2004. ; 김기승, 「홍가신과 임진왜란」, 『한국인물사연구』 8, 2007. ; 김만호, 「임진왜란기 民人의 反王朝 活動」, 전남대대학원 박사논문, 2015. ; 조인희, 「김덕령 옥사(獄事)사건에 대한 고찰」, 『한일관계사연구』 67, 2020

3 김일환, 「임진왜란기 內浦지역과 민의 동향」, 『역사와 실학』 52, 2013

4 朴乙洙, 『晩全堂 洪可臣研究』, 글익는들, 2006. ; 김기승, 「홍가신과 임진왜란 : 충청지역 지방관이 경험한 임진왜란 전후의 조선 사회」, 『한국인물사연구』 8, 한국인물사연구소 2007. ; 김기승, 「홍가신의 사상과 활동」, 『조선중기 홍가신·허목의 사상과 학문』, 수원 화성박물관, 2012. ; 복대형, 「홍가신(洪可臣) 경세사상(經世思想) 연구(研究)—상소문(上疏文)을 중심으로」, 『漢文古典研究』 33-1, 한국한문고전학회(구 성신한문학회), 2016. ; 송기섭, 「만전당 홍가신의 생의 자취와 삶의 지향」, 『漢文古典研究』 33-1, 한국한문고전학회(구 성신한문학회), 2016. ; 송기섭, 「만전당 홍가신의 국정개혁에 대한 방략과 행정문화개선 연구」, 『문화와 융합』 40-1, 한국문화융합학회, 2018. ; 이동인, 「조선 중기 화담학파의 계보학과 민순의 문인양성」, 『서울학연구』 76, 서울시립대 서울학연구소, 2019.

## 2. 홍가신의 생애

### 1) 가문적 배경

#### (1) 친가

홍가신은 1541년(중종 36) 7월 17일 부친 온(昷)과 모친 흥양 신씨 사이에서 태어났다. 본관은 남양(南陽: 土洪)이며, 자는 흥도(興道), 호는 간옹(艮翁)이라고 했다가 64세에 만전(晩全)으로 고쳤다. 고조 귀해(貴海)는 경상좌도 수군절도사를 지냈으며, 증조 한(瀚, 1451~1498)은 김종직의 제자로 이조참의를 지냈다. 강직한 성품으로 연산군 때 무오사화(戊午史禍)로 장형을 당한 후 경흥(慶興)으로 귀양가다가 중도에 사망하였다.[5] 조부 홍윤창(洪胤昌, 1484~1546)은 통훈대부(通訓大夫) 내섬시 판관(內贍寺 判官)이었다.

부친 홍온(洪昷, 1522~1579)은 홍윤창의 2자로 1549년(명종4) 식년 진사시에 5등의 우수한 성적으로 급제하였다. 문음으로 출사하여 관직은 군자감 직장(軍資監 直長), 장원서 장원(掌苑署 掌苑)을 지냈다. 이때까지 홍가신 일가의 거주지는 경기도 남양(南陽)이었다.[6] 홍온은 두 번 결혼하였다. 초취 부인 흥양 신씨(申氏, 1522~1541)는 김제 군수를 지낸 신윤필(申允弼)[7]의 딸인데, 홍가신을 낳고 얼마 뒤에 사망하였

---

5 1504년 갑자사화가 일어나자, 홍문관에 있을 때 연산군이 후원에서 활 쏘는 것을 관람한 일에 대해 논계(論啓)한 일이 들추어져 부관참시를 당하였다. 중종 때 신원되고 이조참판에 추증되었다.

6 『嘉靖二十八年己酉九月初九日司馬榜目』(계명대학교 동산도서관[(고)349.16 사마기유])

7 『輿地圖書』 下 補遺篇(全羅道) 金堤郡 先生案.

다. 재취 부인 창녕 성씨(1535~1618)는 성언박(成彦博)[8]의 딸로 홍민신(洪敏臣, 1556~1607), 홍경신(洪慶臣, 1557~1623), 홍덕신(洪德臣) 3남을 낳았다. 또한 홍온에게는 생모가 누구인지 모르지만 딸이 하나 있다. 사위는 김은휘(金殷輝, 1541~1611)이다.[9]

홍온은 홍가신(洪可臣)이 1567년 진사시에 합격할 때[10] 46세로 성균관 진사였다. 2남 홍민신(洪敏臣, 1556~1607)이 1579년 진사시에 합격할 때[11]는 59세로 군자감직장(軍資監直長), 장원서 장원(掌苑署 掌苑)을 역임하다가 그해 사망했다.

홍가신의 가문을 이야기할 때 흔히 아산(牙山)사람으로 이야기한다. 그리고 홍온(洪昷)을 아산의 남양홍씨 입향조로 일컫는다. 하지만 홍온의 진사시 합격 기록인 사마방목에는 주거지가 남양(南陽)으로

8 성언박은 1545년(명종 즉위년)에 사돈인 桂林君 이유(李瑠, 이유의 아들이 성언박의 사위, 곧 홍온의 동서)가 윤임을 공격하는 소윤 윤원형에 의해 정치적으로 제거될 때 연루되어 문초를 받은 적이 있다.(『명종실록』 2권, 명종 즉위년 9월 5일 을축)

9 김은휘의 본관은 光山. 자는 景晦. 할아버지는 군수 金宗胤이고, 아버지는 증찬성 金鎬이며, 어머니는 全義李氏이다. 큰아버지인 金錫에게 입양되었다. 鄭之雲의 문인이다. 여러 차례 과거에 실패하고 음보로 活人署別提·司圃署別提·水運判官·通禮院引義·감찰·宗簿寺主簿·호조좌랑·공조좌랑·형조정랑·호조정랑·宗親府典籍·通禮院尙禮 등을 역임하였다. 외직으로는 교하현감·임피현령 및 청도·단양 등 여러 고을의 군수를 거쳐 廣州牧使를 지냈다. 1592년(선조 25) 임진왜란이 일어나자 의병을 모집, 체찰사 鄭澈의 종사관으로 종군하였다. 이듬해 관병과 의병의 연합군을 이끌고 오산의 禿城山城을 지키다가 정철이 무고를 당하자 낙향하였다. 그 뒤 조정에서 號牌法을 시행하려 하자 그 불편한 점을 상소하였고, 鄭汝立을 여러 차례 규탄하였다. 만년에 壽職으로 가선대부에 첨지중추부사가 되었다.

10 [진사] 선조(宣祖) 즉위년(1567) 정묘(丁卯) 식년시(式年試) [진사] 3등(三等) 14위(44/100)

11 [진사] 선조(宣祖) 12년(1579) 기묘(己卯) 식년시(式年試) [진사] 3등(三等) 53위(83/100)

되어 있고 그의 사후에 묘소도 경기도 과천(果川)에 있었다.[12] 또한 홍가신과 동생 홍민신(洪敏臣), 홍경신(洪慶臣), 아들 홍영(洪榮)의 사마방목에는 주거지가 모두 '서울(京)'로 되어 있다. 참고로 반계 유형원은 그가 지은 『동국여지지(東國輿地志)』에 홍가신을 경도(京都) 사람으로 분류해 기술하고 있다.[13] 따라서 홍가신 일가는 남양과 서울에 주거지를 두고 오랫동안 생활했다는 것을 알 수 있는데 언제부터 아산과 연결되는지는 확실치 않다.

그런데 아산의 지리지인 『신정아주지(新定牙州誌)』[14]에는 대곡(大谷), 곧 현 아산 염치읍 대동리(大洞里)에 홍온의 처가인 흥양 신씨 별장이 있어 절도사인 신계종(申繼宗)[15]이 그의 집 뒤에 선친을 장사(葬事)하면서부터 이로 인해 여기에 세장(世葬)하게 되었다한다. 신계종의 아들이 홍가신의 외조인 신윤필(申允弼)인데, 그에게는 두 딸이 있었고 큰딸은 홍온(洪昷)과 결혼하여 홍가신을 낳았고, 작은딸은 김두(金枓)에게 출가했다고 한다. 이것을 정리하면 홍가신 생모의 별업(別業)이 아산에 있어 이것을 상속받은 상황에서 홍가신 일가가 아산에 정착할 계기가 마련된 것으로 보인다. 따라서 서울에는 위치가 불명이나 경저(京邸)가 있어 학업과 사환을 할 때는 가족과 형제들이 이곳

---

12 서울이 확장되면서 1967년 아산 염치읍 대동리로 이장하였다 한다.

13 柳馨遠, 『東國輿地志』 1권 京都 漢城府 人物.

14 『新定牙州誌』 古今叢錄.

15 홍가신의 외증조가 되는 신계종은 武人으로 1478년(성종9) 12월에 무과에 장원급제하고 곧 무과 중시에도 장원하였다. 환관 申雲의 三寸姪이며 무과 출신인데도 성종의 명으로 동반직인 내자시 판관이 되었다. 이후 내자시정, 사섬시정, 중종대에는 전라도 병마절도사, 동지중추부사, 함경남도 병마절도사를 역임하였다. 중종 17년 9월에 성절사로 북경에 갔다가 그곳에서 사망하였다.

에서 생활하였고, 낙향을 해야 할 경우에는 부친 홍온의 고향인 남양(南陽)과 모친의 별업이 있는 아산을 왕래하면서 생활한 것으로 짐작된다. 광해조에 홍가신이 완전히 은퇴해 치사(致仕)하면서 최종적으로 아산에 정착한 것으로 보인다.

홍가신에게는 나이 차가 많은 3명의 동생이 있었다. 그중 홍민신(洪敏臣, 1556~1607)은 1579년(선조 12)에 식년 진사시를 합격[16]하고, 예조참판 신담(申湛, 1519~1595)의 사위가 되었다. 신담의 고향이 충남 한산(韓山)[17]이어서 홍민신은 임진왜란 중인 1595년에 임천(林川)에 피난 가 있었고, 이 무렵 참봉에 제수되었다.[18] 이후 형조좌랑,[19] 옥과 군수[20]를 역임하였다. 이 무렵 가형 홍가신을 도와 이몽학의 진압에 참여하였던지 청난원종공신(淸難原從功臣)에 책록되었다.

홍경신(洪慶臣, 1557~1623)은 1589년(선조 22) 사마양시에 모두 합격하고, 내수사 별제로 재직 중에 1594년(선조 27) 별시 문과 병과로 급제하였다. 이듬해부터 정자·예문관검열·부수찬·세자시강원 겸 사서·전적 등을 차례로 역임하였다. 1596년 정언이 된 뒤 부교리·교리·이조좌랑·지평·이조정랑을 거쳐, 1598년 응교가 되었다. 1600년 직강이 되었으며, 이어서 사인·필선·보덕을 거쳐 1603년 종부시정(宗簿寺正)·직제학·부제학이 되었다. 이듬해 부호군·상호군을 차례로 역임한 뒤 1605년에는 병조참의가 되었고, 이듬해 천추사(千秋使)로 명

16 식년 진사시 3등 53위(83/100)로 합격하였다.
17 『선조실록』 69권, 선조 28년 11월 11일 기묘.
18 吳希文, 『瑣尾錄』, 「乙未日錄」 5월 3일」.
19 『선조실록』 140권, 선조 34년 8월 8일 계유.
20 『선조실록』 144권, 선조 34년 12월 2일 을축.

나라에 다녀왔다. 1607년 좌부승지가 되었고 1609년(광해군1) 호조참의가 되었다. 이어 우승지·대사성·부평부사(富平府使)·병조참의 등을 거쳐, 1621년 좌승지·첨지중추부사에 이르렀다.

홍가신은 부인인 재령이씨 사이에 5남 2녀를 두었다. 장자 홍은(洪檃1562~?)은 1606년(선조 39) 7월에 선릉참봉(宣陵參奉)에 제수되었고,[21] 다시 현감을 역임했다 한다. 나중에 아산에 낙향하여 종신토록 거주하였다. 이때 신창 수여리에 살던 잠야 박지계(朴知誡)와 교류하여 1619년(광해군12)에 박지계의 장자 박유근(朴由近)의 관례에 빈(賓)으로 초청되어 집례하였다.[22]

2자 홍영(洪榮, 1567~1624)은 1589년(선조 22) 홍가신이 수원도호부사일 때 증광시 진사시에 급제하였다. 장인은 허엽(許曄)의 아들이며 홍가신과 각별했던 허성(許筬)이다. 홍영은 1602년(선조 35) 4월 신창현감에 제수되었다.[23] 선정(善政)을 베풀었다고 인정받아 승진하여 1605년(선조 38)에 영유현령(永柔縣令)에 임명되었다.[24] 1608년(선조

21 『晩全先生文集』5권, 補遺.

22 趙克善, 『忍齋日錄』第3, 광해군 12년(1619, 기미) 2월 10일.
送人德山【林兄有酒 欲陪父主來 囑余送人馬 別室黃亦欲以季女爲李信培氏妾 兼以送人 朝 以修簡爲事】叔丈季氏至【基甫往定山矣】朴由近冠 余爲贊者【朴先生曾請趙先生爲賔 趙先生以重服未葬 辭之 朴先生謂余曰 牙山有洪可臣之子 有一節可取之行 將請爲賔 然退行十二日云云 今朝 先生送人馬召之 乃趣食 騎聘家馬而行 至蕋洞 趙先生來看耕種 乃入謁而至 先生果請洪引儀檃爲賓也.

23 『선조실록』149권, 선조 35년 4월 11일 임인.

24 『선조실록』186권, 선조 38년 4월 8일 임자.
홍영의 동서인 義昌君 李珖(1589~1645)은 선조의 8자이다. 선조의 후궁인 仁嬪김씨의 소생이며 인조의 부친인 定遠君의 친동생으로 許筬의 사위가 되었다. 허성의 동생 許筠의 역모 사건에 연루되어 고생하였다.

41) 1월에는 다시 옥천군수로 승진하였다.[25]

3자 홍절(洪棄, 1571~1645)[26]은 기록에 따라서는 이름이 절(梲)로도 나온다. 경릉(敬陵)[27] 참봉을 역임했다. 부인은 광주이씨로 장인은 홍가신의 절친이며 기축옥사(己丑獄事)에서 죽임을 당한 응교 이길(李洁)이다.[28] 이길(李洁)은 이발(李潑)의 동생으로 형제가 모두 홍가신과 함께 민순의 제자로 동문이었고 정치적 입장도 함께 했다. 『기축록(己丑錄)』에는 '이발(李潑)의 늙은 어미와 어린 아들이 매를 맞고 죽었으며, 그의 사위인 홍가신의 아들 홍세(洪稅)와 김응남(金應南)의 아들 김명룡(金命龍)은 모두 압사(壓死)를 당했다.'[29]라고 하였다. 또 다른 기록에는 홍가신이 아들의 정치적 화를 피하려고 홍절을 이혼시켰다는 기록도 있지만 모두 사실과 다른 낭설이다.[30] 홍절의 동서 김명룡은 토정 이지함(李之菡)의 형 이지번(李之蕃)이 외조이고, 이산해(李山海)가 외삼촌이다. 홍가신과 김응남은 이산해와 같이 동인 세력이며 그중에서도 북인과 가까웠다. 그러나 특이한 것은 나중에 광해군을 반대한 서인 세력이며 인조반정에 가담하여 정사공신 2등 함평 부원군으로 책봉된 이해(李澥, 1591~1670)를 사위로 삼는데 그는 박지계의 문인이었다.

4자 홍비(洪斐, 1574~1636)는 1618년에 원종훈(原從勳)에 책록되고,

---

25 『晩全先生文集』 5권, 補遺.

26 묘는 신창 馬山面 漆山里에 있다.

27 경기도 고양시 덕양구에 있는 조선 전기 추존왕인 덕종과 왕비 소혜왕후 한씨의 능이다.

28 『南陽洪氏世譜』.

29 『己丑錄』 上 만력 경인년(1590) 5월 13일.

30 『燃藜室記述』 14권 己丑黨籍 李潑 李洁.

벼슬은 부사과를 역임했다. 초취 부인은 홍가신의 친구이며 민순의 제자인 한백겸(韓百謙)의 딸이다. 한백겸은 홍가신(洪可臣)·정구(鄭逑)와 함께 『주역전의(周易傳義)』를 교정할 때 같이 할 정도로 주역 전문가였다.[31] 재취 부인은 이순신(李舜臣)의 딸인 덕수이씨이다.

위에서 보듯이 홍가신은 대체로 학연과 지연에 의존해 당대 명류(名流)들과 사돈 관계를 형성하려고 노력했음을 알 수 있다. 홍가신은 동인 세력, 그중에서도 북인(北人)들과 정치적으로 밀착되어 있음을 알 수 있다. 하지만 광해군대 정인홍(鄭仁弘)의 대북(大北) 세력이 정권을 잡았을 때 별로 협조적이지 않았다.[32] 광해군때 조기 은퇴를 핑계로 낙향하는 모습에서도 의문이 간다. 한편 아들 홍절(洪窃)이 이해(李澥)를 사위로 삼았다든지, 장자 홍은(洪檃)이 박지계(朴知誡)와 교류한다던지. 또 홍가신의 인산(仁山)서원 배향이나, 정퇴(靜退)서원 배향에도 서인 세력이 적극 지원한다는 사실은 무엇을 의미하는 것일까? 그것은 홍가신이 홍주목사 시절 이몽학의 난을 적극적으로 막아내어 나라를 위기에서 구한 인물로 청난공신(淸難功臣)에 책봉됨에 따라 국가의 원훈(元勳)으로 당색을 불문하고 추앙을 받았기 때문으로 짐작된다.

(2) 처가

부인 재령이씨(1540~1615)는 별제 이형(李衡)[33]의 딸이다. 이형은

---

31 『광해군일기』[정초본] 92권, 광해 7년 7월 3일 무신.

32 광해군 초기에 정경세(鄭經世)를 비판하던 정인홍의 제자인 임연(任兗)을 격렬하게 비난하는 상소를 올린 사례에서 볼 수 있다.(『광해군일기』[중초본] 6권, 광해 즉위년 7월 9일 계사)

1549년(명종4)에 식년 진사시에 합격하였다. 그 부친은 금산군수, 사도시 부정, 안산군수를 역임한 이은우(李殷雨)이다. 을사사화 때 사관(史官)으로 재직하다가 죽음을 당한 안명세(安名世)가 이형의 매제(妹弟)가 된다.[34]

홍가신의 동서는 송선(宋瑄, 1544~1629)이다. 송선은 홍가신의 평생의 친구였는데, 함께 김근공(金謹恭)과 민순(閔純)의 문인이며 이발(李潑)·이길(李洁) 형제와도 각별한 우정을 나누었다.[35]

## 3. 홍가신의 사우(師友) 관계

홍가신은 유년기에 화담 서경덕(徐敬德)[36]의 제자인 초당(草堂) 허

33 자는 彦平, [진사] 명종(明宗) 4년(1549) 기유(己酉) 식년시(式年試) [진사] 3등(三等) 39위(69/100).

34 『명종실록』 7권, 명종 3년 2월 14일 신유.

35 송선은 본관이 礪山. 자는 仲懷, 호는 木翁·양지정이다. 司憲府掌令 宋好義의 증손으로, 조부가 守義校尉 宋檜이고, 부친은 宋百祥이다. 모친은 안동 김씨로 사간원정언 金鈦의 딸이다. 1576년(선조 9) 遺逸로 천거되어 繕工監役이 되고 1582년 廉謹吏로 발탁되어 司饔院主簿를 제수받고 과천현감과 포천현감을 지냈다. 다시 강음현감과 사헌부감찰을 거쳐 운봉현감이 되었다. 1589년 기축옥사가 일어나 李潑·李洁 형제가 죽음을 당하자 사람들이 두려워하여 감히 돌아보는 사람이 없었는데 송선이 이들을 염해 주었는데, 이 일로 파직되었다가 다음 해 당진현감이 되었다. 임진왜란 중에는 기근의 구제를 잘해 명망을 얻었다. 뒤에 호조좌랑·병조정랑·형조정랑·군자감첨정·곡산군수·단양군수·재령군수 등을 지냈다. 1613년(광해군 5) 이천부사가 되었으나 연로하여 사퇴하고 開天에서 10여 년을 은거하였다. 정묘호란 때에 청풍으로 피난하여 水村에서 우거하다 죽었다.

36 한영우, 『서경덕과 화담학파–조선중기 주자학의 도전자들』, 지식산업사, 2022. ; 신병주, 『남명학파와 화담학파 연구』, 일지사, 2000.

엽(許曄, 1517~1580)[37]에게 글을 익혔다. 그 만남의 계기는 알려진 바가 없다.[38] 이때는 주로 사장(詞章)을 중심으로 공부한 것으로 보인다. 이러한 계기로 허엽의 자식들과 평생동안 각별한 관계를 유지하였다. 장남인 허성(許筬)은 홍가신의 2자 홍영(洪榮)의 장인으로 두 사람은 사돈이 되었다. 차남인 허봉(許篈)과는 정치적 입장을 같이할 정도로 친밀한 관계를 유지하였다.[39] 허균(許筠)과도 각별하게 왕래하여 홍가신이 1601년(선조 34) 일시 아산으로 낙향한 이후에 두 번을 찾아왔다.[40] 이때 허균은 '서로 만나 즐거움이 지극하여 종일토록 모시고 이야기를 하니 가슴이 상쾌해지며 비루한 생각이 싹 가시는 듯하였다'고 소회를 밝혔다. 1605년(선조 38) 홍가신이 개성부윤 때에도 방문한 적이 있다.[41]

홍가신은 성장하면서 10대 후반에는 사학(四學) 중에 하나인 동학(東學)에 입학해 유성룡(柳成龍)과 동숙(同宿)하며 학업을 연마하였다.[42] 이 무렵 이발(李潑), 이길(李洁) 형제와도 깊이 교류하며 두터운 교분을 쌓고 과거 급제를 목표로 함께 공부하였다.[43] 이때 서울에 상

---

37 『선조실록』 6권, 선조 5년 9월 4일 정해, 『선조수정실록』 14권, 선조 13년 2월 1일 신미.

38 『晩全先生文集』 6권, 行狀.

39 『조천기』 상 갑술년 만력 2년 (1574, 선조7) 5월 11일(갑신).
『선조실록』 22권, 선조 21년 1월 5일 기축. 趙憲은 홍가신을 정치적으로 金應南·白惟讓·李潑·李洁과 함께 허봉의 일당으로 비난하였다.

40 『惺所覆瓿藁』 18권, 文部15 紀行 上 漕官紀行, 신축년(1601, 선조34) 7월 13일, 8월 26일.

41 『惺所覆瓿藁』 18권, 文部15 紀行 上 丙午紀行, 병오년(1605, 선조38) 정월 23일.

42 『晩全先生文集』 5권, 後敍 略敍柳西厓見行迹.

43 『晩全先生文集』 6권, 行狀.

경한 퇴계선생을 친구들과 찾아뵙고 인사하였다.

하지만 20대 중반에 이르러는 척암(惕菴) 김근공(金謹恭, 1526~1568)[44]과 민순(閔純, 1519~1591)을 찾아 사사하면서 성현의 학문에 뜻을 두고 『근사록(近思錄)』, 『심경(心經)』, 『주자절요(朱子節要)』 등에 침잠하였고, 주역(周易) 공부에 열중하였다. 김근공은 민순보다 7세가 어리지만 홍가신과 그 동지들이 민순 문하에 입문하는 1567년(명종22)의 이듬해에 사망하였다. 이 무렵 홍가신은 병중인 척암을 문병하였는데 그날 사망하였다 한다. 이것을 보면 신병으로 고생하던 척암(惕菴)이 만년에 민순에게 홍가신과 그 친구들을 연결해 주고 죽은 것이 아닐까 짐작된다.

척암(惕菴)은 이소재(履素齋) 이중호(李仲虎)의 제자[45]로 비록 서자이지만 성리학 공부에 깊은 조예가 있어 퇴계 이황도 학식이 정밀하고 상세한 훌륭한 선비로 칭찬하고 손자 이안도(李安道, 1541~1584)로 하여금 찾아 인사할 것을 권유하였다.[46] 나아가 「천명도(天命圖)」를 정정할 때 퇴계와 함께 논쟁할 정도였다.[47] 그가 죽었을 때 구봉(龜峯) 송익필(宋翼弼)이 만사를 지어주었다.[48] 동몽훈도(童蒙訓導)으로 생활

---

44 자는 敬叔이고, 호는 惕菴·惕若齋이다. 본관은 강릉이다. 목사 金瑁의 서자로 태어났다. 부인 은진송씨는 宋麟壽의 庶妹이다. 李仲虎와 成悌元의 문하에서 수학하였다. 어려서는 학문을 좋아하지 않았는데, 어느 날 심오한 깨달음을 얻어 열심히 공부하였다. 집은 비바람을 막지 못하고, 곡식은 아침 끼니를 잇지 못해도 마음을 쓰지 않았다. 붕우, 친지들의 천거로 童蒙訓導가 된 후 훌륭한 가르침으로 많은 제자들을 길러냈다.(연려실기술 제18권, 宣祖朝故事本末 선조조의 儒賢)

45 『선조실록』 권53, 선조 27년 7월 17일 계사.

46 『언행록』 2 類編 家訓.

47 『高峯集』 제3권 書 答先生問目.

48 『龜峯集』 제1권 五言古詩 二十八首 挽金敬叔惕庵.

하며 인재를 교육하는 것을 좋아하여 그를 거쳐 간 문하생들이 많았다. 홍가신을 비롯해 김창일(金昌一, 1548~1631),[49] 송선(宋瑄, 1544~1629),[50] 성호(成浩, 1545~1588),[51] 박인수(朴仁壽, 1521~1592),[52] 박수(朴受)·박의(朴宜)형제,[53] 김효원(金孝元, 1532~1590),[54] 이발(李潑, 1544~1589)·이길(李洁, 1547~1589)형제[55] 심종민(沈宗敏, 1554~1618),[56] 이성중(李誠中, 1539~1593)[57] 등이 확인된다.

홍가신은 친구들과 1567년에 습정 민순(閔純)의 문하에 들어가 고제(高弟)가 되었다. 민순과는 더불어 가장 친해서 의리가 스승과 벗을 겸하여 학문을 의론하고 의심나는 것은 질문하여 큰 도움을 받았다.[58] 민순에게는 학도들이 많이 모여들었는데 민순은 사도(師道)로 자처하지 않고 단지 문답만 하는 특이한 교육법을 사용하였다. 그는 천거로 관직에 나와 사환하였는데 선조 8년에 동서분당의 조짐이 보이자 관직을 떠나 은거하며 학문정진에만 몰두하였다. 그는 서경덕(徐敬德)을 사사하였고 윤리에 있어서 천부적으로 독실하고 효성이 매우 극진하였다한다. 그 때문에 처음에는 효행으로 소문이 났다가 끝내는 유학

49 『기언』 별집 제22권 丘墓文 四寒先生碣文.
50 『기언』 별집 제20권 丘墓文 木翁 宋先生 묘갈명.
51 『명재유고』 제38권 墓碣銘 省庵成公 묘갈명.
52 『상촌선생집』 제26권 墓表 4수 朴生墓表.
53 『연려실기술』 제10권 明宗朝故事本末 을사년의 黨籍.
54 『연려실기술』 제13권 宣祖朝故事本末 東西 黨論이 나누어지다.
55 『연려실기술』 제14권 宣祖朝故事本末 己丑黨籍.
56 『청음집』 제33권 墓誌銘 九首 价川郡守 沈公宗敏의 묘지명 병서.
57 『용주유고』 제15권 墓碣 戶曹判書坡谷李公墓碣.
58 『晩全先生文集』 6권, 行狀.

(儒學)으로 이름이 났다. 문인 홍가신(洪可臣)은 주자(朱子)가 이연평(李延平)을 기린 말을 인용하여 '주자께서 「연평 선생은 온화하고 겸손하며 정성스럽고 후덕하여 주위 사람이 오랫동안 함께 있어도 그 분의 한계를 볼 수 없으니, 참으로 대단한 군자이시다」고 하였는데, 이 말이 민순의 덕행과 서로 부합된다'고 하였다.[59]

홍가신이 함께 어울린 벗으로는, 유성룡(柳成龍), 동서인 송선(宋瑄), 이발 이길형제, 구암(久庵) 한백겸(韓百謙), 시정(寺正) 권용중(權用中), 참판(參判) 홍이상(洪履祥), 덕신공자(德信公子), 취병(翠屛) 김창일(金昌一), 죽간(竹磵) 강복성(康復誠), 동계(東溪) 우복룡(禹伏龍), 유수(留守) 허잠(許潛)이 있다. 모두 도학(道學)이나 현능(賢能)함으로 소문난 당대의 저명한 인물들이다. 특히 송선은 홍가신과 함께 민순에게서 공부할 때 둘이 서로 상대방에 대해 옛 성현의 학문에 정통하다고 치켜세웠다고 한다.[60]

## 4. 홍가신의 사환과 정치활동

홍가신이 학문을 수련하고 사환을 하던 명종 말, 선조 초는 구태의 척신(戚臣)정치를 청산하고 사림(士林)을 중심으로 새로운 국가체제를 정립해야 하는 정치적으로 민감한 시기였다. 이런 가운데 사림 세력 간에도 분열과 갈등의 조짐이 서서히 내열(內熱)되기 시작하였다.[61]

---

59 『선조수정실록』 25권, 선조 24년 10월 1일 계사 전 좌통례 민순의 졸기.
60 『記言』 別集 제20권, 丘墓文 木翁 宋先生 墓碣銘.

홍가신은 1571년(선조 4) 전랑(銓郞)의 천거로 출사하여 강릉(康陵) 참봉이 되었다.[62] 당시 이조판서 이탁(李鐸)이 전형(銓衡)을 주도하며 산림에서 인재를 발탁하려고 시도하면서 1573년(선조 6) 재야 선비들을 천거하여 이지함(李之菡)·정인홍(鄭仁弘)·최영경(崔永慶)·김천일(金千鎰)을 발탁하여 모두 6품(品)직을 주었다.[63] 같은 해 12월에 이탁의 건의를 수용한 선조가 산림 승서로 홍가신·유몽학·유몽정·김부필·정구를 추천하여[64] 홍가신은 이듬해 6품관인 예빈시 주부가 되고 곧 형조좌랑이 되었다. 6품관이 되자 그동안 고심했던 과거 응시를 포기하였다. 그해 지방관으로 발탁되어 가을에 부여(夫餘) 현감이 되었다. 홍가신은 과감하게 개혁행정을 펼치며 백제 충신들을 기리는 '의열사(義烈祠)'를 건립하였고 이은암(吏隱庵)도 지었다. 청렴하고 간결하게 정치를 잘한다는 소문이 임금에게 보고되자 1578년(선조 11) 지평(持平)에 발탁되었다.[65] 이후 음직 출신인데도 대관(臺官)인 지평(持平)에 발탁되었다는 사실이 유일(遺逸)의 새로운 천거 방식으로 인식되어 많은 사람들에게 회자되었다.

1579년(선조 12)에 홍가신은 부친상을 당하여 3년 상을 치르고 갈

---

61 이정철, 「선조 대 '동서분당' 전개의 초기 양상–이이를 중심으로」, 『민족문화』 43, 2014. ; 金燉, 「宣祖代 沈義謙·金孝元의 갈등 요인 檢討」, 『歷史教育』 79, 2001. ; 金恒洙, 「宣祖 初年의 新舊葛藤과 政局動向」, 『國史館論叢』 34, 1992. ; 吳恒寧, 「《宣祖實錄》 修正攷」, 『한국사연구』 123, 2003. ; 鄭萬祚, 「붕당의 출현」, 『한국사』 30, 1998.

62 『선조수정실록』 5권, 선조 4년 3월 1일 임술.

63 『선조실록』 7권, 선조 6년 6월 5일 계축.

64 『선조실록』 7권, 선조 6년 12월 18일 갑자.

65 『선조수정실록』 12권, 선조 11년 8월 1일 경진.

곳이 없던 동생 경신(慶臣)과 한집에 살았다. 다시 벼슬하면서 장령이 되었고 1583년(선조 16)에는 전설수(典設守)로 제수되었다가 곧 안산(安山)군수로 나갔다. 1584년(선조 17) 안산 군수 홍가신이 선치(善治)했다는 구황 어사(救荒御史) 이성임(李聖任)의 장계에 의해 승서(陞敍)할 것을 명받았다.[66] 그 결과 1586년(선조 19) 정사를 잘한다고 평가되어 수원부사로 승진하였다.

하지만 당시 동인, 서인간에 정치적 갈등이 격화되는 중에 동인들이 율곡 이이와 우계 성혼을 공격함을 계기로 1588년(선조 21) 공주교관 조헌(趙憲)이 동인들을 반격하는데 홍가신을 김응남(金應南)·백유양(白惟讓)·이발(李潑)·이길(李洁)과 함께 허봉(許篈)의 당이라 비난하였다.[67] 그 사이에 구급 경차관(救急敬差官) 정숙남(鄭淑男)이 서장을 올려 수원 부사 홍가신은 구황 성적이 도내의 제일이니 포장(褒奬)해야 하여 표리(表裏) 한 벌을 하사받았다.[68]

하지만 동인, 서인간의 갈등은 깊어져 정여립(鄭汝立) 사건의 발발을 계기로 동인의 수장이라 할 수 있는 이발과 이길 형제가 연루되어 차례로 장사(杖死)하고 집안이 몰락하게 되었다.[69] 그 여파는 홍가신에게도 미쳐 백인걸(白仁傑)의 아들인 백유함(白惟諴)이 "수원 부사 홍가신은 역적 정여립과 평소 우정이 깊어 이발 형제들과 상호 추앙하였으니, 파직해야 된다"고 탄핵하여 관직에 쫓겨나는 비운을 맞이하게 되었다.[70]

---

66 『선조실록』 18권, 선조 17년 5월 7일 임오.

67 『선조실록』 22권, 선조 21년 1월 5일 기축.

68 『선조실록』 22권, 선조 21년 6월 6일 무오.

69 『선조실록』 22권, 선조 22년 12월 12일 을유.

## 5. 임진왜란기 홍가신의 활동

### 1) 아산에서 피난살이와 송유진의 난

임진왜란이 발발했을 때 홍가신은 수원 부사에서 쫓겨나 한거(閑居) 중이었다. 생계 수단이 없어 타고 다니던 말을 팔아 끼니를 이을 정도로 어렵게 지냈다. 왜군의 서울 침략이 빠르게 진행되자 다급해진 선조는 서울 도성을 버리고 몽진(蒙塵)에 나섰다. 서울의 백성들도 일제히 도성을 탈출하게 되는데, 홍가신은 처자를 데리고 걸어서 도성을 벗어나 이리저리 유리하다가 산속 깊은 곳에 숨어 몇 달을 버텼다. 이후 1592년 8월 초승에 양주에서 배를 타고 한강을 내려가 남양(南陽)에 도착하였다. 이곳에서 의병을 조직하고 일본군과 대항하다가 순찰사에게 의병을 인계하고 다시 섬으로 들어갔다가 충청도 당진(唐津)[71]으로 피난하였다. 아마 남양까지 일본군의 점령이 확대되자 새로운 피난처를 찾아 호서지방으로 이주한 듯하다.[72]

당시 전쟁상황은 서울을 점령한 일본군이 북상하여 평양성을 차지하고 있었다. 곧이어 중국군이 참전하여 조·명 연합군은 평양성 탈환 전투에서 일본군을 물리치는데 성공했다. 후퇴하는 왜적을 몰아 남하하던 명나라 기마병단이 벽제관(碧蹄館)에서 매복한 일본군의 역습을 받아 패퇴하였다.[73] 벽제관 전투의 패배 후에 명군은 더 이상 진격을 중단하고 협상을 주장하면서 전쟁은 지루한 소강상태에 빠지고 말았

70 『선조실록』 23권, 선조 22년 12월 4일 정축, 黃赫, 『己丑錄』 上.
71 『晩全先生文集』 1권, 七言四韻 避亂唐津 癸巳, 『晩全先生文集』 3권, 賊退後奉事.
72 『선조실록』 36권, 선조 26년 3월 24일 기묘.
73 『선조실록』 37권, 선조 26년 4월 1일 을유.

다. 서울 탈환이 화급하였던 조선 정부는 서울 수복을 위해 고심하고 있었다. 이때 파주(坡州)지역은 서울로 들어가는 길목이어서 중국군의 이동이 잦아 이곳을 관장하는 수령의 선임은 대단히 중요하였다. 홍가신은 이때 파주목사에 제수되어 3월 22일에 부임하였다.[74] 당시 파주는 명군의 접대 등과 같은 번다한 사무가 많아 홍가신도 고심이 많았다.[75] 그는 당시 파주의 형편을 다음과 같이 피력하였다.

> 파주는 길가의 난리를 겪어 탕패(蕩敗)한 고을이어서 죽이고 불사르고 약탈한 나머지 아전과 남은 백성들이 남은 자가 백에 이 삼명도 되지 않는 데다가 흉적들의 출몰이 때때로 있으며 중국군의 왕래가 연락부절하여 여기를 다스리려면 힘이 세고 재주가 출중한 사람이 맡더라도 한쪽으로는 적을 막고 군사를 내어 좌우로 수작하며 전후로 헤아려서 일의 기회를 잃지 않는 것도 또한 어려운 일이온데 하물며 신같이 늙고 병들고 못나서 한 가지도 능함이 없는 자이겠습니까?[76]

그가 부임한 5일 차인 3월 27일 전쟁을 지휘하던 도체찰사 유성룡(柳成龍)은 경기 각처의 왜적들이 사면에서 부딪쳐 돌진해오니 사세가 날로 더욱 시급한데 파주에 새로 부임한 목사 홍가신은 사정에 어둡고 일이 서투른(迂拙) 서생으로서 평상시에 백성을 다스리는 것은 비록 무관보다 낫겠지마는 이러한 전진(戰陣)에서 변란과 사고에 대비해야 할 즈음에는 어찌 능히 임무를 가망할 수 있겠는가 하고 무인인

---

74 『선조실록』 34권, 선조 26년 1월 11일 병인, 『晩全先生文集』 3권, 賊退後奉事.
75 『晩全先生文集』 6권, 行狀.
76 『晩全先生文集』 3권, 賊退後奉事.

훈련원 부정 김명윤(金明胤)으로 교체할 것을 건의하였다.[77]

그 결과 부임한 지 불과 10여 일 만에 체찰사의 배척을 받아 돌아와 오두막집에 엎드려 있었다고 한다. 하지만 다시 5월 11일 홍가신은 다시 파주목사에 제수되었다.[78] 그러나 임명을 알리는 명령이 전란 중이라 제대로 전달이 안돼 명령이 내린 지 두 달 후에 길에서 알게 되었고, 다시 배척당해 파면되었다는 소식도 듣게 되었다.[79]

이때는 아산으로 낙향한 듯한데 지독한 흉년에 어려운 식량난으로 온 집안이 굶주려 저녁때가 되었는데도 아침조차 못먹었을 정도로 고생하였다. 마침 친구인 박의(朴宜)가 직산 현감으로 있어 그의 도움을 받아 온 집안이 곤궁함에서 벗어났다.[80] 하지만 그해 여름부터 가을 이후까지 이질(痢疾)과 학질(瘧疾)로 인해 홍가신은 건강이 극도로 악화되었다. 약을 쓸 길이 없고 음식을 먹지 못하며 기운이 쇠잔해 지팡이를 짚어야 겨우 일어설 정도였다.[81] 그런 가운데 〈적퇴후봉사(賊退後奉事)〉라는 12개 항목으로 정리된 상소문을 올렸다. 해주에 머물며 환도를 앞둔 국왕 선조에게 국가재건에 대한 정책을 건의하기 위해서였다. 그 내용이 신랄할 정도로 국왕 선조의 국정 운영의 난맥상을 지적하였기에 당시 그 상황을 지켜본 김응남(金應南)은 송연함을 느꼈다고 하였다. 이 무렵 직산 현감이던 친구 박의(朴宜)가 홍주목사로

---

77 『辰巳錄』 권2 請遞坡州牧使洪可臣 以金明胤代之 驪州牧使南彦經 以金億秋代之狀 癸巳三月二十七日 在東坡, 『선조실록』 49권, 선조 27년 3월 27일 을사.

78 『선조실록』 38권, 선조 26년 5월 11일 갑자.

79 『晩全先生文集』 3권, 賊退後奉事.

80 『晩全先生文集』 6권, 行狀.

81 『晩全先生文集』 3권, 賊退後奉事.

전임(轉任)되었다. 하지만 이듬해 '송유진(宋儒眞)의 난'이 터지자 직산 현감일 때 경내에서 도둑 떼가 횡행하였는데도 감사나 병사에게 보고하지 않았다는 이유로 사헌부가 탄핵하여 1594년(선조 27) 1월 21일에 파직되었다.[82] 구체적으로는 직산(稷山)의 좌수(座首) 임달신(任達臣)[83]의 진고(進告)를 받고서도 천천히 첩보(牒報)하여 심상한 일 보듯이 하였고, 마침 홍주목사로 옮겨 제수하는 명(命)이 내리자, 일각이라도 지체하다가 도적을 체포하는 일에 관여될까 두려워하여 교대자가 오기를 기다리지 않고 바로 새 임지(任地)로 부임하여 갔다는 것이었다.

그런데 송유진의 난의 조짐이 알려진 것은 아산에 피난해 있던 홍가신이 친구인 영의정 유성룡에게 편지를 보내 알려주었기 때문이다.[84] 아마도 임달신의 진고 내용이 홍가신에게도 알려졌고 그를 통해 유성룡에게 전달되었을 것으로 보인다. 따라서 선조가 구언(求言)을 통해 홍가신의 상소를 받고 김응남이 겁을 낼 정도로 불쾌하게 여겼다는 기록이 있음에도 불구하고 홍가신을 홍주목사로 제수한 것은 이 첩정(牒呈)에 대한 보상으로 여겨진다. 그 결과 박의가 파직된 같은 날 홍가신이 홍주목사에 제수되었다.[85]

---

82 『선조실록』 47권, 선조 27년 1월 21일 경자.

83 임달신은 직산의 좌수였다. 그의 사위는 박유충(朴由忠)으로 조부가 박세영(朴世永)이고 부친이 박지성(朴知性)이다. 1605년(선조 38) 을사 증광시에 급제하였고 잠야 박지계(朴知誡)의 7촌 조카가 된다. 임달신은 송유진의 난을 고변한 이유로 상직을 받았다.(『선조실록』 47권, 선조 27년 1월 12일 신묘)

84 『선조실록』 47권, 선조 27년 1월 11일 경인.

85 『선조실록』 47권, 선조 27년 1월 21일 경자.

### 2) 홍가신의 홍주목사 시절과 이몽학의 난 진압

홍가신은 1594년(선조 27) 1월 21일 홍주목사에 제수되었다.[86] 홍주(洪州)는 충청도의 계수관(界首官)[87]으로 조선 전기 국방 체제인 진관체제(鎭管體制) 상에서 볼 때 내포와 연해 지역을 방어하는 군사적 요충지였다.[88] 따라서 호남을 통해 충청우도로 적이 쳐들어오면 공주(公州)에서 막고, 바다에서 들어오는 해적(海賊)은 홍주에서 방어하도록 역할 분담이 되어 있었다.[89] 따라서 선조 27년 광해군의 무군사(撫軍司) 활동이 이곳에서 활발하게 전개되는 것도 이런 연유에서였다.

광해군은 왕세자의 자격으로 군국사무를 주관하며 1593년(선조 26) 윤11월에 무군사(撫軍司) 일행을 이끌고 충청우도를 거쳐 전라도 전주(全州)로 남행[90]하였다. 군대를 초모하고 왜구의 격퇴를 위해 순행한 것이다. 왕세자는 전주에서 12월까지 머물다가 선조 27년 1월에 북상하여 공주에 도착하였다.[91] 다시 2월 21일 출발하여 정산(定山), 청양(靑陽)을 거쳐 23일 홍주에 도착하였다.[92] 이날부터 무군사 일행은 8월 6일까지 5개월 14일간 홍주에서 머무는데 홍가신이 이들을 지공(支供)하는데 분주하였다.[93] 당시 좌의정 윤두수를 비롯한 많은

---

86 『선조실록』 47권, 선조 27년 1월 21일 경자.
87 『문종실록』 4권, 문종 즉위년 10월 26일 병신.
88 『선조실록』 55권, 선조 27년 9월 16일 신묘.
89 『선조실록』 82권, 선조 29년 11월 26일 무오.
90 『선조실록』 45권, 선조 26년 윤11월 18일 무술, 『선조수정실록』 27권, 선조 26년 12월 1일 경술.
91 『선조실록』 47권, 선조 27년 1월 1일 경진.
92 『선조실록』 48권, 선조 27년 2월 23일 임신.
93 『선조실록』 50권, 선조 27년 4월 1일 기유, 『선조실록』 51권, 선조 27년 5월 1일 무인, 『선조실록』 51권, 선조 27년 5월 23일 경자, 『선조실록』 53권, 선조 27년

관리들이 광해군을 호종하였고[94] 종위(從衛)하던 백관이 가족들을 대동하였기에 이들을 대접하기가 무척 번거로웠다. 하지만 홍가신은 간단하고 쉽게 처리하여 료(料)를 나누어 주는 이외에는 사사로는 청탁을 일체 받아 주지 않아 궁인(宮人)과 환관(宦官)들의 원망을 많이 샀다고 한다.[95]

홍가신이 홍주목사로 재임 중에 만난 가장 큰 위기는 '이몽학(李夢鶴)의 난'이었다. 송유진의 난이 사전에 발간되어 실패로 돌아간 것과 달리 1596년(선조 29) 7월 6일에 일어난 이몽학의 반란은 거사에 성공하여 호서지방의 홍산, 임천, 정산, 청양, 대흥 등 여러 고을이 점령당하고 수령에게 항복을 받는 등 크게 위세를 떨쳤다. 이몽학은 서울 마전교(馬前橋) 주변에 집이 있고[96] 전주이씨 방계 혈족으로 서얼 출신이었다. 그가 명종대 권신인 이량(李樑)의 서형제인 이주(李柱)의 첩자(妾子)라는 설이 있다. 하지만 족보상으로는 확인되지 않는다.[97] 이몽학은 임진왜란이 일어나자 호서에서 종군하며 조련 장관(操練將官)이 되어 홍산의 무량사(無量寺)에 거처하며 선봉장 한현(韓絢) 등과 친교를 맺었다.

한현은 겸사복(兼司僕) 출신의 무관으로 경기도에서 활동한 의병장이다.[98] 영리하고 군사 조직에 밝아 장수가 되었다. 그는 1594년(선조

---

7월 1일 정축, 『선조실록』 53권, 선조 27년 7월 22일 무술, 『선조실록』 54권, 선조 27년 8월 1일 병오.

**94** 『선조실록』 51권, 선조 27년 5월 16일 계사.

**95** 『晩全先生文集』 6권, 行狀.

**96** 『광해군일기』 권55, 광해군 4년 7월 7일(기해).

**97** 鄭慶雲, 『孤臺日錄』 2권, 병신년 7월 16일.

**98** 『현종개수실록』 권19, 현종 9년 4월 13일 신사.

27) 1월 송유진의 난이 아산과 직산에서 일어날 때 온양(溫陽)에 있었다.[99] 이곳에서 그가 무엇을 했는지는 알 수 없지만 이듬해 청주에서 역모가 고변(告變)되는 사건이 일어났을 때, 그도 연루되어 문초를 받은 적이 있다.[100] 이 사건은 결국 증거불충분으로 처벌되지 않고 무마되는 것으로 끝났지만 1596년(선조 29)에 홍산(鴻山)에서 이몽학과 함께 일으킨 변란은 봉기하는데 성공하였다. 한현은 『기효신서(紀效新書)』의 속오법을 가지고 군사를 배치하고 기량을 훈련시켰다. 권인룡(權仁龍)·김시약(金時約) 등과 함께 모두 서인으로 응모하여 함께 선봉장이라 호칭하며 어사 이시발(李時發)에 소속되어 호서의 군사 조련을 관할하였다. 이 무렵 민심이 탄식과 원망으로 차 있고, 크고 작은 고을에 모두 방비가 소홀한 틈을 타서 난을 일으키고자 하였다. 이몽학은 한현의 막하에 들어가 양곡을 모으는 모속관(募粟官)으로 충청도 일대에서 양곡을 모아 관군과 의병에게 보냈다.[101] 한현은 이몽학에게 변란을 도모할 군사를 모집하라고 지시하고 고향 면천(沔川)으로 들어가 귀추를 엿보았다.

이몽학은 처음에 부여 무량사(無量寺)에서 기치(旗幟)와 기장(器杖)을 만들고 동갑계(同甲契)를 만들어 세력을 키웠다. 이때 부여의 도천사(道泉寺)의 승려 능운(能雲)과 협력하여[102] 왜장 가토기요마사(加籐清正)가 다시 침입한다는 풍설로 사람들을 선동하며 동조자를 모으고 승려 수백 명과 종과 유리민들을 끌어들였다. 7월 초순에 도천사에서

---

99 『선조실록』 권47, 선조 27년 1월 15일(갑오).
100 『선조실록』 권69, 선조 28년 11월 9일 정축.
101 『선조수정실록』 권30, 선조 29년 7월 1일(병인).
102 『선조실록』 권77, 선조 29년 7월 29일(갑오).

승속(僧俗) 장군이라는 이름을 내걸고 200여 명의 중과 농민을 합쳐 연합군을 결성했다. 그런데 승려 설미(雪眉)가 고변하려 한 사실이 알려지자 그를 살해하고[103] 자신의 계획이 사전에 발각될까봐 다른 세력과 충분한 협의를 거치지 않은 채 군사를 이끌고 홍산(鴻山)의 쌍방축(雙防築) 들판에 나와 진을 쳤다.[104] 얼마 지나지 않아 장정 600여 명이 이곳으로 모여들었다. 이들은 대개 무기 대신 낫과 괭이를 들고 나왔다. 이몽학은 무리를 이끌고 홍산과 임천의 관아로 쳐들어가 두 고을을 무혈 점령하고 홍산 현감 윤영현(尹英賢), 임천 군수(林川郡守) 박진국(朴振國)을 사로잡았다. 두 고을을 접수해 무기와 양곡을 거두자 주위의 백성들이 몰려들어 숫자가 불어났다. 이어 정산(定山), 청양(靑陽), 대흥(大興)을 점령했다.[105] 이몽학의 봉기 소식에 동조하는 농민들이 찾아와 합세했으며 군관 수백 명도 합류했다. 이들 무리가 저지르는 관아의 방화와 부호집의 약탈이 일본군의 침입을 방불케 했다.

이몽학군은 승세를 타고 5도에서 군사를 일으켜 서울로 진격할 것과 김덕령과 곽재우와 홍계남이 모두 군사를 일으켜 동조하며 병조판서 이덕형이 서울에서 내응하고 각 도의 병사와 어사들이 호응한다고 선전하였다.[106] 이몽학군이 가는 곳마다 백성들이 술과 음식을 마련해 맞이했으며, 아전과 군관들이 성문을 열고 영접했다. 난을 일으킨 지 채 일주일도 안 된 7월 10일, 주력부대는 북상하여 홍주성으로 쳐들

---

103 『선조실록』 권78, 선조 29년 8월 25일 경신.

104 『선조실록』 권77, 선조 29년 7월 9일(갑술), 『선조실록』 권78, 선조 29년 8월 25일(경신).

105 『선조실록』 권77, 선조 29년 7월 13일(무인).

106 『선조수정실록』 권30, 선조 29년 7월 1일(병인).

어갔다.

이때 홍주목사 홍가신(洪可臣)은 앞장서서 군민(軍民)을 거느리고 농성하며 굳게 지키겠다는 의지를 보이며 계책을 준비하였다. 이러한 홍가신의 태도에 원근(遠近)에서 풍문을 듣고 모두 홍주로 돌아오게 되었다.[107] 홍가신은 민병(民兵)을 모으는 한편 홍주에 사는 무장 임득의(林得義)·박명현(朴名賢)과 충청도 순찰사(巡察使)의 종사관(從事官) 신경행(辛景行) 등이 입성하자 홍주성을 지킬 계책을 논의하고 성 밖에 연이어 있는 민간 초가집들을 그대로 놓아두면 적들이 비를 피하고 밥을 해먹기에 편리하다고 하여 밤에 불화살을 쏘아 모두 태워버렸다.[108]

그는 반역군이 홍주으로 몰려온다는 소문을 듣고 홍주의 가리(假吏) 이희수(李希水)와 신응수(申應水) 두 사람을 첩자로 삼아 이몽학에게 보냈다. 두 첩자는 이몽학을 찾아가 투항한다고 말하고 이몽학을 설득하기를 홍주성은 견고해 쉽게 무너뜨릴 수 없으니 자신들이 먼저 그 허실을 엿보고 돌아온 뒤에 쳐들어가는 것이 좋을 것이며 자신들이 내응하겠다고 약속하였다. 이 말을 믿고 이몽학은 하루를 기다렸지만 아무 연락이 없자 진군을 서둘렀다. 홍가신은 첩자들의 활약으로 하루를 벌어 여러 곳에 연락하고 방비를 서둘렀다. 이때 연락을 받은 충청 수사 최호(崔湖)가 남포, 보령 등지에서 군사를 이끌고 홍주성으로 들어와 동문(東門)을 지켰다.[109]

---

107 『선조실록』 권77, 선조 29년 7월 13일(무인), 『선조수정실록』 권30, 선조 29년 7월 1일(병인).

108 『선조수정실록』 30권, 선조 29년 7월 1일 병인.

109 『선조실록』 권77, 29년 7월 13일(무인).

한편 온양에 있던 충청병사 이시언(李時言)은 전주에 머물고 있는 도원수 권율에게 이 사실을 알렸다. 권율은 전라감사 박홍로(朴弘老)에게 군사를 동원해 토벌하라고 지시하고, 진주에 있는 김덕령에게도 구원병을 보내라고 연락했다. 경상도에는 항왜인 투순군(投順軍)을 보내라고 지시했다.[110] 이날 밤 이시언은 온양에서 출발해 예산 무한성에 이르렀고, 충청도 순안 어사(巡按御史) 이시발(李時發) 군대는 유구, 중군 이간(李侃) 군대는 청양에 이르렀다. 권율은 군사를 이끌고 석성에서 적의 동정을 살폈다.

얼마 안돼 반란군이 성 동쪽에 와서 진을 치고 세 곳으로 나누어 성을 포위하려 했다. 때마침 날이 저물고 비가 내릴 징조가 보여 반란군이 민가를 나누어 점거할까 염려하여 화전(火箭)으로 적에게 가까운 민가를 불태우고 성안에서 함성을 크게 지르자 반란군들이 두려워 밤을 타고 달아났다.[111]

도원수 권율과 전라감사 박홍로와 김덕령이 군사 수만 명을 이끌고 이곳에 이르렀다. 반란군은 자기들을 동조한다던 김덕령이 군사를 이끌고 온다는 사실에 동요했다. 반란군의 일원인 임억명, 김경창이 이몽학의 군영으로 들어가 그의 머리를 베어 바쳤다. 지도자를 잃은 반란군은 사기가 꺾여 뿔뿔이 흩어져 달아났다. 수성군은 추격병을 보내 닥치는 대로 잡아 죽이고 포박했다.

이몽학난이 실패한 것은 다른 세력과 충분히 작전을 협의하지 못한 처지에 오합지졸을 모아 초기에 승승장구한 것을 믿고 신중한 전술을

---

**110** 『선조실록』 권56, 선조 27년 10월 18일(임술).

**111** 『선조수정실록』 권30, 선조 29년 7월 1일(병인).

구사하지 못한 것이 가장 큰 원인이었다. 면천에 있던 한현은 그의 가족과 함께 서울로 잡혀와 처형되었다. 반란이 진압되고 나서 홍주를 비롯해 충청도 일대는 한동안 조정에서 파견된 관리들이 도사, 선전관들이 죄인을 잡는다는 이유로 연루자를 잡아 가혹하게 처벌하였다. 충청도 도사 이빈(李贇)은 정산에서 80명을 혐의자로 잡아 임의로 처형하기도 했다.[112]

이렇게 가혹한 처벌은 그동안 누적된 호서민들의 불만이 민란으로 터지고, 이 지역 사람들의 호응이 커지자 조선 정부가 크게 당황한 결과였다. 조선 정부는 이들의 반란이 이반된 민심을 타고 전란 중에 있던 왕조의 운명을 바꿀 수도 있다는 위기의식 때문에 두려움을 크게 느끼고, 이 지역민들을 무자비하게 탄압하고 진압하였다. 반란에 참여했거나, 참여하지 않은 사람까지도 반란 혐의를 씌워 가혹하게 고문하여 처참하게 죽임을 당하는 사례가 많았다.

난이 수습되자 정부는 사건의 실상을 정확히 파악하고 처벌자 색출을 위해 노력하는 한편 성공적으로 민란을 진압에 성공한 수훈자들에 대한 논공행상을 단행하였다. 최고의 수훈자는 홍주성을 끝까지 수호한 홍가신이었다. 우선 홍가신을 통정대부로 삼고 홍주목사에 연임시켰다.[113] 상황을 수습하러 왔던 충청도 순찰사 이정암(李廷馣)이 '홍주

---

112 藤井誠一, 「李夢鶴の亂について」, 『青丘學叢』 22, 1935. ; 矢澤康祐, 「壬辰倭亂と朝鮮民衆のたたかい」, 『人文學報』 118, 東京都立大學, 1977. ; 貫井正之, 「壬辰倭亂における義兵活動と民衆反亂」, 『朝鮮史研究會論文集』 16, 1989. ; 강 미, 「壬辰倭亂期 湖西地域의 反亂과 性格」, 부산대 교육대학원 석사논문, 1998. ; 『선조실록』 권77, 선조 29년 7월 29일 갑오.

113 『선조실록』 권77, 선조 29년 7월 16일 신사, 『晩全先生文集』 6권, 附錄, 敎洪州牧使賞加書.

목사는 평소에 민심을 얻었기 때문에 비록 갑작스런 변을 당했을 적에도 백성들이 배반하여 가버리지 않고 상하가 협력하여 농성(籠城)하며 굳게 지키므로, 역적의 무리들이 놀라 무너지게 되고 원흉(元兇)이 머리를 베이게 되었으니, 이는 진실로 국가의 큰 복입니다. 성을 지킨 장사(將士)들에게 특별히 은전(恩典)을 베풀지 않을 수 없으니, 조정에서 참작하여 거행하자'고 건의하였다.[114] 그 결과 1차로 홍가신을 당상관으로 승진시켰다.[115]

1599년(선조 32)에 홍주목사 임기가 차자 홍가신은 홍주를 떠나 남양 촌집으로 돌아왔다. 간고(艱苦)하기가 이를 데가 없었는데 이를 듣고 홍주 백성들이 보리 수십 석을 배로 운반해 가져왔다. 홍가신을 사양하였지만 간곡한 요청에 한 섬을 받았다. 이해 강화 부사를 제수했으나 사양하고 부임치 않았고 홍주목사를 마친 후에는 모두 벼슬을 사양하였다. 1600년(선조 33)에 해주목사에 제수하였다. 당시 해주는 여러 왕자, 옹주 등 왕실 가족의 피난처였기에 업무에 능한 홍가신이 부임하기를 재촉하여 남의 말을 빌려 타고 부임하였던 것이다. 하지만 왕실 가족을 예우하기 위해 백성들을 괴롭힐 수 없다고 하며 벼슬을 사임하고 12월에 아산으로 귀향하였다.[116]

---

114 『선조실록』 권77, 선조 29년 7월 23일 무자.
115 『선조실록』 권78, 선조 29년 8월 25일 경신.
116 『晩全先生文集』 6권, 行狀.

## 6. 맺음말

홍가신은 미증유의 대전란인 임진왜란에서 국내적 위기 상황을 악화시킨 이몽학(李夢鶴)의 난을 효과적으로 진압하여 몰락의 위기에 처해 있던 조선 왕조를 살려낸 역사적 인물로 평가되고 있다. 전란을 효과적으로 막지 못해 국가를 위기로 몰아넣고 빈궁한 백성들의 삶조차 붕괴시켰다는 점에서 조선 왕조의 전쟁책임은 무한한 것이었다. 하지만 국가의 책임과 잘못이 아무리 막중해도 전란 중에 국가체제를 전복하려는 백성들의 기도를 사족(士族)이며 국록(國祿)을 받아먹는 홍가신의 입장에서는 용납할 수 없는 것이었다. 그것은 그가 교육받은 성리학적 가치관에도 배반되는 행위였다.

하지만 전란 속에서 적군의 칼날과 굶주림, 질병에 허덕이며 전쟁비용을 조달한다는 명분하에 무한 착취의 대상일 수 밖에 없었던 당시 백성들의 입장에서는 변란을 일으켜서라도 고통스런 상황을 바꾸는 외에 뾰족한 탈출구가 없는 실정이었다. 따라서 위난을 극복한 수훈자라고 왕조 정부가 나중에 홍가신을 공신으로 책봉하려 할 때에도 한사코 거절하려 한 이유도 여기에 있는 것이다.

반면에 홍가신은 구언(求言)에 대답하는 형태로 수차례나 국왕의 실정과 위기 대응 능력의 난맥상을 신랄(辛辣)할 정도로 비판하고 있다. 홍가신은 부여 현감으로 부임인 이래 수차례 외직에 임명되어 가는 곳마다 선정(善政)을 베풀어 백성과 국가 모두로부터 인정을 받은 경험이 있다. 백성들의 고달프고 고통스런 삶을 누구보다 잘 알고 있는 목민관이었다. 따라서 그가 제시하는 국정의 난맥상을 해결하는 정책건의는 현실에 기반하고 있을 뿐 아니라 백성들의 입장을 잘 대변하고 있는 주장이기도 했던 것이다. 하지만 대부분의 홍가신의 주장은 '가납(嘉納)한다'는 회신만 있을 뿐이고 실질적인 정책으로 반영되고 집행되지를 못했다. 당시 사신(史臣)조차 이런 점을 강하게 비판할 정도였다.

이런 점에서 홍가신은 시대적 과제를 고민하는 지성인의 모습을 보여주고 있다. 이런 태도는 당시의 파쟁적인 정치 상황을 인식하는 데도 대단히 비판적이어서 비록 동인(東人)으로 분류되어 있어도 극단적인 정여립(鄭汝立), 정인홍(鄭仁弘) 세력을 배격하였고, 서인인 율곡 이이(李珥)의 개혁정치에 공감을 표하는 태도를 보여주었다. 또한 선조 말부터 북인들의 정권 주도와 독주를 못마땅하게 생각하고 강하게 비판하였으며, 대북(大北) 정권이 수립된 광해군대에는 출사를 기피하고 병을 핑계로 치사(致仕)를 요구하며 관직을 회피하는 것도 이런 이유로 보인다.

## 제 3 부

# 추존과 가문

# 공신 녹훈과 인산서원 배향

이근호

## 1. 머리말

이 글은 홍가신(洪可臣 : 1541~1615)의 정치활동, 특히 임란 이후의 정치활동을 추적하고, 사후에 진행된 추숭 사업의 내용을 해명하기 위해 작성되었다. 홍가신은 산야(山野)의 인재[1]로 발탁되어 판서에까지 오른 인물이다. 그는 특히 임진왜란 때 홍주를 중심으로 한 이몽학(李夢鶴) 난을 제압하였고, 전란 후에는 각종 전란 수습책을 제시하기도 하였다. 사후에는 아산의 인산서원과 온양의 정퇴서원에 배향되면서, 오늘날 아산 지역의 역사적 정체성을 대변하는 인물로 추앙을 받고 있다.

지금까지 홍가신에 대해서는, 전반적인 생애에 대한 검토와 관련 자료를 총집(叢集)한 연구[2] 이외에 임진왜란 때 지방관으로 경험을 중

---

1 『선조실록』 권7, 선조 6년 12월 18일(갑자).

2 박을수, 『만전당 홍가신 연구』, 글익는들, 2006 ; 박을수, 「만전 홍가신의 생애와 활동」, 『조선시대 아산지역의 유학자들』, 지영사, 2007.

점적으로 검토하거나, 그의 경세방략을 중심으로 검토한 연구, 내포 지역 민의 동향과 함께 홍가신의 역할을 검토한 연구가 제출되었다.[3] 이밖에도 초상화에 대한 검토,[4] 인간적인 면을 강조하거나,[5] 국정 운영 및 행정 개혁 개선 방안 검토,[6] 상소문을 중심으로 경세 방안을 검토한 연구[7] 등이 제출되었다.

이상의 연구를 통해서 홍가신의 생애 상당 부분이 해명되었다. 다만, 당대 정국 속에서 홍가신의 활동이나 생애를 규명하려는 노력은 부족했다. 아래에서는 선행 연구를 참고하면서, 당대 정국의 흐름 속에서 홍가신의 활동을 검토하고자 한다. 특히 임진왜란 이후 정치활동에 주목하여 서술하였다. 더하여 홍가신 사후에 이루어진 추숭 사업을 소개하면서 그 일환으로 이루어진 인산서원 배향의 과정을 살펴보고자 한다.

---

3 김기승, 「홍가신과 임진왜란 – 충청 지역 지방관이 경험한 임진왜란 전후의 조선사회」, 『한국인물사연구』 8, 2007 ; 김기승, 「홍가신의 사상과 활동」, 『조선중기 홍가신·허목의 사상과 학문』, 수원화성박물관, 2012.

4 윤진영, 「초상화의 이모(移模)와 전승–도강영당(道江影堂) 구장(舊藏)의 홍가신·허목 초상화를 중심으로–」, 『조선중기 홍가신·허목의 사상과 학문』, 수원화성박물관, 2012.

5 송기섭, 「만전당 홍가신의 생의 자취와 삶의 지향」, 『한문고전연구』 33, 2016.

6 송기섭, 「만전당 홍가신의 국정개혁에 대한 방략과 행정문화개선 연구」, 『Culture and Convergence』 40, 2018.

7 복대형, 「홍가신 경세사상 연구 – 上疏文을 중심으로 –」, 『한문고전연구』 33, 2016.

## 2. 공신 녹훈과 정치활동

1598년(선조 31) 11월 19일 순천 예교성 전투에서 일본군이 패주(敗走)하며 전란이 종식되었다.[8] 같은 해 11월 24일 영돈녕부사 이산해(李山海), 해원부원군 윤두수(尹斗壽), 행지중추부사 정탁(鄭琢) 등 원로를 포함한 신료들이, 천우(天佑)로 일본군이 물러가게 된 것은 사직과 생민(生民)의 기쁨이라는 내용의 상소를 올려 전란의 종식을 천명하였다.[9] 전란이 종식되기는 했으나 정국은 요동쳤다. 종전 직전부터 북인(北人) 세력을 중심으로 남인 류성룡(柳成龍)에 대한 비판이 제기되었다. 류성룡이 변무사(辨誣使)를 기피한 것과 '주화오국(主和誤國)'하였다는 것에 대한 비난이었다. 남인 일부에서 류성룡을 옹호하는 의견이 제기되기는 하였으나, 선조가 북인을 지지하며 결국 류성룡은 체차되고, 북인이 대거 진출하면서 정국을 주도하였다.[10] 국왕 입장에서 전쟁 책임을 돌릴만한 소재가 필요하였기 때문이기도 하다. 북인 주도의 정국에서 홍가신의 정치활동은 제한적이었다.

북인 주도의 정국에서 홍가신은 1599년(선조 32) 11월 강화 부사에 제수되었다.[11] 그러나 이때는 사양하고 부임하지 않았으며, 이후에도 다른 관직에 제수되었으나 역시 출사하지 않았다.[12] 이는 정국을 주

---

8 『선조실록』 권106, 선조 31년 11월 23일(갑진).

9 『선조실록』 권106, 선조 31년 11월 24일(을사).

10 구덕회, 「선조대 후반(1594~1608) 정치체제의 재편과 정국의 동향」, 『한국사론』 20, 1988, 242~246쪽.

11 『선조실록』 권119, 선조 32년 11월 4일(기유). 한편 홍가신의 이력이나 활동 등에서 대해서는 김기승, 앞의 논문, 2012에서 자세히 정리된 바 있어 많은 참고가 되었다.

도하던 북인과 다른 정치적 입장 때문이었을 것으로 판단된다.[13] 이어 1600년(선조 33) 해주 목사에 제수되었다.[14] 그런데 이때 이이첨(李爾瞻)은, 홍가신이 해주 목사로 나아가는 것을 막았다. 즉 이이첨은 상공(相公)의 뜻임을 표방하면서, 홍가신에게 "지금 여러 왕자와 옹주의 12궁(宮)이 모두 해주(海州)에 가 있으니 그 괴로움을 견딜 수 없을 것"이라고 하며 부임을 막았다. 이이첨의 시도는 한 차례 더 진행되었다.[15]

실제 이이첨의 지적처럼 당시 해주에는 다수 궁가(宮家)가 있었고, 궁가 노비들의 작폐가 문제가 되거나[16] 왕자나 대신의 응대를 위한 물품 조달[17] 등이 문제점으로 지적되었다. 1601년(선조 34)에는 종실이 지역에서 여러 가지 폐단을 일으키자 이들을 모두 서울로 옮기라는 지시가 있기도 하였다.[18] 따라서 이이첨의 지적이 전혀 사실과 다른 것은 아니었다. 그럼에도 이이첨은 홍가신이 "괴로움을 견딜 수가 없"

---

12 洪可臣, 『晩全集』 권6, 附錄, 行狀(洪慶臣 撰).

13 물론 홍가신이 북인 주도 정국에 대한 불만으로 출사하지 않았는지 확정할 수 있는 자료는 없다. 다만, 동생 洪慶臣이 류성룡을 옹호하다가 遞職된 바 있다. 동생 홍경신은 홍가신의 행장을 찬술하기도 하였는데, 이를 통해 볼 때 형 홍가신과 일정하게 정치적 입장을 공유했을 것으로 판단된다.

14 洪可臣, 『晩全集』 권6, 附錄, 行狀(洪慶臣 撰). 한편 실록에서는 홍가신이 해주목사에 제수된 사실은 확인되지 않는다. 다만 그가 제수된 시점을 확인할 수 있는 것이, 뒤에 서술하겠으나 銓郎 李爾瞻이 등장한다는 사실이다. 이이첨은 1599년(선조 32) 1월에 이조좌랑, 같은 해 12월에 이조정랑에 제수되었다. 그렇다면 행장에 제시된 제수 사실은 인정된다.

15 洪可臣, 『晩全集』 권6, 附錄, 行狀(洪慶臣 撰).

16 『선조실록』 권47, 선조 27년 1월 4일(계미).

17 『선조실록』 권47, 선조 27년 1월 27일(병오).

18 『선조실록』 권142, 선조 34년 10월 11일(을해).

다는 이유만으로 부임을 막았을까? 더 이상의 설명이 없기에 이이첨이 홍가신의 부임을 막았던 이유를 단정할 수는 없다. 다만, 해주 지역에 다수의 궁가가 포진하였다는 이이첨의 지적을 통해서 추론해본다면, 새롭게 정권을 잡은 북인 처지에서 해주 지역에 포진한 다수 궁가와의 연결은 정권을 공고하게 하는 기반이 될 수도 있었을 것이다. 그럼에도 홍가신이 해주 목사로 나아간다면, 이이첨 등 북인의 입장에서 장애 요인이 되지 않았을까 추론해본다.

이이첨이 막기는 했어도 홍가신은 "신자(臣子)가 제명(除命)을 듣고 어찌 괴로움을 피하리오"라며 해주 목사에 부임하였다.[19] 해주 목사에 부임한 홍가신은, 통상 왕자궁 등에 물건을 바치고 왕자와 부마들을 불러 모아 연회를 베푸는 일을 하지 않았다. "지금 세상에는 궁중을 사귀어 통하고 때로 물건을 바치는 것이 풍속을 이루고 있으니 부끄럼이 없기도 심하도다. 또 고을 백성들이 한편으로는 제궁을 받들고 한편으로는 대군을 공궤하자니 기름과 피가 이미 다했는데, 어찌 차마 백성을 괴롭혀서 비용을 판비할 수가 있겠는가?"라며 이를 실행하지 않았다. 홍가신은 같은 해 12월에 해주 목사를 그만두었다.[20]

이후 홍가신이 다시 출사한 것은 1603년(선조 36) 이었다. 이즈음 조정에서는 몇 가지 사안에 대해 공신 녹훈이 논의되었다. 임란과 관련한 공신 녹훈은 이미 1597년(선조 30)경부터 국왕의 지시가 있었으나,[21] 전쟁 중이라는 상황으로 더 이상 논의되지 않다가, 1601년(선조

---

19 『해주읍지』 선생안.

20 洪可臣, 『晩全集』 권6, 附錄, 行狀(洪慶臣 撰).

21 『선조실록』 권91, 선조 30년 8월 19일(정축).

34) 3월 다음과 같은 비망기가 내려오면서 본격적으로 논의되었다.

> "임진년(壬辰年) 서행(西行) 때 호종했던 사람들에게 녹훈할 것을 전교하였는데, 이제 왜적도 다 몰아내고 중국군도 모두 철수하였으며, 졸곡(卒哭)도 마쳤고 영상(領相)도 나왔으니 할 수가 있게 되었다. 그리고 우리나라 장사(壯士)도 비록 적을 소멸하지는 못하였지만, 그중에는 힘껏 싸워 공을 세운 사람도 있을 것이니, 역시 자세히 살펴서 함께 녹훈하도록 하라. 그리고 전일 이몽학(李夢鶴)의 난 때에 공을 세운 사람에게도 녹훈할 것으로 승전을 받든 지 오래되었는데, 어찌하여 지금까지 녹훈하지 않는지 모르겠다. 아울러 회계할 것을 비변사에 말하라."[22]

당시 공신 녹훈은 ①국왕의 서행(西行) 때 호종인(扈從人), ②전쟁 때 역전유공지인(力戰有功之人), ③이몽학(李夢鶴) 난 때 유공인(有功人) 등을 대상으로 진행되었다. 이 중 홍가신은 이몽학의 난 때 유공인으로 녹훈 대상이었으며, 원훈(元勳)으로 녹훈을 주도하여야만 하였다. 대개 공신 녹훈을 위해서는 승정원에서 날을 택하고 대신 및 원훈을 불러들여 빈청(賓廳)에 나아가 등급을 정하여 재가를 받고, 또 다른 날 대신 및 대제학 등의 관원을 불러 이들이 빈청에 나아가 훈호(勳號)를 결정하여 재가를 받으며, 이후에 도감(都監)을 설치하는 것이 관행이었다. 그리고 녹훈도감이 설치되면 원훈이 모든 일을 살펴 시행하는 것이었다.[23] 당시 홍가신은 낙향해 있는 상황이었기에 비변사에서는 홍가신의 상래(上來)를 요청하였으나,[24] 끝내 홍가신이 상경하지 않

22 『선조실록』 권135, 선조 34년 3월 10일(무신).
23 이근호, 「조선 후기 功臣 錄勳의 정치적 배경」, 『조선시대사학보』99, 2012, 14쪽.
24 『선조실록』 권135, 선조 34년 3월 10일(무신).

자, 결국 영의정 이항복, 우의정 김명원 등이 홍가신과 상의해서 대상자를 보고하였다.[25] 일단 명칭은 "홍주토역공신(洪州討逆功臣)"이라 하여 다음과 같이 명단을 보고하였다.

〈표 1〉 1601년 '홍주토역공신'으로 보고된 명단

| 등급 | 명단 |
|---|---|
| 1등 | 홍주목사 홍가신 |
| 2등 | 방어사 朴名賢, 수사 崔湖 |
| 3등 | 병사 李時言, 순안어사 李時發, 종사관 辛景行, 파총 전 군수 林得義, 천총 전 군수 朴震男, 파총 전 군수 元墀, 남포 현감 朴東善, 보령현감 黃應星, 파총 전 현감 李用沈, 생원 李翼賓 |

일단 공신 녹훈 대상자 명단이 보고되었으나, 국왕의 몸 상태가 좋지 않아 결정되지는 않았다. 그리고 같은 시기 홍주토역공신 녹훈을 위해 별도의 도감이 설치되었던 듯, 홍가신은 이후 선조에게 도감 설치와 자신의 서용을 정지하기를 요청하였다.[26] 이때 홍가신은 아산 대곡에 내려와 있던 상황이었고,[27] 그곳에서 조관(漕官)으로 파견된 허균을 만나기도 하였다.[28]

---

25 『선조실록』 권136, 선조 34년 4월 24일(신묘).

26 『선조실록』 권137, 선조 34년 5월 21일(무오).

27 홍가신의 아산 정착이 어떠한 계기나 배경으로 이루어졌는지 단정할 수는 없다. 다만, 어머니 흥양 신씨 申允弼 딸의 묘소가 역시 아산이라는 점을 통해서 보면, 외가의 경제적 기반이 아산에 정착하게 된 배경이라 판단된다(이근호, 「인조 말~숙종 초 洪宇遠의 정치 활동」, 『韓國史學報』 67, 2017, 16쪽). 이 점은 19세기 전반기에 편찬된 아산의 읍지인 『新定牙州誌』의 "大谷有興陽申氏別業 節度使申繼宗 葬其父於家後 仍爲世葬傳 其子允弼有二女 一歸洪昷 生文莊公可臣 一歸金玓 尹暘善金玓外孫女壻也 傳受申氏家業"(『新定牙州誌』 古今摠錄)의 기록을 통해서도 확인된다.

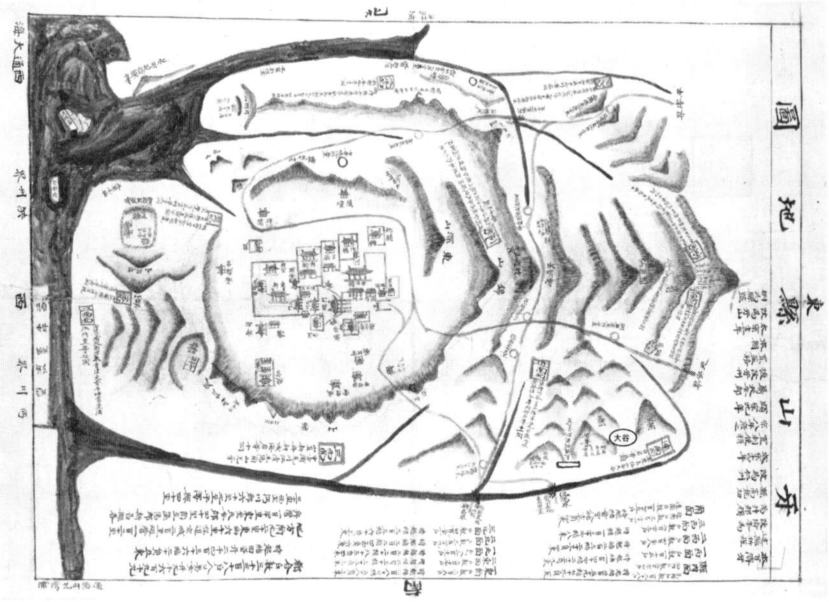


아산 대곡(우측 하단 ○ 표시)

이후 공신 녹훈 문제는 1603년(선조 36) 공신도감이 설치되면서 본격적으로 논의되었다. 이때 홍가신은 공신도감의 당상으로 참여하였다.[29] 당시 호종공신이나 전쟁 중 유공인을 공신으로 녹훈하는 문제를 둘러싸고 논란이 있었는데,[30] 이몽학 난 때 공신을 선정하는 과정도

28 허균, 『성소부부고』 권18, 문부 15, 기행 상, 조관기행, 7월 13일조. 허균은 홍가신과 사돈 사이이다. 홍가신의 아들 洪榮의 처부가 許筬으로, 許筬은 허균과는 형제 사이이다. 또한, 서인 조헌은 홍가신을 "鈞之倘"이라 하여 金應南·白惟讓·李潑·李洁 등과 함께 분류하기도 하였다.

29 『선조실록』 권137, 선조 36년 4월 28일(갑인).

30 호종공신이나 전쟁 중 유공인의 공신 녹훈을 둘러싼 논란에 대해서는 이정일, 「임

예외는 아니었다.

공신 녹훈 과정에서 앞서 보고되었던 명단 중 일부가 논란이 되었다. 병사(兵使) 이시언(李時言)은 청주에 있다가 적이 홍주에 소식을 듣고도 천천히 이동하여 사흘 만에 온양에 이르렀고, 온양에서도 더 나아가 싸울 생각이 없었다고 한다. 이시발(李時發)은 변이 일어났을 때 공주(公州)에만 앉아 있어서 홍주성을 지키는 일에 참여하지 않았고 관군을 징발하여 보낸 것도 이미 왜적이 흩어진 뒤였다고 한다. 임억명(林億明)은 "적괴(賊魁)와 같은 자"로서, 흉악한 계책으로 적괴와 마음을 같이하여 날뛰다가 형세가 궁해지고 힘이 약해지자 죄를 피할 길이 없음을 알고 적을 베고 와서 투항하였다는 것이다.[31] 박진원(朴震元)·원지(元墀)·이용침(李用沈)은 천총(千摠)·파총(把摠)으로서 성에 들어가 조치하였다고는 하였으나 별로 뛰어난 공적이 없고, 박동선(朴東善)·황응성(黃應聖)은 수령으로서 군사를 거느리고 부난(赴難)하였다고는 하였으나 또한 특이한 일이 없었다. 신경행(辛景行)·임득의(林得義)의 공은 본디 그 가운데에서 뛰어난 것이 아닌데 2등에 섞여 있으니, 또한 외람된다는 것이다.[32]

이러한 공신 녹훈 대상자를 둘러싼 논란은 당시 정국을 주도하고 있던 유영경(柳永慶)과 그 추종 세력이 주도한 것이었다. 3등으로 보고된 박동선은, 애초 예비명단에 포함되었으나, "유불열자(有不悅者)"가 개정하였다고 한다.[33] 이시발의 녹훈을 가로막는 인물로 "김대래배

---

란시의 공신책훈고」, 『울산사학』3, 1990을 참고.

31 『선조실록』 권164, 선조 36년 7월 26일(경진)

32 『선조실록』 권166, 선조 36년 9월 17일(경오).

33 『松谷集』 권10, 行狀, 「議政府左參贊朴公行狀」, "朝廷論平賊功 公初預錄焉 有不悅

(金大來輩)"가 특정되기도 하였다.[34] 김대래는 소북 중 유영경 계열의 인사로, 탁북(濁北)으로 분류되기도 한 인물이다.[35] 김대래가 특정되었듯이 공신 녹훈에 대해서 당시 새롭게 정국을 주도하게 된 유영경 계열의 세력들이 해당 논의를 주도하였다.

유영경은 1602년(선조 35) 1월 이조판서를[36] 거쳐 3월에는 우의정이 되었다.[37] 유영경의 중용은 선조(宣祖)의 서인 세력이나 대북 세력에 대한 견제의 일환이었다. 유영경은 자파 세력의 부식 및 확대를 추진하여, 궁중 세력과 모색을 시도하거나 기자헌(奇自獻), 박승종(朴承宗) 등과 연대를 시도하며 점차 그 세력 기반을 확대하였다.[38] 이런 상황에서 유영경과 그 지지 세력들은 공신 녹훈에 이의를 제기하며 저지를 시도하였다. 이때 홍가신은 공신도감에 참여하기는 하였으나, 1603년(선조 36) 2월 형조참판,[39] 같은 해 4월 강원도 관찰사,[40] 7월에 개성 유수[41]에 제수되면서, 공신 녹훈 사안에서 잠시 거리를 두고 있었다고 보인다.

---

者 論改之 知其事者 咸爲稱屈 而公默然終不自言 人益以爲難". 남구만, 『藥泉集』 第15, 墓誌銘, 「左參贊朴公墓誌銘」.

34 이시발, 『碧梧遺稿』 권7, 自敍, "以丙申討李夢鶴之功 錄余爲淸難勳二等 爲金大來輩所媢嫉 論啓削之".

35 『광해군일기[중초본]』 권26, 광해군 2년 3월 9일(을유).

36 『선조실록』 권145, 선조 35년 1월 12일(을사).

37 『선조실록』 권148, 선조 35년 3월 21일(계미).

38 구덕회, 앞의 논문, 1988, p261.

39 『선조실록』 권159, 선조 36년 2월 21일(무신).

40 『선조실록』 권161, 선조 36년 4월 17일(계묘).

41 『선조실록』 권164, 선조 36년 7월 21일(을해).

〈표 2〉 1604년(선조 37) 6월에 최종 확정된 청난공신[42]

| 등급 | 명단 |
|---|---|
| 1등 | 洪可臣 |
| 2등 | 朴名賢·崔湖 |
| 3등 | 辛景行·林得義 |

이어 홍가신은 한성우윤으로 의금부 당상을 겸하였다. 이때 홍가신은 몇 가지 사안을 놓고 당시 일부 세력들과 갈등을 보이기도 하였다. 일례로 황정욱(黃廷彧)과 황혁(黃赫) 관련된 사안이었다. 황정욱은 1592년 임란 발발 직후 호소사(號召使)가 되어 순화군(順和君)과 함께 함경도로 갔었다. 이때 "반적(叛賊)" 회령부 아전 국경인(鞠景仁)에 의해 왕자와 함께 포로가 되어 일본군 진영으로 넘겨졌다. 가토오가 황정욱에게 항복 권유문을 작성토록 하였는데, 처음에는 거절하다가 자신의 손자와 왕자를 죽이겠다는 협박을 받고는, 황정욱 대신 아들 황혁이 이를 대신 작성하였다.

이들에 대해서는 이미 전란의 와중에 처벌이 논란되어, 1596년(선조 29) 8월 황정욱은 "원훈의 구신(舊臣)"이므로 방귀전리(放歸田里)하고, 황혁은 중도(中道)로 양이(量移)하도록 처분이 내려졌다.[43] 이후 황정욱은 1597년 2월에 방면되었으나, 아들 황혁은 그 처분이 유지되었다. 1601년(선조 34) 윤근수 등이 황정욱이 칭신(稱臣)하였다는 것은 사실이 아니라는 등을 주장하며 황정욱의 회복을 요청하였고, 결국 1602년 7월 방송(放送)이 결정되었다. 이에 대해 대간 등은 황정욱의

42 『선조실록』 권175, 선조 37년 6월 25일(갑진).

43 『선조실록』 권78, 선조 29년 8월 10일(을사).

죄는 "머리털을 뽑아가며 죄를 헤아리더라도 속죄하기 어려울 것[擢髮難贖]"이라며 석방하는 것이 부당함을 주장하였다.[44] 홍가신 역시 황정욱이나 황혁의 석방을 반대하였다. 반대 이유는 "그 죄가 윤기(倫紀)에 관계"되기 때문이었다.[45]

황정욱과 황욱의 방면 문제는 마치 당쟁과 같은 양상으로 전개되었다. 대개 북인들은 황정욱이나 황혁을 처벌해야 한다는 입장이었다. 이런 인식을 대표적으로 보여주는 게, 북인 세력이 주도한 것으로 알려진 『선조실록』의 다음과 같은 진술이다.

> 정욱은 원수의 뜰에서 절개를 굽혔으니 천지간에 용납할 수 없는 죄를 저질렀다. 홍여순은 임진란 초기에 병조 판서의 신분으로서 국사를 그르쳤고 기해·경자 연간에는 조정을 어지럽히고 소란하게 하였으므로 사론(士論)이 인정하지 않았다. 그러나 두 사람 모두 궁중의 인척이었던 관계로 하루아침에 모두 석방되니 중외가 모두 경악하였다.[46]

반면 서인 주도로 편찬된 『선조수정실록』에서는,

> 헌부가 황정욱(黃廷彧)을 방송(放送)하려는 명을 도로 거두기를 청하니 상이 따랐다. …(중략)… 사신(史臣)이 '임금을 잊고 나라를 저버린 죄가 천지에 사무친다.'고 썼으니 심하지 않은가.[47]

---

44 『선조실록』 권163, 선조 36년 6월 29일(갑인).
45 洪可臣, 『晩全集』 권6, 附錄, 行狀(洪慶臣 撰).
46 『선조실록』 권152, 선조 35년 7월 22일(신사).
47 『선조수정실록』 권36, 선조 35년 8월 6일(을미).

라 하여 옹호하는 견해였다. 양측의 입장 차이를 드러내는 부분이다. 이에 비해 남인들은 정권에서 퇴조를 보인 상황에서 적극적으로 의사를 개진하기가 쉽지는 않았다. 이런 가운데 홍가신의 입장을 보면, 대개 남인들은 반대 견해일 것으로 판단된다.

한편 이 시기 홍가신은 자신의 호를 만전(晩全)으로 고쳤다.

> 처음에 간옹(艮翁)으로 호(號)를 하였는데 갑진(선조 37, 1604) 연간에 이르러 구양공(歐陽公)의 "일찍 벼슬에서 물러나서 늦은 절개를 온전히 한다."는 말을 외우며 호(號)를 만전(晩全)으로 고쳤다. 매양 조보(朝報)를 보고 천정을 우러러 탄식하였고, 보통 때에도 혹 즐거워하지 않아 능히 물러가 향리(鄕里)에 칩복(蟄伏)하여 있지 못한 것을 한스럽게 여겼다. 이때 상신(相臣) 유영경(柳永慶)이 국가의 큰 책임을 맡았는데 공이 매양 말하기를 우리나라 재상의 직함(職御) 명정(銘旌)을 볼 때 치사(致仕)라는 두 자가 있는 것을 보지 못했으니 가이 염치가 없다 이를 만하다." 하였다.[48]

이 시기 힘들고 불편한 홍가신의 정치적 입장을 대변한 것이 아닐까?

홍가신은 1605년(선조 38) 3월 형조판서에 제수되었고,[49] 곧이어 정2품 상계(上階)인 정헌대부에 가자(加資)되었다.[50] 이 시기 홍가신은 특진관으로 경연 자리에 참여하여 전란 후 민생을 위해 휼전(恤典) 시행을 요청하는 등 전쟁과 재해로 인한 불안한 민심을 진정시킬 방안을 제시한 바 있다.[51]

---

48 洪可臣, 『晩全集』 권6, 附錄, 行狀(洪慶臣 撰).

49 『선조실록』 권185, 선조 38년 3월 12일(병술).

50 『선조실록』 권185, 선조 38년 3월 14일(무자).

홍가신은 같은 해 12월에는 개성 유수로 나아갔다.[52] 개성유수로 나아가서는, 해당 지역에 거주하던 궁노(宮奴)들의 침학 문제를 근절하려고 하였다. 당시 개성을 포함하여 황해도 지역에는 다수의 궁가가 있었고, 이에 따라 궁노의 침학 문제는 개성에서 해결해야할 중요한 현안이었다. "도성(都城)은 천일(天日)이 비추므로 궁노(宮奴)가 폐단을 저지르는 것이 그다지 심하지는 않습니다. 그러나 궁노의 일가나 관련되는 사람의 침학이 점점 더 심해져 방백(方伯)·수령(守令)도 협박하고 모욕을 가하는"[53] 상황이었다. 이에 홍가신은 방(榜)을 붙여, "궁노가 장난해도 감히 관가에 고하지 않으면 그 죄로써 죄주겠다."라 하고 장정(壯丁)을 많이 풀어서 전후에 백성들에게 포학하게 구는 자를 잡아 가두고 끝까지 심문하여 죄에 항복한 자는 법으로 처단하였다. 홍가신이 이렇게 하자 궁노로서 서쪽 길로 나오는 자가 모두 딴 길로 둘러 가고 감히 부중(府中)을 지나가지 못하였다고 한다.

한편 개성 유수 재직시에는 중국 사신을 맞이할 때 착용할 장복(章服) 마련이 여의치 않았다. 이때 밭을 팔아서 옷을 샀다고 한다. 아울러 중국 사신 접대 마련을 목적으로 경비 마련이 필요하였다. 개성은 조선 건국 이후 중국으로 오고가는 중국이나 우리측 사신이 경유하는 주요 지점이었다. 중국 사신이 오는 경우에는 중앙에서 영접사가 파견되기도 하였다. 이에 따라 사신 접대 등에 필요한 다수의 비용이 있어야만 하였다. 이를 위해 개성부의 낭청, 아마도 경력이나 도사

---

51 『선조실록』 권190, 선조 38년 8월 7일(기유).

52 『선조실록』 권194, 선조 38년 12월 10일(경술).

53 『선조실록』 권203, 선조 39년 9월 10일(병자).

정도에 해당될 것으로 보이는 관원이, "예단(禮單)과 은(銀), 인삼(人蔘) 등을 전례에 의하여 미리 거두어서 창고에 간직해 둘" 것을 제안하였다. 이에 대해 홍가신은 "얼마나 쓰게 될는지 미리 예측할 수 없고 또 이 물건들이 사람을 더럽히기 쉬우니 시민(市民)들에게 각각 가지고 있게 하였다가 때에 임해서 취하여 쓰고 관리들은 그 수효만 적어 두라'"고 지시하였다. 이를 계기로 사용한 물건을 계산하니 전보다 겨우 1/10에 해당될 정도로 비용 절감의 효과가 있었다. 개성 유수는 1606년 8월 신잡(申磼)이 이어 받았다.[54] 이 시기 홍가신은 고향인 아산으로 돌아가기를 계획하였다. 화가에게 도연명(陶淵明)의 귀거래도(歸去來圖)를 그리게 하였다. 그러면서 "이로부터 호서(湖西)에 돌아가기를 마땅히 이와 같이 하리라."고 결심하였다.

## 3. 낙향과 치사(致仕)

홍가신이 개성 유수로 재직하던 1606년은 선조대에서 중요한 변곡점이 되는 시기이기도 하다. 즉 1606년(선조 39) 3월에 대군이 출생하였고,[55] 이를 계기로 소북 세력인 유영경을 중심으로 한 일군의 세력이 선조의 의중을 살피며 세자인 광해군의 심기를 불편하게 하였다.[56]

---

54 『선조실록』 권202, 선조 39년 8월 25일(신유). 이는 『송도지』 권6 留守條를 보면, 홍가신의 뒤를 이어 신잡이 유수로 나타난다. 이밖에도 홍가신, 『晩全集』 권5, 補遺, 「府使金玄度送公南歸詩 丙午秋」, "丙午(1606년, 선조 39-필자주)秋 以開城留守浮海南歸"에서도 가을에 돌아왔다고 한다.

55 『선조실록』 권197, 선조 39년 3월 6일.

이런 상황에서 홍가신은 어떤 정치적 입장을 가졌을까? 중앙 정치가 격랑을 겪던 시기 홍가신은 다행스럽게도 개성부에 있었기에, 어느 정도는 정치권에서 멀어질 수 있었다. 그럼에도 불구하고 당시 홍가신의 정치적 위상을 고려한다면 어떤 입장을 가지고 있을 지가 의문이다. 그런데 이와 관련된 자료는 전혀 확인되지 않는다. 그렇다면 과연 홍가신의 정치적 입장은 어떠했을까? 이와 관련해서 1607년(선조 40) 봄 공신의 중삭연(仲朔宴)과 국왕에게 올리는 상수연(上壽宴)에 참석하라는 전지(傳旨)를 받고도 참여하지 않은 사실을 통해서 추론해 볼 수 있겠다. 중삭연과 상수연은 유영경과 그 지지세력이 주도한 것이었다. 그런데 여기에 참석하지 않은 것은 유영경과 그 지지세력이 주도하는 상황에 대한 불만의 표시라고 볼 수 있지 않을까 생각된다.

이때 홍가신은 이른바 '16자소(疏)'라 불리는 차자(箚子)를 올렸다.

> "신(臣)이 칠십이 되기까지 겨우 삼년이 남았사오니 국가에 보답할 날이 얼마 남지 않았사온데 이제 조정 반열에 따라 참예(參預)하여 술잔을 올려 성수(聖壽)를 축하하지 못하오니 다시 어느 때에 이 구구한 충성하기를 원하는 정성을 다하겠습니까. 감히 '덕을 닦아 스스로 강하게 하고, 마음을 맑게 하고 기운을 기르며, 어진 이를 친히 여기고 간사한 사람을 멀리하고, 하늘을 두려워하고 백성을 보존하시옵소서'[修德自强 淸心養氣 親賢遠佞 畏天保民]라는 16글자로 오늘의 수연(壽宴)에 바치나이다."

홍가신은 여름에 상소하여 송나라 명신(名臣)들이 나이가 많아 벼슬을 도로 바친 예에 의하여 특별히 치사(致仕)하는 것을 허락하여

---

56 이근호, 「선조의 광해군 양위 과정」, 『韓國佛敎史硏究』10, 2016 참고.

줄 것을 청하였으나 허락하지 않았다. 가을에 홍가신이 중풍에 걸려 위급하자, 임금이 특별히 궁중에서 쓰는 약을 내어 어의(御醫)를 보내서 치료하라고 명했다. 공은 의원이 왔다는 말을 듣고 감격하여 울기를 마지않았다. 조금 차도가 있자 차자를 올려 사례하였다.[57]

선조의 뒤를 이어 광해군이 선왕의 유교(遺敎)를 받고 왕위에 오른 뒤에도 홍가신은 아산에 머물렀다. 아산에서 생활하던 홍가신이 다시 정치권에 등장한 것은 1608년(광해군 즉위) 5월 대구부사 정경세(鄭經世)가 제출한 상소가 문제가 되면서이다. 당시 정경세는 국왕에게 절약과 검소함을 요청하면서, 인사, 특히 이조판서를 제수하는 것이 공평하지 않음을 지적, 이귀가 논한 '척리(戚里)의 이름이 이어진다'는 발언을 들어 이를 비판하였다.[58] 정경세의 상소가 보고되자, 광해군은 선조(先朝)를 침범하였다며, 앞으로는 다시는 선조를 침범하는 말이 있는 소장을 들이지 못하도록 지시하였다.

정경세가 비난한 것은 정창연(鄭昌衍)을 이조판서에 제수한 일이었다.[59] 정창연의 이조판서 제수는 광해군의 의중이 반영된 것이었다. 앞서 유영경을 정리하는 과정에서, 이조판서 성영(成泳)이 유영경 세력이라 탄핵을 받으며 파직되었다. 이는 광해군과 대북 세력이 새롭게 정치판을 구성하는 과정에서 나타난 결과였다. 이조판서가 공백이 되자 영의정 이원익(李元翼)이 이광정(李光庭)·김수(金睟)·이정귀(李廷龜)를 후임에 추천하였으나, 광해군은 가망하라고 하였고 추가로 신

---

57 洪可臣, 『晩全集』 권6, 附錄, 行狀(洪慶臣 撰).
58 『광해군일기[중초본]』 권4, 광해군 즉위년 5월 2일(정해).
59 『광해군일기[중초본]』 권1, 광해군 즉위년 2월 20일(정축).

흠(申欽)을 의망하였으나 역시 다시 가망하도록 하였다. 결국 이원익이 김신원(金信元)·한효순(韓孝純)과 정창연을 가망하였고, 결국 정창연이 이조판서에 제수되었다.[60] 정창연은 광해군의 왕비 유씨의 외숙이었다.

정경세가 이 문제를 제기한 것은, 광해군 즉위 이후 정치판이 대북세력 중심으로 편제되는 것에 대한 일종의 견제였다. 정경세의 상소가 제출되자, 대북의 임연(任兗)이 주도적으로 이를 공격하고 나섰다. 임연은 정창연에 의해 전랑(銓郎)에 발탁된 인물이다.[61] 이같은 대북세력의 공격에 대해 윤승훈(尹承勳), 심희수(沈喜壽), 이항복(李恒福) 등은 "천지와 같은 도량으로" 그를 포용할 것을 요청하였다.[62] 이때 홍가신도, "좋아하고 미워하는 것을 살피며 취하고 놓는 것을 공정하게 하며 곧은 말을 받아들이고 말하는 자를 용납하라."는 상소를 올려 정경세를 구원하였다. 심지어 임연에 대해 "아첨하고 부회한 죄"라며 강력하게 비난하였다. 물론 여기에 대해 대북계 대간의 논박이 이어졌다. 헌납 임연은 홍가신 등에 대해 "허물을 남에게 씌우고야 말려고 한다"고 비난하였다.[63]

1609년(광해군 1)에는 충훈부의 요청으로 녹봉이 지급되었다.[64] 1610년(광해군 2)에 홍가신은 상소를 제출해 치사(致仕)하였다.[65] 이어

60 위와 같음.
61 『광해군일기[중초본]』 권4, 광해군 즉위년 5월 7일(임진).
62 『광해군일기[중초본]』 권4, 광해군 즉위년 5월 11일(병신).
63 『광해군일기[중초본]』 권6, 광해군 즉위년 7월 9일(계사).
64 『광해군일기[중초본]』 권23, 광해군 1년 12월 27일(갑술).
65 『광해군일기[중초본]』 권26, 광해군 2년 3월 5일(신사).

같은 해 겨울에는 숭정대부에 가자(加資)되었다.[66] 숭정대부에 가자된 것은, 광해군이 임란 초기 분조(分朝) 활동 과정에서 전주를 거쳐 홍주에 이르렀을 때 홍가신이 맞이한 공을 기린 것이었다. 그런데 왜 이 시기에 가자가 된 것일까? 광해군 초 국왕은 특정의 정치 세력이 정국을 주도하기보다는 서인과 남인, 대북의 연립 정국을 구상하였다. 이에 대북이나 서인, 남인 등은 자파에 유리한 정치 상황 구축에 주력하였다. 이 중 대북 세력은 기축옥사(己丑獄事) 때 피화자(被禍者)의 신원에 주력하여 1610년 정개청(鄭介淸)과 이발(李潑)에 대해 몰수재산을 환급하고 직첩을 환급하며 신원이 이루어졌다. 따라서 이 시기 광해군이 홍가신에 대한 가자한 것은 대북 세력에 대한 견제의 의미가 아닐까?

1611년(광해군 3) 3월 정인홍(鄭仁弘)이 이른바 '회퇴변척소(晦退辯斥疏)'를 제출하였다.[67] 정인홍의 회퇴변척은 직접적으로 '동방오현(東方五賢)'의 문묘종사에 대한 불만이며, 자신의 스승인 조식(曺植)의 학적 정통성이 인정받지 못한 것에 대한 불만이었다. 정인홍은 이언적이나 이황의 문묘종사는 부당하며 "유학하는 사람이라는 칭호"를 가지고 "소인이 득세하여 군자를 해칠 때 구하지 못하고 같이 행동을 한 수치"라고 비난하며 한편에서는 조식을 찬양하는 상소를 올렸다.[68]

정인홍의 회퇴변척소에 대해 정치권이나 전국의 유생이 민감하게 반응하였다. 물론 정인홍을 지지하는 상소가 제출되기도 하였다. 이

66 洪可臣, 『晩全集』 권6, 附錄, 行狀(洪慶臣 撰).
67 『광해군일기[중초본]』 권39, 광해군 3년 3월 26일(병인).
68 이기남, 「光海朝 政治勢力의 構造와 變動」, 『북악사론』2, 1990, 186~187쪽.

때 홍가신은,

> “퇴계는 남명의 은거(隱居)하고 나오지 않은 것을 병 잡지 않았는데 선비들의 글에 변명한 것을 보니 한결같이 이것을 발명했으니 그 뜻이 괴이하도다. 옛날로부터 숨어 살고 벼슬하지 않은 자가 다만 남명 뿐이 아닌즉 어찌 이것을 가지고 장자(莊子)와 노자(老子)의 학문이라고 할 수 있겠는가. 그윽이 생각하건대 그 말 구절 속에 조금 그런 기미(氣味)가 있기 때문에 말한 것일 것이다. 자하(子夏)의 학문은 흘러 내려가서 물건에 거만하고 세상을 가볍게 여기는 학문이 되었으니 대개 근원이 멀면 끝이 더욱 나누이는 것이니 남명의 학문은 진실로 이런 뜻이 없지만 그 말류(末流)의 폐단이야 어찌 반드시 없을 것을 보증하리오. 남명도 또한 후생(後生)들이 마땅히 경모(景慕)할 만한 어진 분이니 선비된 자로서 다만 마땅히 두 선생을 위해서 변무(辨誣)할 뿐이오, 남명에게 설만(褻慢)한 말을 가하는 것은 마땅치 않다.”[69]

라고 하였다. 즉 남명의 학문 자체는 문제가 없지만 말류의 폐단이 있었음을 지적하면서도, 퇴계는 남명을 욕하지 않았다면서 남명도 후생이 경모할 만한 인물이었음을 강조하면서 정인홍의 주장에 대해서 반대 의견을 제출하였다. 정인홍을 중심으로 대북 세력이 학적 정통성을 확보하려는 시도를 견제하는 것이라고 하겠다. 정인홍은 삭직(削職)되기도 하였으나 이후 광해군의 대북 세력에 대한 지지 속에서 홍가신을 비롯한 남인이나 서인의 견제는 무위로 돌아갔다.

69 洪可臣, 『晩全集』 권6, 附錄, 行狀(洪慶臣 撰).

## 4. 사후 추숭 사업과 인산서원 배향

홍가신은 치사 이후 1615년에 사망하였다. 이후 그에 대한 추숭 사업이 진행되었다. 사망 직후인 1615년(광해군 7) 8월 광해군은 예조 정랑 권사공(權士恭)을 보내 치제문을 내렸다.[70] 이밖에도 각종의 묘도문자(墓道文字)가 작성되었다.

〈표 3〉 홍가신 사후 작성된 묘도문자

| 문서유형 | 찬자 | 제목 | 비고 |
|---|---|---|---|
| 挽詞 | 李廷龜 | 挽洪寧原 可臣 | |
| 挽詞 | 李好閔 | 洪寧原可臣挽 | |
| 挽詞 | 郭說 | 洪興道 可臣 寧原君挽詞 | |
| 行狀 | 洪慶臣 | 行狀 | 동생 |
| 神道碑銘 | 趙絅 | 有明朝鮮國贈大匡輔國崇祿大夫，議政府右議政兼領經筵事，監春秋館事，世子傅，寧原府院君，贈謚文莊公，行奮忠出氣合謀迪毅淸難功臣，崇政大夫，刑曹判書兼知義禁府事，五衛都摠府都摠管，寧原君，致仕晚全洪先生神道碑銘 | 자손록은 채평윤이 추후에 작성한 것임 |
| 碑銘 | 趙絅 | 洪陽淸難碑銘 | |
| 諡狀 | 李玄逸 | 諡狀 | 1691년 4월 15일 작성 |

만사(挽詞)의 경우, 다수 인사가 작성하였을 것으로 추정되지만 현재로서 이정귀(李廷龜)와 이호민(李好閔), 곽열(郭說)이 작성한 것만이 확인된다. 이정귀(李廷龜)는 다음과 같은 내용으로 홍가신을 추념하였다.

---

70 洪可臣,『晚全集』권6, 附錄, 致祭文(趙國賓 製進).

| | |
|---|---|
| 큰 명성 아래 온전할 사람 드문 법인데 | 盛名之下罕能全 |
| 공은 유독 팔십 평생 온전히 살다 가셨네 | 公獨完歸八十年 |
| 큰 공적 세우고서도 대수롭지 않게 여겼고 | 偉績倘來聊偶耳 |
| 높은 반열 스스로 올라도 집은 가난했어라 | 崇班自致只蕭然 |
| 광형의 직언은 온 조정 신하들이 보았고 | 匡衡直疏傾朝見 |
| 소부의 고풍은 세상에 드물게 전하느니 | 疏傅高風曠代傳 |
| 일식형주는 원래 선대의 교분 덕택이었지 | 一識荊州元世分 |
| 무덤에 가 곡할 길 없으니 마음이 슬프다오 | 傷心無路哭新阡[71] |

만사 작성자 중 한 명인 곽열은 홍가신과는 동문으로 민순의 문인이었다.[72]

만사 이외에도 동생인 홍경신(洪慶臣)이 행장을 찬술하였고, 조경(趙絅)이 신도비명을 작성하였다. 조경은 당초 홍가신의 3자인 홍절(洪葉)에게서 신도비명을 부탁받은 바 있다. 조경이 아산에 있던 시기로, 대략 1645년(인조 23)~1646년(인조 24)경으로 추정된다.[73] 홍절은 홍가신과 조경이 동방(同榜)이고, 조경이 이미 이몽학 난 진압과 관련된 홍양청난비(洪陽淸難碑)를 찬술한 바 있기에 홍가신을 가장 잘 안다고 판단되어 조경에게 의뢰하였다. 조경은 홍절에게 부탁을 받고 찬술을 허락하였다. 그런데 신도비명이 바로 찬술되지 못하고 시간이 지나 홍가신의 손자 홍우원(洪宇遠 ; 1605~1687)이 다시 조경을 만나, 앞선 약속을 상기시키며 찬술을 요청하였고, 결국 조경이 이를 수용

71 이정귀, 『월사집』 권18, 倦應錄下, 「挽洪寧原 可臣」.

72 尹鳳九, 『병계집』 권55, 묘표, 「副護軍贈禮曹判書西浦郭公說墓表」.

73 "大司諫趙絅在牙山"(『인조실록』 권46, 인조 23년 11월 27일(을해)), "吏曹參判趙絅 稱以母病危篤 歸牙山"(『인조실록』 권47, 인조 24년 5월 7일(임자)).

해서 행장을 참고하여 신도비명을 찬술하였다. 신도비명 내용 중 자손록은 추후 채팽윤(蔡彭胤)이 추가로 작성한 것이었다.[74]

시장(諡狀)은 이현일이 1691년(숙종 17) 4월에 작성한 것이다. 홍가신의 증손자 홍빙(洪凭)이 조정에 시호를 청하고자, 아들 홍유범을 시켜 이현일에게 의뢰해서 작성한 것이다. 이현일도 홍가신 가문과 세교(世交)가 있고 "공의 착한 덕과 행의를 공경하고 사모하였"기에 부탁을 거절하지 못하고 시장을 작성하였다.[75] 이렇게 작성된 시장은 예조에 제출되고, 논의를 거쳐 1693년 1월 홍가신에게 '문장(文莊)'이란 시호가 내려졌다.[76]

묘도문자의 찬술과 함께 후손들에 의해서 추숭 사업으로 추진된 것이 문집 편찬이었다.[77] 홍가신의 시문은 사후 많이 유실되었는데, 홍우원에 의해서 그나마 남은 가장초고(家藏草稿)를 수집, 편차(編次)하여 정고본(定稿本)을 만들었다. 홍우원이 주도한 정고본은 상소(上疏) 8편, 차(箚) 7편, 기(記) 3편, 후서(後敍) 1편, 제문(祭文) 6편, 비명(碑銘) 2편, 서(書) 1편, 설(說) 1편, 기몽(記夢) 1편, 시(詩) 172수, 향교사직여제의식(鄕校社稷厲祭儀式) 등이었다. 정고본의 서문은 허목(許穆)이 작성하였다. 그러나 정고본은 간행되지는 않았다.

---

74 洪可臣, 『晩全集』 권6, 附錄, 「有明朝鮮國贈大匡輔國崇祿大夫議政府右議政兼領經筵事監春秋館事世子傅寧原府院君贈諡文莊公行奮忠出氣合謀迪毅淸難功臣崇政大夫刑曹判書兼知義禁府事五衛都摠府都摠管寧原君致仕晩全洪先生神道碑銘」(趙絅 撰).

75 洪可臣, 『晩全集』 권6, 附錄, 諡狀(李玄逸 撰).

76 『숙종실록』 권25, 숙종 19년 1월 2일(병오).

77 『만전집』의 편찬 과정에 대해서는, 정필용, 「해제(만전집)」(https://db.itkc.or.kr)를 참고하였다.

홍우원이 주도한 정고본은 홍유경(洪游敬)이 증보하여 활자본으로 간행하였다. 조경이 찬술한 신도비명(神道碑銘), 이현일이 찬술한 시장(諡狀) 등을 비롯해 채팽윤이 작성한 자손록이 추가되었다. 증보된 시기는 대략 1730년 이후인 것으로 추정이 된다. 활자본에는 홍유경의 지문(識文)이 수록되었다. 이때 현재 『만전집』에 수록된 허목의 서문과 다른 서문이 작성된 것으로 보인다. 성호 이익이 찬술한 「만전당홍선생문집서(晩全堂洪先生文集序)」[78]로, 이익은 서문에서 "지금 유고(遺稿) 1권을 보고서 오히려 선생의 일면을 상상할 수 있었다."라고 하였다. 그러나 이익의 서문은 수록되지 않았다.[79]

추숭의 일환으로 서원에 배향되었다. 아산의 인산서원(仁山書院)은 그 중 하나이다. 인산서원은 당초 오현서원(五賢書院)이라는 이름으로 건립된 서원이다. 오현서원은 1610년(광해군 2)에 건립된 것으로, 김굉필, 정여창, 조광조, 이언적, 이황을 제향하는 서원이다.[80] 기록에 따르면, 서원 건립에 앞서 여러 차례 아산 지역 사족들이 오현의 문묘종사를 요청한 바 있었으나 허가되지 않았다.[81] 이에 아산 지역 사족

---

78 李瀷, 『성호전집』 권50, 서, 「晩全堂洪先生文集序」.

79 현재 국립중앙도서관에는 『晩全先生遺集』(乾)(위창古3648-93-1)과 『晩全先生文集』(古3648-93-55-1) 2종의 판본이 확인된다. 『만전선생유집』은 乾册 1책으로, 필사본이다. 허목이 찬술한 서문을 수록하였으며, 후일 활자본 『만전집』 권4에 수록된 「應求言封事」가 마지막에 수록되었다. 이밖에도 坤册 등이 추가로 있었을 것으로 판단되지만 확인되지 않는다. 『만전선생문집』은 활자본과 내용이 동일하다. 다만, 권5~6은 활자본을 필사한 것으로 보이고, 여기에 더해 「홍양청난비각중수상량문」(기묘 사월)과 「「홍양청난비각중건기」(기묘 사월)이 수록되었다. 후손이 필사하여 전한 것으로 보인다. 추가적으로 관련 자료를 조사하여 선후 관계를 규명할 필요가 있겠다.

80 조헌, 『포저집』 권29, 축문, 「牙山五賢書院祝文」.

들이 사적(私的)으로 오현을 모시는 서원을 세워 제사를 지냈다고 한다.[82] 오현의 문묘 종사가 결정된 뒤에도 그대로 서원이 유지되었다.

아산의 오현서원은, 오현의 문묘 종사가 결정된 이후 세워진 최초의 서원이라는 점에서 주목된다. 물론 1584년(선조 17)에 세워진 나주의 경현서원(景賢書院)에서 오현을 제향하였다. 그런데 문묘 종사 직후에 처음 세워진 서원은 아산의 오현서원이다. 아산의 오현서원이 누구의 주도하에 추진되었는지는 분명하지 않다. 이와 관련해서는 아산 지역에 세거하는 사족에 대한 구체적인 규명이 이루어져야 가능할 것이다. 다만, 여기서 일단은 나주의 경현서원 사례를 통해서 그 상황을 추론해보고자 한다.

경현서원은 1584년 나주목사 김성일과 나주나씨 가문의 주도로 건립되었다. 이후 1587년 김성일의 후임으로 임윤신(任允臣)이 부임하고, 그의 지원 하에 김굉필 등 5현을 제향하게 되었다. 건립 이후 5현을 제향하기까지 경현서원의 운영은 나주나씨가 중심이 된 동인계 세력이 주도하는 상황에서 김성일, 임윤신 등 동인계 지방관의 후원이 있었다.[83] 경현서원의 사례는 아산 지역 오현서원의 설립 과정을 이해할 수 있는 몇 가지 단서를 제공한다. 아산 지역에는 홍가신과 같이

81 아산 지역 사족들의 5현의 문묘 종사 청원과 관련해서 1610년(광해군 2) 3월 성균관 생원 朴知警 등의 청원이 주목된다(『광해군일기』 권24, 광해 2년 1월 17일(갑오)). 박지경이 아산에 세거하던 朴知誡의 형이라는 사실로 놓고 볼 때 아산 지역 사족의 청원과 관련된 것이라고도 이해해볼 수 있다.

82 『신정아주지』 학교, 인산서원, "我朝五賢 未從祀時 縣中多士屢陳從祀疏 竟未蒙允 多士私自議建書院 以祀之 逮光海時 五賢從祀文廟 後仍存不廢".

83 김문택, 「호남지역 서원의 지역적 특성과 정치적 성격-나주 경현서원을 중심으로-」, 『국학연구』 11, 2007, 67~69쪽.

남인계로 분류되는 인사들이 기반을 잡고 있었다. 그리고 서원 건립 당시 아산현감은 이여규(李如圭)인데, 이여규는 이덕형(李德馨)의 아들로 역시 당색은 남인계이다. 즉 남인계 지방관이 재임하고 있었고, 더하여 홍가신과 같은 인물들이 세거하는 상황에서 오현서원이 건립된 것으로 추정해볼 수 있겠다. 오현서원의 초기 건립 과정에 대해서는 추가적으로 아산 지역 세거 사족들의 성향에 대한 검토를 통해 해명하고자 한다.

이 시기에 5현의 문묘 종사에 대해 유생들의 공론이 확산되고, 왕명으로 결정되면서 이들 5현이 갖는 학문적, 정치적 위상은 적지 않았다. 오현서원의 설립은, 오현이 아산 지역 출신이 아님에도 지역 사족들은 이들의 권위에 의탁해 향촌 사회에서 정치적, 사회적 기반을 강화하려고 한 것이다. 서원에 배향되는 인물은 지역에 특별한 연고가 전제되어야 하지만 붕당 간 경쟁이 가속화되면서 연고가 없는 인물을 제향하는 서원이 건립되었다. 김장생은,

> "아산(牙山)과 나주(羅州)에는 오현(五賢)의 서원이 있고 춘천(春川)에 또한 퇴계(退溪)의 서원이 있으며, 성주(星州)에는 이천(伊川)과 주자(朱子)의 서원이 있고 공주(公州)에 또한 주자의 서원을 세웠으나, 사람들의 이의가 없었네. 정자와 주자와 퇴계 또한 한 번이라도 이 여러 고을을 노닌 적이 있었던가?"[84]

라고 한 바 있다. 김장생은 오현서원과 경현서원 등을 거론하고 있는

84 김장생, 『사계전서』 권3, 書, 「答李士深」.

데, 이는 서원 건립의 변화상을 반영한 발언이다. 즉 서원은 애초 유현(儒賢)의 제향과 함께 사림의 장수(藏修)를 위해 건립하였으나, 17세기 중반 이후 성격이 변모하면서 건립 주체나 제향 인물의 변화가 나타났다.[85] 아산의 오현서원은 그러한 변화의 초기적인 모습을 보여주는 사례라 하겠다.

포저(浦渚) 조익(趙翼, 1579~1655)은 오현서원에 대해서 다음과 같은 축문을 작성하였다.

한훤당(寒暄堂) 김문경공(金文敬公)에게 올린 제문
《소학》의 귀중함을 깨달아서 悟從小學
행실이 특별히 뛰어났어라 行實特立
국가에서 경건히 제사 올리며 廟祀揭虔
영원히 모범으로 삼으리이다 永爲矜式

일두(一蠹) 정문헌공(鄭文獻公)에게 올린 제문
바른 학문으로 옛 도를 따르면서 正學追古
지극한 행실로 사람을 감동시켰네 至行感人
유풍이 세상을 각성시키는지라 遺風警世
정결한 이 제사를 올리나이다 薦此明禋

정암(靜庵) 조문정공(趙文正公)에게 올린 제문
안자(顔子)를 배우고 이윤(伊尹)에 뜻을 두어 學顔志伊
바른 원칙대로 실행하려 하였도다 履矩蹈規
우리에게 모범을 제시하였나니 開我模楷

85 정만조, 「조선시대 서원연구』, 집문당, 1997 참조.

백세토록 사표가 되시리이다 百世之師

회재(晦齋) 이문원공(李文元公)에게 올린 제문
열 조목의 대책을 진달하였고 謨進十目
아홉 개의 요체를 연의하였도다 義演九經
말을 세워 후세에 드리움으로써 立言垂後
우리에게 갈 길을 보여 주었도다 示我工程

퇴계(退溪) 이문순공(李文純公)에게 올린 제문
낙민의 학문을 이어받고서 學紹洛閩
산림에 살지게 은둔하셨도다 遯肥山林
제제다사(濟濟多士)가 귀의하는 분에게 多士依歸
공경히 향사를 올리나이다 享祀是欽[86]

오현서원에는 이후 아산과 연고가 있는 인물들이 追享되었다. 홍가신과 함께 기준(奇遵), 이지함(李之菡), 이덕민(李德敏), 박지계(朴知誡) 등 아산에 살았거나 유배를 왔었던 인물들을 추향하였다.[87] 홍가신 등의 추향은 해당 인물의 후손들이 아산 지역의 사족 사회에서 기

86 조익, 『포저집』 권29, 祝文, 「牙山 五賢書院 祝文」.

87 인산서원과 관련해서, 이해준, 「조선후기」, 『아산시지1』, 2016을 참고하였다. 단, 해당 연구에서는 『증보문헌비고』에 근거하여, 1619년에 홍가신, 1668년에 기준, 이지함, 이덕민, 박지계 등이 추향되었다고 하였다. 그러나 이 시기는 재검토가 필요해보인다. 『서원등록』의 1669년(현종 10) 4월 11일 기사를 보면, 오현서원에 대해 사액을 요청한 문서에서 5현 이외에 추가 인물은 확인되지 않는다. 이후 『서원등록』 1682년(숙종 8) 3월 15일 기사에서는 홍가신, 박지계, 이덕민, 기준, 이지함을 거론하며 사액을 요청하고 있다. 이것으로 본다면 홍가신 등의 추향은 1669년과 1682년 사이에 이루어진 것으로 볼 수도 있지 않을까 생각된다. 홍가신 등의 추향 시기에 대해서는 재검토가 필요해보인다.

반을 마련하고 있었음을 반영한다.

남양홍씨 홍가신 가계의 경우, 홍가신이 아산에 거주하면서 아산 대곡에 정착한 것으로 보인다. 다수 후손들이 아산에 세거하였으며, 지역 사회에서 주도적인 역할을 수행한 것으로 보인다. 일례로, 17세기 후반 오현서원 훼철 문제가 제기되었을 때의 사례를 들 수 있다. 1693년(숙종 18) 현감 윤필은(尹弼殷)이 "간사한 사람"의 사주를 받아, 제향된 오현이 아산 출신이 아니라는 이유로 서원을 훼철하여야 한다고 주장한 바 있다.[88] 물론 이 일은 현감의 의지대로 진행되지는 않았으나 "간사한 사람"이란 "서원에 출입하던 세력과는 다른 성향의 사람"이었을 것으로 추정된다.[89] 윤필은 등의 훼철 시도를 저지한 인물이 홍기로, 홍기가 윤필은에게 글을 보내, 훼철을 저지하였다. 홍기는 홍가신의 증손(홍가신→홍비→홍우기→홍기)으로, 훼철을 주도적으로 막고 있었다. 이는 홍기를 비롯한 남양홍씨의 아산 지역 사회에서 위상을 반영한 것이라 볼 수 있겠다.[90]

## 5. 맺음말

이상에서 홍가신의 임란 이후 활동을 추적하고, 더하여 사후 추숭

---

88 『신정아주지』 학교, 인산서원, "康熙癸酉 知縣尹弼殷 聽奸倿人陰嗾 以爲五賢非此地人 書院不當設於此地 欲毁之".

89 이해준, 앞의 글, 2016, 718쪽.

90 오현서원은 1763년(영조 39)까지도 사액이 내려지지 않았다(『列邑院宇事蹟』 9책, 「忠淸道牙山縣書院事蹟中疏漏者考實成册」).

사업의 내용을 살펴보았다. 임란 이후 북인이 정국을 주도하는 상황에서, 남인 홍가신의 활동은 제한적이었다. '홍주토역공신' 녹훈 대상자 일부가 당시 정국 주도 세력에 의해 문제가 제기되고 결국 제외되었다. 홍가신은 이에 대해서 특별하게 이의를 제기하는 부분이 확인이 되지 않는다. 임란 이후 홍가신의 활동이 구체적으로 드러나는 것은 주로 해주 목사나 개성 유수와 같은 관직에 있을 때이다. 중앙에서의 구체적인 움직임은 잘 파악되지 않는다. 당대 정국 상황으로 인한 것이었다. 그러나 이런 가운데서도 홍가신은 대북 세력이나 유영경과 그 지지 세력에게 정치 원칙을 내세우며 견제하였으나, 당대에는 거의 실현되지 않았다. 비록 연로하고 훈신(勳臣)이라는 정치적 위상을 가지고 있었으나, 당대 정국 상황으로 인해 홍가신의 활동은 제한적이었다.

한편 사후에는 국왕이 치제문을 내리거나 유명 인사들이 묘도문자 찬술을 통해서 그를 추숭하였다. 또한 문집 편찬이 진행되기도 하였다. 이런 추숭 사업의 일환에서 아산 지역의 오현서원(후에 인산서원)에 배향되었다. 조선 사회에서 오현이 가지고 있는 학문적 정치적 상징성을 고려해본다면 홍가신과 그 후손들에게는 의미있는 추숭 과정이라 하겠다.

이 글은 "인산서원 배향인물 재조명-만전당 홍가신을 중심으로-"을
주제로 한 2022 아산학연구소 학술대회(2022.8.26.)에서
발표한 원고를 일부 수정, 보완한 것이다.

# 홍가신가(洪可臣家)의 역사적 전개와 인적 네트워크

김학수

## 1. 머리말

16세기는 사림의 시대이자 학파(學派)의 시대였다. 사림은 사화라는 정치적 장벽을 뚫고 선조 즉위를 기점으로 사림정권을 수립했다. 권력의 주체화는 주자학에 대한 이론적 심화를 기하는 토대가 되었고, 그 결과로써 조선에는 주자학의 제 유파(流派), 즉 학파가 형성되기 시작했다. 이황의 퇴계학파, 서경덕의 화담학파, 조식의 남명학파, 성혼의 우계학파, 이이의 율곡학파는 각기 학문적 지향, 즉 학풍을 조금씩 달리 하였지만 16세기 조선의 집단지성을 형성하며 주자학적 문명화를 선도했다.

본고의 주인공인 홍가신(洪可臣)은 아산에 지역적 기반을 둔 호서 사대부로 학문적으로는 화담학통, 정치적으로는 동인[남인]을 표방했던 학자형 관료였다. 그는 비록 문과에 합격하지는 못했지만 경세의 재능을 인정받아 환로 또한 순탄했고, 이몽학의 반란을 진압한 공으로 청난공신에 녹훈되고 승품에 오르는 등 관료로서도 매우 현달했다. '만절을 온전히 한다'는 뜻의 만전(晩全)이라는 아호는 성만(盛滿)에 대한 경계의 뜻으로 읽힌다.

이 글은 홍가신의 관료적 영역보다는 학자적 측면, 특히 사승 및 교유관계에서 포착되는 학통적 변이 양상에 주목하고자 한다. 그는 허엽·김근공·민순의 문하에서 수학한 전형적인 화담학통이었다. 특히 화곡서원 원향논의 때 민순의 독배론(獨配論)을 주창한 사실에 미루어 본다면, 민순에 대한 사승의식은 '혹모(酷慕)'에 근접했다고 할 수 있다. 물론 그는 '물리침'이 아닌 '감싸안음'의 대인관을 가졌던 것 같고, 그런 맥락에서 화담학통은 물론 퇴계·남명·대곡학통의 명사들과도 폭넓은 교유망을 형성하였으며, 이이(李珥)와는 매우 돈독한 교계를 맺고 있었다.

이 글에서 더욱 초점을 맞추고자 하는 것은 이황·류성룡 등 퇴계학파와의 관계성이다. 홍가신은 위의 3사(三師) 외에 이황과도 학연을 맺음으로써 모두 네 명의 스승을 섬기게 된다. 하지만 학문적 긴밀도가 상대적으로 낮았던 이황과의 사승관계가 갈수록 강조되고 그의 문집 『만전집(晩全集)』을 관통하는 주의(主義) 또한 '퇴계문인으로서의 홍가신'에 비중점을 두고 있는 것을 어떻게 설명할 수 있을까? 이 글의 문제의식은 바로 이 지점에 존재하고 있으며, 이에 대한 해명을 위해 홍가신의 학통적 좌표를 '화담학과 퇴계학의 경계인'으로 설정하고 그 변이 양상을 추적해 보기로 한다. 이런 분석은 그의 손자 홍우원(洪宇遠)이 조경·허목·윤선도와 함께 '남인영수;南人四先生'으로 부상하고, 그 자손들이 근기남인의 핵심가문으로 좌정하게 되는 배경을 설명하는 역사적 근거가 된다.

## 2. 남양홍씨 홍가신가(洪可臣家)의 연원과 역사적 전개

### 1) 무반가도(武班家道)의 세전과 세조의 '친위세력화'

남양홍씨는 크게 홍은열(洪殷悅)을 시조로 삼는 계통과 홍선행(洪先幸)을 시조로 삼는 계통으로 나뉜다. 전자 중에서도 홍후(洪厚)를 중시조로 삼는 계통은 중랑장파(中郎將派)로 일컬어진다. 본고의 주인공인 홍가신의 선대는 고려 별장을 지낸 홍선행의 후손인데, 『만가보(萬家譜)』의 편찬자는 이 계통을 남양홍씨 별파로 분류하면서 '토홍(土洪; 土姓之洪)'이라는 주기(註記)를 달고 있다.

| 남양홍씨 諸派 |
| --- |
| □ 洪殷悅 계통 |
| · 주요 자손 : 洪春卿 |
| □ 洪殷悅 계통 : 중랑장 홍후를 중시로 삼는 계통(중랑장파) |
| · 주요 자손 : 개국공신 洪吉旼 |
| □ 洪先幸 계통 |
| · 주요 자손 : 洪可臣 |

『남양홍씨세보』(2012)에 따르면, 홍가신의 선대는 시조 홍선행(洪先幸) 이래 고려조에서 사환에 종사했고, 특히 시조의 증손 홍순(洪淳)은 공민왕조에 밀직상의(密直商議), 첨의평리(僉議評理) 등의 요직을 지내며 여러 차례 원나라를 사행하는 등 관료적 궤적이 뚜렷했다. 그의 현달은 남양홍씨가 사회적으로 인지(認知)되는 문호 형성의 기반이 되었다는 점에서 역사적 의미를 부여할 수 있다. 이후 남양홍씨는 크고 작은 벼슬을 지속하다 조선왕조 개창이라는 역사적 시간과 마주하

게 된다.

홍가신의 선대가 조선의 신민으로 편입된 것은 6대조 홍자경(洪子儆; 洪自儆) 대이다. 족보에서는 문과에 합격하여 호조참판, 지선주사(知善州事) 등의 관직을 수행한 것으로 기재하고 있지만 그의 과거 및 사환 경력이 방목이나 실록 등에서 확인이 되지 않는다. 다만, 아래 구봉령의 『백담집(栢潭集)』 기사는 홍자경의 존재성과 관련하여 중요한 정보를 제공하고 있다.

> 영중추부사(洪暹)의 선조 총제(摠制) 홍자경(洪子儆)은 나의 5대조 공조정랑(具宗秀)의 매부인데 정랑은 실제 시중공(具鴻)의 아들이다. 이런 까닭으로 홍씨와 구씨가 혼인의 인연을 맺어 반양의 친한 사이 같을 뿐만 아니라 그 내력도 오래되었다. 그러나 세월이 점점 멀어지고 잊힌다면 길가는 사람처럼 여기지 않고 서로 가까이 지낼 자는 거의 드물 것이다. 의관이 묻힌 곳 또한 그 장소를 알지 못하는데 하물며 다른 것에서야 어떠하겠는가? 이제 영중추부사의 말을 듣고 서글프고 가슴 아파 스스로 그만둘 수 없기에 뒤이어 율시 한 수를 지어 자손들에게 보인다.[1]

위의 인용문은 구봉령이 1583년 6월 홍섬(洪暹; 홍가신 재종숙)과 선

1 具鳳齡, 『栢潭集』 卷4, 〈萬曆癸未六月日拜洪相暹于其家相公仍說門譜相連之由曰曾於嘉靖甲辰年間爲京畿監司巡歷松都東大門外親見古碑屹立於荒草野田間題曰高麗左侍中具鴻之墓厥後外從父宋之翰爲官長湍而還問碑有無則歲久猶存云問曾見洪判書疊云侍中爲聖祖表從兄弟而未知系譜所自則答曰嘉靖壬子年間爲宗簿寺提調璿源錄祇考時得古紙一册證以所聞明有左驗云蓋領樞之先洪摠制子儆乃鄙五代祖工曹正郎之妹婿而正郎實侍中公之胤也以此洪具葭莩之因不啻如潘楊之好其來舊矣而浸遠浸忘其不與途人相近者幾希矣衣冠所藏亦不知其所況其他乎今聞領樞之言愴然傷感不能自已追賦長律一首以示子孫〉.

대의 세의를 담론하고 그 감회를 기록한 것인데, 여기서 홍자경을 '총제(摠制)'로 호칭하고 있다. 총제는 조선 초기 삼군도총제부(三軍都摠制府; 1403~23년)에 소속된 관료인 점을 고려할 때, 홍자경은 무반이었을 가능성이 매우높다.

구봉령의 언급처럼, 홍자경은 문하좌정승(門下左政丞; 侍中)을 지낸 구홍(具鴻)의 사위로 공조정랑을 지낸 구종수(具宗秀)에게는 매부가 된다. 홍자경의 처가인 능성구씨는 여말선초의 문벌 가운데 하나였다. 처증조 구영검(具榮儉)은 전리판서(典理判書)를 지내고 공민왕 때 면성군(沔城君)에 봉해졌고, 처조부 구의(具禕)는 소부윤(少府尹)을 지내고 문정(文貞)의 시호를 받았으며, 처부 구홍(具鴻)의 관력은 전술한 바와 같다.

洪子儆의 처가 : 능성구씨

| | | | | |
|---|---|---|---|---|
| □ 具榮儉 : 처증조 | _典理判書 | _沔城君 | | |
| □ 具　禕 : 처조부 | _少府尹 | _贈門下左政丞 | _文貞公 | |
| □ 具　鴻 : 처　부 | _門下左政丞 | | | |
| □ 具宗秀 : 처　남 | _工曹正郎 | _具鳳齡(退溪門人)의 5대조 | | |

3대의 환력을 고려할 때, 당시 능성구씨는 재추가문(宰樞家門)에 손색이 없었고, 이는 홍자경의 사회적 지위와 관련해서도 시사하는 바가 매우 크다.

역사적 행적을 관찬·사찬 등 문헌을 통해 비교적 자세하게 확인할 수 있는 것은 홍자경의 아들 홍익생(洪益生) 대이다.

남양홍씨 가계도

| | | | | |
|---|---|---|---|---|
| □ 洪德義(7대조) | : 武科 | | | |
| □ 洪子儆(6대조) | : 摠制 | | | |
| □ 洪益生(5대조) | : 武科 | _慶尙左道都節制使 | 문무겸전 |
| □ 洪貴海(4대조) | : 武科 | _慶尙左道水軍節度使 | |

위 표에서 나타나는 바와 같이 홍가신의 선대는 7대조에서 고조에 이르기까지 4대 동안 무반직에 종사했음을 알 수 있다. 홍귀해의 경우 자신은 물론 두 동생 홍귀호(洪貴湖)·귀연(貴演)까지 3형제 모두 무과 출신이었다.

홍익생·귀해 부자는 절제사·절도사 등 무반의 요직을 지냈다는 점에 주목할 필요가 있다. 특히 이들 부자는 좌익원종공신(佐翼原從功臣)에 녹훈되었는데,[2] 이는 남양홍씨가 세조의 친위세력을 형성하고 있었음을 의미한다. 홍익생이 세조 정권의 핵심 당로자였던 신숙주나 세조가 육성했던 엘리트문신 이석형과 교유할 수 있었던 것도 이런 맥락에서 이해할 필요가 있다.

홍익생이 관계에 입문한 것은 세종 초반으로 추정된다. 1430년(세종12) 함길도 감목관 재직시 때 갑산에서 토표(土豹)를 포획하여 의복을 하사받은 것이 실록에 등장하는 최초의 기사이다.

> 함길도 감목관(監牧官) 홍익생(洪益生)이 갑산(甲山)에서 잡은 토표(土豹)를 호송하고, 내관(內官) 김용(金龍)이 경원(慶源)에서 잡은 옥해청(玉

2 『世祖實錄』〈世祖 1年 12月 27日〉.

海靑)을 가지고 왔다. 익생과 용 등에게 옷을 내려 주었다.[3]

이후 1442년 함경도 경력을 거쳐 1450년에는 정주목사로까지 승진하게 된다. 정주는 중국 사행이 왕래하는 요로에 위치한 평안도의 거점 도시였다. 당시 명나라에서는 경제(景帝) 등극 조서를 반포하기 위해 한림원 시강(翰林院侍講) 예겸(倪謙)과 공과 급사중(工科給事中) 사마순(司馬恂)을 파견했다. 홍익생은 사신 영접이라는 중임을 관례에 따라 차질없이 수행하였는데, 한치윤(韓致奫)의 『해동역사(海東歷史)』는 예겸이 남긴 일기 형식의 기록을 아래와 같이 인용하고 있다.

> 1450년(세종 32) 1월 을미일에 양책관을 출발하여 40리를 가서 거련관(車輦館)에 이르니, 철산 군사(鐵山郡事) 아무가 잔치를 베풀었다. 50리를 가서 임반관(林畔館)에 이르니, 통훈대부(通訓大夫) 정주 목사(定州牧使) 홍익생(洪益生), 선천 군사(宣川郡事) 오중우(吳仲宇)가 잔치를 베풀었다. 그곳에서 묵었다.[4]

한편 홍익생은 국방과 관련하여 요동 등지로 가서 야인의 정세를 탐문하여 보고하는 등 무반 출신 지방관으로서의 직무적 전문성도 두드러졌다.

> 평안도 도체찰사(平安道都體察使) 김종서(金宗瑞)가 치계(馳啓)하기를, "정주 목사(定州牧使) 홍익생(洪益生)이 요동(遼東)에 도착하여 회보

---

3 『世宗實錄』 〈世宗 12年 12月 27日〉.

4 韓致奫, 『海東歷史』 卷58, 〈藝文志〉.

(回報)하기를, '왕도어사(王都御史)가 이르기를, 「지휘(指揮) 왕무(王武)가 해서(海西)에 이르러 칙서(勅書)를 반포하고 여러 야인(野人)에게 들으니, 야선(也先) 및 탈탈 불화왕(脫脫不花王)이 무수한 병마(兵馬)를 거느리고 불라출(弗剌出) 채리(寨里)에 이르렀다가, 야선(也先)의 병마가 간 곳을 알지 못한다 하니, 너희 나라에 급히 보고함이 마땅하다.」고 하였다.' 하였습니다.[5]

홍익생은 무반이었지만 장재(將材)에 더하여 학력까지 지닌 문무(文武) 겸전의 인재로 인식되었던 것 같다. 정주목사로 부임하기 직전의 관직이 세자를 교육하는 첨사원(詹事院)의 첨사(詹事)라는 사실이 이를 방증한다. 정주목사로의 발령은 변방의 급보 때문이었고, 이 때 첨사원 동료들은 송별연을 열어 외관직 부임을 위로 또는 격려했다. 당시에 화답했던 시권(詩卷)은 현전하지 않지만 신숙주(申叔舟)의 차운(次韻)과 박팽년(朴彭年)의 '시권서(詩卷序)'를 통해 홍익생의 관료적 면모와 입지를 충분히 가늠할 수 있다.

먼저 신숙주는 홍익생을 '온 조정이 인정하는 영준(英俊)한 인물, 어적(禦敵)의 책임을 맡길만한 양장(良將)'으로 평가하고 있는데,[6] 단순한 수사(修辭)이기보다는 체험에 기반한 논인(論人)의 문학적 표출로 읽힌다. 박팽년의 서문에서는 그 친밀성이 더욱 짙어진다. 그에게 홍익생은 '단정한 자질에 무재(武才) 및 섬부(贍富)한 학문을 갖춘 인재, 애민(愛民)·선치(善治)의 목민관'으로 착상되어 있었고, 그런 인식

---

5 『文宗實錄』〈文宗 1年 1月 4日〉.

6 申叔舟, 『保閑齋集』 卷9, 〈次定州牧洪益生詩卷韻〉"一朝物論推英俊 萬里秋風送遠行 塞月隨人明鐵騎 陣雲遮眼護邊城 運籌制敵盤胸甲 露冕行春拭目榮 蘇麥兩岐光古道 天山三箭掩前名"

은 서문에서 아래와 같이 묘사되고 있다.

> 남양(南陽) 홍후(洪侯)는 자질과 모습이 단정한 데다 학력도 넉넉하고 재주도 있어서 일찍부터 무관(武官)에 선발되더니, 관직이 통현직(通顯職)에 올랐다. 군수(郡守)가 되어 나갔을 때도 관리와 백성들이 그 덕을 잊지 않고 생각하였으며, 들어와서 첨사(詹事)에 제수되자, 동료들이 그의 훌륭한 점을 칭찬하였다. 나도 여러 번 만나서 대화를 나누어 보고 그의 됨됨이에 호감을 가진 바 있다.[7]

무엇보다 그는 홍익생을 문무를 넘나들 수 있는 몇 안되는 인재로 확신했던 것 같다. '불기군자(不器君子)'라는 표현은 논인(論人) 영역에서 적용할 수 있는 최상의 찬사 가운데 하나이기 때문이다.

> 금년 가을에 오랑캐가 변방을 침범하여 요서(遼西) 지역이 불안하자, 국가에서 듣고 변방의 경계를 삼엄하게 하도록 하고, 즉시 두 찬성(贊成)에게 나누어 명하여 동서(東西)에 있는 두 개의 북도(北道)에 가서 위무하도록 하였다. 연해 지역의 변방 관리들 역시 대부분 다시 바꾸면서 홍후(洪侯)를 정주 목사(定州牧使)로 삼았으니, 홍후는 참으로 어느 한 곳에 국한되지 않는 군자(君子)라고 이를 만하다.[8]

박팽년의 이 평가 속에는 홍익생이 무반임에도 불구하고 세조정권의 쟁쟁한 문신들과 수평적 관계망을 형성할 수 있었던 배경을 이해하는 단서가 된다. 이처럼 신숙주와 박팽년 모두 홍익생에 대해 동관

---

7 朴彭年, 『朴先生遺稿』, 〈送洪詹事赴定州詩卷序〉.

8 朴彭年, 『朴先生遺稿』, 〈送洪詹事赴定州詩卷序〉.

(同官)으로서의 친연성이 깊었지만 계유정란을 계기로 신숙주와는 동맹적(同盟的) 관계를, 박팽년과는 극단의 노선을 걷게 된다.

한편 홍익생은 1455년 첨지중추원사에 임명되었고, 그해 윤6월에는 단종이 폐위되고 세조가 집권하게 되었다. 동년 12월 27일에 공표된 좌익원종공신 녹훈에서 그는 아들 귀해와 함께 녹권에 이름을 올리게 된다. 이것은 무엇을 뜻하는가? 그는 계유정난(1453)에서 세조의 즉위에 이르는 정국의 소용돌이 속에서 수양대군[세조]과 정치적 행보를 함께 했던 것으로 판단된다. 원종공신 녹훈은 그 보상이었고, 이로써 그는 세조가 양산한 범 훈구세력의 일원으로 편입되었다고 할 수 있다. 1458년 8월 대 중국 외교의 거점이자 국방의 요충지인 의주목사에 임명된 것도 이런 맥락에서 이해할 필요가 있다. 하지만 그는 어떤 사유로 인해 견책을 당해 임기를 채우지 못한 것으로 보이는데, 그런 정황은 이석형(李石亨)의 위로시(慰勞詩)에서 일정하게 확인된다.[9]

견책의 성격은 알 수 없지만 1461년 1월 경상좌도 도절제사로서 관계에 복귀하여 울산 석보의 방어 체계 강화를 촉구하는 장계를 올려[10] 재가를 얻은 바 있고, 동년 6월 중추원부사 재임 때는 사은사의 부사로 사행할만큼 세조의 두터운 신임을 받았다.

> 동지중추원사(同知中樞院事) 노숙동(盧叔仝)·중추원부사(中樞院副使) 홍익생(洪益生)을 보내어 표문(表文)을 받들고 중국에 가서 채단(綵段)을

---

9 李石亨, 『樗軒集』(上), 〈贈洪義州益生見謫還家 公爲詹事時 我爲弼善中護故云〉 "壯猷方叔老將軍 數載邊城絕塞氛 身世西東同泛梗 功名榮辱等浮雲 暫從一日心何盡 一作限 直倒千杯路始分 君記春坊時事否 至今思憶夢繽紛"

10 『世祖實錄』〈世祖 8年 3月 27日〉.

내려 준 것을 사례(謝禮)하게 했다.[11]

1463년의 어연(御宴) 참석은 신임의 또 다른 양태였다. 세조는 1463년 5월 30일 사정전(思政殿)에서 종친 및 제신(諸臣)을 대상으로 주연을 개최한 바 있다. 신하들이 설행의 주체로 기술되어 있지만 사실상 임금이 주최하는 어연으로 보는 것이 합당할 것 같다. 참가자 중에는 홍익생도 포함되어 있었고, 그의 직책은 서반 한직인 호군(護軍)이었다.

> 사정전(思政殿)에 나아가 상참(常參)을 받고 정사를 보니, 내종친(內宗親)과 봉원 부원군(蓬原府院君) 정창손(鄭昌孫)·영의정 신숙주(申叔舟)·판중추원사(判中樞院事) 심결(沈決)·공조판서 김질(金礩)·행첨지중추원사(行僉知中樞院事) 김개(金漑)·이조판서 어효첨(魚孝瞻)·개성군(開城君) 최유(崔濡)·병조판서 윤자운(尹子雲)·행첨지중추원사(行僉知中樞院事) 양성지(梁誠之)·행호군(行護軍) 홍익생(洪益生)·예조참판(禮曹參判) 김길통(金吉通)·한성부윤(漢城府尹) 이서(李墅)와 승지(承旨) 등이 입시(入侍)하여 술자리를 베풀었다.[12]

서반 한직임에도 불구하고 정창손·신숙주·어효첨·양성지 등 정권의 당로자들과 함께 어연에 참가할 수 있었던 세조 정권의 협찬자(協贊者)라는 정치적 비중은 당시 관직사회가 인정했던 문무 겸전의 역량과 결코 무관하지 않을 것 같다. 그의 이러한 견고한 위상은 개인

---

11 『世祖實錄』〈世祖 8年 6月 27日〉.
12 『世祖實錄』〈世祖 9年 5月 30日〉.

의 영달을 넘어 남양홍씨 일문의 가격(家格) 신장의 과정으로 해석할 수 있다.

홍익생 대에 강화된 정치사회적 위상은 아들 홍귀해의 관료적 진출과 성장에 일정한 영향을 미쳤을 것으로 보인다. 무과를 통해 출사하여 세조 즉위를 협찬하여 좌익원종공신에 녹훈된 것이 아버지의 환력과 일치하고, 무반 고위직인 수군절도사를 지낸 것 또한 동일 궤적으로 파악된다.[13]

### 2) 홍한(洪澣) 형제의 사림파 편입과 훈구성의 탈색

홍익생·귀해 양대의 훈업(勳業)과 무반 고위직 수행으로 남양홍씨는 '무반벌열'로 도약할 수 있는 토대를 마련하였지만 향후의 흐름은 이전과는 판이한 양상으로 전개된다. 홍귀해는 여흥민씨 민효열(閔孝悅, 1405~1482)의 딸과 혼인하여 네 아들을 두었는데, 이 가운데 세 아들이 문과에 합격하여 청현직에 오름으로써 '무(武)에서 문(文)'으로의 획기적 전환을 이루게 된다.

민효열은 1429년 문과에 합격하여 우헌납(右獻納)·정랑(正郎)·소윤·첨지중추원사(僉知中樞院事)·동지돈녕부사(同知敦寧府事)·동지중추부사 등을 지낸 정통 관료였다. 그러나 1441년에 외읍(外邑)의 공물을 대납한 일로 인해 폐고불서(廢錮不敍)의 오명을 남기는 등 관료로서 크게 현달하지 못했고, 세평 또한 우호적이지 않았다. 다만, 그 또한 좌익원종공신이었다는 사실은 주목할만한데, 그의 매부가 세조 정권의 실세 상당부원군 한명회(韓明澮)였다. 수양대군과 한명회의 관

13 『成宗實錄』〈成宗 4年 12月 13日〉.

계가 민효열을 친위세력으로 인입하는 계기가 되었고, 그 연장 선상에서 민효열의 사돈 및 사위였던 홍익생과 홍귀해 또한 좌익원종공신에 녹훈된 것으로 파악된다.

洪貴海 가계도

□ 1자 홍호 : 副正

□ 2자 홍형 : 文科 _副提學 _甲子被禍

□ 3자 홍식 : 文科 _左承旨 _戊午·甲子被禍

□ 4자 홍한 : 文科 _副提學 _戊午被禍

결국 홍익생·귀해의 관료적 현달에는 민효열을 매개로 하는 한명회와의 척연이 작동하고 있었던 것이다.

민효열의 인척적 관계에서 주목할 또 다른 인물은 외조부 허금(許錦)이다. 고려말 전리판서를 지낸 허금은 조선초기 양천허씨 번성의 초석을 놓은 인물이다. 양천허씨는 그의 현손 허종(許琮; 右相)과 허침(許琛; 右相) 대에 형제 재상을 배출하며 문호를 크게 확충하였는데, 세조정권의 실력자 한명회가 허금의 손서라는 점도 눈여겨 볼 대목이다. 이런 구도에서 볼 때 양천허씨는 훈구파적 성향이 강한 것으로 볼 수 있지만 허침의 경우 김종직의 문인으로 사림파의 핵심을 이루었던 조위(曺偉)·유호인(兪好仁) 등과도 친교 관계를 형성하는 등 사림파와도 친연성을 유지했다. 이런 맥락에서 증손 허손(許蓀)의 외파에서는 박소(朴紹)와 같은 이른바 '기묘명현'이 배출되기에 이른다.

許錦(1340~1388) 내외손도

| | | | | | | |
|---|---|---|---|---|---|---|
| 許錦 | ⇨ 愭 | ⇨ 扉 | ⇨ 蓀 | ⇨ 琮 | | |
| | | | | ⇨ 琛 | | |
| | | | | ⇨ 女 朴林宗 | ⇨ 兆年 | ⇨ 紹 |
| | ⇨ 女 閔大生 | ⇨ 孝悅 | ⇨ 女 洪貴海 | ⇨ 浩 | | |
| | | | | ⇨ 泂(1446~1500) | | |
| | | | | ⇨ 湜(1449~1504) | | |
| | | | | ⇨ 瀚(1451~1498) | | |
| | | ⇨ 女 韓明澮 | | | | |

홍귀해 아들들의 문과로의 선회는 '숭문비무(崇文卑武)'라는 사회적 인식에 더하여 문적(文的) 노선에 대한 선호와 성취가 뚜렷했던 인척집단으로부터도 일정한 영향을 받았다고 할 수 있다.

홍귀해 세 아들의 과거 이력 : 사마시(1469) 및 문과

□ 2자 洪泂
- 생원 3등 40위(1469)
- 문과 병과 6위(1477)

□ 3자 洪湜
- 진사 1등 5위(1469)
- 문과 병과 1위(1483)

□ 4자 洪澣
- 진사 2등 23위(1469)
- 생원 2등 7위(1469)
- 문과 3등 4위(1485)

홍형·식·한 3형제의 문반 추구 노선은 매우 단시간에 획기적으로 전개되었다. 5세 터울이었던 3형제는 1469년 생원시에서 연벽(聯璧)하는 쾌거를 이루었고, 특히 4자 홍한은 생원·진사 양시에 합격하여

문재를 크게 떨치게 된다. 이후 3형제는 각기 1477년(洪泂), 1483년(洪湜), 1485년(洪瀚) 문과에 합격하여 관계에 입문하게 되었다. 이로써 남양홍씨는 '문신(文臣)'으로 도약하게 되는데, 이는 종전의 '무반(武班)' 색채의 탈색을 의미했다.

홍귀해의 여러 아들 가운데 사림파 합류와 문벌적 기반을 가장 먼저 구축한 것은 차자 홍형 계통이었다. 문과 출신인 홍형은 부제학, 아들 홍언필도 문과를 거쳐 양관대제학, 손자 홍섬(洪暹) 또한 문과를 거쳐 영의정을 지내는 등 3대가 크게 현달했다. 특히 주목할 것은 홍형의 척연이다. 홍형은 초취 평택임씨 사망 후 한양조씨 조충손(趙衷孫)의 딸을 재취로 맞았다. 조충손은 중종조에 지치(至治)를 주창하며 기묘사림의 영수로 부상하게 되는 조광조(趙光祖)의 조부였다. 즉, 홍형은 조광조에게 고모부가 되는데, 이런 척연은 홍형 3형제의 당대는 물론 16세기 이후 남양홍씨 일문의 정치·학문적 행보에 매우 중요한 영향을 미치게 된다.

이제 논점을 본고의 주인공인 홍가신 계통으로 모아 보기로 한다. 홍귀해의 아들 가운데 홍가신의 직계 선대는 4자 홍한이다. 앞에서 언급한대로 홍한은 겨우 17세의 나이로 생원·진사 양시에 입격했고, 그로부터 16년 뒤인 1485년 문과에도 합격한 수재였다. 이후 그는 성종 후반에서 연산군 치세 초반에 이르는 약 13년 동안 관료로 재직하며 군주 보도와 훈구세력에 대한 비판과 견제에 부심하다 1498년 무오사화에 피화되어 죽음을 맞게 된다.

홍한이 사림파 관료로 활동하게 된 것은 김종직과의 학연이 크게 작용한 것 같다. 그가 어떤 경로로 김종직의 점필재문하를 출입했고, 또 어떤 영향을 받았는지는 자세하지 않지만 김종직의 문인록(門人錄)

을 통해 급문 사실을 확인할 수 있다.

> 홍한(洪澣)은 남양인(南陽人)인데, 을사년(1485) 문과에 급제하여 벼슬이 참의(參議)에 이르렀다. 그는 성품이 곧고 남을 잘 인정하지 않아서 권귀(權貴)의 뜻에 거슬렀는데, 무오년(1498)의 화에 걸려 장류되던 도중에 죽었다. 중종 때에 이조참판(吏曹參判)에 추증되었다.[14]

그의 사림파적 성향은 혼맥에서도 뚜렷하게 드러난다. 홍한은 창녕성씨 성귀달의 딸과 혼인하였는데, 성귀달의 손자가 조광조의 학통을 계승하여 기묘명현으로 인식된 성수침(成守琛)이다. 조식의 지우로 16세기 처사형 학풍을 주도했던 성운 또한 홍한의 가까운 처족이었다. 아래 계보도에 따르면 16세기 중반 이후 이이와 함께 기호학계의 종사로 부상하는 성혼(成渾)과 홍가신은 7촌친의 척분을 지니게 된다.

창녕성씨 가계도 : 洪澣 처가

| | | | | | |
|---|---|---|---|---|---|
| 成得識 | ⇨ 忠達 | ⇨ 世俊 | ⇨ 近[敬齋] | | |
| | | | ⇨ 遇 | | |
| | | | ⇨ 運[大谷] | | |
| | ⇨ 貴達 | ⇨ 世貞 | | | |
| | | ⇨ 世純 | ⇨ 守琛[聽松] | ⇨ 渾[牛溪] | ⇨ 文濬 |
| | | | | ⇨ 女 尹煌 | |
| | | ⇨ 女 辛季琚 | | | |
| | | ⇨ 女 洪 澣 | ⇨ 胤昌 | ⇨ 昷 | ⇨ 可臣[晩全] |

14 金宗直, 『佔畢齋集』, 附錄 〈門人錄〉.

홍형은 조광조 집안과 직접적 혼척을 맺었고, 홍한은 척연을 통해 조광조 등 기묘사림과의 관계망을 형성했음을 알 수 있다. 다소 성급한 주장일 수 있지만 지치주의(至治主義)에 입각한 조광조의 개혁정치도 점필재문인으로 대표되는 선진들의 정치론의 확장으로 볼 수 있는데, 후술할 홍한도 영향을 미친 대표적 인물의 한 사람으로 상정할 수 있다.

홍한은 1485년 문과 합격 이후 청요직을 두루 거치며 엘리트문신의 길을 걸었다. 예문관 검열을 비롯하여 홍문관 수찬·교리, 시강원 문학, 사헌부 지평 등 한림 및 언관직을 수행하며 국왕을 지근한 거리에서 보좌했던 것이다. 특히 성종은 그가 사학(史學)에 정통함을 인정하여 경연관으로 임명하는 등 신임이 매우 두터웠다. 조카 홍언필은 묘갈명에서 홍한의 학문을 이렇게 평가한다.

> 학문은 성현의 경전을 궁구했고, 두루 자사(子史)에까지 미쳤다. 주자(朱子)의 『강목(綱目; 資治通鑑綱目)』에 더욱 심오했다.[15]

즉, 그의 학문은 경학(經學)을 본령으로 하여 자사에까지 두루 미침으로써 경연관[檢討官]으로서의 자격을 충족했던 것이다. 홍한은 경연 검토관으로서 학술적 보도에 더하여 민생 문제, 지방관의 탐오 등 시정의 현안을 예리하게 지적하면서 국정을 보좌했다.[16]

이런 가운데 1490년(성종21) 2월에 있었던 사유(師儒) 간택 논의는

---

15 洪彦忠, 『默齋集』 卷5, 〈季父參議洪公墓碣銘 并序〉 "學窮聖經 旁及子史 尤邃於朱子綱目"

16 『成宗實錄』 〈成宗 20年 10月 27日〉; 〈成宗 20年 11月 7日〉.

홍한의 관료적 위상과 관련하여 시사하는 바가 매우 컸다. 성종은 조신들에게 사표(師表)가 될만한 인물의 초선(抄選)을 지시했고, 다양한 의견을 종합한 결과 반우형(潘佑亨)·표연말(表沿沫)·김응기(金應箕)·이문흥(李文興)·안팽명(安彭命)·강경서(姜景敍)·정성근(鄭誠謹)·정석견(鄭錫堅)·김심(金諶)·장강(張綱)·손번(孫蕃)·권경우(權景祐)·권빈(權璸) 등이 물망에 오르게 된다.

이 과정에서 송영 등 일부 신료들이 홍식·홍한 형제도 그 대상에 포함시킬 것을 건의하였다. 이 건의에 대한 성종의 대응은 다소 예외였다. 경연을 통해 그 존재는 인지하고 있지만 사유에 합당한 학문적 자질에 대해서는 유보적인 입장을 보였던 것이다.

> 송영·권건·윤민이 아뢰기를, "신 등이 알고 있는 하형산(河荊山)·홍식(洪湜)·홍한(洪瀚)이 모두 사유(師儒)로 합당한데도 참여치 못했습니다. 그러나 신 등이 보는 바가 반드시 모두 옳지 못하기 때문에 감히 그 사람들을 확실하게 지적하지 못하였습니다." 하자, 전교(傳敎)하기를, "하형산·홍식은 내가 본래부터 그 사람을 알지 못하나, 홍한은 경연(經筵)에서 여러 번 보았다. 그러나, 그 때 강문(講問)하지 못했기 때문에 사유로서 합당한가를 알지 못하니, 재상(宰相) 등에게 의논하도록 하라." 하였다. … 이집(李諿)은 의논하기를, "홍한은 지금 동료(同僚)가 되었는데, 조행(操行)과 학문(學問)이 있어 사유에 참여할 만한 것으로 압니다. 그리고 하형산·홍식은 신이 그 사람을 알지 못하므로, 감히 우열(優劣)을 가리지 못하겠습니다." 하였다.[17]

17 『成宗實錄』〈成宗 21年 2月 4日〉.

이에 홍문관 부제학 이집(李諿) 등이 다시 홍한의 조행과 학문을 들어 사유로 간택할 것을 강력하게 주장한 바 있다. 부제학이라는 직책, 태종의 외손자[星原尉 李正寧의 아들]라는 왕실과의 척연을 고려할 때, 이집의 추천은 일정한 무게감을 가졌을 것으로 짐작된다. 성종은 후속 절차를 예조에 위임했고, 그 결과가 사료로써 확인되지는 않지만 이를 통해 홍한이 학식을 겸비한 관료로서 동료들에게 상당한 신망을 받았음은 분명하게 확인할 수 있다.

경연관으로서의 홍한의 임관 태도는 자못 엄정했고, 언설은 신랄했다. 그는 군주의 몸가짐이 위정의 근본이라는 판단에서 몸가짐을 조심하고, 천재는 하늘의 운수에 맡기더라도 사람으로서 행해야 할 도리에 소홀함이 없기를 강도 높게 주청했다. 말미에서 옥사의 신중성을 첨언한 것은 권신들에 대한 법적 처결의 치우침을 지적한 것인데, 이 사안은 뒤에서도 반복적으로 거론된다.

> 민간(民間)의 질고(疾苦)를 신은 알지 못합니다. 다만 임금이 몸가짐을 조심하고 덕(德)을 닦으면 재앙을 그치게 할 수 있습니다. … 가물고 홍수가 나는 것을 하늘의 운수에 맡기고 사람의 할 일을 소홀히 할 수는 없습니다. … 무릇 옥송(獄訟)의 일은 더욱 신중히 심의하는 것이 마땅하겠습니다.[18]

홍한의 건의는 군주를 모든 권한과 책임의 소재로 파악하는 주자학적 정치론의 구조 속에 있다. 어떤 측면에서는 특별함이 없는 매우

18 『成宗實錄』〈成宗 21年 4月 16日〉.

당연한 주장처럼 보일 수도 있다. 하지만 이 건의는 후술한 세부 안건들과 연동되어 있었던 바, 특정인 또는 세력에 대한 탄핵과 비판을 예고하는 사전 포석과 같은 의미를 지녔다.

경연관 또는 언관으로서의 홍한의 비판은 척불, 척리 및 왕실의 비리 규탄, 권신에 대한 견제로 압축된다. 1490년 4월 학전(學田)을 침탈하는 등 민폐를 자행하는 승려 학조(學祖)[19]에 대한 비판, 동년 윤9월 왕실의 사치풍조 경계와 왕실 인친에 대한 부당한 인사를 지적한 것은 그 신호탄이었다.

①시독관(侍讀官) 홍한(洪瀚)은 아뢰기를, "중 학조(學祖)는 대처승(帶妻僧)을 사주하여 그 절에 들어가 점거하면서 즉시 학전을 빼앗아 마(麻)와 보리를 심게 하였고, 학생들이 금지하자 도리어 죄를 얽어서 쟁송(爭訟)하였으니, 그 거리낌없이 탐욕함이 심합니다." 하였다.[20]

②경연(經筵)에 나아갔다. 강(講)하기를 마치자, 지평(持平) 홍한(洪瀚)이 아뢰기를, "서학(西學)의 공한지(空閒地)를 계성군(桂城君)의 집으로 베어 넣었다 하는데, 이 집은 본시 좁지 아니하여 다른 땅으로 더할 필요가 없습니다. 또 지금 금지옥엽(金枝玉葉)이 지극히 번성한데, 만약 모두 집을 굉대(宏大)하게 한다면 국가의 재력이 반드시 다할 것입니다." 하니, 임금이 이르기를, "내가 두 번이나 한림(翰林)을 보내어 서학(西學)의 땅을 살펴보게 하였는데, 모두 말하기를, '계성군(桂城君)의 집으로 베어 넣지 않을 수 없다.' 하였으므로, 나도 그대로 따르고, 곧 그 곁에

---

19 學祖는 金尙憲의 고조 金英銖와 형제간으로 증조 金璠은 그의 양자가 되어 상당한 재산을 물려받은 것으로 알려져 있다(『中宗實錄』〈中宗 10年 7月 6日〉).

20 『成宗實錄』〈成宗 21年 4月 22日〉.

있는 공한지로 이를 보상하겠다." 하였다.[21]

인용문②의 계성군은 성종의 3남이다. 이는 왕의 자녀들의 사치풍조를 예방하는데 주안점이 있었고, 성종이 보상을 약속함으로써 일단락되었지만 왕의 지친을 직격(直擊)한 것에서 그의 사림파적 감언성을 포착할 수 있다.

성종은 언관의 건의를 잘 수용하는 듯 하면서도 난색을 표하며 처리를 지연시키다 신료들이 강청한 뒤에야 받아들이는 경우가 잦았다. 홍한 등의 불만도 바로 이 지점에 자리잡고 있었다. 아래 임사홍(任士洪) 및 이평(李枰)의 인사와 관련된 사안이 대표적이었다.

> 홍한이 말하기를, "임사홍(任士洪)이 관압사(管押使)로 마땅하지 못하다는 것과 이평(李枰)을 가선대부(嘉善大夫)로 승계(陞階)한 것이 불가(不可)하다는 일은 마땅히 따르셔야 할 것인데, 따르지 않고 번거롭게 청해 마지 아니한 후에야 따르셨으니, 이것이 그러한 일들입니다." 하니, 임금이 말하기를, "이는 다 내가 이미 따른 일이다. 그러나 말에는 마땅히 따라야 할 것이 있고 또한 따르지 못할 것이 있으니, 어찌 일체로 논하겠는가?" 하였다.[22]

임사홍은 성종의 딸 숙휘옹주(淑徽翁主)의 부마 풍원위(豐原尉) 임숭재(任崇載)의 아버지이고, 이평(李枰)은 정종 6자 진남군(鎭南君) 이종생(李終生)의 증손으로 둘 다 왕실의 지친들이었다. 이런 맥락에서

---

21 『成宗實錄』〈成宗 21年 閏9月 6日〉.

22 위와 같음.

홍한은 척리를 외원으로 삼아 참판의 직임을 얻은 것으로 의심되는 민영견(閔永肩)의 사례를 들어[23] 외척 등 국왕의 측근세력에 대한 경계심을 늦추지 않았던 것이다. 이런 비판과 견제는 성종과의 긴장 관계를 야기하기도 했지만 예기(銳氣)는 조금도 위축되지 않았다. 그런 정황은 1493년 5월 중전 정현왕후(貞顯王后)의 사친 헌수 예법의 간소화를 촉구한 것에서도 확인할 수 있다.

정현왕후는 부친 윤호(尹壕)의 헌수례(獻壽禮)에 즈음하여 숙부 윤탄(尹坦)의 동참을 지시한 바 있다. 일종의 '가족연회'를 기획한 것이다. 그러나 당시 윤탄은 충청감사에 재직 중이었기 때문에 거취가 용이하지 않았다. 성종은 충청도가 서울과 멀지 않으므로 공무에 지장이 크지 않다고 판단했고, 홍한은 농번기를 이유로 이를 반대했던 것이다.

사헌부 지평(司憲府持平) 홍한(洪瀚)이 와서 아뢰기를, "이제 듣건대 중궁(中宮)께서 윤호(尹壕: 성종 외조)의 집에 거둥하여 헌수(獻壽)하실 때에 충청도 관찰사(忠淸道觀察使) 윤탄(尹坦: 중전 숙부)도 와서 참여하라고 명하셨다 합니다. 이것은 가문(家門)의 성사(盛事)이기는 하나, 관찰사(觀察使)는 한 도(道)의 주인이므로 수령(守令)이 모든 일을 품신(稟申)하여 행하고 또 농사가 한창인데 길이 자못 머니, 와서는 안되겠습니다." 하니, 전교(傳敎)하기를, "윤탄(尹坦)은 중궁의 삼촌숙(三寸叔)이다. 충청도(忠淸道)는 경계가 경기(京畿)와 잇닿아서 길이 매우 멀지 않으니, 올라온들 무엇이 해롭겠는가?" 하였다. 홍한이 또 아뢰기를, "관찰사(觀察使)는 그 추종(騶從)을 줄이더라도 거느리는 무리가 반드시 많을 것인

23 『成宗實錄』〈成宗 21年 10月 10日〉.

데, 더구나 이제 가뭄 조짐이 있고 또 파종(播種)이 끝나지 않았으니, 올라오지 말게 하소서." 하였으나, 들어주지 않았다.[24]

물론 성종은 홍한의 건의를 받아들이지 않았지만 그의 직언은 계속 된다. 성종이 독서당 문신들을 위해 주악을 내리려고 하자 주악은 '독서하는 곳'에 걸맞지 않는다는 이유에서 명을 환수함은 물론 이 참에 민간에까지도 금주령을 내릴 것을 건의했다.[25] 금주 건의는 두 차례에 걸쳐 개진되었는데, 본질적 사유는 가뭄[旱災]에 따른 민생의 피폐였다.

한편 홍한은 인사 문제에 있어서는 더욱 비판의 날을 세웠다. 그 대상은 척리·훈신 등 권력자들에게 집중되었다. 즉, 척리·재상의 아들을 시종직인 승지에 임명하는 것의 부당성을[26] 비롯하여 자신 관할의 수참선(水站船)을 사사로이 사용한 전함사제조(典艦司提調) 이극배(李克培)의 치죄,[27] 좌리공신 정숭조(鄭崇祖)의 엄벌 등을 강력하게 촉구한 바 있다.

정숭조(鄭崇祖)와 신정(申瀞)은 함께 공신(功臣)이나, 신정(申瀞)이 범한 바는 일신(一身)에 그치는 것으로서 정숭조(鄭崇祖)의 나라를 좀먹고 백성을 병들게 한 죄와는 진실로 같지 아니합니다. 그런데 신정에게는 이미 형신(刑訊)을 가하였고, 또 극형(極刑)으로 처치(處置)하였으되, 정숭조에게는 일과 관계된 사람과 아울러 형신(刑訊)하지 아니하였고, 또

---

24 『成宗實錄』〈成宗 24年 5月 11日〉.

25 『成宗實錄』〈成宗 24年 5月 12日〉.

26 『成宗實錄』〈成宗 24年 10月 7日〉.

27 『成宗實錄』〈成宗 24年 10月 19日〉.

가벼운 법을 썼으니, 이 어찌 법을 씀이 다릅니까? 일에 관련된 사람들을 끝까지 추국(推鞫)해서 정상(情狀)을 밝혀서 죄가 과연 무겁다면 안율(案律)하여 주벌(誅罰)해야 가할 것입니다. 만약 그렇지 않다면 먼 변방(邊方)에 보내어 다시 돌아오지 못하게 하는 것을 보여서 탐람(貪婪)하고 간사(奸詐)하여 기망(欺罔)하는 자들을 경계하게 하소서." 하였다.[28]

정숭조는 정인지(鄭麟趾)의 아들이자 세조 부마 하성위(河城尉) 정현조(鄭顯祖)의 아우로 성종의 즉위를 도운 공으로 좌리공신(4등)에 녹훈되었고, 신정(申瀞)은 신숙주(申叔舟)의 아들로 그 또한 좌리공신(4등)이었다. 양인은 당대의 문벌 하동정씨와 고령신씨 집안의 자제로 세조~성종조에 문호가 극성했다. 신정의 경우 국왕의 인신을 위조하여 남의 재산을 탈취하다 사사되었음에 반해 정숭조는 국고를 손실하는 중죄를 범했음에도 조율하지 않자 죄상을 밝혀 법에 따라 조처할 것을 촉구했던 것이다. 홍한은 성종이 권문을 비호하는 것으로 판단했던 것 같고, 개인의 비리를 넘어 공익을 훼손한 정숭조에 대한 엄벌이 곧 관기(官紀)의 회복이라는 입장에서 극언을 주저하지 않았던 것이다.

이상에서 살펴본 바와 같이, 홍한은 성종의 깊은 신임을 바탕으로 한림 및 삼사의 요직을 두루 거쳤고, 국왕을 보도하는 경연관으로 활동함으로써 시종신으로 인식된 것이 사실이다. 그럼에도 그는 척리·훈신·왕실 등 국왕 측근세력의 견제, 민생의 개선 등 첨예한 조정의 현안에 대해서는 비판적 태도를 견지했다. 이 과정에서 성종과 다소

28 『成宗實錄』〈成宗 24年 11月 9日〉.

불편한 관계에 놓인 것 또한 부인할 수 없지만 성종은 그의 강직함과 개결함을 인정함으로써 적어도 성종 치세에는 별다른 부침이 수반되지 않았다.

연산군 즉위 후에도 홍한의 공격적 언관 의식은 달라지지 않았다. 척불론적 시각에서 원각사(圓覺寺)의 대규모 불경(佛經) 간행사업에 강한 우려를 표명한 것이라든지[29] 군주의 안일(安逸)을 경계하며 경연의 지속적 참여를 강조한 것은 주자학적 통치이념의 강화에 부심했음을 뜻한다.

> 왕이 주강에 나왔다. 『대학연의(大學衍義)』를 강하는데 시독관 홍한(洪瀚)이 아뢰기를, "안일(安逸)이란 것은 임금으로서 크게 경계해야 할 바입니다. 주 성왕(周成王)이 어려서 즉위하여 농사 짓는 고난을 모르기 때문에 주공(周公)이 무일편(無逸篇)을 지어 훈계삼아 올리면서 농사의 고난과 소민(小民)의 원망을 낱낱이 갖추어 실어 놓았으니, 임금이 구중 궁궐 속에 깊이 앉아 계시어 당(堂) 아래가 천리보다 멀리 있는데 어떻게 여리(閭里)의 원성과 농사의 고난을 아실 수 있으리까. 반드시 경연(經筵)에 납시어 신하들을 대하셔야 곧 들으실 수 있습니다." 하였다.[30]

홍한은 1496년 전한을 거쳐 1497년에는 홍문관 직제학으로 승진했고, 동년 8월에는 홍문관 관원들을 지방으로 파견하여 방어 실태를 점검하게 했을 때 부산포의 점검을 담당했다. 이어 9월에는 사실상 홍문관의 관장인 부제학에 올라 일국의 문한과 언론을 주재하게

29 『燕山君日記』〈燕山君 1年 6月 26日〉.
30 『燕山君日記』〈燕山君 1年 12月 21日〉.

된다.

1497년 12월 27일의 서계는 부제학 임명 이후 최초의 시정 비판인 동시에 1485년 관계 입문 이래 가장 엄정한 논조의 정론(政論)이었다. 문제가 된 것은 임사홍·정숭조 등 왕실과 지친 관계에 있던 권신들의 처우였다. 연산군은 1497년 5월 신하들을 위한 위로잔치인 중삭연(仲朔宴)을 열고 임사홍·정숭조·한환 등을 가자하는 조처를 단행하자 언론 3사에서 일제히 그 부당성을 지적하는 건의가 쇄도했다.

홍한 등 홍문관 서계는 동년 12월 26일 대사헌 이집 등 사헌부 서계의[31] 후속 대응이었던 것이다.

> 홍문관 부제학(弘文館副提學) 홍한(洪瀚) 등이 서계하기를, "임사홍(任士洪)은 소인 중에도 심한 자이며 조득임(趙得琳)은 노예 중에도 천한 자이며 정숭조(鄭崇祖)는 탐오(貪汚)하고 염치가 없으며 한환(韓懽)은 광패(狂悖)하고 행검이 없는데, 이들을 높은 관작으로써 존대한다는 것은 너무도 불가하옵니다. 유독 사람들만이 아는 것이 아니라 하늘도 역시 위엄을 발동하여 보여주었으니, 이는 천심과 인의(人意)를 알 수 있는 것인데 몇 달이 못되어 또 전일의 그른 일을 수행하오니 사람은 두렵지 않다 하더라도 하늘마저 두렵지 않습니까?[32]

홍한 등 홍문관 서계의 핵심 표적은 왕실의 지친 임사홍[성종 부마 豊原尉 任崇載 부]과 정숭조[세조 부마 河城尉 鄭顯祖 弟]였다. 1490년 홍한은 임사홍의 관압사(管押使) 임명을 반대했고, 1493년에는 정숭조

31 『燕山君日記』〈燕山君 3年 12月 26日〉.
32 『燕山君日記』〈燕山君 3年 12月 27日〉.

의 국고 손실을 엄형으로 다스릴 것을 주청한 바 있다. 즉, 홍한은 양인에 대한 예대는 지친들의 시정(施政) 개입과 군주의 이목(耳目) 옹폐로 이어질 것으로 판단하고 이를 엄단코자 했던 것이다. 사안의 중대성은 사의(辭義)의 맹렬함으로 표출되어 임사홍을 '소인(小人)', 정숭조를 '탐오하고 염치가 없는 자'로 규정하기에 이르렀던 것이다.

정작 홍한 등이 우려했던 것은 임사홍·정숭조 등의 결점 또는 비리를 넘어 간언을 거부하는 군주의 태도, 심지어 위엄으로 언관을 제어하려는 폭압성이었다.

> 대간(臺諫)의 아뢴 바는 실로 한 나라의 공론이오니, 마땅히 우대하여 받아들이셔야 할 것이온데, 도리어 전교하시기를, '나의 신하가 아니다. 당연히 극형(極刑)에 처해야 한다.' 하시니, 과연 무슨 죄가 있기에 형에 처하려 하십니까. 임금의 위엄은 뇌정(雷霆)에 비할 뿐이 아니어서 말하도록 인도하여도 오히려 두려워서 말하지 않는데, 하물며 위엄으로써 호령하신단 말입니까. 바라옵건대 쾌히 공론에 따르시어 빨리 성명(成命)을 환수하시옵소서." 하였으나, 왕은 듣지 않았다.[33]

홍문관을 비롯한 언론 3사의 극론에도 불구하고 연산군은 임사홍·정숭조 등을 비호함으로써 군신간 치열한 공방만 수반한 채 가자의 명을 환수하라는 건의는 실현되지 못했다.

1498년 1월 홍한은 이조참의에 임명되었고, 동년 7월 무오사화의 서막인 '사초사건(史草事件)'에 연루되기에 이른다. 주지하다시피 무오사화는 김종직의 '조의제문'에서 비롯되었고, 그 여파는 그 문도들

---

33 위와 같음.

에게까지 확산되었다. 1498년 7월 19일 실록청에서 홍한이 작성한 사초를 문제삼음으로써 상황은 크게 악화되었다. 문제가 된 사초에는 '세조께서 화가(化家)를 꾀하고자 하여 음으로 무사(武士)와 결탁했다.'는 표현이 있었고, 이에 대해 홍한은 아래와 같이 해명하게 된다.

> 홍한(洪瀚)은 공초하기를, "신이 한림(翰林)이 되어 국조의 《실록》을 보오니 이르되, '세조 대왕이 난리를 평정하기 위해 바야흐로 선비를 구하자, 권람(權擥)이 한명회(韓明澮)를 추천하니, 명회는 심복(心腹)과 이목(耳目)이 되어 많은 무사를 천거하여 마침내 큰 공을 이루었다 하였기에, 명회의 죽음을 기록함에 있어 그 출처와 시말을 자상히 하고자 해서 그렇게 한 것이었고, 화가(化家)를 꾀하고자 했다는 것은 옛 글에, '집을 화(化)하여 나라를 만든다.[化家爲國]'는 말이 있기 때문이었고, 음(陰)으로 무사와 결탁했다는 것은, 그때에 권간(權奸)들이 용사(用事)하여 흉화(兇禍)가 불측하므로 감히 드러나게 일을 도모할 수 없었고 명회도 역시 음으로 무사를 천거했기 때문입니다." 하였다.[34]

하지만 그의 해명은 받아들여지지 않았다. 이에 그는 '난언죄'로 걸려들어 동년 7월 26일 경흥부 유배의 명이 내렸다. 이후 윤11월에는 재조사 차 서울로 압송되었다가 동월 7일 배소로 돌아가던 중 정평(定平)에서 생을 마감했다. 이로써 그는 무오피화인의 한 사람으로서 비감한 최후를 맞았지만 화란은 여기서 그치지 않았다. 1504년 갑자사화의 와중에서 부관참시에 가산이 적몰되는 참혹함이 뒤따랐던 것이다.

34 『燕山君日記』〈燕山君 4年 7月 19日〉.

장순손(張順孫) 등의 추안에 판하하기를, "이승건(李承健)·홍한(洪澣)은 그 일을 앞장서서 주장하였으니 부관 참시(剖棺斬屍)에 가산(家產)을 적몰(籍沒)하라.[35]

무오·갑자사화와 남양홍씨 일문의 피화

- □ 洪泂
  - · 갑자피화 : 부관참시
- □ 洪湜
  - · 무오피화 : 부안 유배
  - · 갑자피화 : 효수
- □ 洪澣
  - · 무오피화 : 경흥 유배
  - · 갑자피화 : 부관참시
- □ 洪彦弼 : 홍식 자
  - · 갑자피화

무오·갑자사화는 남양홍씨에게 일대 가화로 다가왔다. 홍형·식·한 3형제는 물론 홍식의 아들 홍세필까지 연루되어 유배·부관참시·효수 등의 극형을 당했던 것이다.

물론 1506년 중종반정으로 이들의 관작은 회복되고, 자손들에 대한 등용 조처가 내려졌지만[36] 가세를 회복하기까지는 좀 더 많은 시간을 필요로 했다. 홍한의 아들과 손자 가운데 문과에 합격하여 당상관을 지낸 인물이 전무하다는 것도 가세의 위축을 반증한다. 이런 상황에서 남양홍씨의 가세가 회복되고 문호를 신장하는 계기를 마련한 인

35 『燕山君日記』〈燕山君 10年 6月 1日〉.

36 『中宗實錄』〈中宗 1年 10月 2日〉.

물이 홍가신·경신 형제였다.

## 3. 홍가신의 학문연원과 사승 : 종적 수용성

홍가신의 문집 『만전집(晩全集)』 및 홍경신(洪慶信; 洪可臣弟)이 찬술한 '만전행장(晩全行狀)' 등 여러 문헌에서 홍가신의 사적(師的) 반열에 위치하고 있는 인물은 허엽(許曄)·민순(閔純)·김근공(金謹恭) 및 이황(李滉)이다. 앞의 세 사람은 모두 화담문인 또는 화담연원이라는 공통점이 있고, 이황과는 서울에서 상견하면서 사제에 준하는 관계를 맺었던 것으로 파악된다. 이런 맥락에서 본다면, 홍가신의 학통적 좌표는 화담학과 퇴계학의 양대 국면에서 설정할 수 있지만 그 기축을 화담학(花潭學)에 두고 있었음은 주지의 사실이다.

홍가신은 소년기에 허엽(許曄) 문하를 출입했는데, 홍경신은 이 과정을 '종학(從學)'으로 표현하고 있다. '만전행장'에 나타나는 홍가신의 소년기 학연에 대한 설명은 자못 극적이다.

> 소년 시절에 초당(草堂) 허엽을 종학(從學)하였는데, 마침 퇴계 선생이 와서 좌중에 함께 계시면서 공을 유심히 보시고는 손가락으로 가리키며 '저기 몇 번째 자리에 있는 검은 옷을 입은 이는 누군인가'라고 하시면서 한참 동안 쳐다보았다.[37]

---

37 洪可臣, 『晩全集』 卷6, 附錄 〈晩全行狀〉.

허엽을 종학하는 과정에서 이황과 상견하는 기회를 갖게 되었고, 또 이황의 깊은 관심을 받았다는 것이 인용문이 전달하고자 하는 메시지이다. 이는 이황과의 학문적 관계성을 보다 강조하려는 의식의 소산으로 읽힌다.

허엽은 홍가신에게 제1사(第一師)의 지위를 획득하였지만 사제간 학문적 수수관계는 구체적으로 확인이 되지 않는다. 다만, 장자 허성(許筬)이 홍가신의 차자 홍영(洪榮)을 사위로 맞았다는 점에서 학연⇨척연으로의 확장성을 발견할 수 있고, 이 관계는 하나의 세의로 굳어지게 된다.

이황과의 학연은 우연성에 바탕하고 있지만 그 계승성은 견고했다. 홍가신은 이황에 대한 학자적 경모심이 매우 컸던 것 같은데, '만전행장'의 찬자 홍경신은 형의 경험담을 꼼꼼하게 채록하는 세심함을 보인다.

> 유생 시절 퇴계 선생께서 서울에 들어오시자 학우들과 함께 가서 배알하고 돌아와서는 사제(舍弟; 洪慶臣)에게 '오늘 퇴계를 뵈었는데, 그 의형(儀形)을 바라보고 그 말씀을 듣노라니 나도 모르게 공경하고 심복하는 마음이 들었다. 인사들 드리고 돌아오려고 할 때 학우들과 함께 절을 올리려고 하자 선생께서 먼저 일어나셨는데, 이는 선비를 대우함에 있어 예모를 더하고자 하셔서 그렇게 한 것인지 아니면 우연히 그런 행동이 나온 것인지 한참 생각하게 되었다'고 했다.[38]

38 洪可臣, 『晩全集』 卷6, 附錄 〈晩全行狀〉"衣時 退溪先生嘗入洛 與友人往謁之 歸語舍弟曰 今日拜退溪 瞻其儀接其語 亦覺敬服 但將辭歸 顧友人欲起拜 先生先起立 未知緣待士加禮而然耶 或出於偶然耶 良久思量"

여기서 홍가신은 이황의 학자적 풍모 및 언어에 대해 '경복(敬服)'이란 표현을 쓰고 있다. '경복'은 혹모(酷慕)에 준하는 존현(尊賢) 어법인 바, 그것이 비록 소년기의 단회적인 관계라 할지라도 홍가신에게 미친 영향은 컸던 것 같다. 그가 여러 성리서 중에서도 퇴계학의 핵심 텍스트인 『주자서절요(朱子書節要)』를 비롯하여 『심경(心經)』·『근사록(近思錄)』을 애독한 것이 이를 반증한다.

> 평생 『주서절요(朱書節要)』를 혹독하게 사랑하셨고, 일찍이 『심경』·『근사록』을 독송(讀誦)함에 반복해서 읽어 그 뜻을 완미(玩味)하셨다.[39]

후일 그가 이황의 문인록인 『도산급문제현록(陶山及門諸賢錄)』에 입전된[40] 것도 이런 맥락에서 이해할 필요가 있다.

洪可臣 사승관계 : 花潭·退溪學의 이원적 수용

□ 花潭學 계통

| | | |
|---|---|---|
| 徐敬德 | ⇨ 許 曄<br>⇨ 閔 純<br>⇨ 金謹恭 | ⇨ 洪可臣 |

□ 退溪學 계통

| | |
|---|---|
| 李 滉 | ⇨ 洪可臣 |

39 洪可臣, 『晩全集』 卷6, 附錄 〈晩全行狀〉 "平生酷愛朱書節要 嘗讀誦心經近思錄 循環玩讀"

40 李滉, 『退溪全書』(4), 「陶山門賢錄」 卷3, 〈洪可臣〉. 略傳에서도 서울에서 이황을 親承한 사실과 『朱子書節要』·『心經』·『近思錄』을 애독한 점이 특서되어 있다.

홍가신 사승(師承)의 본령은 김근공·민순과의 사제관계에 있었고, 특히 민순과의 학연이 그 본궤에 해당한다. 그를 서경덕⇨민순으로 이어지는 화담학통의 계승자로 규정하는 이유도 여기에 있다.

'만전행장'은 '배움에는 일정한 스승이 없다'는 '학무상사(學無常師)'의 논리로서 홍가신의 학문적 외연을 설명하고 있지만 외연 확장의 대상이 김근공·민순이라는 점에서 화담학의 범주를 넘어서는 것은 아니었다.

> 배움에는 일정한 스승이 있는 것이 아니어서 이락(伊洛)을 학문의 종지로 삼고 오직 척암(惕菴; 金謹恭)·습정(習靜; 閔純) 두 선생 문하에만 때때로 나아가 의심스러운 것을 질문하였는데, 훗날 다른 이들에게 '두 선생으로부터 감발된 것이 많았다'고 말하기도 했다. 두 선생 또한 공의 명민(明敏)함과 독지(篤志)를 인정하였으며, 습정은 만년에 더욱 도의로써 깊이 신뢰했다.[41]

서경덕[花潭]·이중호[履素齋] 양문을 출입한 김근공은 박지화(朴枝華)·박주(朴洲)·서기(徐起) 등과 함께 16세기 서류(庶類)를 대표하던 학자였다. 특히 그는 '이중호묘지(李仲虎墓誌)'를 찬술하는 등 이중호 문파 내에서 확고한 위상을 점했다. 홍가신은 또한 1568년 김근공의 임종을 지킨 애제자라는[42] 점에서 서경덕⇨이중호⇨김근공으로 이

41 洪可臣, 『晩全集』 卷6, 附錄 〈晩全行狀〉 "學無常師 以伊洛爲宗而唯於惕菴習靜兩先生門下 時就質疑焉 後與人言 多有所感發於兩先生 兩先生亦以明敏篤志相許 習靜於晩歲 尤以道義相信重"

42 洪可臣, 『晩全集』 卷6, 附錄 〈晩全行狀〉 "金惕菴病重 公往省之 適値進飯 見其啖炙時 從容有序 不失儀則 其夕易簀 不勝歎服 以爲非涵養有素 能如是乎"

어지는 학통과 깊이 연계되어 있었다.

효령대군의 후손 고안정(高安正) 이정(李精)의 서자였던 이중호는 서출이라는 신분적 장벽을 학문을 통해 극복했던 인물이었다. 남에게 뒤지는 것을 몹시 싫어했던 성격에 문체(文體) 또한 기이하여 주변의 비난을 받기도 했지만 당대의 거유 김안국(金安國; 慕齋)은 그를 매우 신뢰했다.[43] 그는 고제도(古制度) 및 의복(衣服) 등에 해박했고, 예학(禮學)에도 정통하였으며, 만년에는 참동계(參同契)에 전념하여 선기옥형(璿璣玉衡)을 손수 제작하기도 했다. 사도(師道)가 준엄했던 그는 후진 양성을 자신의 책무로 삼아 다수의 문인을 배출함으로써 서경덕(徐敬德; 花潭)과 더불어 사종(師宗)으로 평가되기도 했다.

李仲虎 문인 : 花潭學統 會賢門派

□金謹恭 □徐起 □李止男 □柳祖認 □申 昫 □錦川君 李珹 □朴洲 [敦義門派]

□順川君 李琯 □朴應男 □朴應福 □鄭芝衍 □朴漸 □尹斗壽 □李誠中

□崔滉 □奇大鼎 □金有一 □柳縝 □金珩 □尹喜孫 □金就礪 □權用中

□羅士忱 □李陽元 □鄭崑壽

이중호는 회현동(會賢洞)을 거점으로 강학하여 20 여명의 문인을 배출했다. 따라서 그 문인집단을 '회현문파(會賢門派)'로 명명할 수가 있는데, 그 핵심인물이 곧 김근공이었던 것이다.

---

43 이하 이중호의 행적에 대해서는 朴世采, 『東儒師友錄』 卷13, 「李履素齋」 〈墓誌文〉(金謹恭) 및 〈遺事〉 참조.

그의 문인들은 주로 서울 등 근기지역에 기반을 두었던 사대부가의 자제들로 구성되어 있었다. 이 중에는 박주(朴洲)·김근공(金謹恭)·서기(徐起) 등 서류 또는 천인 계통도 있었지만 금천군 이함(李瑊), 순천군 이관(李琯) 등 왕실 인사를 비롯하여 박응남(朴應男; 이판)·박응복(朴應福; 정언)·정지연(鄭芝衍; 우상)·박점(朴漸; 감사)·이성중(李誠中; 판서: 퇴계문인)·윤두수(尹斗壽; 영상)·김취려(金就礪; 퇴계문인)·나사침(羅士忱)·이양원(李陽元; 퇴계문인)·최황(崔滉; 찬성, 퇴계문인) 등 명종~선조조의 관계 및 학계에서 두각을 드러낸 인물이 많았다.

이중호 및 그 문파가 조선후기 학계에서 크게 주목을 받지 못한 것은 이황과 관련이 깊다. 김근공은 '이소재묘지(履素齋墓誌)' 초고를 이황에게 보내 검토를 요청한 바 있다. 이황은 검토문에서 학도를 교육한 공로를 높이 평가하며 '얻기 어려운 인물'로 평가하면서도 그가 찬술한 '심성정도(心性情圖)' 등을 이유로 학문적 순정성은 인정하지 않았다.[44] 특히 이황은 '이소재묘갈명'에 등장하는 '주경(主敬)'이란 표현은 주자(朱子)에게나 쓸 수 있는 문자라고 일갈하는 한편 서경덕과 더불어 한 시대의 사종(師宗)으로 일컬어졌다는 평가에 대해서도 결코 동의하지 않았던 것이다. 이중호에 대한 이황의 비판적 인식과 평가는 이소재문파가 사상계의 주류로 등장하는데 상당한 제약이 된 것

---

44 李滉, 『退溪集』 卷29, 〈論李仲虎碣文 示金而精〉 "故其倡率學徒 亦能有聳動振作之效 衰世豈易得此人哉 及後得見其作心性情圖竝說詩等 其於道學精微處 恐未可輕擬也 … 其爲學也至一主於敬 乃朱門人述其師學之語 今取以稱之於此 李風后有靈 其敢當之乎 深悼絕學 窮理盡性 學必如聖人 歎秦漢以下無根本功夫等語 皆似以風后任傳道之責 皆恐未安 皆知有是事於天下 及非唯大有功於學者 及砥柱中流 惟先生而已 皆過實之語 徐花潭 一時雖間有從學之人 謂爲一時師宗 亦未當"

으로 짐작된다. 이성중·김취려·이양원·최황 등의 문인들이 이황과의 학연을 강화하며 퇴계문인으로서의 면모가 뚜렷해진 것도 이런 추세를 반영한다.

홍가신이 '사범(師範)'으로 삼아 심복했던 인물은 민순이었다. 동정(動靜) 하나도 간과하지 않았을만큼 민순에 대한 학자적 존경심은 각별했고, 부단하게 전개되었던 논학(論學) 및 질의(質疑)의 과정은 홍가신의 학자적 성장을 견인하는 효과로 이어졌다.[45] 특히 그는 민순 사후 문인의 공의에 따라 '습정묘갈명(習靜墓碣銘)'을 찬술함으로써 행촌문하 수문(首門)으로서의 위상을 점하게 된다.

> ① 행촌이 사망한 뒤 문인들이 비문을 지을 사람을 구했으나 그 적임자를 얻지 못하자 모두 공을 찬자로 추대했다. 공은 이를 사양하였으나 그 뜻이 받아들여지지 않자 마침내 찬술하게 되었다.[46]

> ② 습정(習靜; 閔純)의 갈명(碣銘)은 여러분들의 핍박에 가까운 요청에 따라 억지로 찬술하여 이미 서울로 보냈으니, 뒷날 반드시 한번 열람해 주시기 바랍니다.[47]

이제 '행촌제문(杏村祭文)'과 '습정묘갈명(習靜墓碣銘)'을 통해 홍가

---

45 洪可臣, 『晩全集』 卷6, 附錄 〈晩全行狀〉 "公之於先進一動一靜 必欲師範 未嘗泛然看過多類此 與習靜閔先生最親 義兼師友 論學質疑 多有長益 及卒 門人欲求碑文而難其人 共推公 公辭不獲 遂撰"

46 洪可臣, 『晩全集』 卷6, 附錄 〈晩全行狀〉 "門人欲求碑文而難其人 共推公 公辭不獲遂撰"

47 洪可臣, 『晩全集』 卷2, 〈與宋雲峯仲懷書〉.

신이 민순을 어떻게 인식했고, 사제관계의 실상은 어떠했는지를 살펴보기로 한다. 먼저 '행촌제문'에 나타나는 사문관(師門觀)은 경모론적 색채가 농후하다. 하지만 그것은 20년을 종학하는 과정에서 얻어진 실견과 실사에 바탕하고 있다는 점에서 감상론적 표현과는 결을 달리한다. 홍가신은 민순을 문달(聞達)을 구하지 않고 결신(潔身)을 더없이 강조했던 '은덕(隱德)', 나아감[進]과 물러섬[退]을 의리로 재량했던 원칙론자, 정도(正道)로써 스스로를 유지하고, 겸손으로 남을 대했던 학자로 기억했다.[48] 무엇보다 홍가신은 자질이 우졸(迂拙)한데다 의지가 유약했던 자신을 믿음과 격려로써 이끌어준 사은에 감사하고 있는데,[49] 이는 민순의 사도(師道) 및 시교관(施教觀)을 엿볼 수 있는 장면으로 포착된다. 제문의 말미에서 홍가신은 민순의 학자적 자품과 지향을 이렇게 정의한다.

> 온량(溫良)하고 겸손한 덕, 화순(和順)하고 평이한 기상, 평실(平實)한 학문, 확고(確固)했던 뜻을 지금 이후로는 이 세상에 그것을 지닌 이가 없으니 서세의 애통함이 어찌 가까이 지낸 이들에 그치겠습니까. 이는 나라의 불행이요 사림의 불운인 것입니다.[50]

48 洪可臣, 『晩全集』 卷2, 〈祭悻村閔先生文〉 "生際明時 丘園晦迹 不求人知 出處何常 霽行潦止 歸要潔身 … 持身以正 接人以遜 其知之者 爲學知道 其不知者 山野一老"

49 洪可臣, 『晩全集』 卷2, 〈祭悻村閔先生文〉 "小子昏愚 晩益懜然 出入門墻 餘二十年 汩沒摧頽 甘於自棄 加之迂拙 世所寡記 獨被先生 稱道過實 仕宦悠悠 講問雖闕 向仰之誠 久而彌篤"

50 洪可臣, 『晩全集』 卷2, 〈祭悻村閔先生文〉 "溫謙之德 和易之氣 平實之學 堅確之志 而今而後 世無斯人 云亡之慟 豈獨交親 邦國不幸 士林無祿"

이처럼 홍가신은 민순의 덕(德)·기(氣)·학(學)·지(志)를 '온겸(溫謙; 德)·화이(和易; 氣)·평실(平實; 學)·견확(堅確; 志)' 8자로 집약하고 있다. 이런 인식은 '습정묘갈명'에서 '정문구산론(程門龜山論)', 즉 '화문적전론(花門嫡傳論)'으로 확장되어 학계의 이목을 집중시키게 된다.

묘갈명에 따르면, 홍가신이 행촌문하에 입문한 것은 27세 때인 1567년이었다. 이후 그는 민순이 사망하던 1591년까지 25년간 종학하면서 학문 및 지행에 대한 관찰과 체험을 비문에 담아냈던 것이다. 민순이 최초로 접한 외부(外傅)는 신광한(申光漢; 駱峯)이었다. 낙봉문하에서의 수학은 과장(科場)에서 문명을 떨치는 명예를 주었지만 위기지학(爲己之學)에 대한 학문적 갈급(渴急)은 화담문하 입문을 통해 성리학자로의 변신으로 이어졌다. 화담문하에서 심취했던 것은 '주정공부(主靜工夫)'였고, 재호(齋號) '습정(習靜)'은 사설 계승의 확고한 선언이었다.[51] 민순은 독서에 있어 훈고(訓詁)에 집착하지 않고 대의(大義; 大要)를 파악하는데 역점을 두었고, 제 경학(經學)에 정통했을 뿐만 아니라 『주역』에 더욱 조예가 깊었던 것은 화담학풍의 착실한 계승이었다.[52] 민순의 학자적 언행과 태도는 자못 진중했고, 후학들을 훈도함에 있어서도 하학(下學)을 강조함으로써[53] 현학(衒學)을 철저히 경계했다. 수많은 학도들이 문정을 가득 메웠지만 한번도 사도(師道)

51 洪可臣, 『晩全集』 卷2, 〈祭悻村閔先生文〉 "往謁花潭徐先生請業 聞主靜之說而深味之 名其齋曰習靜 堅固刻勵"

52 洪可臣, 『晩全集』 卷2, 〈祭悻村閔先生文〉 "看文字 不以訓詁爲務 而必先撮其大要 經學精明 而於易理尤深造 然未嘗輕以語人 其學似後學 無非下學事也"

53 洪可臣, 『晩全集』 卷2, 〈祭悻村閔先生文〉 "然未嘗輕以語人 其學似後學 無非下學事也"

를 자처하지 않았다는 것은[54] 그의 학자적 면모를 가늠하는 척도가 되기에 부족함이 없다.

홍가신의 기억과 기록은 계속된다. 민순은 선조 초년 학행으로 천거되어 사환을 시작하여 내외의 여러 관직을 거쳤다. 민순의 활동기는 동서분당 이후 당론이 정계는 물론 학계에까지 파급되던 시기였다. 누구도 정치적 외풍으로부터 자유로울 수 없는 환경에서 많은 학인들이 굴절을 겪었지만 민순만큼은 시류에 휩쓸리지 않았다고 한다. 이 대목에서 홍가신은 민순을 완인(完人)으로 평가하는데 주저함이 없다.

> 수 십년 이래 사론이 어그러져 서로 시비를 다투어 비록 명인(名人)과 석사(碩士)라 할지라도 당론으로부터 지목을 당하는 것을 면하기 어려웠는데, 확고하게 자신의 뜻을 지켜 시종일관 한 시대의 완인(完人)이 된 이는 선생 한 분 뿐이다.[55]

민순의 학자적 존재를 드러냄에 있어 홍가신의 작심(作心) 주안처(主眼處)는 비문의 후반부에 집약되어 있다. 뛰어난 재덕을 갖추었음에도 한 시대를 경영할 수 있는 권한이 주어지지 못한 것에 대한 아쉬움은 오히려 상투적이다. 그는 민순의 학문을 '명체적용학(明體適用學)'으로 평가하며[56] 그 연원을 서경덕 ⇨ 이락제현(伊洛諸賢)으로 소급

---

54 洪可臣, 『晚全集』 卷2, 〈祭悻村閔先生文〉 "學徒自遠坌集 先生未嘗以師道自處 而隨分問答 誠心誘掖 惓惓不已焉"

55 洪可臣, 『晚全集』 卷2, 〈祭悻村閔先生文〉 "數十年來 士論携貳 是非相奪 雖名人碩士 無不被其指目 而卓然自守 終始爲一代完人者 惟先生一人而已"

56 '본체를 밝게 알고 쓰임에 적합하게 한다'는 의미의 '明體適用學'은 조선시대 학

시킨다. 홍가신의 본의는 간명했다. 그는 민순을 정호(程顥; 程明道)의 도통을 계승하여 주자학의 형성에 큰 영향을 미친 양시(楊時; 龜山)에 견주고 있는 것이다. 민순이 서경덕의 적전이라는 것이 '행촌인식'의 핵심이었던 것이다.

洪可臣 사승관계 : 花潭·退溪學의 이원적 계승

□ 楊時 學統

| | | |
|---|---|---|
| | | ⇨ 呂祖謙 (呂東萊) |
| 程顥 | ⇨ 楊時 | ⇨ 朱　熹 (朱文公) |
| | | ⇨ 張　栻 (張南軒) |

□ 閔純 學統

| | | |
|---|---|---|
| 徐敬德 | ⇨ 閔純 | ⇨ 洪可臣 |

물론 홍가신은 '습정묘갈명'에서 어떤 자처함도 없었지만 위 표에 입각하면 자신이 주자의 위치에 서게 되는 것이다.

---

자·관료에게 부여할 수 있는 최고의 극찬 가운데 하나였다. 조선중기 이후로는 李廷龜가 李珥에 대해, 宋時烈이 朴淳에 대해, 숙종이 鄭經世에 대해, 安鼎福이 黃宗海에 대해, 宋相琦가 송시열에 대해, 李健命이 朴世采에 대해 이런 평가를 내렸을 정도이다(李廷龜, 『月沙集』 卷49, 〈右贊成贈領議政諡文成公栗谷李先生墓表〉 "旣養深積厚 精詣力踐 充而爲德行 發而爲事業者 皆明體適用之學"; 宋時烈, 『宋子大全』 卷155, 〈思菴朴公神道碑銘 并序〉 "於惟栗翁 尊尙文純 明體適用 實儒之眞"; 鄭經世, 『愚伏集』 別集 卷12, 〈賜祭文(德林書院宣額時)〉 " 明體適用 道則不苟"; 安鼎福, 『順菴集』 卷20, 〈祭朽淺黃公宗海墓文(戊戌)〉 "先生明體適用之學。修己治人之道"; 宋相琦, 『玉吾齋集』 卷16, 〈代司馬所祭尤庵先生文〉 "明體適用 內聖外王 浩然其氣 斐然其章"; 李健命, 『寒圃齋集』 卷10, 〈平山先正臣朴世采書院賜額致祭文〉 "博文約禮　明體適用").

'습정묘갈명'은 찬술 직후 화담문파는 물론 사림 전반에 회람되었고, 그 반향은 컸다. 1609년 경 이대순(李大醇; 서얼출신의 학자)을[57] 통해 비문을 열람한 신흠은 이항복에게 다음과 같은 서한을 보냈는데, 비판적 시각이 역력하다.

> 인품으로 논하건대, 사암의 깨끗하고 초월함과 초당의 종신토록 선(善)을 추구함이 어떻게 행촌보다 못하겠습니까. 그런데 제공이 행촌을 추켜세운 것은 어찌 제자의 관계 때문이 아니겠습니까. 그리고 사암은 한쪽 사람들에게 미움을 받았는데 지금까지 그 동료들의 습관이 여전히 남아있으니, 비록 한명길(韓鳴吉)·홍군서(洪君瑞)와 같은 온화한 인물도 즐겨 따르지 않을까 염려됩니다. 엊그제 이생 대순(李生大醇)이 행촌 비문(碑文)을 가지고 흠에게 찾아와 보였습니다. 그 글은 홍영원(洪寧原) 가신(可臣) 이 지은 것인데 심지어는 귀산(龜山)의 유파(流派)라고까지 일컬었으니 여기에서 그 제자들의 의론이 그렇다는 것을 볼 수 있습니다. 흠은 늦게 태어났으므로 행촌의 품행 고하에 대해서 헤아려 알 수는 없습니다만, 예상컨대 타고난 자품이 순수하고 착실하며 몸가짐이 돈독하고 순박하여 이미 높은 경지에 이르렀을 것으로 여겨지나 어디까지 이르렀는지는 과연 알 수 없습니다. 그러나 만약 사암공으로 하여금 행촌이 사는 마을에 살면서 스승의 자리에 앉아 후생을 가르치게 한다면, 그 명망이 어찌 더욱 더 나지 않겠으며 사람들의 사모도 어찌 행촌 정도뿐이겠습니까.[58]

당시는 서경덕의 주향처인 화곡서원(花谷書院) 배향 인물 선정을 두

57 6~7세에 先生長者에게 배웠고, 洪履祥(화담문인)을 치제한 것으로 보아 화담문인일 가능성이 있는 인물이다(李德泂, 『竹窓閑話』, "李生日吾自六七歲受業於先生長者 今已六十餘歲矣"; 洪履祥, 『慕堂集』 附錄, 〈祭文(李大醇)〉).

58 申欽, 『象村集』 卷35, 〈答白沙〉.

고 화담학파 내부에서 갈등이 노정되던 시기였다. 박순(朴淳)·허엽(許曄)·민순(閔純) 3인을 배향하는 것이 중론이었음에 반해 행촌문인들은 민순의 단독 배향을 고집함으로써 갈등이 고조되었던 것이다. 이런 상황에서 민순을 양시(楊時)에 견주는 내용을 담은 '습정묘갈명(習靜墓碣銘)'이 공개됨으로써 사론이 더욱 분분해졌던 것이다.

신흠(申欽)의 서간은 민순 문인들의 '행촌추양론'의 과열 양상을 지적하는 한편 '행촌독배론(杏村獨配論)'의 부당성을 비판하는데 주안점이 있다. 즉, 신흠은 화담학파에서의 학자적 등위에 있어 민순이 박순보다 우위에 위치할 수 없음을 분명히 하고 있다. 물론 화곡서원 배향위(配享位)는 박순·허엽·민순으로 최종 결정되었지만 배향논쟁은 17세기 초반 행촌문파가 화담학파 내에서 차지하는 위상을 분명하게 보여주고 있으며, '행촌추양론'의 정점에 홍가신이 위치하고 있었음을 확인할 수 있다. 홍가신이 허엽·김근공·이황 등 다양한 학자들과 사승관계를 맺고 있었지만 그의 학파적 좌표를 서경덕 ⇨ 민순으로 이어지는 화담학파 행촌문파의 고제로 규정하는 이유도 여기에 있다.

한편 홍가신의 사적(師的) 범주에서 간과할 수 없는 인물은 홍인우(洪仁祐, 1515~1554)이다. 홍인우는 1540년 8월 개성으로 가서 서경덕(1489~1546)을 만난 이후 여러 차례의 왕래·문답을 통해 학연을 맺었고,[59] 1552년부터 사망하던 1553년까지 약 2년간은 이황과 긴밀하게 토론하며 또 다른 학연을 형성했다. 특히 이황과는 대면 문답과[60] 서

---

59 洪仁祐와 서경덕의 학문적 담론은 洪仁祐, 『耻齋遺稿』 卷2, 〈日錄抄〉에 자세하게 기록되어 있다.

60 대면 문답은 洪仁祐, 『耻齋遺稿』 卷2, 〈日錄抄〉의 '壬子'(1552) 및 '癸丑'(1553) 참조.

간 왕래가 빈번했을 뿐만 아니라 1553년 허충길(許忠吉)·남언경(南彦經) 등과 함께 관동을 유람하고 남긴 '관동록(關東錄)'에 이황이 발문을 붙이기도 했다.[61] 이런 까닭에 홍인우는 서경덕·이황의 두 문인록에 등재되어 있다.[62] 하지만 학계에서는 화담문인으로 더 잘 알려져 있으며, 신병주는 홍인우를 남언경과 함께 화담학파 내부에서 양명학(陽明學) 수용에 가장 적극적이었던 학자로 평가하고 있다.[63] 1607년 아들 홍진(洪進)이 『치재유고(耻齋遺稿)』를 간행할 때 서문을 허엽의 아들 허성(許筬; 洪可臣의 査頓)에게 청하고, 이로부터 2년 뒤인 1609년 신도비명을 행촌문인 홍가신에게 청한 것도 화담학적 친연성의 결과였음은 재론의 여지가 없다.[64]

홍가신에게 '치재신도비명(耻齋神道碑銘)'을 청한 것은 홍인우의 장자 홍진(洪進)이었다. 홍가신은 홍인우와 세대 차이가 있었고, 무엇보다 홍가신이 14세 때인 1554년에 홍인우가 사망함으로써 사우관계가 형성될 수 있는 여건이 조성되지 못했다. 그러나 '치재신도비명' 서두에서 밝히고 있듯 홍인우가 학문과 지행(志行)으로 당시 사림사회에서 중망을 얻고 있었음은 분명하게 인지하고 있었다.[65]

---

61 李滉, 『退溪集』 卷42, 〈洪應吉上舍遊金剛山錄序〉.

62 洪仁祐를 花潭門人으로 분류한 대표적 문헌은 朴世采의 『東儒師友錄』이며, 이황의 『陶山及門諸賢錄』에는 鄭之雲·李湛·李楨·朴雲·崔應龍·盧守愼에 이어 일곱번째로 입전되어 있다.

63 신병주, 『南冥學派와 花潭學派 연구』, 일지사, 2000, 254~257쪽.

64 앞에서 언급한 바와 같이 許筬은 홍가신이 사사했던 허엽의 아들로서 홍가신의 차자 洪榮을 사위로 맞았다. 따라서 양천허씨 許曄家와 남양홍씨 洪可臣家 사이에는 학연과 척연의 중첩적 세의가 맺어져 있었다.

65 洪可臣, 『晩全集』 卷5, 〈耻齋洪先生神道碑銘〉 "某少時 卽聞洪耻齋先生學問志行之懿 爲一時諸賢所推服"

본고와 관련하여 '치재신도비명'에서 주목할 대목은 홍인우의 학통 인식이다. 즉, 홍인우를 서경덕의 문인으로 인식하느냐 아니면 이황의 문인으로 인식하느냐가 그 골자이다. 홍가신은 서경덕과 홍인우와의 학연을 언급하되 그를 화담문인으로 규정하지 않는다. 상호 관계에 있어서도 서경덕이 홍인우를 익우(益友)로 인정한 일화를 소개하는 정도에 그치고 있다.

> 서화담[徐敬德] 선생이 일찍이 '학문에 뜻을 둔 이들을 많이 보았지만 더불어 진보할만한 이는 홍모(洪某; 洪仁祐) 한 사람 뿐이다'고 했다.[66]

위의 인용문은 허엽이 서경덕으로부터 들은 말을 홍인우에게 전한 것으로 『치재유고』의 '일록초(日錄抄)'에 전문이 실려 있다.

> 1544년 8월 2일. 허엽을 방문하여 동숙하며 토론했다. 허엽이 말하기를 "지난 6월 20일 께 서선생을 화담에서 모셨는데, 선생께서 '요사이 학문에 뜻을 둔 이를 많이 보았지만 더불어 진보할만한 이는 홍모 뿐이니 어찌 서로 더불어 학문에 힘쓰지 않는가?'라고 하셨다"고 했다.

서경덕과의 관계는 위의 서술이 전부인 것에 비해 이황과의 관계는 매우 자세하다. 이황을 '최후사우(最後師友)'로 지칭한 것도 예사롭지 않거니와 이황에 대해서는 '노선생(老先生)'이라는 사림사회에서는 매우 특별한 의미를 함축하고 있는 존칭을 쓰고 있다.[67] 1552년부터

---

66 洪可臣, 『晚全集』 卷5, 〈恥齋洪先生神道碑銘〉 "徐花潭先生嘗云 多閱志學之人 可與進步者 惟洪某一人"

1553년까지 2년에 걸친 토론과 문답의 과정과 내용, '관동록(關東錄)'(1553)에 대한 이황의 관심과 발문,[68] 1554년 홍인우 사망시 이황이 제문을 통해 망인의 '효우(孝友)'·'악선(樂善)'·'재화(才華)'·'학문(學問)'·'부덕(賦德)' 등을 친절하게 술회한 것에 이르기까지[69] 서경덕과는 비교가 되지 않을만큼 친연성이 강조되어 있다.

이것은 무엇을 의하는가? 홍가신은 홍인우를 퇴계문인으로 인식하고자 했던 것이고, 이는 17세기 이후 화담학의 축소와 퇴계학의 팽창이라는 정치학문적 지형변화와 무관하지 않은 것으로 생각된다. 보다 구체적으로 언급하자면, 홍가신 자신의 퇴계학으로의 편입 의지가 '치재신도비명'을 통해 우회적으로 표출된 것으로 보인다.

> 만전공은 휘가 가신(可臣), 자가 흥도(興道)이며 남양(南陽) 사람이다. 퇴계(退溪) 이황과 초당(草堂) 허엽(許曄)의 문하에서 배워 학문에 연원이 있다.[70]

조경이 '홍주청난비명(洪州淸難碑銘)'에서 홍가신의 사승을 이황·허엽에 한정하며 김근공·민순을 언급하지 않은 것이라든지 홍경신이

---

67 洪可臣, 『晩全集』 卷5, 〈耻齋洪先生神道碑銘〉 "先生最後師友退溪老先生 其所論難 多是操戈入室 故老先生有云 每與接語 深覺洗去蒙滯 又曰 古人雖在服中 講學往來書簡未嘗廢 此後雖在廬所 望勿廢書問 老先生有望於先生之警益如此"

68 洪可臣, 『晩全集』 卷5, 〈耻齋洪先生神道碑銘〉 "遊關東 有錄文章瞻詳 使見之者一覽了然 退溪跋而贊之 士類傳誦"

69 洪可臣, 『晩全集』 卷5, 〈耻齋洪先生神道碑銘〉 "老先生爲文以祭之 歷擧先生孝友之實 樂善之誠 才華之美 學問之明 賦德之厚 稟壽之嗇而痛惜之 豈無所實見而云然也"

70 趙絅, 『龍洲遺稿』 卷21, 〈洪州淸難碑銘〉.

'만전행장'에서 이황의 편저 『주자서절요(朱子書節要)』를 여러 차례 언급하며 퇴계학의 수용성을 특별히 강조한 것은 홍가신의 의중을 반영한 것으로 해석할 수 있는 것이다.[71] 이런 맥락에서 홍가신은 1634년 아산 정퇴서원(靜退書院)에 조광조·이황과 함께 제향됨으로써 이황과의 학연을 공인받기에 이르는데, 당시 봉안문 찬술자는 호서지역 한강문인의 핵심으로 예학을 전수받았던 황종해(黃宗海)였다.[72]

## 4. 홍가신의 교유관계와 인적인프라 : 횡적 확장성

### 1) 교유의 스펙트럼과 그 독법

홍가신은 민순과의 사승을 통해 화담학통을 이었고, 여기에 이황과의 학연이 더해지면서 퇴계학파로까지 학파적 외연을 확대하였음은 앞에서 서술한 바와 같다. 하지만 그의 학자·관료적 행보는 화담·퇴계학에 국한되지 않고 매우 광폭적으로 전개되는 양상을 보였다. 아래 기사는 홍가신이 16세기 사림의 학문적 지형을 어떻게 파악하고

---

71 이와는 대조적으로 許篈은 〈耻齋先生文集序〉를 찬술하면서 제목 하단에 '徐花潭의 문인이고, 뒤에 退溪에게 배웠다'고 사실관계를 명기하였다(許篈, 『岳麓集』 卷2, 〈耻齋先生文集序　名仁祐 字應吉 南陽洪氏 徐花潭門人 後學於退溪〉).

72 黃宗海는 조광조·이황·홍가신 봉안문을 모두 찬술했다(黃宗海, 『朽淺集』 卷6, 〈靜退書院退溪李先生奉安文〉, 〈靜退書院靜庵趙先生奉安文〉 〈靜退書院晩全洪先生奉安文〉). 황종해는 1602-03년 정구가 목천에 우거하며 『五先生禮說』을 저술할 때 입문하여 禮學을 전수받았고, 1649년 朱子·鄭逑·金馹孫을 제향하는 죽림서원에 배향되었다. 정구와 황종해의 학연의 실상은 아래 원고가 참조가 된다.(김학수, 「寒岡學脈의 호서 확장과 黃宗海의 한강학 계승 양상- 明體適用之學의 수용과 실천」, 경북대 영남문화연구원, 2022.09.30.〈발표 예정〉).

있었는지를 잘 보여주고 있으며, 동시에 그것은 그의 인적 교유망과도 긴밀하게 연접되어 있었다.

> 1567년에 진사시에 입격했다. 무진(1568)~기사(1569) 연간 선조 대왕께서 즉위 초반에 문치(文治)에 뜻을 두셨고, 퇴계 선생이 도학(道學)을 크게 밝혔으며, 남명(南冥; 曺植)·대곡(大谷; 成運)은 임천에서 절개를 닦아 행의로써 여러 선비들을 인도하였다. 공은 유학에 독실하게 뜻을 두어 성리서(性理書)가 아니면 읽지 않았고, 정주서(程朱書)를 완미하여 용모와 행동에 법도가 있었다.[73]

문치(文治)와 도학(道學)의 시대를 맞아 거기에 적응해가는 홍가신의 학자적 처세를 웅변하는 대목인데, 여기서 이황 외에 조식과 성운이 거론되고 있다. 이는 홍가신에 있어 동시대의 사장(師長)은 서경덕·이황·조식·성운이었으며, 이황의 순학적(醇學的) 요소와 조식·성운의 절조(節操)를 등가적 가치로 인식했음을 의미했다.

홍가신은 조식과 면식조차 없었고, 정인홍의 회퇴변척을 계기로 퇴계·남명학파의 갈등이 증폭되던 시기에도 그에 대한 평가만큼은 일체의 당론을 배격했다. 1610년 김굉필·정여창·조광조·이언적·이황이 문묘에 종사되자 정인홍이 이언적·이황의 흠결을 지적하며 배향의 부당성을 강변한 바 있었다. 이른바 '회퇴변척'이 단행된 것이다. 이에 퇴계학파에서는 변무활동을 강력하게 추진하는 가운데 정인

73 洪可臣, 『晩全集』 卷6, 附錄 〈晩全行狀〉 "中丁卯進士 戊辰己巳間 宣祖大王初立 銳意文治 退溪先生倡明道學 南冥大谷澡節林泉 以行誼表率多士 公方篤志斯學 非性理之書 不讀 允玩味於程朱書 容止有規"

홍이 유적에서 삭제되는 파란이 일었다. 퇴계학파의 변무활동은 조식에 대한 비난 및 폄훼를 수반하였는데, '노장학(老莊學)'으로 지목하는 것이 그 요점이었다. 이와 관련하여 사위 심천정(沈天挺)이 회퇴변척에 따른 양측의 문자를 송부하여 의견을 구하자 홍가신은 다음과 같은 입장을 밝힌다.

> 남명 또한 후생들이 마땅히 경모해야 할 현인이다. 선비된 자라면 마땅히 회재·퇴계 두 선생을 변무하는데 그쳐야 하며 남명을 헐뜯는 말을 보태서는 안될 것이다.[74]

홍가신은 조식 또한 존현(尊賢)의 대상임을 설파하는데 서스럼이 없다. 무엇보다 사림의 행동은 이언적·이황의 무고함을 씻는데 그쳐야 하며, 조식에게 허물을 이입시키는 것은 부당하다는 입장을 견지하고 있다. 시비와 곡절의 혼효를 경계하고 있는 것이다.

나아가 그는 이황이 조식의 은거불출(隱居不出)을 비난한 일이 없음을 언급하며 사실 관계를 분명히 했고, 조식의 학문에 '오물경세(傲物輕世)'의 의취(意趣)가 없다고 단정하면서도 여운을 남긴다. 즉, 홍가신은 남명학의 이단성은 부정하면서도 정인홍과 같은 그 문인들의 궤격(詭激)한 행위로 인해 남명학이 정학(正學)으로서의 존재성을 상실하는 위기를 맞을 수 있다고 우려하고 있다. 홍가신은 조식과 정인홍을 엄격히 구분하고 있었던 것이다.

---

74 洪可臣, 『晚全集』 卷6, 附錄 〈晚全行狀〉 "南冥亦後生所當景慕之賢 爲士者 但當爲兩先生辨誣而已 不當加褻語於南冥也"

①퇴계는 남명이 은거하여 출사하지 않음을 그릇되게 여기지 않았는데, 정인홍의 변혼 차자는 오로지 이 점을 밝히는데 힘을 쏟고 있으니 괴이한 일이다. 예로부터 은거하여 출사하지 않은 것이 남명 뿐만이 아닌데 어찌 이 때문에 노장의 학문으로 지목할 수 있단 말인가? … 자하의 학문이 장주(莊周)에 유입되어 사람에 대해 오만하고 세상을 업신여기는 학문이 근원으로부터 멀어지고 말류는 더욱 갈라지는 것은 필연적인 형세인 것이다. 남명의 학문은 진실로 이런 의미가 없지만 그 말류의 폐단은 어찌 반드시 이런 병폐가 없을 것이라고 보장할 수 있겠는가? 나의 의견은 이와 같은 까닭에 언급하는 것이지만 외부 사람들에게 말하여 공연히 소란을 일으키는 일이 없도록 하면 다행이겠다.[75]

홍가신과 직간접적인 관계를 맺고 있었던 남명문인은 오건(吳健)·최영경(崔永慶)·정인홍(鄭仁弘)인데, 주목할 대상은 최영경과 정인홍이다. 최영경 또한 홍가신과는 면식이 없었는데, 신교(神交)로 가공된 일화가 '만전행장'에 실려 있다. 이에 따르면, 평소 서로의 명성을 듣고 있던 최영경은 상경 때 경제를 방문하였으나 홍가신의 공무 수행으로 인해 상면이 이루어지지 못했다. 한참을 기다리던 최영경이 자리를 떴을 때 홍가신은 귀가하다 노상에서 '걸출한 위인[一魁偉人]'을 만났고, 집에 돌아온 뒤에야 그가 최영경임을 알았다고 한다.[76]

이 신교일화는 양자간 도의지교로 알려지면서 정인홍이 최영경의 '수우당묘갈'[77]을 찬술한 뒤 글씨를 청하는 단계로 발전하게 된다. 그

75 洪可臣, 『晩全集』 卷6, 〈答沈甥〉(辛亥).

76 洪可臣, 『晩全集』 卷6, 附錄 〈晩全行狀〉 "與守愚堂崔永慶 初不相識 守愚一日來訪郊居 適値公坐府 呼諸子 席大樹下 坐待移時 日暮還歸 公罷來時 於路上望見一魁偉人避入 奇其爲人 及還家 乃知其爲守愚驚之 其神交如此"

77 鄭仁弘, 『來庵集』 卷13, 〈守愚堂崔公墓碣銘〉

러나 홍가신은 비문의 일부 내용을 문제 삼아 요청을 수락하지 않았다. 홍가신이 '타당하지 않다'고 한 대목이 무엇인지는 알 수 없다. 다만 이 대목에서 주목할 것은 문제가 된 비문의 내용이 아니라 찬자에 대한 인식일 것이다. 홍가신은 정인홍에 대한 거부감을 이런 방식으로 표명했던 것 같고, 여기에 그의 '정인홍관(鄭仁弘觀)'에 집약되어 있었다.

이상에서 살펴본 바와 같이 홍가신은 서경덕·이황을 비롯하여 조식·성운까지를 16세기 사림의 지성사적(知性史的) 종주로 인식했음을 알 수 있고, 이는 현재 사상사학계의 입장에서도 벗어나지 않는다. 뒤에서 살펴볼 그의 인적 네트워크 또한 이런 구도 위에서 설정되고, 또 확장되었던 것이다.

### 2) 화담학파권

홍가신의 인적 네트워크의 본령은 화담학파의 범주 속에 존재했다. 그 중에서도 가장 긴밀한 유대관계를 확보했던 것은 '행촌문하'의 동문들이었다. 선행 연구에 따르면, 민순의 행촌문인은 21명으로 집계된다.[78]

이 가운데 홍가신과의 교계가 돈독했던 인물은 이발(李潑)·한백겸(韓百謙)·송선(宋瑄)이었고, 행촌문인은 아니지만 그와 교유했던 화담계 인사로는 안경창(安慶昌)·이길(李洁)·허성(許筬) 등을 들 수 있다.

---

78 이동인, 「조선중기 화담학파의 계보학과 민순의 문인양성」, 『서울학연구』 76, 서울학연구소, 2019.

| 閔純의 문인 : 杏村門人 | | | | | | |
|---|---|---|---|---|---|---|
| □洪可臣 | □李　潑 | □李渭濱 | □宋　瑄 | □金昌一 | □金榮一 | □韓百謙 |
| □尹孝全 | □沈宗道 | □崔鐵堅 | □李惟侃 | □洪履祥 | □洪鸞祥 | □禹伏龍 |
| □李愼儀 | □朴忠生 | □沈宗敏 | □郭　說 | □李 晟 | □具光源 | □李元揚 |

먼저 이발의 경우 아우 이길과 함께 거론하는 것이 좋을 것 같다. 호남의 광주 출신인 이발은 외가가 있던 해남에서 출생했고, 자신의 당대에 남평에 정착한 전형적인 호남사림이었다. 외조 윤구(尹衢)의 아버지 윤효정이 최부(崔溥; 錦南)의 문인이었으므로 그 또한 외변 가학을 통해 금남학통(錦南學統)을 계승했고, 소년기에 서울로 유학하여 김근공과 민순 문하에서 수학했다.

> 이발(李潑)은 사람됨이 중후하고 엄정하였으며, 어릴 때부터 학문에 뜻을 두고 김근공과 민순의 문하에 나아가 배웠다. 최영경과 가장 친하였고, 홍가신·허상·박의·윤기신·김영일·김우옹 등과 뜻을 같이 하는 벗이 되니, 모두 원대한 인물이 될 것을 기대하였다.[79]

이발·이길 형제가 기축옥사에 피화된 때문인지 양측의 교유의 실상을 알려주는 문헌은 많지 않다. 그럼에도 문과 과장에서 이발 형제가 과거 부정을 감수하면서까지 홍가신의 합격을 주선한 일화는[80] 교

79 김용흠·원재린·김정신 역, 『東南小史』, 혜안, 2011, 40~41쪽.

80 洪可臣, 『晩全集』 卷6, 附錄 〈晩全行狀〉 “嘗與李大成兄弟同赴謁聖試 篇未終而刻幾盡 小李取東表相類者 勸公及時點化以呈 公不應 又有一友欲使相知下人 圖置收

계의 친밀도와 관련하여 시사하는 바가 매우 크다. 이들은 관직의 임면(任免)이나 출보(出補) 등 크고 작은 변화가 있을 때마다 시문을 통해 권면·격려의 정을 표했고,[81] 관료적 환난 시에도 위로의 마음을 아끼지 않았다. 1574년 부여현감으로 부임한 홍가신은 백제 멸망기의 장상인 성충(成忠)·흥수(興首)·계백(階伯)을 제향하는 의열사를 건립한 다음 1576년에는 낙화암 서쪽에 이은암(吏隱菴)을 지어 경내 사자(士子)의 교육 및 유식(遊息)의 공간으로 활용한 바 있다.[82] 그 의도와는 달리 이런 행위는 관료적 태업(怠業)으로 지목되어 조론(朝論)이 비등하자 홍가신은 사직을 결심하게 된다. 이때 세간의 비난에 아랑곳 하지 않고 위안과 격려의 뜻을 전한 인물이 바로 이발이었다.[83]

이런 우호는 홍가신이 이길의 딸을 셋째 며느리로 맞는 단계로 확장되었고, 1589년 기축옥사로 이발·이길이 죽임을 당했을 때 자신 또한 삭출·금고되는 어려움 속에서도 깊은 애도와 함께 치상을 돕는

---

卷中 公曰 出身 士之大關嶺 其敢如是乎 終不聽"

81 洪可臣,『晚全集』卷1,〈贈別李大成景涵(李潑)〉"憂國傷時白髮新 柴扉寂寞過三春 如何今日臨歧別 壺臥沙頭未醉人；卷1,〈用玉堂餞別韻 贈李景淵(李洁;甲戌)〉"去國三百里 逢君舊顏色 忽此離索中 令人意自別 願言勤講學 無徒費時月"；卷1,〈江上別李景淵〉"江上行舟漸渺然 酒醒離思滿秋天 遙知別後淸宵夢 多在奇巖淺水邊"

82 洪可臣,『晚全集』卷2,〈吏隱菴記 菴在扶餘落花巖西〉"萬曆丙子夏四月 吏隱菴成 凡三間 窓壁皆存素質 而覆以茅 余携一二學徒 時時遊息其中 自丙子至于今三年矣 … 余於公退之暇 竹杖穿雲 蘭舟泝流 皆便服徑造 不使邑人知 靜坐焚香 一室岑寂 或玩心圖書 或吟弄風月 江山之主 魚鳥之侶 民不知太守之所在 太守不知其身之爲吏 是則余之吏隱 豈特寓意託名而已哉"

83 洪可臣,『晚全集』卷6, 附錄〈晚全行狀〉"廟傍作齋堂 名曰觀善 選士子居守講學以勸奬 事聞于朝 賜額義烈 又構一小菴于落花巖東畔 名曰吏隱 時與二三學徒 往來逍遙 或自衙後 植杖獨往 吏民無知之者 奉公之外 凡饋遺問訊俗人所爲 一切掃去 久之 京洛譁然以太簡爲非 公欲棄官以避謗 惟李景涵作書奬勉曰 君被朝家拔擢 委以百里之任 豈可同俗人所爲乎"

행위로 표출되었던 것이다.[84]

이 대목에서 매우 곱씹어 볼 문헌이 있다. 김낙행(金樂行)의 『구사당집(九思堂集)』과 김시양(金時讓)의 『하담파적록(荷潭破寂錄)』이 그것이다. 김낙행은 '문견록(聞見錄)'이라는 저술에서 이수광(李睟光)의 '지봉일기(芝峯日記)'를 인용하여 기축옥사 당시 이발·이길 집안의 가화를 아래와 같이 서술하고 있다.

> 감은 달 13일 이발의 늙은 어머니와 어린 아들이 함께 장형(杖刑)을 당해 죽고 그 사위인 홍가신(洪可臣)의 아들 탈(棁; 棨의 誤記)과 김응남(金應男)의 아들 명룡(命龍)이 모두 압슬형을 받아 죽었고 문생(門生)과 노복은 다 엄한 형벌을 받았다.[85]

옥사의 여파가 이길(李洁)의 사위들에까지 미쳐 김명룡과 홍절(洪棨)이 압슬형을 받고 죽었다는 이 기사는 오류일 가능성이 매우 크다. 『원주김씨족보』와 『남양홍씨족보』에 따르면, 김명룡(1568~1625)과 홍절(1571~1645)의 졸년은 각기 1625년과 1645년이므로 김낙행의 기술에 착오가 있음을 확인할 수 있다.

주목할 것은 『하담파적록(荷潭破寂錄)』의 기술이다. 이에 따르면, 기축옥사 이후 이길의 두 사위가 화를 두려워하여 이혼을 청구했음을 알 수 있다.

---

84 洪可臣, 『晩全集』 卷6, 附錄 〈晩全行狀〉 "時李景涵兄弟繫獄 烈焰薰天 人皆畏禍 知舊絕無相問者 公獨勤省問 及其竄也 解衣贈別 未幾 還被囚 皆斃杖下 公往哭之 解衣覆屍 親自殮襲 具棺瘗葬 一家人悶其禍及 泣止之 曰 何忍不見 禍福"

85 金樂行, 『九思堂集』 續集 卷2, 〈聞見錄〉.

> 김상 응남(金相應南)의 아들 명룡(命龍)과 판서 홍가신(洪可臣)의 아들 홍절(洪桊)은 다 이길(李洁)의 딸에게 장가를 들었다. 기축년 정여립(鄭汝立)의 변란이 일어났을 때 이길이 고문받다 죽으니, 홍 판서가 글을 올려 이혼하기를 청하였으며, 명룡도 글을 올려 이혼하기를 청하였으니, 그 화가 미칠까봐 두려워해서이다. 그때 김상은 중국 서울에 가서 아직 돌아오지 않았으므로 명룡의 외숙 이산해(李山海)가 명룡을 시켜서 하게 한 것이기 때문에 사론(士論)이 김상을 허물하지 않고 홍 판서만을 애석하게 여기는 이가 많았다.[86]

물론 『원주김씨족보』와 『남양홍씨족보』에 의하면, 김명룡과 홍절은 재취한 사실이 없기 때문에 이 또한 그대로 수용할 수는 없을 것 같다. 다만, 김시양이 지니고 있었던 관료적 지위와 사회적 위상을 고려할 때, 상대의 명예를 크게 훼손할 수 있는 허언을 기술했다고도 단정하기 어렵다.[87] 추론컨대, 이혼을 청구했을 개연성은 있지만 그것이 받아들여지지 않았을 가능성이 크다. 만약 청구한 것이 사실이라면, 일신의 이해를 돌보지 않고 애도 및 치상을 도왔다는 홍가신의 행위의 실상에 대해서도 적지 않은 의문이 남는다.

한편 한백겸은 아버지 한효윤(韓孝胤)이 화담문인 박민헌(朴民獻)에게 수학했고, 자신은 민순의 행촌문하를 출입함으로써[88] 부자 모두

---

86 金時讓, 『荷潭破寂錄』"金相應南子命龍 洪判書可臣之子桊 皆娶李洁女 己丑難作 洁栲死 洪判書上書請離婚 命龍亦上書請離婚 畏其禍及也 時金相赴京未還 命龍之表叔李山海 敎命龍爲之 故士論不咎金相 而多爲洪判書惜之"

87 18세기 남인계 학자 安鼎福은 김시양이 옛 기록의 사실관계 오류를 많이 바로잡은 것을 높은 평가한 바 있다.(安鼎福, 『順菴集』, 〈橡軒隨筆〉(下) "記事之難 金荷潭時讓日記 其辨駁古人引事之訛謬處 儘多可喜")

88 이동인, 앞의 논문, 22쪽.

서경덕의 학통을 이은 전형적인 화담학파였다. 경학, 특히 『주역』에 정통했던 그는 1601년 선조의 명으로 주역 교정을 위해 설치한 찬집청(纂輯廳)에서 홍가신·정구와 함께 교정 작업에 참여한 바 있다.[89] 당시 선조는 중외의 유신들을 대거 소환하였는데,[90] 문과 출신이 아닌 '비문신(非文臣)'으로서 이 작업에 참여하는 기회를 얻은 인물이 바로 위의 3인이었다.

> 선조 34년(1601)에 찬집청을 설치하고 『주역』의 구두(句讀)와 음(音)과 해석을 상세히 교정하였다. 서울과 지방의 유신(儒臣)에게 명하여 정리하도록 하였는데, 정구(鄭逑)·홍가신(洪可臣)·한백겸(韓百謙) 세 사람은 출신(出身)하지 않은 자로서 선발에 드니 당시에 영예로 여겼다.[91]

이후 1604년 청주목사 재직 때는 청주한씨 시조를 위해 반시당(返始堂)을 건립하고 홍가신에게 낙성시(落成詩)를 요청한[92] 것 외에 문헌

---

89 洪可臣, 『晩全集』 卷5, 補遺 〈鄭愚伏經世所撰韓久菴百謙墓碣〉 "鄭公愚伏經世所撰韓公久菴百謙墓碣云 宣廟以周易傳義多有不同 句讀音釋 當須兩存 而學者偏主程傳 命聚中外儒臣 設局而釐正之 與其選者 公與洪公可臣鄭公逑數人而已"

90 교정에 참여한 관원은 尹根壽 등 총 60인이며, 이 가운데 화담학파로 분류할 수 있는 인물은 洪可臣을 비롯하여 尹根壽·洪進·鄭昌衍·許筬·李尙信·李尙毅·洪慶臣·韓百謙·李志完 등이다. 이 작업은 1603년까지 3년 동안 진행된 국가적 학술사업이었다.(許筬, 『岳麓集』 附錄, 〈周易校正廳宣醞圖座目〉; 李瀷, 『星湖全集』 卷53, 〈周易校正廳宣醞圖記〉)

91 李裕元, 『林下筆記』 卷17, 「文獻指掌編」 〈訂周易設廳〉.

92 洪可臣, 『晩全集』 卷1, 〈題西原返始堂 韓參議百謙爲牧 構堂求題詠 蓋始祖淸之人故也〉 "公起三韓季 堂開萬曆中 風流百代遠 雲日入窓通 導俗能敦孝 爲臣孰後忠 丁寧執經子 返始在加功 一德興王後 聯翩有幾公 堂經牧伯敞 碑待侍郞豐 壇草迎春綠 庭花帶雨紅 南溪流日夜 餘慶與無窮"

을 통해서는 양자간의 교유상을 더 이상 확인할 수 없지만 홍가신의 4자 홍비(洪棐)가 한백겸의 사위라는 점에서도 양가의 세의(世誼)를 충분히 짐작할 수 있다.

행촌문하 동문 가운데 교분이 가장 두터웠던 것은 송선(宋瑄)이었다. 송선은 학문적 동지였을 뿐만 아니라 손아래 동서였으므로 두 사람 사이에는 학연과 척연의 이원적 인간관계가 작동하고 있었다. 아래는 허목이 찬술한 '송선묘갈명'의 한 대목으로 송선의 사우관계, 특히 서로를 추허(推許)했던 홍가신과의 학문적 친밀감이 잘 기술되어 있다.

> 함께 어울린 벗으로는, 구암(久庵) 한백겸(韓百謙), 만전(晩全) 홍가신(洪可臣), 시정(寺正) 권용중(權用中), 참판(參判) 홍이상(洪履祥), 덕신공자(德信公子), 취병(翠屛) 김창일(金昌一), 죽간(竹磵) 강복성(康復誠), 동계(東溪) 우복룡(禹伏龍), 유수(留守) 허잠(許潛)이 있는데, 모두 도학(道學)이나 현능(賢能)함으로 소문난 당대의 저명한 인물들이다. 예전에 만전공과 함께 행촌 선생을 스승으로 모시고 공부할 때 둘이 서로 상대방에 대해 옛 성현의 학문에 정통하다고 치켜세웠다고 한다.[93]

허목의 기술은 실사에 바탕했고, 그런 정황은 『만전집』에 실린 서간을 통해 확인할 수 있다. 『만전집』에는 총 22통의 서간이 수록되어 있는데, 이 가운데 송선에게 보낸 것이 12통이다. 임진왜란이 발발하던 1592년부터 홍가신의 사망 한 해 전인 1614년까지 왕래된 만년 서찰이다. 서중(書中) 담론의 주요 주제는 '우국(憂國)·애군(愛君)·처

93 許穆, 『記言』 別集 卷20, 〈木翁宋先生墓碣銘〉.

세(處世)·수분(守分)' 등 주자학 시대 관료들의 관심사를 크게 벗어나지 않지만 두 사람만의 신뢰와 기대를 간파할 수 있는 내용도 적지 않다. 1606년의 서간은 임란 이후 부귀에 집착하여 명절을 저버리는 사대부들의 변절상에 대한 우려의 마음이 역력하다. 그 대상을 적시하지 않고 '지구(知舊)'라고만 표현하고 있지만 행간의 뉘앙스는 행촌 문하 동문들을 지목한 것으로 짐작된다.

> 요사이 듣자하니, 서울에 있는 지구(知舊)들 가운데 옛 행동을 잃지 않는 이가 드물다고 하는데, 부귀는 쉽게 얻을 수 있지만 명절은 보전하기가 어려운 법인지라 탄식을 금할 수 없습니다. 형께서는 쇠퇴한 세상에서도 스스로를 진작하여 낭패에 빠지지 않도록 한다면 참으로 다행이겠습니다.[94]

한편 홍가신은 정치적 곤경에 처할 때도 송선과 심기상통하는 대화를 주고 받았다. 예컨대, 1608년 7월 홍가신은 광해군의 신정(新政)을 맞아 성덕을 촉구하는 상소문을 올렸다가 광해군으로부터 당여(黨與; 鄭經世)를 비호했다는 질책을 받은 바 있었다.[95] 이에 홍가신은 송선에게 서한을 보내 저간의 상황을 설명하는 등 불안한 심기를 감추지 않았다. 이 편지는 어떤 해법보다는 상대에게 위안과 격려를 촉구하는 가족적 신뢰감의 표출로 읽힌다.

이런 과정을 통해 축적된 신뢰감은 송선에게 온양으로의 낙향과 인거(隣居)를 종용하는 단계로까지 진전되었고,[96] 자신이 찬술한 '습정

---

94 洪可臣, 『晩全集』 卷2, 〈與宋雲峯仲懷書〉(丙午).

95 『光海君日記』 〈光海君 卽位年 7月 7日〉.

묘갈명(習靜墓碣銘)'을 검토해 줄 것을 요청한 것은 전술한 바와 같다.

홍가신은 송선을 상대로 16세기 조선의 학계, 특히 화담문파에 속한 학인들의 우열을 언급하는 등 다소 기휘스런 대화도 마다하지 않는다. 1609년 서간이 바로 그것인데, 이 해 홍가신은 홍진(洪進)으로부터 홍인우(洪仁祐)의 '신도비명(耻齋神道碑銘)' 찬술을 부탁받은 바 있다.

> 요사이 우연히 어떤 일로 치재(耻齋; 洪仁祐) 선생을 알게 되었는데, 공의 학문은 이락(伊洛)의 전통에서 깊이 얻음이 있었습니다. 소재(穌齋; 盧守愼)와 초당(草堂; 許曄) 모두 뜻을 같이 했던 벗인데, 소견의 초매(超邁)함, 실천의 독실함은 두 공도 미치지 못할 듯 합니다. 아마도 김한훤(金寒暄; 金宏弼)과 조정암(趙靜庵; 趙光祖) 이후로는 이 한 사람 뿐이 아닐까 싶습니다.[97]

홍인우를 김굉필·조광조 이후 최고의 학자로 평가하는 다소 파격적인 주장을 개진하고 있는데, 송선의 동의를 촉구하는 정서가 다분하다. 서중 담론의 대미는 이이를 평론한 1614년 서간에서 마무리 된다. 송선은 성혼(成渾)과 이이(李珥)의 '사칠논변(四七論辨)'에 대한 홍가신의 의견을 요청했지만 한동안 회신이 지연되었던 것 같다. 홍가

---

96 洪可臣, 『晚全集』 卷2, 〈與宋雲峯仲懷書〉(戊申) "近此溫陽之境 煞有良田 與君遇所居頗相隣近 君遇每言兄之無所歸 而欲來於此 此處秋事 視他處亦頗稔 兄若欲來則君遇當爲之料理而使兄安焉 此來有多少好事 書札不能盡 在兄嘿會耳"

97 洪可臣, 『晚全集』 卷2, 〈與宋雲峯仲懷書(己酉)〉 "近間偶因事 識得耻齋先生 公之學 深有得於伊洛之傳 穌齋草堂皆其同志之友 而所見之超邁 踐履之篤實 恐二公亦不能及 金寒暄趙靜菴之後一人而已"

신은 사망하기 한 해 전에야 자신의 견해를 피력하였는데, 그 요지는 다음과 같다.

> 율곡의 주장[議論]은 과연 옳기는 하지만 용이(容易)하면서도 활대(滑大)하여 평생의 묵은 병통이 입언(立言)하는 사이에 드러나는 것을 숨길 수가 없습니다.[98]

즉, 홍가신은 이이의 주장에 동의하면서도 '용이(容易)·활대(滑大)'라는 표현을 통해 그 내면에 도사리고 있는 병통을 지적했던 것이다. 홍가신의 이이에 대한 관료적 인식과 평가는 류성룡을 다룰 때 언급하기로 한다.

한편 홍가신은 스승 허엽의 아들과도 친교를 지속하였다. 장자 허성(許誠)과의 사돈관계는 앞에서 언급한 바와 같고, 3자 허균 또한 공무 수행 과정에서 홍가신을 예방하는 등 세의를 돈독히 했다.

허균은 1601년 전운판관(轉運判官)에 임명되어 조운(漕運)을 감독하는 임무를 수행하는 과정에서 남양에 경유하게 되었다. 이때 그는 7월 13일과 8월 26일 두 차례에 걸쳐 홍가신을 방문하여 환담을 나누었다.

> 1601년 7월 13일. 동지(同知) 홍가신(洪可臣)을 장사(莊舍)로 찾아뵈었다. 서로 만나 즐거움이 지극하여 종일토록 모시고 이야기를 하니 가슴이 상쾌해지며 비루한 생각이 싹 가시는 듯하였다. 저녁에는 용궁의 집에

---

98 洪可臣,『晩全集』卷2,〈拜復宋仲懷(甲寅)〉"栗谷之論 果是矣 而容易滑大 平生舊病 發現於立言之間 不可諱也"

서 묵었다. 유선원이 찾아와서 이야기를 나누었다.[99]

1602년은 홍가신이 낙향한 지 2년째 되던 해였다. 장사(莊舍), 즉 농막(農幕)을 찾은 것은 낙향 초기라 거처가 완비되지 않았기 때문인 것 같다. 만남의 공간은 소박했지만 주고받은 대화만큼은 자못 화애롭다. 아버지의 제자, 질서(姪壻; 洪榮)의 부친이라는 학연과 척연의 중첩적 연분(緣分)이 기탄없는 대화를 나누며 흉중의 진애(塵埃)를 털어내는 분위기를 조성했던 것이다.

이후 홍가신은 허균이 1605년 원접사 유근(柳根)의 종사관으로서 명나라 사신 한림수찬(翰林修撰) 주지번(朱之蕃)과 형과도급사(刑科都給事) 양유년(梁有年)을 맞이하러 의주로 가다 개성부에 도착했을 때, 개성유수 자격으로 위로 방문을 하는[100] 등 친교가 끊이지 않았다.

홍가신의 화담학파권 교유와 관련하여 빼놓을 수 없는 한 사람은 안경창(安慶昌)이다. 그는 서경덕의 문인으로 특정할 수는 없지만 핵심 종유인 가운데 한 사람이었음은 분명하고[101] 허균(許筠) 등 화담학파의 핵심층에서 그에 관한 자세한 기록을 남긴 것에서도[102] 화담학파권에서 차지했던 그의 존재감을 간취할 수 있다.[103] 유형원(柳馨遠)은

---

99 許筠, 『惺所覆瓿藁』 卷18, 〈漕官紀行〉.

100 許筠, 『惺所覆瓿藁』 卷18, 〈丙午紀行〉.

101 안경창에 대해서는 李德泂, 『松都記異』에 자세하게 소개되어 있다.

102 신병주, 앞의 책, 237쪽. 허균의 『惺所覆瓿藁』 卷24, 〈惺翁識小錄下〉에는 자신의 형(許筬 또는 許篈)이 안경창으로부터 『蓮花金字經』 네 권을 얻은 사실도 기술되어 있다. 허봉이 안경창의 비명을 지은 것도 같은 맥락에서 이해할 수 있다(許篈, 『荷谷集』, 「雜著補遺」, 〈安山人墓碑銘〉 "謹齋後慶昌樂山水 以山水終 其友陽川許某銘曰 生非生 死非死 吁嗟乎彦盛 生死而已").

『동국여지지(東國輿地志)』에서 이언적(李彦迪)·이황(李滉)·이이(李珥)·성혼(成渾)·조식(曺植)·노수신(盧守愼) 등 당대의 석학을 안경창의 주요 교유인으로 소개하고 있다.

> 안경창(安慶昌)은 개성부 백성이다. 사람됨이 효성스럽고 부지런하며 선을 좋아하여 의롭지 않은 것은 지푸라기 하나도 취하지 않았고 남의 선한 명성을 들으면 천 리도 멀다 하지 않고 가서 만났다. 주림과 배부름, 추위와 더위를 잘 참아서 한 번에 몇 말의 밥을 먹기도 하고 열흘 동안 먹지 않기도 하며, 심한 더위에 털옷 입고도 땀 흘리지 않고 엄동설한에 얼음물에 들어가도 추워하지 않으니 사람들이 '사내옹(四耐翁)'이라고 불렀다. 명산대천이라면 아무리 멀어도 다 찾아다녔다. 이언적(李彦迪)과 이황(李滉)이 일찍이 그의 고상한 운치를 인정하였고, 또 이이(李珥)·성혼(成渾)·조식(曺植)·노수신(盧守愼)과 교유하였다. 90여 세에 죽었다. 노수신이 아래와 같은 시를 지어 주었다.[104]

『만전집』에는 안경창에게 증정한 두 편의 시가 수록되어 있다. 아래 시는 1599년 홍가신이 아산으로 낙향한 뒤 자신의 삶의 공간과 일상을 전하는 내용인데 만년의 기력을 쏟아 공부에 힘쓰는 자적(自適)의 노인사(老人事)가 담박하게 그려져 있다. 여기에 세사의 다단함은 개입할 여지조차 없어 보인다. 바로 이런 정서를 교감할 수 있는 몇 안되는 대상 가운데 한 사람이 안경창(安慶昌)이었던 것이다.

---

**103** 1778년 黃景憲 등 3남 유생 3,272명이 연명한 庶孼許通疏에 따르면, 안경창은 金謹恭·楊士彦·魚無迹·宋翼弼·朴枝華·黃元孫·梁慶遇와 함께 서얼출신의 대표적 문인·학자로 평가되고 있다(『正祖實錄』〈正祖 2年 8月 1日(戊午)〉).

**104** 柳馨遠, 『東國輿地志』 卷1, 開城府 〈人物〉.

'안사내에게. 이름은 경창이고 개성 사람이다'

| | |
|---|---|
| 세상 일은 능한 이에게 맡겨두고 | 世事付能者 |
| 나는 돌아가 옛집이나 찾으리 | 歸歟尋舊居 |
| 아침에 도를 들으면 저녁에 죽어도 좋은 법 | 朝聞夕死可 |
| 문들 닫고 보다 만 책이나 읽으리 | 閉戶讀殘書 |
| | |
| 호수 밖 한 대숲 | 湖外一竹林 |
| 내 사는 곳 그곳이지 | 此間吾所居 |
| 남쪽을 지나는 기러기 만나거든 | 如逢南過雁 |
| 서너줄 편지나 그 편에 부쳐주게 | 憑寄數行書[105] |

서얼이라는 신분적 한계를 문학과 행의로 극복하여 이언적·이황 등 당대의 거장으로부터 고상한 기품을 인정받은 인물이라는 점에서 홍가신의 교유 스펙트럼을 이해하는데 더없이 긴요하다.

### 3) 퇴계학파권

홍가신이 동시대의 학자·관료 가운데 가장 비견되고 싶었던 대상은 류성룡(柳成龍)과 이이(李珥)였던 것으로 짐작된다. 특히 한 살 아래였던 류성룡에 대한 흠선(欽羡)은『만전집』곳곳에서 노출되고 있는데, 아래 '만전행장(晩全行狀)'은 그런 의식을 핍진하게 묘사하고 있다.

판서 원혼이 일찍이 좋은 향(香) 중에서도 가품(佳品)을 소장하고는

105 洪可臣,『晩全集』卷1,〈贈安四耐 慶昌開城人〉.

'인품이 이 향과 같은 이가 있으면 내가 그에게 주고자 한다'고 하니 어느 명성을 좋아하는 자가 가서 달라고 하자 원판서가 '연소한 유생 가운데 이 향을 줄만한 이는 홍모(洪某; 洪可臣)와 류성룡(柳成龍) 뿐이다'고 했다.[106]

사실관계 여부를 떠나 이 기사가 전달하고자 하는 메시지는 류성룡에 비견되는 '중망론(重望論)'이다. 실제 홍가신은 류성룡과 유소년기를 함께 보냈고, 한 곳에서 기식(寄食)하며 과업을 연마했던[107] 오랜 친구였다. 비록 자신은 과거에 합격하지는 못했지만 1604년 각기 호성공신(扈聖功臣; 류성룡)과 청난공신(淸難功臣; 홍가신)에 녹훈되어 봉군의 명예를 획득함으로써 환력 또한 비등했다고 할 수 있다.

류성룡과의 관계는 1573년 류성룡의 부친 류중영(柳仲郢)의 사망 때 만사를 지어 애도하고,[108] 류성룡의 장자 류의(柳裿)가 홍가신을 방문하는 등 '서애일가'와의 친연(親緣)으로까지 확장되었다.

홍가신과 류성룡 사이에 왕래된 시문은 세 편에 지나지 않지만 묻어나는 우의(友誼)는 짙고 강렬하다. 아래는 1578년 8월 류성룡이 근친차 안동에 내려갈 때 사우들과 함께 동호(東湖; 讀書堂)의 몽뢰정(夢賚亭)에서 지은 송별시이다. 잠시의 이별조차도 못내 아쉬워하는 심정, 연인(戀人)에게나 투사할법한 살가움의 극치를 보여준다.

106 洪可臣, 『晩全集』 卷6, 附錄 〈晩全行狀〉 "元判樞混嘗得名香絕佳者藏之曰 人品如此香者 吾欲與之 有一自好者往求之 元曰 與此香相似者 年少中唯洪某柳成龍也"

107 洪可臣, 『晩全集』 卷6, 附錄 〈晩全行狀〉 "及做擧子業 多與柳西厓成龍李大成潑及柳柔立諸人同處"

108 洪可臣, 『晩全集』 卷1, 〈挽柳參知 仲郢(癸酉)〉.

8월 휴가를 얻어 안동에 계신 어머니를 가 뵈었다. 사인(舍人) 이발(李潑)·좌랑 이순인(李純仁)·한림 이길(李洁)·정랑 홍가신(洪可臣)·목사 유대수(兪大脩)·한림 김첨(金瞻)·참봉 허상(許鏛)·감역(監役) 박의(朴宜)·참봉 이덕홍(李德弘)·사인(士人) 권응시(權應時)가 술과 음식을 내어 동호(東湖)의 몽뢰정(夢賚亭)에서 같이 묵으면서 각각 송별시를 지었는데, 선생도 석별의 시 한 수를 지었다.[109]

| | |
|---|---|
| 세상의 변고는 다함이 없이 오는 것이건만 | 世故來無盡 |
| 저 강물은 쉴 새 없이 흘러 가는구나 | 江流去不休 |
| 이 가을 오늘같은 밤 | 逢秋有今夕 |
| 그대 떠나보내는 마음 아득하고 아득하네 | 別意極悠悠[110] |

류의가 홍가신을 방문한 것은 임란 직후였다. 홍가신은 아산으로 낙향했고, 류성룡은 실각 이후 하회 옥연정사(玉淵精舍)에서 『퇴계연보(退溪年譜)』와 『징비록(懲毖錄)』 저술에 전념하던 시기였다. 류의로부터 옥연정사에서 늙은 재상으로 살아가는 류성룡의 생활상을 전해 들은 그는 수십 년 교계를 추억하며 7언절구를 남긴다.

| | |
|---|---|
| 서애 모습은 소삽하여 맑은 바람이 일고 | 西厓蕭颯起淸風 |
| 20년 사귄 세월 꿈처럼 아득하네 | 卄載追隨一夢中 |
| 오늘 아들을 만나 소식을 물으니 | 今日逢君問消息 |
| 옥연의 연월 속 늙은 삼공이라는군[111] | 玉淵煙月老三公 |

---

109 柳成龍, 『西厓集』, 「年譜」, 〈戊寅(1578)〉.

110 洪可臣, 『晩全集』 卷1, 〈江上別柳直學而見成龍〉.

111 洪可臣, 『晩全集』 卷1, 〈逢柳狼川裿 憶西厓〉.

여기서의 '노삼공(老三公)'은 직분을 다하고 만년을 향수(享受)하는 전직 재상이기보다는 정파적 이해관계로 인해 귀향이 강제된 울분의 정치인으로 착상된다.

소년기 이래의 친교는 관계 입문 이후 존현사업에 상호 협력하는 동력이 되었다. 홍가신은 1574년 가을 부여현감으로 부임하는 즉시 존현사업(尊賢事業)에 착수했다. 백제의 충신 성충(成忠)·흥수(興首) 및 계백(階伯)을 제향하는 의열사의 건립이 바로 그것이었다. 비록 사묘에 그쳤지만 관선당(觀善堂) 등 부속 건물을 통해 사풍 교화에 주력했다는 점에서 의열사는 이황이 추진했던 '서원보급운동'의 실무적 적용이었다.

의열사는 건립된 지 3년 째 되던 1578년에 사액되었으나 사묘[義烈祠]와 강당[觀善堂]과 관련된 문자는 1579년 홍가신이 이임할 때까지 완성되지 못했다. 의열사와 관선당에 대한 애착이 컸던 홍가신은 이임 후에도 기문 찬술 및 편액 글씨 등을 몸소 주선하게 되었다. 그리하여 의열사의 경우 기문은 류성룡이 찬술하고 글씨는 한호(韓濩)가 쓰는 것으로, 관선당의 기문은 허성(許筬)이 짓고 글씨는 역시 한호가 쓰는 것으로 기획되었다.[112] 그러나 어떤 이유에서인지 허성의 '관선당기(觀善堂記)'만 확인되지 않을 뿐 그 나머지는 모두 홍가신의 구상대로 이루어졌다. 류성룡의 '의열사기(義烈祠記)'는 1581년 작품인데, 사당의 건립 취지와 홍가신의 역할이 자세하게 언급되어 있다.

---

112 洪可臣, 『晩全集』 卷2, 〈與扶餘觀善堂儒生書 辛巳〉 "今送記文 柳斯文而見[柳成龍]所作 而韓上舍濩筆畫也 … 觀善堂額字 則乃韓筆也 須得善刻妙手 入好板揭之幸甚 … 觀善堂記 已屬許舍人[許筬] 想亦未久關聽矣"

> 만력(萬曆) 을해년(甲戌年의 誤記)에 나의 벗 홍흥도(洪興道)가 명을 받아 이 읍에 부임하게 되었다. 얼마 지나서 부서(簿書)와 문안(文案)을 정리하는 여가에 지도를 참고하고 역사를 열람하다가 네 사람에 대한 기록을 발견하고는 길이 감탄하면서 "아, 이것이 어찌 원[守]된 사람의 책임이 아니겠는가." 말하였다. 이에 현의 부로들과 상의한 결과 사당 건립을 도모하게 되었다. … 사묘의 구조는 3칸인데, 재실과 부엌이 함께 갖추어졌다. 또한 그 옆에 관선당(觀善堂)을 지어 선비들이 학문하고 수양하는 곳으로 삼았고, 관전(官田)을 나누어 제사를 받들게 하였으며, 주민을 모집하여 지키게 하였다. 그 공사의 감독 맡은 이는 읍 사람 서귀수(徐龜壽)라고 한다.[113]

류성룡이 기문 찬술에 적극 응했던 것은 사우의 간곡한 부탁을 넘어 '충(忠)'을 매개로 하는 존현사업에의 공감 때문이었다. 충효를 종신의 준칙으로 삼았던 류성룡의 '충효관(忠孝觀)'은 풍산류씨 서애가학의 종지(宗旨)로 정착되었을만큼 매우 특별한 의미를 지녔던 것이다.[114] 나아가 '의열사기'의 촉탁과 수락은 홍가신과 류성룡 사이의 동지의식의 확인 및 강화 과정이라는 점에서도 그 의미가 컸다.

앞에서 가장 흠선했던 동시대인으로 류성룡·이이를 거론한 바 있다. 주지하다시피 류성룡과 이이는 학파·정파적 영역을 달리했고, 경세의 방향 또한 그 결을 달리했다. 하지만 국리민복에 대한 열정에는 차이점이 없었던 바, 경쟁적 공조관계로 규정할 수 있을 것 같다. 홍가신은 화담·퇴계학파를 표방했지만 이이와의 관계도 매우 우호적이

---

113 柳成龍, 『西厓集』 卷17, 〈義烈祠記〉.

114 김학수, 「17세기 西厓 柳成龍의 學風과 그 계승 양상」, 『퇴계학과 유교문화』 55, 경북대학교 퇴계연구소, 2014.

었으므로 류성룡과 이이의 중간자적 위치로 설정할 수 있다. 이런 면모는 양인의 정치적 동정과 의론(議論), 특히 경세관에 깊은 관심을 넘어 적극 개입한 것에서도 분명하게 확인할 수 있다.

홍가신의 중간자적 역할을 잘 보여주는 자료는 『만전집』(권5)의 ‘류서애 행적약술(略敍柳西厓而見行迹; 이하 ‘약술’로 약칭)’과 『율곡전서(栗谷全書)』(권28)의 ‘제가기술잡록(諸家記述雜錄; 이하 ‘잡록’으로 약칭)’이다.

먼저 ‘약술’은 16~17세 때부터 책상을 함께하고 한 이불을 같이 덮었던 청소년기의 교계, 류성룡의 인품과 자질에 대한 부러움, 한유의 ‘원도(原道)’와 『장자(莊子)』의 ‘추수편(秋水篇)’을 읽고 문리가 트였다는 일화 등을 회고적 필치로 담아내고 있다.[115] 그러나 이것은 서설일 뿐 홍가신이 본질적으로 기술하고자 했던 것은 1582년의 ‘개혁론(改革論; 更張論)’과 관련된 이이와의 갈등과 거기에 따른 국익의 훼손이었다.

1581년 9월 1일 당시 우참찬이었던 이이는 네가지 시폐의 개정을 촉구하는 상소를 올려 이른바 ‘경장론(更張論)’을 조정의 현안으로 부각시키게 된다.[116] 이에 류성룡은 그 이튿날 차자를 올려 이이의 주장이 시의에 적합하지 않다고 주장함으로써 논의가 전면 차단되었다.

---

115 洪可臣, 『晩全集』 卷5, 〈略敍柳西厓而見行迹〉 “某自年十六七時 與公交遊 學做擧子業 晝則連榻 夜則同被 公色溫而氣豪 時時善諧謔 不屑於收斂之功 某每見公出語驚人 自歎以爲不及 一日 公來見某曰 吾數日前 讀韓文原道 莊子秋水篇數遍 覺得文思頓進 因出示一策文 波瀾浩浩 光彩刮目 又非復前日所見文字也 自是詩賦論策 皆爲一時擧子中獨步 未幾 公果捷巍科 登顯仕 某遂蹭蹬無所成”

116 『宣祖修正實錄』 〈宣祖 15年 9月 1日〉.

> 부제학 류성룡이 이 말을 듣고 이튿날 차자를 올려 이이의 논의가 시의(時宜)에 적합하지 않다고 극론하자, 그 의논이 끝내 중지되었다. 홍가신이 류성룡에게 가니 성룡이 그가 이이의 논의에 부회하였다고 힐책하였다. 가신이 말하기를, '공은 과연 경장하는 것을 그르다고 여기는가?' 하니, 성룡이 말하기를, '경장하는 것은 진실로 옳은 것이다. 하지만 그의 재주로 그 일을 해내지 못할까 염려될 뿐이다.' 하였다.[117]

위 인용문에 주목할 두 장면은 ①'홍가신이 이이에게 부회했다고 류성룡이 의심한 점', ②'이이의 재주로는 경장이 불가능하다'는 류성룡의 판단이다. '약술'과 '잡록'은 이이의 경장론에 찬동하여 벗[류성룡]으로터 오해를 받은 홍가신의 '자작해명(自作解明)'이었다.

홍가신이 이이와 왕래가 잦았던 것은 사실이지만 결정적 오해는 '경장론'과 관련하여 상호 논박의 와중에 홍가신이 이이의 집에서 하루를 묵고 왔다는 데에서 기인했다. 이 때 류성룡은 '흥도(興道; 洪可臣) 또한 다시금 이런 일이 있었구나'라고 하며 탄식했다고 한다. 그러나 '유숙설(留宿說)'은 사실이 아니었고, 그간의 오해는 류성룡과의 대화에서 해소되었다.[118] 중요한 것은 경장에 대한 류성룡의 입장이었다. 이이와 홍가신은 류성룡이 이이와의 대담에서는 찬동을 표명했으면서 이이의 상소가 올라오자마자 반대 차자를 올려 계획을 무산시켰다고 의심하고 있었다. 이에 대한 해명을 요구하였을 때 류성룡은 다음과 같이 답했다.

---

117 위와 같은 곳.

118 洪可臣, 『晚全集』 卷5, 〈略敍柳西厓而見行迹〉 "公傳聞某留宿叔獻第 歎曰 興道亦復有是事耶 其後公與某從容談話間 偶及是夕之事 知留宿之言傳之誤也 因欣然曰 然也然也 昔者所聞 誤也"

공(柳成龍)이 웃으면서 말하길, '변법(變法)은 옳은 일이지만 이 일을 숙헌(叔獻; 李珥)과는 할 수 없다'고 했다.[119]

사안은 옳되, 특정인[李珥]과는 함께 할 수 없다는 답변은 홍가신을 다소 당혹스럽게 했던 것 같다. 이런 맥락에서 그는 류성룡을 '처심부정(處心不正)'으로 일갈하게 되는데, 그런 입장은 '잡록'에 집약되어 있다.

1600년 해주목사에 재임하던 홍가신은 석담(石潭)을 방문하여 이이의 아들[庶子] 이경림(李景臨)과 긴요한 대화를 나누었다. 여기서 그는 이이가 자신을 인정하여 사로(仕路)를 열어주었고, 동인과 서인의 정치적 장벽도 구애되지 않았던 친밀했던 교분도 가감없이 밝혔다.[120] 홍가신은 이이를 당쟁의 간극을 좁히려 했던 '조제론자(調劑論者)', 경장을 주창했던 경세가(經世家)로 평가하는 가운데 개혁론[경장론]를 가로막은 장본인으로 류성룡을 지목했다.[121] 이에 이경림이 류성룡은 재국은 뛰어나지만 기백이 거기에 미치지 못한다는 '기백부족론(氣魄不足論)'을 제기하자[122] 홍가신은 '처심부정론(處心不正論)'이라는 보다 근원적이면서도 각박한 논리로 대체한다. 홍가신의 이른바 '처심부정

119 洪可臣, 『晩全集』 卷5, 〈略敍柳西厓而見行迹〉 "公笑曰 變法是矣 雖然 此事不可與叔獻爲之"

120 李珥, 『栗谷全書』 卷38, 〈諸賢記述雜錄〉 "從容謂景臨曰 栗谷知余詳而許之深 故當初薦揚 皆因栗谷也 不知者 以東西議論爲相較 設或議論有不合處 豈以此爲間乎"

121 李珥, 『栗谷全書』 卷38, 〈諸賢記述雜錄〉 "況栗谷本無所偏 每以調劑爲務 余則深知其然 相信終始如一 夫以栗谷之才 爲主上倚重 擔當世務 每陳更張之策 使其說得行則可以有爲 而如柳而見者竝生一世 每沮其策 栗谷更張之策不行 都是而見之爲也"

122 李珥, 『栗谷全書』 卷38, 〈諸賢記述雜錄〉 "景臨問曰 柳相才則固美 而氣魄不足 故短於事業 亦豈量狹而然耶"

론(處心不正論)'은 당시 조정의 상황에 대한 진단, 당사자인 류성룡과의 문답을 통해 정리된 결론이었다.

> 내가 서애에게 '영공은 일찍이 율곡과 국사를 논의하였습니까?'라고 묻자 이현(而見; 류성룡)이 '논의한 적이 있습니다'고 했다. 내가 묻기를, '그렇다면 율곡의 경장론을 어떻게 생각하십니까?'라고 하자 이현이 '좋습니다'고 했다. 내가 '좋다면 영공은 왜 저지하셨습니까?'라고 하자 이현이 '경장의 계책은 비록 좋지만 숙헌(叔獻; 이이)의 재국으로는 그것을 주재할 수가 없습니다'고 했다. 내가 '이런 입장을 율곡에 말을 했습니까?'라고 하자 이현이 '그런 말을 한 적은 없습니다'고 했다. 내가 탄식하며, '영공의 생각이 잘못 된 것입니다. 다른 사람과 더불어 국사를 논하면서 면전에서 승낙하고서는 도리어 가로막는 것이 옳습니까?'라고 하니 이현이 낯빛이 달라지며 대답하지 않았는데, 이것이 곧 마음가짐이 바르지 못한 곳인 것이다.[123]

홍가신의 의중이 한 쪽을 일방적으로 비난하는데 있었던 것은 아니다. 다만, 탁월한 두 인재의 지나친 경쟁과 갈등이 개혁론의 좌절로 이어진 것에 깊은 유감을 표했던 것이고, 그 책임의 비중점을 류성룡에게 둔 것이다.

류성룡을 경장론 파국의 장본인으로 지목한 것은 시각에 따라서는 섣부른 진단으로 비쳐질 수도 있다. '약술' 말미에 류성룡의 만년 입장을 수록한 것도 이와 무관치 않아 보인다. 1598년 류성룡이 '주화오국

---

123 李珥, 『栗谷全書』 卷38, 〈諸賢記述雜錄〉 "余問曰 令公嘗與栗谷不議國事耶 而見曰 固嘗議之耳 余問曰 然則其更張之策何如 而見曰 好矣 余曰 好則令何以沮之耶 而見曰 更張之策雖好 叔獻之才 恐不能辦也 余曰 此亦與栗谷言乎 而見曰 不曾言也 余嘆曰 令公之意誤矣 與人議國事 面諾而反沮之可乎 而見色變不答 此是不正處也"

(主和誤國)'을 빌미로 탄핵을 받아 도성 밖에서 대죄하고 있을 때 홍가신은 서신을 통해 소회를 물었다. 류성룡은 관료적 처신과 행위에 '스스로에 대한 부끄러움이 없음'을 완곡하게 피력하는 한편 외부로부터의 비난과 비판에는 어떤 동요도 없음을 강조했다. 추론컨대, 후자의 영역에는 1582년 이른바 '경장론 저지 행위'에 따른 비판도 포함되었을 것이다. 상대[류성룡]를 비판하면서도 해명의 여지를 제공하는데 인색하지 않았던 것이 홍가신이 추구했던 인간관계론의 요체였던 것 같다. 나아가 이이를 두고 '성정이 소탈하고 언어가 용이(容易)함에도 그에 대한 사류들의 추허(推許)가 더러 지나침이 있다'[124]고 한 것은 논인(論人)에 있어서의 절제된 균형감으로 감각되기 때문이다.

### 4) 대곡(大谷)·남명(南冥)계열

대곡(大谷; 成運) 계열과의 교유와 관련하여 홍가신의 조부 홍윤창(洪胤昌)이 성운과 6촌의 척분을 지녔음은 앞에서 언급한 바 있다. 홍가신과 교유했던 성운 계열의 대표적 인사는 신식(申湜, 1551~1623)이다. 예학에 정통하여『의례고증(疑禮攷證)』·『가례언해(家禮諺解)』 등의 예서를 저술한 신식은 퇴계문인으로 잘 알려져 있지만 성운(成運)과도 학연·척연으로 연결되어 있었다.

> 일찍이 퇴도(退陶) 이문순공(李文純公)에게 나아가 학문을 하는 방도에 대해 물으니, 문순공이 매우 칭찬하였다. 문순공이 세상을 떠난 뒤에

---

124 洪可臣,『晚全集』卷5,〈略敍柳西厓而見行迹〉"蓋叔獻性疏脫易言語 而士類之推許或過"

또 대곡(大谷) 성운(成運)에게 배우고서 마침내 부귀영화에 대한 생각을 끊어 버렸다.[125]

경주김씨 가계도 : 成運 처가

| | | | | | |
|---|---|---|---|---|---|
| 金碧 | ⇨ 天富 | ⇨ 可幾 | ⇨ 德民<br>❶初娶 : 申湜女<br>❷再娶 : 吳希文女 | ⇨ 女 尹孝全 | ⇨ 鑴(白湖) |
| | ⇨ 女 成運 | ⇨ 養子 可幾 | | | |

위 가계도에 따르면, 신식은 성운의 문인이었을 뿐만 아니라 성운의 처질이자 양자였던 김가기(金可幾)의 아들 김덕민(金德民)을 사위로 맞았음을 알 수 있다. 김덕민의 사위 윤효전(尹孝全)은 홍가신과 행촌 문하의 동문이었고, 그 아들인 윤휴(尹鑴)는 허목과 함께 17세기 근기남인 학계를 대표하던 거유였다. 윤효전과 윤휴 부자는 서경덕에 대한 연원의식이 견고하여 각기 1601년과 1652년에 이루어진 『화담집(花潭集)』 중간에 중요한 역할을 담당했다.[126]

이런 맥락에서 본다면, 홍가신과 신식의 교유는 동조(同朝)의 사회적 관계와 화담·퇴계학이라는 학통적 동질성의 접목으로 해석할 수 있다. 두 사람의 교유의 실상은 신식(申湜)의 서재인 '용졸재(用拙齋)'

125 李玄逸, 『葛庵集』 別集 卷6, 〈拙齋先生申公諡狀〉 "嘗就退陶李文純公 問爲學之方 文純深加奬歎 及文純沒 又從大谷成公運遊 遂絕意外慕"

126 徐敬德, 『花潭集』, 〈花潭先生文集跋〉(尹孝先;尹孝全) ; 尹鑴, 『白湖全書』 卷24, 〈重刊花潭集序〉(壬辰).

에 붙인 홍가신의 기문을 통해 살펴볼 수 있다. 학자의 가장 소중한 공간인 '서재,' 특히 군왕 선조가 개재되어 있는 자긍(自矜)의 공간과 관련된 글을 부탁한 것 자체가 깊은 믿음과 상허(相許)를 전제로 한다.

선조는 한가할 때면 당대 수재들을 논평하는 독특한 취미가 있었고, 신식을 두고 '아무개는 옹졸하다[某也拙]'고 평한 바 있었다.[127] 신식은 선조의 평을 흔쾌히 받아들여 재호로 삼고 홍가신에게 기문을 청했던 것이다.[128] 이에 홍가신은 기문에서 '하열(下劣)한 선비가 만년(晩年)에 도를 듣고서, 애오라지 옹졸함으로 자신을 수양한다'는 소식(蘇軾)의 시와 주자(朱子)의 의론을 인용하며 남이 달가워하지 않는 것을 달가워하는 신식의 지신(持身)과 수분(守分)의 자세를 높이 평가했던 것이다.[129] 정구의 해석에 따르면, 졸함은 '의(誼)를 바르게 하되, 이익을 꾀하지 않고, 도를 밝히되 공을 따지지 않는다'는 의미가 함축된 찬사였던 것이다.[130]

한편 남명계열에서 주목할 사람은 조원(趙瑗, 1544~1595)이다. 조원은 조식의 생질 이준민의 사위였다. 1564년 약관의 나이로 진사시에 장원하자 조식은 아래의 시를 통해 격려해마지 않았는데, 이는 조

---

127 洪可臣, 『晩全集』 卷2, 〈拙齋記〉 "吾友申觀察叔正 性白直 與人語 無回互 立朝四十年 啓辭疏劄之間 識者知其爲人焉 我宣祖大王嘗於淸燕之暇 評及一時群英 至公若曰 某也拙 公聞之 意欣然甚幸"

128 신식은 拙齋로 자호한 다음 그 記文을 홍가신과 崔岦에게 부탁했고, 鄭逑에게는 그 의미를 발휘하는 '說'을 청했다(崔岦, 『簡易集』 卷9, 〈用拙齋記〉; 鄭逑, 『寒岡集』 卷9, 〈拙齋說〉).

129 洪可臣, 『晩全集』 卷2, 〈拙齋記〉 "古人有詩曰 下士晩聞道 聊以拙自修 晦庵深味其言 今公之意 亦有得於晦庵之味而興起者乎 何其嗜今人之所不嗜如此哉"

130 鄭逑, 『寒岡集』 卷9, 〈拙齋說〉.

원이 광의(廣義)의 '남명일가(南冥一家)'로 편입되는 과정이기도 했다.

불속에서 하얀 칼날 뽑아내니 離宮抽太白
서리 같은 빛 달에까지 닿아 흐르네 霜拍廣寒流
견우성·북두성 떠 있는 넓디넓은 하늘에 牛斗恢恢地
정신은 놀아도 칼날은 놀지 않는다 神游刃不游[131]

동년배였던 두 사람은 매우 절친한 사이였지만 공사(公私)를 엄격히 구분했던 관료적 처신은 사림사회에서는 하나의 일화를 넘어 '신도(臣道)'의 모범으로 회자되었다.

지평 홍가신(洪可臣)은 이조 좌랑 조원(趙瑗: 李俊民의 사위)과 어릴 적 친구 사이였는데, 조원이 종종 사적인 일을 추구하는 잘못을 저질렀다. 홍가신이 조원에게 먼저 이르기를, "일이 공적인 것이면 사적인 것은 돌아보지 말아야 하는데 그대는 잘못한 일이 많으니, 나는 사적인 정리(情理) 때문에 탄핵하지 않을 수 없다." 하고, 논박하여 조원을 체직시키니, 공론이 잘했다고 칭찬하였다.[132]

이런 관계는 혼맥으로까지 이어졌는데, 홍가신이 이위경(李偉卿; 조원의 처질)을 손서로 맞은 것도 조원과의 관계의 확장으로 바라볼 여지가 크다.

한편 홍가신은 이정(李楨)을 제향하는 사천(泗川) 구암서원(龜巖書

131 남명학연구소편역, 『교감국역남명집』, 〈칼자루에 써서 장원한 조원에게 줌(書劍柄贈曺壯元瑗)〉.

132 李裕元, 『林下筆記』 卷9, 典謨編 〈臣道〉.

院)의 '춘추향고문(春秋享告文)'을 찬술한 바 있다.[133] 1568년 음부옥의 와중에서 조식과 의절한 이정은 강우지역을 대표하는 퇴계문인으로 파악되고 있지만 예식문자의 찬술은 이정을 조식의 '종유인이자 이황의 문인'이라는 이원적 인식에 바탕하는 것으로 해석할 수 있다.

## 5. 맺음말

16세기 중후반 이황·서경덕·조식·성혼·이이 등에 의해 체격을 갖춘 학파의 시대는 동서분당, 기축옥사, 임진왜란, 남북분당, 인조반정 등 정치적 현안들과 연쇄적 반응을 일으키며 17세기 이후부터는 큰 변화를 일으키게 된다. 1589년의 기축옥사는 화담학파에 큰 타격을 준 정치적 사건이었고, 1623년의 인조반정으로 남명학파는 사실상 붕괴의 위기에 직면했다. 이런 혼돈 속에서 학계의 주류로 등장한 것은 퇴계학파와 기호학파[우계·율곡학파]였다.

이 시기를 살았던 홍가신의 학자적 처세 및 학통상의 추향(趨向) 또한 이러한 시대적 분위기와 매우 밀접한 관계를 가질 수밖에 없었다. 그는 행촌문하의 고제로서 화담학통의 정맥을 이었으면서도 이황과의 사승관계, 류성룡과의 교유관계를 그에 못지 않게 강조했던 것도 이 때문이었다.

물론 그는 광폭적 교유망을 형성하여 화담·퇴계계는 물론 남명·

---

133 李楨, 『龜巖集』 卷2, 附錄 〈龜巖書院春秋享告文〉 "於戱先生 維學之博 維道之閫 維專忠孝 維振斯文"

대곡계의 명사들과도 두루 교유하였지만 사승 및 교유관계의 기축이 퇴계학파 쪽으로 경도되어 갔던 것은 부인할 수 없다. 부여현감 재직시 의렬사의 건립은 이황의 '서원보급운동'의 계승 양상으로 해석할 수 있고, 『주자서절요』의 애독은 퇴계학적 학문 지향을 여실히 보여주고 있었다. 특히 집착에 가까울만큼 류성룡과의 교계를 강조했던 것은 상대에 대한 개인적 흠선(欽羨)을 넘어 퇴계학에 대한 친연적 행보의 강렬한 표출로 읽힌다. 이런 맥락에서 그는 1634년 아산 정퇴서원에 배향되어 조광조·이황과 함께 제향되는 학자적 영예를 누릴 수 있었고, 『도산급문제현록』에도 입전되어 퇴계문인으로서의 입지도 강고하게 다질 수 있었다.

그렇다면 홍가신의 퇴계학적 학통성의 강화는 무엇을 의미하는가? 그것은 화담학의 추동력의 저하 또는 상실로 해석할 수 있다. 행촌문하의 고제라는 화담학통에서 점했던 그의 학통상의 지위가 저하 또는 상실의 정도를 더욱 증폭시키는 이유가 되기에 충분하다.

홍가신의 학통상의 이행 양상은 17세기 이후 제 학파간 영역 및 세력의 판도 조정의 흐름과 궤를 같이하는 것으로 규정할 수 있고, 이런 과정을 거쳐 그와 그의 가문은 남인 퇴계학파로서의 정치·학문적 좌표를 정립할 수 있었던 것이다. 손자 홍우원(洪宇遠)이 인조~숙종 연간 남인의 영수로 대두되어 강력한 영향력을 행사할 수 있었던 배경도 여기서 찾을 수 있다.

# 참고문헌


**【생의 자취와 삶의 지향 _ 송기섭】**

『국조보감(國朝寶鑑)』(한국고전번역원, 한국고전종합DB)
『논어(論語)』
『선조실록』(한국고전번역원, 한국고전종합DB)
『순자(荀子)』

박을수, 『만전당홍가신연구(晩全堂洪可臣硏究)』, 글읽는들, 2006.
오희문, 『쇄미록(瑣尾錄)』, (이민수 역) 올재클래식스, 2014.
이이, 『석담일기(石潭日記)』(『대동야승(大東野乘)』, 한국고전번역원, 한국고전종합DB).
____, 『율곡전서(栗谷全書)』(한국문집총간 44~45집).
이익, 『성호전집(星湖全集)』(한국문집총간 198~200집).
이긍익, 『연려술기술(燃藜室記述)』(한국고전번역원, 한국고전종합DB).
좌등인, 「이퇴계와 이연평에 대하여」, 『퇴계학보』 68호, 퇴계학연구소, 1990.
홍가신, 『만전당홍가신문집(晩全堂洪可臣先生文集)』, 한국예총아산시지부, 2006.
황혁, 『기축록(己丑錄)』(『대동야승(大東野乘)』, 한국고전번역원, 한국고전종합DB).

**【일상적 삶의 태도와 사상적 지향 _ 전성운】**

조경(趙絅), 〈치사만전홍선생신도비명(致仕晩全洪先生神道碑銘), 『만전집』, 「부록」.
김굉필, 〈한빙계〉, 『국역경현록』(전), 한훤당선생기념사업회, 2004.

『소학장구(小學章句)』, 「가언(嘉言)」 제오(第五) 외편(外篇)의 〈명군신지의(明君臣之義)〉
『周敦頤集』, 「通書」, 「聖學」 제20.
이지함, 〈과욕설(寡欲說)〉, 『토정선생유고(土亭先生遺稿)』.
이황(李滉), 〈명종대왕행상(明宗大王行狀)〉, 『퇴계선생문집(退溪先生文集)』 권48.
이황, 이광호 옮김, 『성학십도』, 홍이출판사, 2001.
『주역(周易)』, 「중산간(重山艮)」.
주희, 〈대학장구서(大學章句序)〉, 『대학(大學)』.
____, 『주자어류(朱子語類)』, 권육십이.
____, 『주자어류(朱子語類)』, 권십일.
홍가신, 『만전집(晩全集)』, 한국고전번역원(https://db.itkc.or.kr) DB.
홍경신(洪慶臣), 〈행장(行狀)〉, 『만전집(晩全集)』, 「부록(附錄)」.

김기승, 「홍가신과 임진왜란-충청 지역 지방관이 경험한 임진왜란 전후의 조선사회」, 『한국인물사연구』 제8호, 한국인물사연구회, 2997.
김일환, 「임진왜란기 內浦지역과 민의 동향」, 『역사와 실학』 제52집, 역사실학회, 2013.
김학주 역저, 『전습록(傳習錄)』, 명문당, 2005.
복대형, 「홍가신 경세사상 연구-상소문을 중심으로」, 『한문고전연구』 제33집, 한문고전학회, 2016.
송기섭, 「만전당 홍가신의 국정개혁에 대한 방략과 행정문화개선 연구」, 『문화와융합』 40(1), 한국문화융합학회, 2018.
______, 「만전당 홍가신의 생의 자취와 삶의 지향」, 『한문고전연구』 제33집, 한국한문고전학회, 2016.
신병주, 「화담학과 근기사림의 사상」, 『국학연구』 제7집, 한국학진흥원, 2005.
이동인, 「조선중기 화담학파의 계보학과 민순의 문인 양성」, 『서울학연구』 LXXVI, 서울시립대학교 서울학연구소, 2019.
전성운, 「아산 현감 토정 이지함의 친민정책과 사상적 배경」, 『아산 유학의 여러 모습』, 지영사, 2010.
진래 저, 안재호 옮김, 『송명송리학』, 예문서원, 1997.

**【정치활동과 사상 _ 김기승】**


『신정아주지』, 『온양군지』, 『조선왕조실록』.

김기승, 「아산 지역의 서원 연구」, 『순천향인문과학논총』 2, 1996.
_____, 「서원의 배향 인물」, 외암사상연구소 엮음, 『조선시대 아산지역의 유학자들』, 지영사, 2007.
_____, 「홍가신과 임진왜란- 충청 지역 지방관이 경험한 임진왜란 전후의 조선사회」, 『한국인물사연구』 8, 2007.
_____, 「홍가신의 사상과 활동」, 정호훈 외, 『조선 중기 홍가신·허목의 사상과 학문』, 수원화성박물관, 2012.
만전당선생문집 복간위원회, 『만전당 홍가신 선생 문집』, 한국예총 아산지부, 2006.
박을수, 『만전당 홍가신 연구』, 글익는들, 2006.
정호훈 외, 『조선 중기 홍가신·허목의 사상과 학문』, 수원화성박물관, 2012.
홍가신 저, 이석구 역, 『만전 홍선생 문집』, 남양홍씨 대곡종회, 1969.


**【국정 개혁 방략과 행정 개선책 _ 송기섭】**


오희문, 『쇄미록』
유성룡, 『西厓集』, 한국고전번역원.
윤국형, 『갑진만록』, 한국고전번역원.
이이, 『율곡전서』, 한국고전번역원.
이익, 『星湖全集』, 한국고전번역원.
이긍익, 『연려실기술』, 한국고전번역원.
이단하 등, 『국조보감』, 한국고전번역원.
이항복, 『白沙集』, 한국고전번역원.
이현일, 『갈암집』, 한국고전번역원.
홍가신, 『만전집』, 한국고전번역원.

『선조수정실록』, 『국조보감』, 『만전집』 영인, 한국고전번역원.
『선조수정실록』. 한국고전번역원.
『선조실록』, 한국고전번역원.

김기승, 「홍가신과 임진왜란」, 『한국인물사연구』 8집, 한국인물사연구소, 2007.
박을수, 『만전당 홍가신연구』, 글뜰학습총서3, 글읽는들, 2006.
복대형, 「홍가신 경세사상연구」, 『한문고전연구』 33집, 한국한문고전학회, 2016.
송기섭, 「만전당 홍가신의 생의 자취와 삶의 지향」, 『한문고전연구』 33집, 한국한문고전학회, 2016.
좌등인, 「李退溪와 李延平에 관하여」, 『퇴계학보』제62호, 퇴계학연구소, 1989.
홍가신, 『晩全堂洪可臣先生文集』, 한국예총아산시지부, 2006.

**【임진왜란기의 활동 _ 김일환】**

강미, 「壬辰倭亂期湖西地域의 反亂과 性格」, 부산대 교육대학원 석사논문, 1998.
김기승, 「홍가신과 임진왜란 : 충청지역 지방관이 경험한 임진왜란 전후의 조선사회」, 『한국인물사연구』 8, 한국인물사연구소 2007.
______, 「홍가신의 사상과 활동」, 『조선중기 홍가신·허목의 사상과 학문』, 수원화성박물관, 2012.
金燉, 「宣祖代 沈義謙·金孝元의 갈등 요인 檢討」, 『歷史敎育』 79, 2001.
김만호, 「임진왜란기 民人의 反王朝 活動」, 전남대대학원 박사논문, 2015.
김일환, 「임진왜란기 內浦지역과 민의 동향」, 『역사와 실학』 52, 2013.
金恒洙, 「宣祖 初年의 新舊葛藤과 政局動向」, 『國史館論叢』 34, 1992.
박문열, 「충익공 신경행 청난공신녹권에 관한 연구」, 『서지학연구』 27, 2004.
박용숙, 「이몽학난에 대한 고찰」, 『부산대 교양과정부 논문집』 4, 1974.
朴乙洙, 『晩全堂 洪可臣研究』, 글익는들, 2006.
복대형, 「홍가신(洪可臣) 경세사상(經世思想) 연구(研究)—상소문(上疏文)을 중심으로」, 『漢文古典研究』 33-1, 한국한문고전학회(구 성신한문학회), 2016.

송기섭, 「만전당 홍가신의 국정개혁에 대한 방략과 행정문화개선 연구」, 『문화와 융합』 40-1, 한국문화융합학회, 2018.
______, 「만전당 홍가신의 생의 자취와 삶의 지향」, 『漢文古典硏究』 33-1, 한국한문고전학회(구 성신한문학회), 2016.
신병주, 『남명학파와 화담학파 연구』, 일지사, 2000.
吳恒寧, 「《宣祖實錄》 修正攷」, 『한국사연구』 123, 2003.
이동인, 「조선 중기 화담학파의 계보학과 민순의 문인양성」, 『서울학연구』 76, 서울시립대 서울학연구소, 2019.
이상태, 「임진왜란 와중에 일어난 반란-송유진과 이몽학의 난」, 『민란의 시대』, 가람기획, 2000.
이장희, 「임진왜란 중 민간반란에 대하여」, 『향토서울』 32, 1968.
이정철, 「선조 대 '동서분당' 전개의 초기 양상-이이를 중심으로」, 『민족문화』 43, 2014.
鄭萬祚, 「붕당의 출현」, 『한국사』 30, 1998.
조인희, 「김덕령 옥사(獄事)사건에 대한 고찰」, 『한일관계사연구』 67, 2020.
최근묵, 「임진왜란 때의 호서지방의 민중반란」, 『백제연구』 5, 1974.
한영우, 『서경덕과 화담학파-조선중기 주자학의 도전자들』, 지식산업사, 2022.

藤井誠一, 「李夢鶴の亂について」, 『青丘學叢』 22, 1935.
矢澤康祐, 「壬辰倭亂ど朝鮮民衆のたたかい」, 『人文學報』 118, 東京都立大學, 1977.
貫井正之, 「壬辰倭亂における義兵活動ど民衆反亂」, 『朝鮮史研究會論文集』 16, 1989.

**【임진왜란 이후의 활동과 인산서원 배향_이근호】**

『선조실록』, 『선조수정실록』, 『광해군일기[중초본]』, 『숙종실록』
『송도지』, 『신정아주지』, 『해주읍지』, 『列邑院宇事蹟』
『晩全集』, 『白沙集』, 『碧梧遺稿』, 『屏溪集』, 『沙溪全書』, 『惺所覆瓿藁』,
『星湖全集』, 『松谷集』, 『藥泉集』, 『月沙集』, 『浦渚集』

구덕회, 「선조대 후반(1594~1608) 정치체제의 재편과 정국의 동향」, 『한국사론』 20, 1988.
김기승, 「홍가신의 사상과 활동」, 『조선중기 홍가신·허목의 사상과 학문』, 수원화성박물관, 2012.
김문택, 「호남지역 서원의 지역적 특성과 정치적 성격-나주 경현서원을 중심으로-」, 『국학연구』 11, 2007.
이근호, 「조선 후기 功臣 錄勳의 정치적 배경」, 『조선시대사학보』 99, 2012.
______, 「선조의 광해군 양위 과정」, 『韓國佛教史研究』 10, 2016.
______, 「인조 말~숙종 초 洪宇遠의 정치 활동」, 『한국사학보』 67, 2017.
이기남, 「光海朝 政治勢力의 構造와 變動」, 『북악사론』 2, 1990.
이정일, 「임란시의 공신책훈고」, 『울산사학』 3, 1990.
이해준, 「조선후기」, 『아산시지1』, 2016.
정만조, 『조선시대 서원연구』, 집문당, 1997.
정필용, 「해제(만전집)」(https://db.itkc.or.kr)
한국고전종합db(https://db.itkc.or.kr)

## 【홍가신가(洪可臣家)의 역사적 전개와 인적 네트워크_김학수】

『世宗實錄』; 『文宗實錄』; 『世祖實錄』; 『成宗實錄』; 『燕山君日記』; 『中宗實錄』; 『宣祖修正實錄』; 『光海君日記』; 『正祖實錄』; 洪可臣, 『晩全集』; 韓致奫, 『海東歷史』; 申叔舟, 『保閑齋集』; 朴彭年, 『朴先生遺稿』; 李石亨, 『樗軒集』; 具鳳齡, 『栢潭集』; 金宗直, 『佔畢齋集』; 洪彦忠, 『默齋集』; 李滉, 『退溪全書』; 『陶山及門諸賢錄』; 朴世采, 『東儒師友錄』; 李滉, 『退溪集』; 洪履祥, 『慕堂集』; 申欽, 『象村集』; 洪仁祐, 『耻齋遺稿』; 許篈, 『岳麓集』; 黃宗海, 『朽淺集』; 鄭仁弘, 『來庵集』; 金樂行, 『九思堂集』; 金時讓, 『荷潭破寂錄』; 安鼎福, 『順菴集』; 李瀷, 『星湖全集』; 李裕元, 『林下筆記』; 許筠, 『惺所覆瓿藁』; 李德泂, 『松都記異』; 許篈, 『荷谷集』; 柳馨遠, 『東國輿地志』; 柳成龍, 『西厓集』; 李珥, 『栗谷全書』; 李玄逸, 『葛庵集』; 徐敬德, 『花潭集』; 崔岦, 『簡易集』; 鄭逑, 『寒岡集』; 남명학연구소편역, 『교감국역남명집』; 李楨, 『龜巖集』

김용흠·원재린·김정신 역, 『東南小史』, 혜안, 2011.
김학수, 「17세기 西厓 柳成龍의 學風과 그 계승 양상」, 『퇴계학과 유교문화』 55, 경북대학교 퇴계연구소, 2014.
신병주, 『南冥學派와 花潭學派 연구』, 일지사, 2000.
이동인, 「조선중기 화담학파의 계보학과 민순의 문인양성」, 『서울학연구』 76, 서울학연구소, 2019.

## 집필진(원고 수록순)

### 송기섭

선문대학교 대학원 국어국문학과 문학박사이며 현재 한가람역사문화연구소 연구위원이다. 주요 경력으로 선문대·남서울대학교 교양대학 외래교수, 충청남도 한문교사연구회 회장, 바른역사학술원 연구이사, 화서학회 학술이사 등이 있다. 주요 논저로 『돋보기엿보기고사성어』(자유문고, 1996), 『성학십도와 동국18선정』(자유문고, 1997), 『신주사기』(공역, 한가람역사문화연구소, 2020~2023), 「천안누정시연구」(한국고전한문학회) 외 다수가 있다.

### 전성운

고려대학교 대학원에서 문학박사학위를 취득했으며 현재 순천향대학교 한국문화콘텐츠학과 교수로 재직 중이다. 주요 경력으로 순천향대학교 한국어교육원 원장, 아산학연구소 소장 등을 역임하였다. 논저로 『신광한 기재기이』 (보고사, 2022), 『역사 기록속의 牙山』 (보고사, 2021), 『한중소설대비의 지평』 (보고사, 2005) 외 다수가 있다.

### 김기승

고려대학교 대학원 사학과 졸업, 문학박사이며 현재 순천향대학교 명예교수이다. 주요 경력으로 독립기념관 한국독립운동사연구소 소장, 순천향대학교 인문과학대학장, 아산학연구소장, 인문학진흥원장 등이 있다. 주요 논저로 『한국근현대사회사상사 연구』(신서원, 1994), 『조소앙이 꿈꾼 세계』(지영사, 2003), 『고불 맹사성의 생애와 사상』(고불맹사성기념사업회, 2014), 『아산의 독립운동사』(공저, 광복회 충남아산예산 연합지회, 2014) 외 다수가 있다.

### 김일환

홍익대학교 대학원 문학박사이며 현재 호서대학교 창의교양학부 교수이다. 주요 경력으로 한국학중앙연구원 책임연구원, 홍익대학교 겸임교수, 순천향대학교 아산학연구소 초빙교수 등이 있다. 주요 논저로 『동아시아 문명과 생명-생태 성장사회』 (공저, 보고사, 2022), 『아산의 역사문화연구』 (보고사, 2021), 『임진왜란 후 청난공신(淸難功臣) 선정에 관한 연구』(한국사학사학보 46, 한국사학사, 2022) 외 다수가 있다.

이근호
국민대학교 대학원 국사학과 문학박사, 한국학중앙연구원 장서각 전임연구원이었으며 현재 충남대학교 국사학과 부교수이다. 주요 논저로 『조선후기 탕평파와 국정운영』, 『경기도의 세거성씨』, 『한양의 중심 육조거리』(공저), 『박세무의 생애와 경세론』(공저), 『숙종대 정국 운영과 대외관계』(공저) 외 다수가 있다.

김학수
한국학중앙연구원 한국학대학원 역사전공 박사이며 현재 한국학중앙연구원 한국학대학원 인문학부 한국사학전공 부교수이다. 주요 경력으로 한국서원학회장(현), 성호학회장(현)을 역임하고 있다. 주요 논저로 『김성일과 임진왜란』(공저, 보고사, 2019), 『허주 이종악의 삶과 풍류』(한중연 출판부, 2017), 『서애 류성룡의 학문과 계승』(공저, 선인, 2015), 『김취문 종가』(예문서원, 2016) 외 다수가 있다.

아산인물총서 1

**만전당 홍가신의 삶과 철학**

2023년 1월 6일 초판 1쇄 펴냄
2023년 3월 17일 초판 2쇄 펴냄

**엮은이** 순천향대학교 아산학연구소
**펴낸이** 김흥국
**펴낸곳** 보고사

**책임편집** 이소희
**표지디자인** 김규범

**등록** 1990년 12월 13일 제6-0429호
**주소** 경기도 파주시 회동길 337-15 보고사
**전화** 031-955-9797(대표)
**팩스** 02-922-6990
**메일** bogosabooks@naver.com
http://www.bogosabooks.co.kr

ISBN 979-11-6587-404-9 93910


정가 25,000원